Kreuzwege der Macht – Der politische Katholizismus in der modernen Welt

Ralf Schönert

Kreuzwege der Macht -
Der politische Katholizismus in der modernen Welt

Ralf Schönert

Impressum

Bibliografische Information der Deutschen Nationalbibliothek:
Die Deutsche Nationalbibliothek verzeichnet diese Publikation in der
Deutschen Nationalbibliografie; detaillierte bibliografische Daten sind im
Internet über http://dnb.dnb.de abrufbar.

Die automatisierte Analyse des Werkes, um daraus Informationen
insbesondere über Muster, Trends und Korrelationen gemäß §44b UrhG („Text
und Data Mining") zu gewinnen, ist untersagt.

Verlag: BoD • Books on Demand GmbH, In de Tarpen 42,
22848 Norderstedt

Druck: Libri Plureos GmbH, Friedensallee 273, 22763 Hamburg

ISBN: 978-3-7597-7833-8

Inhaltsverzeichnis

1. EINFÜHRUNG

1.1. Thema und Relevanz des Buches

Der politische Katholizismus in Deutschland verkörpert ein tiefgreifendes und vielschichtiges Phänomen, das sich durch das gesamte Gefüge der deutschen Geschichte zieht und prägende Auswirkungen auf die politische, soziale und kulturelle Landschaft hinterlassen hat. Dieses Buch lädt zu einer spannenden Zeitreise ein, die in den dunklen Korridoren des Heiligen Römischen Reiches ihren Anfang nimmt. Wir folgen den Spuren des politischen Katholizismus durch die Ära der Industrialisierung, erleben seine Rolle in den dramatischen Konflikten der beiden Weltkriege und verfolgen seinen Weg bis in die Gegenwart der modernen Bundesrepublik Deutschland. Mit jeder Seite entfaltet sich die Geschichte dieser bewegenden Kraft, die tief in das Bewusstsein und die Identität Deutschlands eingebettet ist.

Das Heilige Römische Reich, ein komplexes Geflecht aus zahlreichen Territorien und Fürstentümern, bildete die historische Wiege des politischen Katholizismus in Deutschland. In diesem vielschichtigen politischen Gebilde begann die katholische Kirche, ihre spirituelle Autorität in handfeste politische Macht umzuwandeln und griff damit tief in den Alltag des Reiches ein. Die Reformation im 16. Jahrhundert ließ diese Verflechtungen noch komplexer werden, als der Katholizismus sich plötzlich in einem erbitterten Ringen mit dem aufkommenden Protestantismus wiederfand. Dieser Konflikt stürzte Deutschland in Jahrhunderte andauernde religiöse Auseinandersetzungen. Trotz dieser vielfältigen Herausforderungen blieb der politische Katholizismus eine beständige Kraft, die sowohl in Kriegszeiten als auch in Friedensphasen das politische und gesellschaftliche Geschehen nachhaltig prägte.

Der politische Katholizismus definiert sich als eine Bewegung, die katholische Lehren und Werte gezielt auf politische Fragestellungen anwendet und durch katholische Organisationen sowie Einzelpersonen aktiv in den politischen Diskurs einbringt. In Deutschland hat diese Bewegung eine ganz eigene Prägung und Entwicklung erfahren, die tief im komplexen Zusammenspiel von Religion, Kultur und Politik verwurzelt ist. Durch das Aufeinandertreffen dieser drei Sphären entstand eine einzigartige Dynamik, die den politischen Katholizismus in Deutschland formte und ihn von ähnlichen Bewegungen in anderen Ländern unterscheidet. Diese spezifische deutsche Ausprägung des politischen Katholizismus spiegelt die historischen und kulturellen Besonderheiten des Landes wider und zeigt, wie tief religiöse Überzeugungen in die politischen Strukturen und Prozesse eingebettet sind.

Als Antwort auf die Säkularisierungsbewegungen des 19. Jahrhunderts, die eine Trennung von Kirche und Staat und eine Abkehr von religiösen Einflüssen in öffentlichen Institutionen forderten, entstand in Deutschland der politische Katholizismus. Dieser beschränkte sich jedoch nicht allein auf die Parteipolitik. Vielmehr spielten katholische Laienorganisationen wie das Katholische Büro und die Katholische Arbeitnehmer-Bewegung eine entscheidende Rolle. Diese Organisationen trugen maßgeblich dazu bei, katholische Soziallehren in die Arbeitswelt und in andere gesellschaftliche Bereiche zu integrieren. Durch ihr Engagement brachten sie die Prinzipien der katholischen Soziallehre aktiv in den Alltag der Menschen und beeinflussten damit nachhaltig die sozialen und wirtschaftlichen Strukturen Deutschlands. Ihre Tätigkeit verdeutlicht, wie der politische Katholizismus über den Rahmen der traditionellen Parteipolitik hinauswuchs und sich als eine kraftvolle soziale Bewegung etablierte, die tief in das gesellschaftliche Gefüge des Landes eingriff.

Die historische Bedeutung des politischen Katholizismus in Deutschland beginnt bereits im Heiligen Römischen Reich, wo die Katholische

Kirche eine zentrale Rolle in der politischen und gesellschaftlichen Ordnung spielte. Mit der Gründung des Zentrums 1870 nahm der politische Katholizismus eine explizite Form an, die sich durch die Weimarer Republik fortsetzte und während des Dritten Reichs unterdrückt wurde. Nach dem Zweiten Weltkrieg fand der politische Katholizismus in der Form der Christlich Demokratischen Union (CDU) und der Christlich-Sozialen Union (CSU) neue Ausdrucksformen, die maßgeblich die politische Landschaft der Bundesrepublik prägten.

Ein wesentliches Merkmal des politischen Katholizismus in Deutschland ist sein dominanter Einfluss auf den Föderalismus. Diese Vorherrschaft katholischer Werte und Interessen in Bundesländern wie Bayern, Baden-Württemberg und Nordrhein-Westfalen zeigt deutlich, wie regionale kulturelle und religiöse Identitäten die politische Ausrichtung und Entscheidungsfindung unverhältnismäßig prägen. Diese Dynamik führt oft zu einer Bevorzugung konservativer und traditioneller Werte, die progressive und sozial gerechte Ansätze behindern. Um die politische Kultur Deutschlands und seine föderale Struktur wirklich zu verstehen, muss man die kritischen Fragen nach Machtungleichgewichten und der Unterdrückung pluralistischer und progressiver Stimmen stellen.

Der politische Katholizismus hat tiefgreifende und oft problematische Auswirkungen auf die deutsche Sozialpolitik gehabt. Während die katholische Soziallehre mit ihren Prinzipien der Solidarität und Subsidiarität auf den ersten Blick positive Entwicklungen zu fördern scheint, hat sie gleichzeitig dazu beigetragen, konservative Strukturen zu verfestigen und progressive Ansätze zu blockieren. Diese Ideologie betont soziale Gerechtigkeit und den Schutz der Schwächsten, untergräbt jedoch oft die Autonomie und Selbstbestimmung der Betroffenen. Statt echte Emanzipation zu fördern, bleibt die Sozialpolitik in traditionellen und moralischen Normen verhaftet, was notwendige soziale und wirtschaftliche Veränderungen verzögert.

In der heutigen Zeit steht der politische Katholizismus vor neuen Herausforderungen. Fragen der Bioethik, der Migration und der europäischen Integration fordern traditionelle Positionen heraus und erfordern eine Neubewertung der Rolle der Religion in der öffentlichen Politik. Dieses Buch untersucht, wie sich der politische Katholizismus diesen Herausforderungen stellt und welche Auswirkungen dies auf seine Rolle in der deutschen Politik hat.

Ein tiefgreifendes Verständnis des politischen Katholizismus ist entscheidend, um sowohl die historischen als auch die aktuellen politischen Kontexte Deutschlands vollständig zu erfassen. Dieses Buch unternimmt eine umfassende Erkundung, die weit über einen herkömmlichen historischen Abriss hinausgeht. Es beleuchtet die kontinuierliche Präsenz und den signifikanten Einfluss dieser politischen Bewegung in der deutschen Geschichte bis in die Gegenwart.

Die Leserinnen und Leser dieses Buches werden eine faszinierende Entdeckungsreise antreten, auf der sie erkennen, wie tief die religiösen Überzeugungen in das Fundament der politischen Kultur Deutschlands eingewoben sind. Sie werden verstehen, wie diese Überzeugungen kontinuierlich die politischen Entscheidungen und Diskurse im Land beeinflussen. Durch detaillierte narrative Darstellungen und präzise Analysen beleuchtet das Buch, wie die spirituellen und ethischen Strömungen des Katholizismus das politische System Deutschlands nicht nur geformt haben, sondern es bis heute prägen. Diese tiefgründige Betrachtung bietet den Lesenden eine klare Sicht auf die komplexen Wechselwirkungen zwischen Religion und Politik und zeigt auf, wie historisch verwurzelte Glaubenssätze weiterhin aktuelle politische Prozesse und gesellschaftliche Entwicklungen gestalten.

Dieses Buch richtet sich an Studierende der Politikwissenschaften und Geschichte sowie an alle, die die Einflüsse auf die moderne deutsche Politik verstehen möchten. Es vermittelt akademisch Interessierten und der breiten Öffentlichkeit wertvolle Einblicke in das Verhältnis zwischen Religion und Staat.

1.2. Methodik und Quellen

Die Glaubwürdigkeit und Tiefe historischer Analysen hängen maßgeblich von der sorgfältigen Auswahl der Methodik und Quellen ab. In diesem Buch verfolge ich eine methodisch vielseitige Herangehensweise, die historische Analyse, qualitative Sozialforschung und vergleichende Studien kombiniert. Diese Methodenvielfalt ermöglicht es mir, ein tiefgründiges und nuanciertes Bild der Einflüsse und Entwicklungen des politischen Katholizismus zu zeichnen. Zudem erlaubt sie eine detaillierte Untersuchung der aktuellen Herausforderungen, mit denen diese Bewegung konfrontiert ist. Durch den Einsatz dieser unterschiedlichen Forschungsmethoden wird die historische Perspektive erweitert und ein umfassendes Verständnis der Rolle des Katholizismus in der politischen und gesellschaftlichen Landschaft Deutschlands ermöglicht.

Die historische Methodik dieses Buches stützt sich auf einen diachronen Ansatz, der die kontinuierliche Entwicklung des politischen Katholizismus von seinen Anfängen bis in die moderne Zeit nachzeichnet. Ein zentrales Anliegen dabei ist es, die historischen Ereignisse stets in ihren sozialen, politischen und kulturellen Kontext einzubetten. Um eine präzise und fundierte Darstellung zu gewährleisten, erfolgt eine gründliche Analyse sowohl von Primär- als auch von Sekundärquellen. Diese methodische Herangehensweise ermöglicht es, die historischen Fakten nicht nur zu sammeln, sondern auch korrekt zu interpretieren und in einen größeren Rahmen zu stellen. So gewährleistet das Buch eine tiefgehende und kontextualisierte Betrachtung des politischen Katholizismus, die dessen Einfluss und Wandlungen über die Jahrhunderte hinweg verständlich macht.

Als Primärquellen nutze ich historische Dokumente, wie offizielle Kirchendokumente, politische Reden, Gesetzestexte und persönliche Briefe von Schlüsselfiguren des politischen Katholizismus. Diese Quellen werden herangezogen, um direkte Einblicke in die Gedanken und Motivationen der handelnden Personen sowie die offiziellen Positionen der Institutionen zu gewinnen. Archive wie das Bundesarchiv in Koblenz und das Archiv der Sozialen Demokratie in Bonn waren für mich zentrale Anlaufstellen.

Die Sekundärquellen umfassen wissenschaftliche Arbeiten, die sich mit dem politischen Katholizismus in Deutschland beschäftigen. Dazu zählen Monografien, Fachartikel und historische Analysen, die bereits veröffentlichte Forschungsergebnisse zusammenfassen und interpretieren. Werke von Historikern wie Thomas Nipperdey und Konrad Repgen bieten fundierte Einblicke in die politische Rolle des Katholizismus in verschiedenen Epochen der deutschen Geschichte.

Neben der historischen Analyse nutze ich in diesem Buch Methoden der qualitativen Sozialforschung, um die Auswirkungen des politischen Katholizismus auf die Gesellschaft und individuelle Biografien zu verstehen. Durch die Inhaltsanalyse von Medienberichten, politischen Debatten und kirchlichen Veröffentlichungen untersuche ich, wie der politische Katholizismus in der öffentlichen Wahrnehmung repräsentiert und diskutiert wird. Diese Methode hilft mir, die Diskursmuster und Argumentationslinien zu verstehen, die die öffentliche Meinung und politische Entscheidungen beeinflussen.

Um den politischen Katholizismus in Deutschland umfassend zu beleuchten, ist es unerlässlich, ihn in einen breiteren internationalen Kontext zu setzen. Dazu werde ich vergleichend Studien mit anderen Ländern durchführen, in denen der Katholizismus ebenfalls eine prägende politische Kraft darstellt. Dieser methodische Ansatz erlaubt es mir, Parallelen und Unterschiede sorgfältig zu analysieren und ein tieferes Verständnis der spezifischen Ausprägungen und Herausforderungen des deutschen politischen Katholizismus zu entwickeln.

Das vorliegende Buch nutzt eine breite Palette von Methoden, um diesen Anspruch zu erfüllen. Es stützt sich auf eine umfassende Analyse historischer Dokumente und qualitativer Daten, um nicht nur die geschichtlichen Entwicklungen darzustellen, sondern auch die dynamischen und fortlaufenden Diskussionen innerhalb des politischen Katholizismus zu beleuchten. Durch den Einbezug vergleichender Studien wird ein Rahmen geschaffen, der es ermöglicht, die vielschichtigen Dimensionen des Themas adäquat zu erfassen und kritisch zu reflektieren.

Die Methodenwahl und die sorgfältige Auswahl der Quellen in diesem Buch sind speziell darauf ausgerichtet, die tiefgreifenden Einflüsse des politischen Katholizismus auf die deutsche Gesellschaft und Politik detailliert zu untersuchen. Ein besonderes Augenmerk liegt dabei auf der Erfassung der aktuellen Debatten und Herausforderungen, denen sich der politische Katholizismus in der heutigen Zeit gegenübersieht. Dies umfasst nicht nur interne Diskussionen innerhalb der katholischen Kirche, sondern auch die vielfältigen Wechselwirkungen und Interaktionen mit den säkularen Bereichen der Gesellschaft und Politik. Dieses Buch bietet eine umfassende Analyse der Rolle und Entwicklung des politischen Katholizismus in Deutschland, indem es sowohl die historischen Wurzeln als auch aktuelle Entwicklungen und Herausforderungen beleuchtet. Durch die Berücksichtigung von Geschichte und Gegenwart strebt das Buch danach, ein differenziertes und tiefgehendes Verständnis dieser wichtigen politischen Strömung zu vermitteln. Es zielt darauf ab, die langfristigen Einflüsse und die fortwährende Relevanz des politischen Katholizismus in der deutschen Gesellschaft und Politik aufzuzeigen.

Ralf Schönert, 2012-2020

2. GESCHICHTE DES POLITISCHEN KATHOLIZISMUS

2.1. Frühe Entwicklungen (bis 1870)

Im Schatten der heraufziehenden Säkularisierung Europas entfaltet sich die erstaunliche Chronik des politischen Katholizismus in Deutschland, eine Geschichte, die weit vor der Gründung des Deutschen Kaiserreichs im Jahre 1871 beginnt. Diese Zeit, geprägt von einem pulsierenden Zusammenspiel zwischen tief verwurzelten religiösen Überzeugungen und sich formierenden politischen Bewegungen, bietet einen faszinierenden Blick auf die Dynamik früher katholischer politischer Organisation und Ideologie.

Die Ära vor 1870 war eine Zeit des Umbruchs und der Herausforderung. Während Europa sich zunehmend von kirchlichen Lehren abwandte und eine säkulare Weltanschauung annahm, standen die deutschen Katholiken an einem entscheidenden Scheideweg. Ihre tiefen religiösen Überzeugungen führten sie zu einer Form der politischen Mobilisierung, die sowohl eine Reaktion auf die externen Herausforderungen durch eine sich verändernde gesellschaftliche Landschaft als auch ein Versuch war, ihren Glaubensüberzeugungen Ausdruck und Macht zu verleihen.

Die historischen Berichte jener Zeit sind nicht nur Zeugnisse des Überlebenskampfes einer religiösen Minderheit, sondern auch Fenster in die komplexen Wechselwirkungen zwischen Glauben und politischer Macht. Sie enthüllen, wie tief die katholische Kirche in das politische Gefüge Deutschlands eingebettet war und wie sie es schaffte, trotz wachsender säkularer Strömungen eine bedeutende politische Kraft zu bleiben.

Diese Periode erlaubt uns, die Ursprünge und Entwicklungen des politischen Katholizismus in einem neuen Licht zu betrachten. Die Erkenntnisse, die wir daraus ziehen, sind nicht nur für das Verständnis der religiösen Landschaft jener Zeit von Bedeutung, sondern sie bieten auch tiefe Einblicke in die anhaltenden Fragen von Glaube und Macht, die bis in die moderne Politik hineinwirken.

Durch die sorgfältige Analyse dieser frühen katholischen politischen Organisation und Ideologie wird deutlich, dass der politische Katholizismus in Deutschland vor 1870 nicht nur eine Antwort auf die Herausforderungen seiner Zeit war, sondern auch ein prägender Einfluss auf die Richtung, die das neu entstehende Deutsche Kaiserreich einschlagen würde. Dieses Kapitel der deutschen Geschichte ist somit ein lebendiges Zeugnis dafür, wie tiefgreifend und nachhaltig religiöse Überzeugungen die Wege der Politik beeinflussen können.

Das Heilige Römische Reich Deutscher Nation, ein vielschichtiges Konglomerat aus hunderten von Fürstentümern, Grafschaften und freien Städten, bot eine einzigartige Bühne für die Entwicklung und Entfaltung des politischen Katholizismus. Innerhalb dieses Reiches war der Katholizismus weit mehr als nur eine spirituelle Angelegenheit; er diente als politisches und soziales Bindemittel, das die Loyalität der Untertanen zu ihren Herrschern nicht nur festigte, sondern auch die gesellschaftliche Ordnung maßgeblich prägte.

In seinem Werk „Religion im Umbruch: Deutschland 1870-1918" hebt der Historiker Thomas Nipperdey hervor, wie tief die katholische Kirche durch ihre umfangreichen sozialen und karitativen Werke sowie durch ihre prägende Rolle im Bildungswesen in das öffentliche Leben eingriff. Diese Aktivitäten der Kirche waren nicht bloß Ausdruck christlicher Nächstenliebe, sondern auch strategische Instrumente zur Sicherung von Einfluss und Macht in einer sich wandelnden Welt.

Die Kirche agierte somit als ein zentraler Akteur im öffentlichen und politischen Leben, der die sozialen Strukturen und die kulturelle Identität seiner Gläubigen entscheidend formte. Durch die Bereitstellung von Bildung und sozialen Diensten sicherte sich die Kirche die Treue und das Vertrauen der Bevölkerung, was in politisch unsicheren Zeiten eine wertvolle Ressource darstellte.

Diese tiefgreifende Einbindung in das tägliche Leben und die politischen Strukturen ermöglichte es der katholischen Kirche, eine Schlüsselrolle in der Bewahrung und Formung der sozialen Ordnung zu spielen. Sie fungierte als Stabilisator in einem Reich, das durch eine enorme politische und territoriale Fragmentierung gekennzeichnet war. Ihre Präsenz und ihr Einfluss waren somit unerlässlich für das Funktionieren und die Legitimität der herrschenden Mächte, was den Katholizismus zu einem unverzichtbaren Element der politischen Landschaft des Heiligen Römischen Reiches machte.

Die Reformation, eingeleitet durch Martin Luthers 95 Thesen im Jahr 1517, riss das religiöse Fundament Europas auf und leitete in Deutschland eine Ära tiefgreifender religiöser Spaltungen ein. Dieses Ereignis setzte den Katholizismus massiv unter Druck, der sich fortan in einer defensiven Position wiederfand. Während Luther mit seinen Thesen ursprünglich nur bestimmte Missstände der Kirche anprangern wollte, entfachte er eine Bewegung, die schnell über theologische Forderungen hinauswuchs und das gesamte geistige und politische Gefüge Europas erschütterte.

Die daraus resultierenden konfessionellen Konflikte kulminierten im Dreißigjährigen Krieg (1618-1648), einem der verheerendsten Kriege der europäischen Geschichte. Dieser Krieg, der als politischer und religiöser Konflikt begann, führte zu einer dauerhaften konfessionellen Fragmentierung des Heiligen Römischen Reiches. Ganze Regionen wurden entvölkert, und die politische Landkarte des Reiches veränderte sich grundlegend. Die katholische Kirche sah sich gezwungen, ihre Rolle in der deutschen Gesellschaft neu zu definieren und sich an die neuen politischen Realitäten anzupassen.

In Reaktion auf die wachsende protestantische Bedrohung formierten sich katholische Bündnisse, die sowohl politische als auch religiöse Ziele verfolgten. Diese Bündnisse, wie die Katholische Liga, gegründet 1609, waren entscheidend dafür, den Einfluss und die Präsenz des Katholizismus in den konfessionell gespaltenen deutschen Territorien zu sichern. Sie zielten darauf ab, katholische Fürsten und Gebiete zu vereinen und eine Gegenkraft zu den protestantischen Unionen zu schaffen, um so die Interessen der Katholiken zu schützen und zu fördern.

Diese Umbruchszeit führte nicht nur zur geistigen und territorialen Neuausrichtung, sondern auch zur Vertiefung der katholischen Identität und zur Stärkung kirchlicher Strukturen. Die katholische Kirche musste sich anpassen, reformieren und politisch wie auch sozial aktiver werden, um in einer zunehmend fragmentierten und von Konflikten geprägten Landschaft bestehen zu können. Die Folgen dieser Entwicklungen prägten den Katholizismus in Deutschland nachhaltig und legten den Grundstein für seine Rolle in den kommenden Jahrhunderten.[1]

Das 18. Jahrhundert war für die katholische Kirche in Europa eine Zeit großer Umwälzungen, geprägt durch das Aufkommen der Aufklärung. Die Ideale der Vernunft und individueller Freiheit, wie sie von Denkern wie Voltaire und Rousseau propagiert wurden, standen oft in scharfem Gegensatz zu den traditionellen kirchlichen Lehren, die Autorität und Glaubensdogmen betonten. Diese philosophischen Strö-

---

1   Peter H. Wilson, „The Thirty Years War: Europe's Tragedy", deutsch: Der Dreißigjährige Krieg. Eine europäische Tragödie. Aus dem Englischen von Thomas Bertram, Tobias Gabel und Michael Haupt. Theiss, Darmstadt 2017, ISBN 978-3-806236286

mungen forderten die kirchliche Autorität heraus und stellten die Grundlagen ihrer moralischen und gesellschaftlichen Macht in Frage.

Parallel dazu ergriffen aufgeklärte Herrscher wie Joseph II. von Österreich energische Maßnahmen zur Säkularisierung. Joseph II., oft als Reformermonarch betrachtet, implementierte eine Reihe von Politiken, die darauf abzielten, die Macht der Kirche zu beschneiden. Durch die Konfiszierung kirchlicher Besitztümer und die Unterstellung kirchlicher Institutionen unter staatliche Kontrolle zielten diese Maßnahmen darauf ab, die Kirche dem Staat zu unterwerfen und den Einfluss religiöser Institutionen auf das öffentliche Leben zu minimieren.

Diese Herausforderungen zwangen die katholische Kirche zu einer aktiven politischen Rolle. Um ihre Interessen zu verteidigen, musste sie nicht nur auf theologischer, sondern auch auf politischer Ebene reagieren. In seinem Buch „The War against Catholicism: Liberalism and the Anti-Catholic Imagination in Nineteenth-Century Germany" beschreibt Michael B. Gross, wie die Kirche in dieser Zeit Strategien entwickelte, um ihren Einfluss zu bewahren und gegen die liberalen und anti-katholischen Strömungen zu kämpfen.

Diese Konflikte zwischen aufklärerischen Idealen und kirchlicher Tradition bereiteten den Boden für den politischen Katholizismus, der sich im 19. Jahrhundert voll entfaltete. Die katholische Kirche erkannte, dass sie, um ihre Position in einer sich schnell verändernden Welt zu sichern, nicht nur spirituell, sondern auch politisch agieren musste. Dies führte zu einer tieferen Verschmelzung von Glaube und Politik, die die katholische Kirche als eine entscheidende Kraft im sozialen und politischen Diskurs des modernen Europas festigte.

In Deutschland hat die heutige Kirchensteuer eine historische Entwicklung genommen, die nicht direkt mit dem politischen Katholizismus verbunden ist, sondern eher auf rechtlichen und finanziellen Regelungen zwischen Staat und Kirche basiert.

Im Mittelalter war die Finanzierung der Kirche durch den Zehnten geregelt, eine Abgabe, die von der Bevölkerung an die Kirche entrichtet werden musste. Diese Abgabe bestand in der Regel aus einem Zehntel der landwirtschaftlichen Erträge und diente dazu, den Unterhalt der Kirche, der Geistlichen und die sozialen Aufgaben der Kirche zu finanzieren. Der Zehnte war fest in die mittelalterliche Gesellschaftsstruktur eingebettet und wurde sowohl von Bauern als auch von Grundherren erhoben.

Die Reformation im 16. Jahrhundert brachte erhebliche Umwälzungen in der Kirchenlandschaft Europas mit sich. Martin Luther und andere Reformatoren kritisierten den Missbrauch kirchlicher Gelder und die finanzielle Belastung der Gläubigen durch die Kirche. In den protestantischen Gebieten Deutschlands und Europas wurden kirchliche Besitztümer teilweise enteignet und die Praxis des Zehnten modifiziert oder abgeschafft.

Die katholische Kirche reagierte mit der Gegenreformation, die eine Rückbesinnung auf traditionelle kirchliche Strukturen und die Stärkung des Papsttums mit sich brachte. Trotz dieser Veränderungen blieb die Finanzierung der Kirche durch Abgaben eine zentrale Frage.

Ein bedeutender Wendepunkt in der Geschichte der Kirchenfinanzierung war die Säkularisation zu Beginn des 19. Jahrhunderts. Der Reichsdeputationshauptschluss von 1803 führte zur Enteignung zahlreicher kirchlicher Ländereien und Güter. Die finanziellen Grundlagen vieler Kirchen und Klöster wurden dadurch massiv geschwächt. Um die finanzielle Lücke zu schließen, die durch die Enteignungen entstanden war, suchten die Kirchen nach neuen Einnahmequellen. In dieser Zeit wurden erste Überlegungen zur Einführung einer Kirchensteuer angestellt, um die wirtschaftliche Unabhängigkeit der Kirchen zu sichern.

Die formale Einführung der Kirchensteuer erfolgte im 19. Jahrhundert. In Preußen wurde 1821 das erste Kirchensteuergesetz erlassen. Es erlaubte den Kirchen, von ihren Mitgliedern eine Steuer zu erheben, um ihre laufenden Kosten zu decken. Diese Regelung fand in anderen deutschen Staaten Nachahmung und breitete sich allmählich im gesamten deutschen Gebiet aus.

Ein weiterer wichtiger Meilenstein war die Weimarer Verfassung von 1919. Artikel 137 der Weimarer Verfassung gestattete es den Religionsgemeinschaften, Kirchensteuern zu erheben. Dieser Artikel wurde in das Grundgesetz der Bundesrepublik Deutschland übernommen (Art. 140 GG in Verbindung mit Art. 137 WRV), was die rechtliche Grundlage für die heutige Praxis der Kirchensteuer bildet.

Heute ist die Kirchensteuer eine etablierte und gesetzlich verankerte Form der Kirchenfinanzierung in Deutschland. Die Höhe der Kirchensteuer variiert je nach Bundesland und beträgt in der Regel 8 bis 9 Prozent der Einkommensteuer. Der Staat zieht die Kirchensteuer ein und leitet sie an die jeweiligen Kirchen weiter. Diese Praxis stellt sicher, dass die Kirchen über ausreichende finanzielle Mittel verfügen, um ihre religiösen, sozialen und karitativen Aufgaben zu erfüllen.

Die Kirchensteuer hat ihre Wurzeln in mittelalterlichen Abgabenpraktiken und hat sich durch verschiedene historische Epochen hinweg entwickelt.

Die Revolution von 1848 war ein Schlüsselmoment für den politischen Katholizismus. Katholische Gruppen und Einzelpersonen engagierten sich aktiv in den revolutionären Bewegungen, um sowohl für demokratische Reformen als auch für den Schutz religiöser Interessen zu kämpfen. Die Entstehung des politischen Katholizismus in dieser Zeit kann als eine Reaktion auf die liberalen und säkularen Tendenzen der Revolution verstanden werden. Katholische Zeitungen und Vereine, die während und nach der Revolution gegründet wurden, spielten eine zentrale Rolle in der Mobilisierung katholischer Bürger und der Formulierung einer katholischen politischen Agenda.

Katholizismus und Kolonialismus

Die Rolle der katholischen Kirche im Kolonialismus stellt ein weiteres kritisches Kapitel der Weltgeschichte dar, geprägt von missionarischem Eifer sowie tiefgreifenden ethischen Dilemmata. Meine Analyse untersucht, wie katholische Missionen, Theologie und Politik einander wechselseitig beeinflussten und welche weitreichenden Auswirkungen dies auf die kolonisierten Völker hatte.

Die katholische Kirche begann ihre koloniale Missionstätigkeit bereits im 15. Jahrhundert, als die portugiesischen und spanischen Monarchien begannen, neue Welten zu entdecken. Die päpstlichen Bullen, wie "Inter Caetera"[2] von 1493, teilten die neu entdeckten Länder zwischen Portugal und Spanien auf und legitimierten deren koloniale Ansprüche unter der Bedingung der Christianisierung der einheimischen Bevölkerungen. Dieser Auftrag setzte den Grundstein für die tiefgreifende Verbindung zwischen Katholizismus und europäischem Kolonialismus.

Die Methoden der katholischen Missionierung variierten stark und waren oft ein Spiegelbild der kolonialen Politik der jeweiligen Mächte. In Lateinamerika zum Beispiel war die Missionierung eng mit der spanischen Krone verbunden, die die Encomienda-Systeme nutzte, um die indigene Bevölkerung zu kontrollieren und zu christianisieren.

---

2   Die Inter Caetera, eine päpstliche Bulle von Papst Alexander VI., wurde am 4. Mai 1493 veröffentlicht. Sie wurde erlassen, um die durch die Entdeckungen von Christoph Kolumbus aufgeworfenen territorialen Streitigkeiten zwischen Spanien und Portugal zu klären. Die Bulle gewährte Spanien die Rechte an neu entdeckten Ländern westlich einer gedachten Linie, die 100 Meilen westlich der Azoren und Kapverden verlief. Dies legitimierte die spanische Kolonisierung in der Neuen Welt und schloss dabei Portugal von diesen Gebieten aus, was später durch den **Vertrag von Tordesillas** im Jahr 1494 neu verhandelt wurde.

Das **Encomienda-System** war eine Praxis, die von der spanischen Krone während der Kolonialzeit in Lateinamerika etabliert wurde, vor allem nach der Eroberung der Azteken und Inkas im frühen 16. Jahrhundert. Dieses System spielte eine zentrale Rolle in der spanischen Kolonialverwaltung und hatte weitreichende soziale und wirtschaftliche Auswirkungen. Die Encomienda war eine Art Lehnswesen, bei dem einem spanischen Encomendero (Verwalter und Schutzherr) von der Krone die Kontrolle über eine bestimmte Anzahl indigener Einwohner verliehen wurde. Der Encomendero hatte die Verantwortung, die ihm anvertrauten Indigenen zu christianisieren und zu schützen. Im Gegenzug hatte er das Recht, von ihnen Tribut in Form von Arbeit, Waren oder Geld zu fordern. Die Hauptziele des Encomienda-Systems waren:

Wirtschaftliche Ausbeutung: Durch das System konnten die Spanier lokale Arbeitskräfte für die Landwirtschaft, den Bergbau und andere wirtschaftliche Unternehmungen nutzen. Es ermöglichte den raschen wirtschaftlichen Gewinn und die Ausbeutung der natürlichen Ressourcen der Neuen Welt.

Christianisierung: Eines der erklärten Ziele der spanischen Krone war die Verbreitung des christlichen Glaubens unter den indigenen Völkern. Die Encomenderos waren verpflichtet, für die religiöse Unterweisung und die Taufe ihrer Schutzbefohlenen zu sorgen.

Kolonialverwaltung: Das System diente auch dazu, die Verwaltung der riesigen neuen Territorien zu organisieren und zu kontrollieren, indem es loyale Anhänger der Krone in Schlüsselpositionen in den eroberten Gebieten platzierte.

Obwohl das System offiziell darauf ausgerichtet war, Schutz und christliche Lehre zu bieten, führte es in der Praxis oft zu schwerem Missbrauch, Ausbeutung und Leiden für die indigene Bevölkerung. Die Encomenderos nutzten ihre Macht häufig aus, um exzessive Arbeitsleistungen zu fordern und hohe Tribute einzutreiben. Viele Indigene wurden unter harten Bedingungen in Bergwerken und auf Plantagen eingesetzt, was zu einer hohen Sterblichkeitsrate und großen sozialen Unruhen führte. Das Encomienda-System wurde im Laufe der Zeit durch Reformen abgeschwächt und schließlich im 18. Jahrhundert offiziell abgeschafft, da es zunehmend als unmoralisch und unvereinbar mit christlichen und humanistischen Prinzipien angesehen wurde. Trotz sei-

ner Abschaffung hinterließ das System dauerhafte Auswirkungen auf die soziale und wirtschaftliche Struktur Lateinamerikas und trug zur tiefgreifenden Ungleichheit bei, die bis heute in vielen Teilen der Region besteht.

Die Missionare, oft Mitglieder des Franziskaner-, Dominikaner- oder Jesuitenordens, spielten eine zentrale Rolle in diesem kolonialen Unterdrückungsprozess. Durch die Gründung von Schulen und Kirchen versuchten sie nicht nur, den katholischen Glauben zu verbreiten, sondern auch eine aggressive kulturelle Umformung durchzusetzen. Diese Institutionen dienten als Werkzeuge der kulturellen Dominanz und Entmündigung, indem sie indigene Kulturen, Traditionen und Sprachen systematisch untergruben und ersetzten. Diese missionarischen Aktivitäten trugen wesentlich zur Zerstörung kultureller Vielfalt und zur Durchsetzung eurozentrischer Werte und Machtstrukturen bei.

In Afrika und Asien entwickelten sich die Missionsbemühungen in enger Verflechtung mit den Handelsinteressen und territorialen Eroberungen europäischer Mächte. In Regionen wie dem Kongo-Becken oder den Philippinen waren die religiösen Ziele oft nur ein Vorwand für das eigentliche Streben nach wirtschaftlichem Gewinn und politischer Kontrolle. Diese Missionsaktivitäten dienten in erster Linie dazu, die kolonialen Strukturen zu festigen und die lokale Bevölkerung zu unterdrücken. Durch die Vermischung von Religion und Kolonialismus wurden die sozialen und kulturellen Strukturen der indigenen Völker systematisch zerstört und die imperialen Interessen Europas brutal durchgesetzt.

Der Katholizismus stand oft im Zentrum ethnischer Konflikte und kultureller Konfrontationen. Ein prägnantes Beispiel ist die Rolle der Kirche im Kongo unter der belgischen Kolonialherrschaft. Die Kirche war sowohl an der Bildung als auch an der Verwaltung beteiligt und unterstützte die koloniale Ideologie, die von einer angeblichen Überlegenheit der europäischen Zivilisation ausging. Gleichzeitig gab es jedoch auch Missionare wie Pater Placide Tempels, dessen Buch "Bantu Philosophy" die Wertschätzung für die lokale Kultur förderte und zu einer kritischen Reflexion des eigenen missionarischen Ansatzes führte.

In vielen Regionen stießen die katholischen Missionsbemühungen auf Widerstand. Die Art und Weise, wie die Kirche auf diesen Widerstand reagierte, variierte. In einigen Fällen adaptierte sie lokale Bräuche und Traditionen in ihre religiösen Praktiken, um eine Synthese zwischen Katholizismus und lokalen Glaubenssystemen zu fördern. In anderen Fällen führte die Konfrontation zu gewaltsamen Auseinandersetzungen oder zur Marginalisierung und Unterdrückung widerständiger Gruppen.

Die Langzeitfolgen des katholischen Kolonialismus sind bis heute spürbar. In vielen ehemaligen Kolonien hat der Katholizismus tiefe soziale und kulturelle Spuren hinterlassen, die die religiöse Landschaft dieser Länder prägen. Gleichzeitig sind die ethischen und moralischen Fragen, die aus der kolonialen Vergangenheit entstehen, Gegenstand anhaltender Debatten innerhalb und außerhalb der Kirche.

Die frühen Entwicklungen des politischen Katholizismus bis 1870 zeichnen das Bild einer Bewegung, die sich als Antwort auf tiefgreifende gesellschaftliche und politische Veränderungen formierte. Von den ersten Schritten im Heiligen Römischen Reich über die Herausforderungen der Reformation und Aufklärung bis hin zur aktiven Teilnahme an der Revolution von 1848, entfaltet sich eine Geschichte, in der der politische Katholizismus zu einer bedeutenden Kraft in der deutschen Politik heranwuchs. Diese historischen Wurzeln formten die Identität und Strategien des politischen Katholizismus und schufen das Fundament für seine zukünftige Entwicklung in der deutschen Geschichte. Die Erzählungen dieser Zeit lassen uns verstehen, wie eng verwoben Glaube und Politik damals waren und welche langfristigen Auswirkungen dies hatte.

2.2. Politischer Katholizismus im Kaiserreich (1871 - 1918)

Mit der Proklamation des Deutschen Kaiserreichs im Januar 1871 unter der Führung von Kaiser Wilhelm I. und dem Eisernen Kanzler Otto von Bismarck begann eine neue Ära, die von tiefgreifenden politischen und gesellschaftlichen Veränderungen geprägt war. Das Kaiserreich, dominiert von der preußischen Militär- und Verwaltungsmacht, stellte eine besondere Herausforderung für die Katholiken dar, insbesondere für jene in den südlichen und westlichen Regionen wie Bayern und dem Rheinland, die traditionell katholische Hochburgen waren.

Die Integration in eine überwiegend protestantisch geprägte Nation erforderte von den Katholiken eine Neubestimmung ihrer Identität und ihres Platzes innerhalb der politischen Landschaft des neuen Reiches. Dieser Prozess war nicht nur eine Reaktion auf die protestantische Dominanz, sondern auch eine Chance, politischen Einfluss zu gewinnen und ihre spezifischen Interessen in der neuen nationalen Struktur zu vertreten.

In dieser dynamischen Zeit des Umbruchs entwickelte sich der politische Katholizismus in Deutschland rasant weiter. Die Katholiken organisierten sich in politischen Parteien wie dem Zentrum, das 1870 gegründet wurde und schnell zur wichtigsten Stimme der katholischen Bevölkerung im Reichstag wurde. Diese Partei war nicht nur eine religiöse Vertretung, sondern auch ein politischer Akteur, der sich für die Rechte und Interessen der Katholiken einsetzte und dabei oft in direkten Konflikt mit Bismarcks Kulturkampf-Politik geriet, die darauf abzielte, den Einfluss der katholischen Kirche zu schwächen und die staatliche Kontrolle über kirchliche Angelegenheiten zu stärken.

Diese Konfrontation mit staatlichen Mächten führte dazu, dass sich der politische Katholizismus weiter festigte und eine entscheidende

Rolle in der Gestaltung der politischen Kultur des Kaiserreichs spielte. Katholiken nutzten politische Plattformen, um ihre sozialen, kulturellen und wirtschaftlichen Interessen zu fördern, was zu einer tiefen Verankerung katholischer Werte und Ideologien in der deutschen Politik führte. Der politische Katholizismus wurde somit zu einem unverzichtbaren Bestandteil des politischen Lebens in Deutschland, der die Grenzen zwischen Religion und Politik weiter verwischte und die katholische Gemeinschaft als eine mächtige und einflussreiche Kraft im nationalen Diskurs etablierte.

Die Deutsche Zentrumspartei, oft einfach als „Zentrum" bezeichnet, spielte eine zentrale Rolle im politischen Katholizismus des Kaiserreichs. Sie fungierte als Stimme der katholischen Minderheit im Reichstag und war maßgeblich in der Verteidigung katholischer Interessen gegenüber den oft als feindlich wahrgenommenen preußisch-protestantischen Eliten. Unter Führung von Persönlichkeiten wie Ludwig Windthorst kämpfte das Zentrum für die Rechte der Katholiken in einem überwiegend protestantischen Staat und positionierte sich gegen die Kulturkampf-Politiken Bismarcks[3].

Ludwig Windthorst wurde am 17. Januar 1812 in Ostercappeln, im Königreich Hannover geboren. Als Sohn eines Landwirts erhielt er eine solide Ausbildung, die ihm den Weg zu juristischen Studien an den Universitäten in Göttingen und Heidelberg ebnete. Windthorst schloss sein Studium mit bemerkenswerter Brillanz ab und trat anschließend in den Staatsdienst des Königreichs Hannover ein, wo er rasch aufstieg und schließlich zum Mitglied des Hannoverschen Staatsrates ernannt wurde.

Seine politische Laufbahn begann, als er 1839 zum Mitglied des Hannoverschen Landtags gewählt wurde. Windthorst zeigte sich als fähiger Jurist und Politiker, der sich insbesondere für die Rechte des Landtages gegenüber der

3   Margret Lavinia Anderson, Windthorst. A Political Biography. Oxford 1981; deutsch als: Windthorst. Zentrumspolitiker und Gegenspieler Bismarcks. Droste, Düsseldorf 1988, ISBN 978-3-7700-0774-5

königlichen Autorität einsetzte. Diese Periode seines Lebens war geprägt von seinem Engagement für liberale Reformen und seine zunehmende Kritik an der autokratischen Haltung des Königshauses. Nach der Annexion Hannovers durch Preußen im Jahr 1866 verweigerte Windthorst die Vereidigung auf den neuen König Wilhelm I. und zog sich aus dem Staatsdienst zurück. Sein Widerstand gegen die preußische Herrschaft machte ihn zu einer Symbolfigur des politischen Katholizismus. Während dieser Zeit entwickelte sich Windthorst zu einem der führenden Köpfe der katholischen Minderheit in Deutschland, die sich zunehmend vom preußisch-protestantischen Staat unterdrückt fühlte.

1871 trat Windthorst in den Deutschen Reichstag ein und wurde bald zum Führer der Zentrumspartei, die er zu einer bedeutenden politischen Kraft formte. Die Partei setzte sich vor allem für die Interessen der katholischen Bevölkerung ein und kämpfte gegen den "Kulturkampf" Bismarcks, der darauf abzielte, den Einfluss der katholischen Kirche in Deutschland zurückzudrängen. Windthorst erwies sich als geschickter Taktiker und unnachgiebiger Verteidiger der Rechte seiner Partei und der katholischen Kirche. Während des Kulturkampfes zeigte Windthorst bemerkenswerte Fähigkeiten in der politischen Manövrierung, indem er sowohl auf parlamentarischer Ebene als auch durch öffentliche Auftritte die Angriffe der preußischen Regierung auf die katholische Kirche abwehrte. Sein Engagement für den Rechtsstaat und die parlamentarische Demokratie, kombiniert mit seinem tiefen katholischen Glauben, machten ihn zu einer prägenden Figur des Widerstands gegen die repressiven Maßnahmen Bismarcks.

Windthorst blieb bis zu seinem Tod am 26. März 1891 ein aktiver und einflussreicher Politiker. Er starb in Berlin und hinterließ ein Vermächtnis als einer der herausragendsten politischen Köpfe seiner Zeit, dessen Engagement für Gerechtigkeit und Minderheitenrechte bis heute in Erinnerung bleibt. Sein Wirken beeinflusste nicht nur die Politik seiner Zeit, sondern auch die spätere Entwicklung der politischen Kultur in Deutschland. Windthorst wird oft als der „kleine Dicke aus Ostercappeln" beschrieben, ein Spitzname, der seine Statur beschreibt, aber auch die Zuneigung und den Respekt widerspiegelt, den viele Bürger für ihn empfanden.

Der Kulturkampf, eine Reihe von politischen und gesetzlichen Maßnahmen, die von Otto von Bismarck in den 1870er Jahren initiiert wurden, zielte darauf ab, die Macht der katholischen Kirche im Kaiserreich zu schwächen. Durch Gesetze wie das Jesuitengesetz von 1872 und die Maigesetze von 1873 wurden die Aktivitäten katholischer Orden beschränkt und die staatliche Kontrolle über kirchliche Angelegenheiten, wie die Ernennung von Geistlichen, verstärkt.

*Die **Jesuitengesetze** entstanden in einer Zeit tiefgreifender politischer und gesellschaftlicher Veränderungen in Deutschland. Nach der Gründung des Deutschen Kaiserreichs 1871 unter preußischer Dominanz sah sich der neue Staat mit zahlreichen Herausforderungen konfrontiert, darunter die Frage der nationalen Einheit und die Integration verschiedener religiöser und kultureller Gruppen.*

Der Kulturkampf, in den die Jesuitengesetze eingebettet waren, begann als Konflikt zwischen der preußischen Staatsführung unter Bismarck und der katholischen Kirche. Bismarck, der die politische Stabilität des jungen Reiches sichern wollte, sah in der starken Position der katholischen Kirche und insbesondere in deren internationalen Bindungen eine Bedrohung für die staatliche Autorität. Das Jesuitengesetz wurde am 4. Juli 1872 vom Deutschen Reichstag verabschiedet. Es markierte den Beginn einer Reihe von Gesetzen, die darauf abzielten, den Einfluss der katholischen Kirche im öffentlichen Leben zu reduzieren. Kern des Gesetzes war das Verbot der Jesuitenorden sowie verwandter Orden und Kongregationen innerhalb des Deutschen Reichs.

Die Mitglieder dieser Orden wurden aus dem Reichsgebiet verwiesen und ihre Besitztümer konnten beschlagnahmt werden. Die Begründung für diese drastischen Maßnahmen lag in der angeblichen Gefährdung der staatlichen Sicherheit durch die Aktivitäten der Jesuiten. Sie wurden beschuldigt, ultramontane, also papsttreue Interessen zu fördern, die im Widerspruch zu den nationalen Interessen Deutschlands standen. Die Durchsetzung des Jesuitengesetzes war von regionalen Unterschieden geprägt. In stark katholischen Gebieten wie Bayern und dem Rheinland stieß das Gesetz auf erheblichen Widerstand. Katholische Gemeinden, Geistliche und auch Laien protestierten gegen die Maßnahmen, die sie als Eingriff in die Religionsfreiheit und als Diskriminierung ihrer Glaubensgemeinschaft ansahen.

Auf internationaler Ebene führten die Jesuitengesetze zu diplomatischen Verstimmungen, insbesondere mit dem Vatikan. Papst Pius IX. verurteilte die Gesetze als Angriff auf die Kirche und rief zum Widerstand auf.Die langfristigen Folgen der Jesuitengesetze waren vielschichtig. Einerseits gelang es Bismarck, die Position des Staates zu stärken und die Kirche in politischen Fragen zurückzudrängen. Andererseits vertiefte der Kulturkampf die Kluft zwischen Katholiken und Protestanten in Deutschland und trug zu anhaltenden Spannungen bei. 1887, nach dem Tod von Pius IX., begann eine Phase der Entspannung in den Beziehungen zwischen Staat und Kirche.

Das Jesuitengesetz wurde 1917 schließlich aufgehoben, was eine allmähliche Normalisierung der Beziehungen zwischen der katholischen Kirche und dem deutschen Staat einleitete. Die Jesuitengesetze von 1872 waren ein Schlüsselmoment im deutschen Kulturkampf und reflektieren die komplexen Beziehungen zwischen Staat und Kirche. Sie waren sowohl Ausdruck der politischen Bestrebungen Bismarcks als auch Zeichen der tiefen religiösen und kulturellen Spaltungen innerhalb des deutschen Kaiserreichs. Der Kulturkampf und die Jesuitengesetze bieten wertvolle Einblicke in die Herausforderungen und Konflikte, die die deutsche Gesellschaft in einer Zeit tiefgreifender Veränderungen prägten.

Die **Maigesetze** wurden im Mai 1873 vom Reichstag verabschiedet und umfassten mehrere spezifische Regelungen:

Schulaufsichtsgesetz (Mai 1872): Dieses Gesetz unterstellte das gesamte Schulwesen der Aufsicht des Staates und entzog den kirchlichen Stellen jegliche Kontrolle über den Schulunterricht.

Kanzelparagraph (Mai 1871): Hiermit wurde Geistlichen verboten, politische Themen von der Kanzel aus zu erörtern. Verstöße konnten mit hohen Geldstrafen und Gefängnisstrafen geahndet werden.

Pfarrer- und Kirchengesetze (Mai 1873): Diese Gesetze regulierten die Ausbildung und Anstellung von Pfarrern. Theologische Kandidaten mussten *an staatlichen Universitäten studieren und staatliche Prüfungen ablegen. Zudem wurde ein staatliches Kirchenpatronat etabliert, das die Besetzung von Pfarrstellen kontrollierte.*

__Eheschließungsgesetz (1875)__: Dieses Gesetz erklärte die zivile Eheschließung zur einzigen rechtskräftigen Form der Ehe und nahm der Kirche ihre bisherige Autorität in Eheangelegenheiten.

Die Durchsetzung der Maigesetze stieß auf erheblichen Widerstand, sowohl von Seiten der katholischen Kirche als auch von einem Großteil der katholischen Bevölkerung. Viele Geistliche weigerten sich, die neuen Bestimmungen anzuerkennen, und wurden daraufhin inhaftiert oder des Landes verwiesen. Der Widerstand äußerte sich auch in massiven Protesten und Demonstrationen, die das politische Klima in Deutschland weiter anspannten.

Die langfristigen Auswirkungen der Maigesetze waren tiefgreifend. Sie trugen nicht nur zur Verschärfung des Konflikts zwischen Staat und Kirche bei, sondern auch zur politischen Mobilisierung der katholischen Bevölkerung, die sich in der Gründung des Zentrums, einer katholischen politischen Partei, manifestierte. Diese Partei spielte eine wichtige Rolle in der deutschen Politik und trug dazu bei, die Interessen der Katholiken im politischen System des Kaiserreichs zu vertreten.

Die Maigesetze von 1873 waren ein zentraler Bestandteil von Bismarcks Kulturkampf und hatten das Ziel, die Macht der katholischen Kirche zu beschränken und die staatliche Kontrolle über kirchliche und schulische Angelegenheiten zu stärken. Sie reflektieren die komplexen Spannungen zwischen Staat und Kirche in einer Zeit, in der Deutschland sich um nationale Einheit und Identität bemühte. Die Gesetze führten zu einer langanhaltenden Veränderung im Verhältnis zwischen Staat und Kirche und hatten weitreichende politische und gesellschaftliche Konsequenzen für das Deutsche Reich.

Der Widerstand gegen diese Maßnahmen stärkte den Zusammenhalt und die politische Mobilisierung unter Katholiken, wodurch das Zentrum an Bedeutung gewann. Historiker wie Ronald J. Ross in seinem Werk "The Failure of Bismarck's Kulturkampf: Catholicism and State

Power in Imperial Germany, 1871-1887" analysieren, wie dieser Konflikt die Beziehungen zwischen Staat und Kirche nachhaltig prägte.

Die Zentrumspartei, als politischer Arm der katholischen Gemeinschaft in Deutschland, spielte eine entscheidende Rolle in der Formung der Sozialpolitik des Kaiserreichs. Neben ihrem Widerstand gegen den Kulturkampf, der darauf abzielte, den Einfluss der katholischen Kirche zu minimieren, erkannte die Partei auch die dringende Notwendigkeit, auf die sozialen Herausforderungen der Zeit zu reagieren. Diese Herausforderungen wurden durch die rasante Industrialisierung verschärft, die enorme soziale und wirtschaftliche Umwälzungen mit sich brachte.

Otto von Bismarcks Einführung der Sozialversicherungsgesetze in den 1880er Jahren markierte einen Wendepunkt in der deutschen Sozialpolitik. Diese Gesetze, zu denen die Krankenversicherung (1883), die Unfallversicherung (1884) und die Invaliditäts- und Altersversicherung (1889) gehörten, waren revolutionär und stellten die ersten Maßnahmen dieser Art in der Welt dar. Sie wurden als präventive Strategie gegen die wachsende Unzufriedenheit der Arbeiterklasse und die Bedrohung durch sozialistische Bewegungen eingeführt.

Das Zentrum unterstützte diese Gesetze, teilweise motiviert durch die katholische Soziallehre, die tief in der Würde und Sicherheit des Einzelnen verwurzelt ist. Die katholische Soziallehre betont die Notwendigkeit, die schwächsten Mitglieder der Gesellschaft zu schützen und eine gerechtere Verteilung des Wohlstands zu fördern. Diese Prinzipien resonierten stark mit den Zielen der Sozialversicherungsgesetze, die darauf abzielten, ein Sicherheitsnetz für Arbeiter zu schaffen und soziale Ungerechtigkeiten zu mildern.

Durch ihr Engagement in der Sozialpolitik demonstrierte die Zentrumspartei nicht nur ihre Unterstützung für Bismarcks Reformen, sondern auch ihre tiefgreifende Verpflichtung gegenüber den Prinzipien der katholischen Soziallehre. Die Unterstützung dieser Gesetze ermöglichte es dem Zentrum, seine politische Basis zu stärken und seine Relevanz in einer sich wandelnden gesellschaftlichen Landschaft zu sichern. Die Partei fungierte als Brücke zwischen den traditionellen katholischen Werten und den modernen Anforderungen einer industrialisierten Gesellschaft, wodurch sie eine zentrale Rolle in der deutschen Politik des späten 19. Jahrhunderts spielte.[4]

Der Ausbruch des Ersten Weltkriegs im Jahr 1914 stellte den politischen Katholizismus vor neue Herausforderungen und Möglichkeiten. Das Zentrum unterstützte zunächst die Kriegsanstrengungen des Kaiserreichs, was eine patriotische Haltung unter den deutschen Katholiken förderte. Jedoch führten die zunehmenden Belastungen des Krieges und die Verschärfung der sozialen und wirtschaftlichen Probleme zu einer kritischeren Haltung innerhalb der Partei gegenüber der Kriegsführung und der kaiserlichen Regierung. Diese Periode markiert auch eine Annäherung zwischen den konfessionellen Parteien, was die Grundlage für spätere interkonfessionelle Kooperationen in der Weimarer Republik legte.

Die Jahre unter dem deutschen Kaiserreich entfalteten sich als eine Zeit tiefgreifender Bedeutung für den politischen Katholizismus in Deutschland. In dieser Ära, gezeichnet von den Herausforderungen des Kulturkampfes, fanden sich Katholiken oft im Zentrum gesellschaftlicher und politischer Auseinandersetzungen. Die Zentrumspartei, als Stimme und Schutzpatron der katholischen Interessen, navigierte durch die turbulente Landschaft von Reform und Widerstand, wobei sie nicht nur auf aktuelle Ereignisse reagierte, sondern auch aktiv die sozialen und politischen Rahmenbedingungen mitgestaltete.

4 Thomas Nipperdey, "Deutsche Geschichte 1866–1918: Machtstaat vor der Demokratie"

Viele katholische Geistliche waren skeptisch gegenüber den revolutionären Umbrüchen, die teilweise von antiklerikalen und sozialistischen Kräften getrieben wurden. Die Furcht vor einer Entmachtung der Kirche und vor einer Ausbreitung des Kommunismus, der in Russland zur Enteignung und Verfolgung kirchlicher Institutionen geführt hatte, war groß. Trotz dieser Bedenken versuchten einige progressive katholische Führer, die Revolution als eine Gelegenheit zu sehen, um die sozialen Lehren der Kirche stärker in die Politik einzubringen und die Demokratisierung der Gesellschaft zu unterstützen. Die katholischen Arbeiterbewegungen spielten eine besonders interessante Rolle während der Novemberrevolution. Organisationen wie der "Volksverein für das katholische Deutschland" hatten bereits vor der Revolution soziale und politische Bildungsarbeit geleistet und versuchten, die katholischen Arbeiter von radikaleren sozialistischen Ideen fernzuhalten. Während der Revolution unterstützten viele Mitglieder dieser Bewegungen die demokratischen Bestrebungen und waren aktiv an den Arbeiter- und Soldatenräten beteiligt, die in vielen Städten als neue Machtorgane fungierten.

*Der **Volksverein für das katholische Deutschland** war eine wichtige sozialpolitische Bewegung, die zu Beginn des 20. Jahrhunderts eine bedeutende Rolle im sozialen und politischen Leben Deutschlands spielte. Gegründet im Jahr 1890, entwickelte sich der Verein schnell zu einer der größten katholischen Organisationen im Kaiserreich und in der Weimarer Republik.*

Die Gründung des Volksvereins war eine direkte Antwort auf die Herausforderungen und Bedürfnisse der katholischen Arbeiterbevölkerung, die unter den sozialen und wirtschaftlichen Spannungen der Industrialisierung litt. Die Organisation zielte darauf ab, die katholischen Arbeiter sowohl sozial als auch politisch zu schulen und zu unterstützen, um sie vor den Einflüssen sozialistischer und kommunistischer Ideologien zu schützen, die die Kirche als Bedrohung für ihre traditionellen Werte ansah.

Der Volksverein führte umfassende Bildungsprogramme durch, darunter die Herausgabe von Zeitschriften, Büchern und Flugblättern, die Organisation von Vorträgen und die Durchführung von Kursen, die sich mit Themen wie katholischer Soziallehre, Geschichte und Politik beschäftigten. Diese Bildungsinitiativen waren darauf ausgerichtet, den Arbeitern eine Alternative zu den sozialistischen Gewerkschaften und Bildungsangeboten zu bieten und sie im Sinne der katholischen Soziallehre zu stärken.

Der Volksverein engagierte sich stark in der sozialpolitischen Arena und trat für die Verbesserung der Arbeitsbedingungen, für gerechte Löhne und für sozialen Schutz der Arbeiter ein. In diesem Zusammenhang arbeitete der Verein eng mit anderen katholischen Organisationen und der Zentrumspartei zusammen, um politische Reformen zu beeinflussen und umzusetzen. Der Verein spielte eine Schlüsselrolle in der Formulierung und Unterstützung der Einführung von Arbeiterschutzgesetzen und sozialen Sicherungssystemen.

Nach dem Ende des Ersten Weltkriegs und der Gründung der Weimarer Republik passte der Volksverein seine Strategien den neuen politischen Gegebenheiten an. In der turbulenten Zeit der Weimarer Republik verstärkte der Verein seine Bemühungen, katholische Wähler politisch zu mobilisieren und sie gegen die aufkommende Bedrohung durch extremistische Bewegungen wie den Nationalsozialismus zu stärken. Der Volksverein wurde zu einem wichtigen Bestandteil der katholischen Abwehr gegen den wachsenden Einfluss von NSDAP und KPD.

Mit der Machtergreifung der Nationalsozialisten 1933 wurde der Volksverein, wie viele andere unabhängige und oppositionelle Organisationen, verboten und aufgelöst. Trotz seines Endes bleibt der Volksverein für das katholische Deutschland ein bedeutendes historisches Beispiel für die politische und soziale Aktivierung der katholischen Gemeinschaft in Deutschland. Er illustriert, wie religiöse Überzeugungen in politische und soziale Aktion umgesetzt wurden und wie die katholische Kirche versuchte, auf die modernen sozialen Fragen der Industrialisierung und der politischen Umbrüche des 20. Jahrhunderts zu reagieren.

Die tiefgreifenden Auswirkungen des Ersten Weltkriegs auf Deutschland und speziell auf die katholische Gemeinschaft waren sowohl unmittelbar als auch langanhaltend. Der Krieg hinterließ nicht nur physische Zerstörung und wirtschaftliche Not, sondern führte auch zu einer tiefen sozialen und politischen Neuordnung. Für die Katholiken in Deutschland, die bereits durch den politischen Katholizismus und ihre Mobilisierung im Zuge des Kulturkampfes und der Sozialreformen eine ausgeprägte politische Identität entwickelt hatten, bot der Krieg neue Impulse und Herausforderungen für eine weitere politische Formung und Mobilisierung.

Die Erfahrungen an der Front und die Entbehrungen an der Heimatfront trugen dazu bei, das Gemeinschaftsgefühl und die Solidarität unter den Katholiken zu stärken. Die Gräueltaten und das Leid des Krieges bewirkten eine Vertiefung religiöser Gefühle und eine Rückbesinnung auf christliche Werte, die als Gegenpol zu den Schrecken des Krieges gesehen wurden. Diese Erneuerung des Glaubens und die daraus resultierende soziale Kohäsion boten eine Plattform für eine intensivere politische Organisation.

Nach dem Krieg war die politische Landschaft Deutschlands geprägt von Unsicherheit und Umbrüchen. Die Abdankung des Kaisers und die anschließende Gründung der Weimarer Republik führten zu einem politischen Vakuum, in dem sich die Katholiken neu positionieren mussten. Die Zentrumspartei spielte in der Weimarer Republik eine zentrale Rolle und war oft ein entscheidender Faktor in Koalitionsregierungen. Ihre politische Strategie und ihr Engagement in der neuen demokratischen Ordnung waren stark von den Lehren und Erfahrungen des Krieges beeinflusst.

Die Katholiken nutzten ihre organisatorischen Strukturen und Netzwerke, um sich in der nachkriegszeitlichen Politik effektiv zu engagieren und Einfluss auszuüben. Ihre Teilnahme an der Gestaltung der Weimarer Verfassung und ihre aktive Beteiligung in der Politik zeigten, wie tief die katholische Gemeinschaft in die deutsche Gesellschaft eingebettet war und wie entscheidend sie die politische Kultur des Landes prägte.

Als die Schatten des Ersten Weltkriegs langsam wichen, zeichnete sich eine neue Ära in der deutschen Gesellschaft ab. Eine Ära, in der die Katholiken, lange Zeit an den Rand gedrängt, plötzlich eine unerwartete Macht erlangten. Diese Veränderung war nicht bloß das Ergebnis eines friedvollen Wandels, sondern das Resultat von raffinierter politischer Mobilisierung und taktischen Manövern in einer Zeit, in der Deutschland sich mühsam von den Narben des Krieges erholte.

Die Katholiken, einst durch den Krieg in ihrer Existenz bedroht, fanden sich nun in einer Position wieder, in der sie ihre politischen und sozialen Interessen in einer zunehmend pluralistischen Gesellschaft artikulieren konnten. Doch dieser Aufstieg war nicht ohne Kritik. Viele sahen in ihrer wachsenden Macht eine bedenkliche Vermengung von Religion und Politik, die die säkulare Natur des modernen Staates herausforderte. Waren es wirklich nur die lehrreichen Erfahrungen des Krieges, die sie in ihrem Streben nach einer gerechteren und friedvolleren Welt bestärkten? Oder spielten hier auch strategische Interessen eine Rolle, die auf den Erhalt und die Expansion ihrer neu gewonnenen Macht abzielten?

In dieser kritischen Betrachtung offenbart sich ein komplexes Bild von Opportunismus, strategischer Planung und echter Überzeugung. Die Katholiken nutzten die Wirren der Nachkriegszeit geschickt, um sich als unverzichtbare Akteure in einer fragmentierten Gesellschaft zu positionieren. Sie verstanden es meisterhaft, sich als Vermittler und Bewahrer von Stabilität und moralischer Richtschnur darzustellen. Doch hinter den Kulissen waren diese Bemühungen nicht immer so selbstlos, wie sie erschienen.

Der Weg der Katholiken zu Beginn des 20. Jahrhundert ist somit nicht nur eine Geschichte des Glaubens und der Solidarität, sondern auch eine Geschichte von Machtkämpfen und politischem Kalkül. Ihre Rolle in der Formung einer gerechteren Gesellschaft bleibt unbestritten, doch die Wege, die sie beschritten, werfen Fragen auf, die über einfache Erzählungen von Gut gegen Böse hinausgehen. In dieser erweiterten Betrachtung werden die Katholiken nicht nur als Hüter des Friedens gesehen, sondern auch als Akteure in einem Spiel, das weit komplexer ist, als es auf den ersten Blick scheint.

2.3. Weimarer Republik und Drittes Reich (1919 - 1945)

Nach dem verheerenden Ersten Weltkrieg und dem dramatischen Zusammenbruch des Kaiserreichs erlebte Deutschland eine Zeit tiefgreifender Veränderungen und der Suche nach einer neuen Identität. In dieser Atmosphäre des Umbruchs wurde 1919 die Weimarer Republik aus der Taufe gehoben, ein politisches Experiment, das eine vollkommen neue Landschaft für alle Akteure bot. Inmitten dieser neuen Ordnung sah sich der politische Katholizismus vor die Aufgabe gestellt, seine Rolle neu zu definieren. Die Zentrumspartei, die während der Ära des Kaiserreichs vielen Katholiken als politische Heimat gedient hatte, fand sich nun in der Rolle einer Schlüsselfigur innerhalb der schwankenden Koalitionspolitik der Weimarer Republik wieder. Dies war eine Zeit des Neudenkens und der strategischen Neuausrichtung, in der alte Gewissheiten auf den Prüfstand gestellt und neue Wege beschritten wurden.

Die Weimarer Verfassung, die am 11. August 1919 in Kraft trat, markierte einen bedeutenden Wendepunkt in der Geschichte Deutschlands, insbesondere in Bezug auf das Verhältnis zwischen Staat und Kirche. Artikel 137 der Verfassung spielte eine zentrale Rolle, indem er wesentliche Freiheiten für die Religionsausübung garantierte und eine deutlichere Trennung von Staat und Kirche als zuvor festlegte.

Dieser Artikel stellte sicher, dass „jede Religionsgesellschaft [...] ihre Angelegenheiten selbständig innerhalb der Schranken des für alle geltenden Gesetzes ordnet und verwaltet." Er erklärte weiterhin, dass „jede Religionsgesellschaft [...] Körperschaften des öffentlichen Rechts bleiben oder werden" kann, sofern sie durch ihre Verfassung und die Zahl ihrer Mitglieder die Gewähr der Dauer bietet. Dies ermöglichte es den Kirchen, viele ihrer traditionellen Rollen, insbesondere im sozialen und erzieherischen Bereich, beizubehalten, während sie gleichzeitig von direkter staatlicher Kontrolle befreit wurden.

Die Trennung von Staat und Kirche bedeutete auch, dass der Staat keine Kirchensteuern mehr erhob. Stattdessen wurden die Kirchensteuern direkt von den Kirchenmitgliedern erhoben, was den Kirchen eine gewisse finanzielle Unabhängigkeit und Autonomie verlieh. Darüber hinaus schützte der Artikel die Freiheit der Religionsausübung und stärkte das Recht auf religiöse Selbstbestimmung, was besonders wichtig in einer Zeit war, in der politische und gesellschaftliche Umwälzungen die religiösen Institutionen unter Druck setzen konnten.

Für die katholische Kirche und die Katholiken in Deutschland bedeuteten diese Änderungen eine neue Ära der Religionsfreiheit und eine Gelegenheit, ihre Rolle in der Gesellschaft neu zu definieren. Sie konnten ihre Bildungs- und Sozialprogramme ohne direkte Einmischung des Staates fortsetzen und gleichzeitig ihre religiösen Überzeugungen in einer sich wandelnden politischen Landschaft frei ausüben. Die klare Trennung von Staat und Kirche in der Weimarer Verfassung ermöglichte es den religiösen Gemeinschaften, eine stabilere und unabhängigere Position in der deutschen Gesellschaft einzunehmen und förderte ein Klima religiöser Toleranz und Vielfalt.

Art 137 – Weimarer Verfassung

(1) Es besteht keine Staatskirche.

(2) Die Freiheit der Vereinigung zu Religionsgesellschaften wird gewährleistet. Der Zusammenschluß von Religionsgesellschaften innerhalb des Reichsgebiets unterliegt keinen Beschränkungen.

(3) Jede Religionsgesellschaft ordnet und verwaltet ihre Angelegenheiten selbständig innerhalb der Schranken des für alle geltenden Gesetzes. Sie verleiht ihre Ämter ohne Mitwirkung des Staates oder der bürgerlichen Gemeinde.

(4) Religionsgesellschaften erwerben die Rechtsfähigkeit nach den allgemeinen Vorschriften des bürgerlichen Rechtes.

(5) Die Religionsgesellschaften bleiben Körperschaften des öffentlichen Rechtes, soweit sie solche bisher waren. Anderen Religionsgesellschaften sind auf ihren Antrag gleiche Rechte zu gewähren, wenn sie durch ihre Verfassung und die Zahl ihrer Mitglieder die Gewähr der Dauer bieten. Schließen sich mehrere derartige öffentlich-rechtliche Religionsgesellschaften zu einem Verbande zusammen, so ist auch dieser Verband eine öffentlich-rechtliche Körperschaft.

(6) Die Religionsgesellschaften, welche Körperschaften des öffentlichen Rechtes sind, sind berechtigt, auf Grund der bürgerlichen Steuerlisten nach Maßgabe der landesrechtlichen Bestimmungen Steuern zu erheben.

(7) Den Religionsgesellschaften werden die Vereinigungen gleichgestellt, die sich die gemeinschaftliche Pflege einer Weltanschauung zur Aufgabe machen.

(8) Soweit die Durchführung dieser Bestimmungen eine weitere Regelung erfordert, liegt diese der Landesgesetzgebung ob.

In einer Zeit des gesellschaftlichen Wandels und politischer Unsicherheiten nahm die Zentrumspartei eine zentrale Stellung ein, indem sie maßgeblich an der Ausformulierung von Bestimmungen beteiligt war, die speziell darauf ausgerichtet waren, die Rechte der Katholiken zu wahren. Ihre Bemühungen erstreckten sich weit über den bloßen Schutz hinaus in die aktive Gestaltung der Sozialpolitik und des Bildungswesens. Inspiriert und geleitet wurden diese Anstrengungen von der tiefgründigen katholischen Soziallehre, die durch die wegweisenden Enzykliken „Rerum Novarum" von Papst Leo XIII. und später „Quadragesimo Anno" von Papst Pius XI. ihre Prägung erhielt. Diese Dokumente boten nicht nur theologische Einsichten, sondern auch praktische Richtlinien, die das Zentrum motivierten, sich für eine gerechtere Gesellschaft einzusetzen, in der Bildung und soziale Gerechtigkeit allen zugänglich gemacht werden sollten.

Die 1920er Jahre entfalteten sich als eine Dekade voller wirtschaftlicher Herausforderungen, wobei die Hyperinflation von 1923 einen dramatischen Höhepunkt darstellte. Inmitten dieser turbulenten Zeiten stand die Zentrumspartei, die zusammen mit Organisationen wie dem Katholischen Arbeiterverein energisch für wirtschaftliche Reformen kämpfte. Diese Initiativen zielten darauf ab, die Not der arbeitenden Klassen zu lindern und ernteten dadurch breite Zustimmung innerhalb der katholischen Gemeinschaft. Die Bemühungen des Zentrums wurden in zahlreichen Publikationen und Reden ihrer führenden Mitglieder festgehalten, welche die politische und soziale Landschaft Deutschlands jener Zeit widerspiegeln. Ein bedeutendes Werk, das diese Periode dokumentiert, ist "Das Zentrum: Spiegelbild der politischen Kultur Deutschlands" von Rudolf Morsey. Dieses Buch bietet nicht nur Einblicke in die politischen Strategien der Partei, sondern auch in das kulturelle und soziale Engagement, das die Zentrumspartei leistete, um den Herausforderungen einer sich schnell verändernden Gesellschaft zu begegnen.

Mit dem Aufstieg der Nationalsozialisten zur Macht im Jahr 1933 brach für den politischen Katholizismus in Deutschland eine düstere Zeit an. Die neue Regierung unter der Führung der NSDAP betrachtete die katholische Kirche und ihre vielfältigen Organisationen mit tiefem Misstrauen und offener Feindseligkeit. Diese feindliche Haltung setzte katholische Politiker und Geistliche unter enormen Druck und stellte sie vor komplexe und häufig gefährliche Herausforderungen. In einer Atmosphäre, in der Überwachung und Unterdrückung allgegenwärtig waren, mussten sie ihren Glauben und ihre politischen Überzeugungen mit großer Vorsicht und oft im Verborgenen leben und verteidigen.

Das Reichskonkordat von 1933

Ein bedeutendes Ereignis war der Abschluss des Reichskonkordats zwischen dem Heiligen Stuhl und dem nationalsozialistischen Deutschland im Juli 1933, welches die Rechte der Kirche im Dritten Reich zu sichern versuchte. Dieses Abkommen, das von Kardinal Pacelli (später Papst Pius XII.) ausgehandelt wurde, wird kontrovers diskutiert, da es von einigen als Versuch gesehen wird, den Nationalsozialisten Legitimität zu verleihen, während andere es als notwendigen Schritt zum Schutz der katholischen Institutionen betrachten. Details zu den Verhandlungen und deren Auswirkungen werden von dem Historiker Ludwig Volk[5] beschrieben.

Obwohl das Konkordat gewisse Schutzmechanismen bot, wurden viele katholische Organisationen verboten und die Aktivitäten der Kirche wurden streng überwacht. Trotzdem gab es unter Katholiken sowohl Formen des Widerstands als auch der Anpassung. Die Enzyklika „Mit

---

5 **Ludwig Volk,** Das Reichskonkordat vom 20. Juli 1933. Von den Ansätzen in der Weimarer Republik bis zur Ratifizierung am 10. September 1933 (= Veröffentlichungen der Kommission für Zeitgeschichte Reihe B Band 5), Matthias-Grünewald-Verlag, Mainz 1972. Das gesamte Konkordat wurde im Reichsgesetzblatt veröffentlicht und steht zum Download unter https://upload.wikimedia.org/wikipedia/de/e/ed/Das_Reichskonkordat_von_1933.pdf zur Verfügung.

brennender Sorge" von 1937, verfasst von Papst Pius XI. und in Deutschland verlesen, war eine direkte Verurteilung des Nationalsozialismus und seiner Ideologie. Gleichzeitig versuchten viele Katholiken, innerhalb der gegebenen Strukturen zu überleben, was oft zu moralisch ambivalenten Situationen führte.

Ludwig Kaas (1881–1952) war eine Schlüsselfigur der deutschen Politik während der Weimarer Republik und eine ambivalente Persönlichkeit in den frühen Jahren des Nationalsozialismus. Als Priester und Vorsitzender der Zentrumspartei, einer wichtigen katholischen politischen Partei in Deutschland, spielte er eine entscheidende Rolle in den Verhandlungen und der Verabschiedung des Reichskonkordats zwischen dem Heiligen Stuhl und dem Deutschen Reich im Jahr 1933.

Ludwig Kaas wurde am 23. Mai 1881 in Trier, Deutschland, geboren. Er war ein bedeutender politischer und kirchlicher Führer während der Weimarer Republik und spielte eine zentrale Rolle in den frühen Jahren des Nationalsozialismus in Deutschland.

Nach seinem Studium der Theologie und Philosophie wurde Kaas 1906 zum Priester geweiht. Sein akademischer Weg führte ihn auch in die Rechtswissenschaften, in denen er promovierte. Seine Bildung und sein Engagement führten ihn in die Politik, wo er als Mitglied der Zentrumspartei diente, einer Partei, die hauptsächlich katholische Interessen innerhalb des deutschen politischen Spektrums vertrat.

1920 wurde Kaas in den Reichstag gewählt, wo er sich schnell als ein führender Kopf seiner Partei etablierte. 1928 übernahm er den Vorsitz der Zentrumspartei und behielt diese Position bis 1933. In seiner politischen Karriere konzentrierte sich Kaas vor allem auf Fragen des Bildungswesens, der Sozialpolitik und der Kirchenrechte.

Als Vorsitzender der Zentrumspartei spielte Kaas eine entscheidende Rolle bei den Verhandlungen zum Reichskonkordat zwischen dem Heiligen Stuhl und dem Deutschen Reich, das 1933 unterzeichnet wurde. Dieser Vertrag zielte darauf ab, die Rechte der katholischen Kirche unter dem Nazi-Regime zu schützen, doch er wurde von vielen als ein Akt der politischen Neutralisierung der Kirche und als eine implizite Anerkennung des Regimes von Adolf Hitler gesehen.

Nach der Unterzeichnung des Reichskonkordats und der Auflösung der Zentrumspartei emigrierte Kaas 1933 nach Rom. In Rom lebte er bis zu seinem Tod am 15. April 1952. Während seiner Zeit in Rom diente Kaas als Kanoniker am Petersdom und widmete sich kirchlichen Angelegenheiten.

Kaas' Leben und Wirken sind bis heute Gegenstand historischer Bewertungen. Seine Rolle in einer der umstrittensten Perioden der deutschen Geschichte macht ihn zu einer ambivalenten Figur, deren Handlungen sowohl als pragmatische Schutzversuche als auch als problematische Kompromisse interpretiert werden können.

In der facettenreichen Geschichte Deutschlands ragt die Ära der Weimarer Republik bis hin zum Dritten Reich als eine Zeit der Zerreißproben und dramatischen Veränderungen heraus, besonders für den politischen Katholizismus. Diese Jahre waren gekennzeichnet durch eine Mischung aus politischem Einfluss und tiefgreifenden Leiden, die die katholische politische Bewegung nachhaltig formten und prägten.

Die Weimarer Republik, entstanden aus den Trümmern des Ersten Weltkriegs, bot zunächst neue Möglichkeiten für demokratische Beteiligung und politische Mitgestaltung. Der politische Katholizismus, vertreten durch das Zentrum und andere katholische Parteien, nutzte diese Chance, um wesentliche Aspekte des sozialen und politischen Lebens zu beeinflussen. In einer Zeit, die von politischer Unsicherheit und wirtschaftlicher Instabilität geprägt war, strebten sie danach, die moralischen und sozialen Lehren der Kirche in die neu formierte Staatsführung einzubringen.

Doch mit dem Aufstieg der Nationalsozialisten und der Etablierung des Dritten Reichs änderten sich die Umstände dramatisch. Die NS-Regierung, die eine totale Kontrolle und Gleichschaltung aller gesellschaftlichen und politischen Organisationen anstrebte, kollidierte bald mit den Grundwerten des Katholizismus. Trotz anfänglicher Versuche, das Verhältnis zwischen Staat und Kirche durch das Reichskonkordat zu stabilisieren, wurde bald deutlich, dass die totalitären Ambitionen des Regimes keine echte Toleranz für die Unabhängigkeit der Kirche zuließen. Katholische Einrichtungen wurden überwacht und drangsaliert, Geistliche verfolgt und die Ausübung der Religion zunehmend eingeschränkt.

Diese dunklen Jahre der Verfolgung hinterließen tiefe Narben im kollektiven Gedächtnis des politischen Katholizismus. Sie erlebten nicht nur körperliches Leid und Unterdrückung, sondern auch eine tiefe seelische Erschütterung, die das Selbstverständnis der katholischen Gemeinschaft nachhaltig veränderte. Die Kirche musste lernen, ihre Rolle in einer sich verändernden Welt neu zu definieren, einer Welt, in der die Beziehungen zwischen Staat und religiösen Institutionen nie wieder dieselben sein würden.

Die Erfahrungen dieser turbulenten Jahrzehnte prägten das Verhältnis zwischen Staat und Kirche für die kommenden Generationen und hatten einen nachhaltigen Einfluss auf das Selbstverständnis des Katholizismus in der modernen deutschen Gesellschaft. Sie zeigten die Bedeutung von Resilienz und Anpassungsfähigkeit und lehrten die katholische politische Bewegung, dass Einfluss und Integrität oft in einem Spannungsverhältnis stehen, das Weisheit und Prinzipientreue erfordert.

Katholische Dissidenten unter dem NS-Regime

Während des nationalsozialistischen Regimes in Deutschland war der Widerstand gegen die tyrannische Herrschaft Hitlers vielschichtig und facettenreich. Neben den bekannteren politischen und militärischen Widerstandsgruppen gab es auch zahlreiche Individuen und Gruppen innerhalb der katholischen Kirche, die sich den nationalsozialistischen Ideologien und Praktiken widersetzten. Diese katholischen Dissidenten spielten eine kritische, wenn auch oft unterrepräsentierte Rolle im Widerstand gegen das NS-Regime. Ihre Geschichten sind nicht nur Zeugnisse des Mutes und der Überzeugung, sondern auch wichtige Beispiele für die ethische und moralische Standhaftigkeit in Zeiten extremer Repression und Verfolgung.

Das Verhältnis zwischen der katholischen Kirche und dem NS-Regime war von Anfang an geprägt von einer komplizierten Dynamik. Die Kirche stand aufgrund ihrer internationalen Präsenz und ihrer organisatorischen Unabhängigkeit in einer einzigartigen Position gegenüber dem totalitären Regime Adolf Hitlers.

Im Jahr 1933 wurde das Reichskonkordat zwischen dem Heiligen Stuhl und dem Deutschen Reich unterzeichnet. Dieser Vertrag sollte die Rechte der Kirche in Deutschland schützen und eine gewisse Autonomie in kirchlichen Angelegenheiten gewährleisten. Das Konkordat sah vor, dass die Kirche sich aus der Politik heraushält, während der Staat die institutionellen Rechte der Kirche und ihre Freiheit in der religiösen Erziehung und Organisation respektieren sollte.

Trotz dieser formalen Übereinkunft stießen die NS-Politiken schnell auf den Widerstand der Kirche, insbesondere als das Regime begann, seine Politik der Gleichschaltung umzusetzen. Diese Politik zielte darauf ab, sämtliche unabhängigen Organisationen dem Kontroll- und Einflussbereich der NSDAP zu unterstellen, was in direktem Widerspruch zu den im Konkordat zugesicherten Rechten stand. Zudem wurden kirchliche Gruppen wie die katholische Jugendorganisation zunehmend eingeschränkt und durch NS-Organisationen ersetzt.

Die Menschenrechtsverletzungen des Regimes, einschließlich der Verfolgung von Juden, politischen Gegnern und anderen Minderheiten, stellten ein weiteres schwerwiegendes Problem dar. Viele Geistliche und Gläubige waren tief besorgt und empört über diese Grausamkeiten. Einige Mitglieder der Kirche, wie der Berliner Bischof Konrad von Preysing, wurden zu stillen Gegnern des Regimes, während andere, wie der Münsteraner Bischof Clemens August Graf von Galen, offen gegen spezifische NS-Politiken wie die Euthanasie-Programme predigten und protestierten.

Trotz des Konkordats fanden zahlreiche Verhaftungen und Schikanen gegen Geistliche statt, und kirchliche Publikationen wurden zensiert oder verboten, was die Spannungen zwischen Kirche und Staat weiter verschärfte. Die katholische Kirche befand sich in einer prekären Lage: einerseits gebunden durch das Reichskonkordat und den Wunsch, die Gläubigen zu schützen, andererseits zutiefst in Konflikt mit den unmoralischen und brutalen Maßnahmen des NS-Regimes.

Das komplexe Verhältnis zwischen der katholischen Kirche und dem NS-Regime illustriert somit die Schwierigkeiten und moralischen Dilemmata, mit denen sich die Kirche während dieser dunklen Periode der deutschen Geschichte konfrontiert sah. Ihre Rolle und Reaktion auf das NS-Regime bleiben Gegenstand intensiver historischer Forschung und Diskussion.

Porträts bekannter katholischer Widerstandskämpfer

Alfred Delp

Alfred Delp, geboren am 15. September 1907 in Mannheim, Deutschland, trat in einer Zeit großer politischer Unsicherheiten und sozialer Veränderungen auf die Bühne der Geschichte. Im Jahr 1926, während der Weimarer Republik, entschied sich Delp für den Eintritt in den Jesuitenorden, was den Beginn eines Lebensweges markierte, der von tiefem geistigen Engagement und sozialer Verantwortung geprägt war. Seine akademische Laufbahn führte ihn durch das Studium der Philosophie und Theologie an verschiedenen Jesuitenhochschulen.

Nach seiner Priesterweihe im Jahr 1937 widmete sich Delp der Seelsorge und der Jugendarbeit, wobei er zunehmend in die sozialen und politischen Herausforderungen seiner Zeit involviert wurde. Diese Aktivitäten und sein tiefes soziales Bewusstsein brachten ihn in Kontakt mit dem Kreisauer Kreis, einer Widerstandsgruppe gegen das nationalsozialistische Regime. Dieser Kreis bestand aus Menschen verschiedener politischer und religiöser Überzeugungen, die gemeinsam nach Wegen suchten, Deutschland nach einem möglichen Sturz Hitlers neu zu gestalten. Delp war besonders in die Formulierung von Plänen für soziale und wirtschaftliche Reformen involviert.

Die Beteiligung an dieser Gruppe führte schließlich zu seiner Verhaftung nach dem gescheiterten Attentat auf Hitler am 20. Juli 1944. Während seiner Zeit in Haft verfasste Delp eine Reihe von meditativen Texten und Reflexionen, die seine philosophische Tiefe und sein unerschütterliches Engagement für Gerechtigkeit und Menschlichkeit offenbaren.

Am 2. Februar 1945, in den letzten Monaten des Krieges, wurde Alfred Delp in der Hinrichtungsstätte Berlin-Plötzensee als Teil der brutalen Repressalien gegen den Widerstand hingerichtet. Trotz der Kürze seines Lebens und der Tragik seines Endes hinterließ Delp ein tiefgreifendes geistiges Erbe. Seine Schriften, oft unter schwierigsten Bedingungen verfasst, reflektierten seine philosophischen Überlegungen und theologischen Einsichten, die heute als wichtige Beiträge zum christlichen Diskurs in Zeiten von Krise und Verfolgung angesehen werden.

Delp wird heute oft als Symbolfigur des christlichen Widerstands in Deutschland betrachtet. Seine Schriften und Taten sind ein bleibendes Zeugnis dafür, dass tiefe Überzeugungen und moralische Werte auch unter extremsten Bedingungen Bestand haben können. Er wird nicht nur als Märtyrer verehrt, sondern auch als Inspirationsquelle für nachfolgende Generationen, die in seinen Lebensweg und seine Werke ein Beispiel für Mut, Glauben und unermüdlichen Einsatz für Gerechtigkeit sehen.

Bernhard Lichtenberg

Bernhard Lichtenberg war ein deutscher katholischer Priester, der für seinen mutigen Widerstand gegen das nationalsozialistische Regime bekannt wurde. Geboren am 3. Dezember 1875 in Ohlau in Schlesien, studierte er Theologie in Innsbruck und Breslau und wurde 1899 zum Priester geweiht.

Lichtenberg diente zunächst in verschiedenen Gemeinden, bevor er 1931 zum Dompropst an der St. Hedwigs-Kathedrale in Berlin ernannt wurde. Diese Position verlieh ihm ein hohes Maß an Sichtbarkeit und Einfluss, den er nutzte, um sich gegen die Verfolgung der Juden und andere Ungerechtigkeiten des Nazi-Regimes zu stellen.

Mit dem Aufstieg der Nationalsozialisten wurde Lichtenberg zunehmend zu einem lautstarken Kritiker der Regierung. Besonders bekannt wurde er für seine öffentlichen Gebete für die Juden und andere Verfolgte während der täglichen Vesper in der St. Hedwigs-Kathedrale. Nach der Reichspogromnacht im November 1938 betete er offen für die jüdischen Opfer, was seine Position innerhalb des Regimes weiter gefährdete.

Seine offenen Proteste und seine Weigerung, sich dem Regime zu beugen, führten 1941 zu seiner Verhaftung durch die Gestapo. Er wurde wegen seines Einsatzes für Juden und seiner kritischen Haltung gegenüber den nationalsozialistischen Maßnahmen angeklagt. Nach seiner Verurteilung zu einer Haftstrafe sollte er ins Konzentrationslager Dachau überführt werden. Auf der Reise dorthin erlag Bernhard Lichtenberg am 5. November 1943 seinen gesundheitlichen Belastungen.

Bernhard Lichtenberg wird heute als Märtyrer und Held des katholischen Glaubens verehrt. Er wurde 1965 von Papst Paul VI. als Gerechter unter den Völkern geehrt und 1996 von Papst Johannes Paul II. seliggesprochen. Sein mutiger Einsatz für Gerechtigkeit und Menschlichkeit macht ihn zu einer bedeutenden Figur im kirchlichen wie auch im weltlichen Widerstand gegen das NS-Regime.

Clemens August Graf von Galen

Clemens August Graf von Galen wurde am 16. März 1878 in Dinklage, Oldenburg, als eines von elf Kindern in eine alte westfälische Adelsfamilie geboren. Aufgewachsen in einem katholischen und patriotischen Umfeld, prägten diese Werte früh sein Leben und seine Überzeugungen. Nach seiner Schulzeit am Antonianum Vechta und später am Jesuitenkolleg Stella Matutina in Feldkirch, Österreich, studierte er Theologie und Philosophie in Fribourg, Innsbruck und Münster.

Im Jahr 1904 wurde von Galen in Münster zum Priester geweiht. Er diente zunächst als Kaplan in der Industriestadt Mülheim an der Ruhr und später in Berlin. 1929 wurde er Pfarrer an der St. Matthias-Kirche in Berlin, wo er sich während der Weimarer Republik politisch engagierte und gegen den aufkommenden Nationalsozialismus positionierte.

1933, das Jahr, in dem Adolf Hitler an die Macht kam, wurde von Galen zum Bischof von Münster ernannt. In dieser Funktion sah er sich bald den Herausforderungen des Nationalsozialismus gegenübergestellt. Trotz der politischen Risiken kritisierte er offen die Ideologie und Praktiken des Regimes, einschließlich der Verletzung kirchlicher Rechte, der Euthanasie und der Unterdrückung religiöser und ethischer Lehren.

Von Galens entschiedener Widerstand gegen das NS-Regime erreichte 1941 seinen Höhepunkt. In einer Reihe von drei mutigen Predigten, die als die „Löwenpredigten" bekannt wurden, prangerte er die Morde an behinderten Menschen an, die im Rahmen des Euthanasieprogramms der Nazis durchgeführt wurden. Diese Predigten wurden heimlich im Deutschen Reich und im Ausland verbreitet und trugen dazu bei, dass das Euthanasieprogramm öffentlich bekannt wurde und schließlich auf Druck hin eingeschränkt wurde.

Trotz der Gefahr für sein eigenes Leben und wiederholter Drohungen durch die Gestapo, wurde von Galen nicht verhaftet. Die Nazis fürchteten die möglichen Folgen seiner Märtyrertod für die öffentliche Ordnung und den Widerstand in Deutschland. Seine Predigten und sein unermüdlicher Einsatz für die christlichen Werte und das Menschenrecht beeinflussten nicht nur seine Zeitgenossen, sondern stärkten auch den Widerstand gegen das Regime.

Nach dem Krieg wurde von Galen 1946 von Papst Pius XII. zum Kardinal ernannt, eine Anerkennung seines unerschrockenen Einsatzes für die Kirche und gegen den Nationalsozialismus. Jedoch erlebte er seine Erhebung zum Kardinal nicht lange; er starb am 22. März 1946 in Münster.

Clemens August Graf von Galen bleibt eine herausragende Figur in der deutschen und kirchlichen Geschichte des 20. Jahrhunderts. 2005 wurde er seliggesprochen, und sein Kampf für Gerechtigkeit und Wahrheit bleibt ein dauerhaftes Beispiel für Mut und moralische Integrität unter extremen Bedingungen.

Theodor Haecker

Theodor Haecker wurde am 13. Juni 1879 in Eberbach am Neckar geboren. Er wuchs in einer Zeit des kulturellen Umbruchs im Deutschen Reich auf, die seine spätere Arbeit als Kritiker und Denker prägen sollte. Haecker studierte klassische Philologie an der Universität Tübingen, wo er sich tiefgehend mit antiken Kulturen sowie den Schriften der Kirchenväter beschäftigte. Diese frühe Bildung legte den Grundstein für seine lebenslange Auseinandersetzung mit kulturellen und religiösen Themen.

Nach seinem Studium arbeitete Haecker als Übersetzer und Publizist. Er machte sich zunächst einen Namen durch seine deutschen Übersetzungen der Werke von Søren Kierkegaard, dem dänischen Philosophen, dessen existenzialistische Schriften großen Einfluss auf Haeckers eigenes Denken hatten. Haeckers Arbeit trug wesentlich dazu bei, Kierkegaard in der deutschsprachigen Welt bekannt zu machen.

Im Jahr 1920 konvertierte Haecker zum katholischen Glauben, ein Schritt, der sein weiteres Schaffen maßgeblich beeinflusste. Sein Fokus verschob sich mehr und mehr auf religiöse und ethische Fragen. In seinen Schriften, die nun auch religiöse Essays und kritische Betrachtungen der modernen Gesellschaft umfassten, setzte er sich intensiv mit dem Verhältnis von Glaube und Vernunft sowie mit den moralischen Herausforderungen seiner Zeit auseinander.

Mit der Machtübernahme der Nationalsozialisten 1933 begann für Haecker eine Zeit des aktiven Widerstands. Er war ein entschiedener Gegner des Regimes, was ihn zunehmend in Konflikt mit den nationalsozialistischen Behörden brachte. Haecker nutzte seine literarischen und philosophischen Kenntnisse, um in Vorträgen und Schriften gegen die Ideologie der Nationalsozialisten anzugehen. Seine Essays und Aufzeichnungen, darunter das bekannt gewordene "Tagebuch eines Verzweifelten", zeugen von seinem unermüdlichen Kampf gegen den Totalitarismus und seine unerschütterliche Überzeugung von der Bedeutung des individuellen Gewissens.

Trotz zunehmender Überwachung und Repressionen setzte Haecker seine kritische Arbeit bis zu seinem Tod am 9. April 1945 fort. Er verstarb nur wenige Wochen vor der Kapitulation Deutschlands, ohne die Befreiung noch erleben zu können. Theodor Haecker hinterließ ein umfangreiches Werk, das nicht nur durch seine intellektuelle Schärfe, sondern auch durch seinen Mut und seine moralische Klarheit besticht.

Die Weiße Rose

Die Weiße Rose steht als eines der bekanntesten Symbole des Widerstands gegen das nationalsozialistische Regime in Deutschland während des Zweiten Weltkriegs. Diese studentische Gruppe, die sich durch ihren gewaltfreien Widerstand und ihre tiefen moralischen Überzeugungen auszeichnete, spielte eine prägende Rolle im kollektiven Gedächtnis Deutschlands und darüber hinaus. Die Geschichte der Weißen Rose ist nicht nur eine Erzählung über Mut und Tragödie, sondern auch über die Kraft ethischer Überzeugung und die Bedeutung menschlicher Solidarität.

Gegründet in München im Jahr 1942 von einer Gruppe von Studenten, darunter Hans und Sophie Scholl, Alexander Schmorell, Willi Graf und Christoph Probst, sowie dem Universitätsprofessor Kurt Huber, entwickelte sich die Weiße Rose aus einer tiefen Besorgnis über die Tyrannei und Grausamkeit des Nazi-Regimes. Ursprünglich durch ihre Studien und persönlichen Erfahrungen motiviert, waren die Mitglieder der Weißen Rose besonders beeindruckt von den Vorlesungen Hubers, der offen die Philosophie und die unmenschlichen Aspekte der Nazi-Politik kritisierte.

Die Gruppe wurde stark von christlichen und philosophischen Idealen beeinflusst, insbesondere von den Schriften von Theologen wie Dietrich Bonhoeffer und Philosophen wie Karl Jaspers. Diese Einflüsse stärkten ihre Überzeugung, dass passiver Widerstand und das Aufzeigen moralischer Alternativen notwendig waren, um das Bewusstsein innerhalb der deutschen Bevölkerung zu wecken. Ihre Aktionen basierten auf dem Glauben, dass individuelle Verantwortung und ethische Handlungen zentral für den Widerstand gegen Ungerechtigkeit sind.

Zwischen Juni 1942 und Februar 1943 produzierte und verteilte die Weiße Rose insgesamt sechs Flugblätter, in denen sie zum Widerstand gegen das NS-Regime aufriefen. Diese Flugblätter, die eine Mischung aus philosophischen Argumenten, christlichen moralischen Aufrufen und schockierenden Berichten über NS-Gräueltaten enthielten, wurden heimlich in der Universität und an anderen öffentlichen Orten ausgelegt oder per Post in verschiedene Städte Deutschlands geschickt. Ein weniger bekanntes siebtes Flugblatt, das von Professor Huber verfasst wurde, war in Planung, konnte jedoch aufgrund der Verhaftung der Gruppenmitglieder nicht mehr verteilt werden.

Die Aktivitäten der Weißen Rose endeten abrupt, als Hans und Sophie Scholl am 18. Februar 1943 beim Verteilen von Flugblättern an der Ludwig-Maximilians-Universität München von einem Hausmeister entdeckt und der Gestapo übergeben wurden. Kurz darauf wurden weitere Mitglieder der Gruppe verhaftet. Die Geschwister Scholl und Christoph Probst wurden nur wenige Tage später, am 22. Februar 1943, nach einem kurzen und ungerechten Prozess vor dem Volksgerichtshof unter dem Vorsitz von Roland Freisler zum Tode verurteilt und hingerichtet. Das Vermächtnis der Weißen Rose lebt in zahlreichen Büchern, Filmen und Bildungsprogrammen fort, die nicht nur in Deutschland, sondern weltweit Aufmerksamkeit erhalten haben. Schulen und Straßen wurden nach den Mitgliedern benannt, und ihre Geschichte wird regelmäßig als Beispiel für Zivilcourage und ethischen Widerstand im Unterricht behandelt. Ihre Botschaft der menschlichen Würde und des Widerstands gegen Unrecht bleibt auch heute noch relevant.

Das Luxemburger Wort

Das "Luxemburger Wort", auch bekannt als "Luxemburger Wort für Wahrheit und Recht", ist eine der bedeutendsten Tageszeitungen Luxemburgs. Sie wurde 1848 gegründet und hat im Laufe ihrer Geschichte eine zentrale Rolle in der gesellschaftlichen und politischen Entwicklung Luxemburgs gespielt. Besonders hervorzuheben ist ihre Rolle während der deutschen Besatzung im Zweiten Weltkrieg, als sie zu einem wichtigen Organ des Widerstands wurde. Der Umgang mit der Nazi-Zensur und die mutigen Entscheidungen ihrer Redaktion sind weniger bekannte, aber kritische Aspekte ihrer Geschichte.

Das "Luxemburger Wort" wurde am 23. März 1848 von Samuel Hirsch, dem damaligen Erzbischof von Luxemburg, ins Leben gerufen. Es diente ursprünglich als Sprachrohr der Katholischen Kirche in Luxemburg und unterstützte die konservativen Parteien des Landes. Die Zeitung entwickelte schnell eine breite Leserschaft, da sie Themen abdeckte, die von lokaler und nationaler Relevanz waren, und sich als einflussreiches Medium in der politischen Landschaft Luxemburgs etablierte.

Während der deutschen Besatzung Luxemburgs im Zweiten Weltkrieg wurde das "Luxemburger Wort" wie viele andere Medien unter strenge Zensur gestellt. Die Redaktion stand vor der Herausforderung, ihre journalistische Integrität zu bewahren, während sie gleichzeitig den repressiven Maßnahmen der Besatzer ausgesetzt war. Trotz des Drucks gelang es der Zeitung, ihre Unabhängigkeit in gewissem Maße zu bewahren und durch subtile Formulierungen und die Auswahl von Themen, die die nationalsozialistische Propaganda untergruben, Widerstand zu leisten.

Eine der bemerkenswertesten Perioden des "Luxemburger Wort" unter der Nazi-Besatzung war die Entscheidung, bestimmte Nazi-Befehle offen zu missachten. Beispielsweise weigerte sich die Redaktion, antisemitische Propaganda zu veröffentlichen, und setzte sich für die Rechte und den Schutz der jüdischen Gemeinschaft in Luxemburg ein. Diese Handlungen waren nicht ohne Risiko, und mehrere Redakteure wurden von der Gestapo überwacht und bedroht.

Nach dem Krieg erfuhr das "Luxemburger Wort" eine erneute Transformation. Es unterstützte den Wiederaufbau des Landes und förderte die europäische Integration. In den 1950er und 1960er Jahren modernisierte sich die Zeitung technologisch und erweiterte ihre redaktionelle Unabhängigkeit. Sie spielte eine wichtige Rolle bei der Förderung demokratischer Werte in einer Zeit, als Luxemburg sich zu einem wichtigen Akteur in der neu gegründeten Europäischen Wirtschaftsgemeinschaft entwickelte.

In den dunklen Jahren des nationalsozialistischen Deutschlands fanden sich viele katholische Dissidenten in einem tiefen moralischen Dilemma wieder. Die Entscheidung zum Widerstand gegen das Regime war nicht nur eine politische oder soziale Handlung, sondern auch eine tiefgreifende ethische und theologische Herausforderung. Diese Männer und Frauen standen vor einer schwierigen Frage: Wie sollten sie als Christen auf die offensichtlich ungerechten und unmenschlichen Taten des Regimes reagieren?

Diese inneren Konflikte führten zu einer intensiven Reflexion über das Wesen des christlichen Glaubens und seine Implikationen für das Handeln unter einem tyrannischen System. Die traditionelle christliche Lehre forderte Gehorsam gegenüber staatlichen Autoritäten, doch wie konnte dies gerechtfertigt werden, wenn diese Autoritäten offensichtlich Böses taten? Diese Auseinandersetzung mit Glaube, Gehorsam und dem moralischen Imperativ des Widerstands wurde zu einem zentralen Thema im Leben vieler katholischer Dissidenten.

Die Geschichten dieser Dissidenten – Priester, Laien, Theologen und einfache Gläubige – sind reich an Beispielen für Mut und Überzeugung. Viele von ihnen fanden sich in Situationen, in denen passiver Widerstand nicht ausreichend erschien, und sie entschieden sich für aktivere Formen des Widerstands. Ihre Handlungen variierten von der Verbreitung verbotener Schriften, über die Organisation geheimer Treffen, bis hin zur Teilnahme an Verschwörungen zum Sturz des Regimes.

Diese katholischen Dissidenten hinterlassen ein bleibendes Zeugnis dafür, was es bedeutet, unter extremen Bedingungen treu zu seinen Überzeugungen zu stehen. Ihre Geschichten erinnern uns daran, dass Widerstand viele Formen annehmen kann, von leisen, subtilen Akten des Ungehorsams bis hin zu mutigen und entschiedenen Aktionen. Sie zeigen, dass die tiefsten Wurzeln des Widerstands oft in festen ethischen und spirituellen Überzeugungen liegen, die, auch unter größtem Druck, nicht aufgegeben werden.

Durch ihre Entscheidungen und Taten bieten diese Dissidenten ein tiefes Verständnis dafür, wie ethische und theologische Überlegungen das Handeln in Krisenzeiten prägen können. Ihre Erlebnisse dienen als Mahnung und Inspiration, dass moralische Klarheit und couragiertes Handeln auch in den dunkelsten Zeiten möglich und notwendig sind.

Der Kreisauer Kreis

Der Kreisauer Kreis war eine der bedeutendsten Widerstandsgruppen gegen das nationalsozialistische Regime in Deutschland während des Zweiten Weltkriegs. Benannt nach dem Gut Kreisau von Helmuth James Graf von Moltke, einem der führenden Köpfe der Gruppe, versammelte der Kreisauer Kreis Personen unterschiedlichster politischer und konfessioneller Hintergründe, um Pläne für ein Deutschland nach dem Fall des Nationalsozialismus zu entwerfen. Die Gruppe zeichnete sich durch eine tiefe Verwurzelung in christlichen und humanistischen Werten aus.

Der Kreisauer Kreis wurde 1940 von Helmuth James Graf von Moltke und Peter Graf Yorck von Wartenburg gegründet. Zu den Mitgliedern zählten so einflussreiche Persönlichkeiten wie der Jesuitenpater Alfred Delp, der evangelische Theologe Dietrich Bonhoeffer, der Soziologe Horst von Einsiedel und der Jurist Carl-Dietrich von Trotha. Diese heterogene Gruppe vereinte Katholiken, Protestanten und einige nichtkonfessionelle Mitglieder, die jedoch alle das gemeinsame Ziel hatten, die nationalsozialistische Tyrannei zu beenden und eine gerechte und friedliche Nachkriegsordnung zu schaffen.

Die Ideologie des Kreisauer Kreises war stark von christlichen Soziallehren und dem Personalismus beeinflusst, einer philosophischen Richtung, die die Würde und die Rechte des Einzelnen betont. Die Mitglieder waren stark gegen den Totalitarismus und das Führerprinzip des Nationalsozialismus sowie gegen Kommunismus. Sie strebten nach einem föderalistischen Deutschland, das auf demokratischen

Prinzipien und der Rechtsstaatlichkeit basiert und in dem soziale Gerechtigkeit herrscht.

Der Kreisauer Kreis traf sich zwischen 1940 und 1943 insgesamt drei Mal auf dem Gut Kreisau. Während dieser Treffen wurden verschiedene Pläne und Programme diskutiert, darunter Entwürfe für eine neue Verfassung, wirtschaftliche Reformen und Vorschläge für das Bildungssystem. Die Gruppe legte großen Wert auf die Bildung einer politisch mündigen Bürgergesellschaft, die aktiv am demokratischen Prozess teilnimmt.

Obwohl der Kreisauer Kreis nicht direkt an der Planung des Attentats vom 20. Juli 1944 auf Adolf Hitler beteiligt war, hatten einige seiner Mitglieder Verbindungen zu den Verschwörern. Nach dem Scheitern des Attentats wurden viele Mitglieder des Kreises von der Gestapo verhaftet. Helmuth James Graf von Moltke, Peter Graf Yorck von Wartenburg und andere führende Mitglieder wurden zum Tode verurteilt und hingerichtet.

Helmuth Graf James von Moltke (1907–1945) war eine prägende Figur des deutschen Widerstands gegen den Nationalsozialismus. Geboren in Kreisau, Schlesien, entstammte er einer einflussreichen aristokratischen Familie, die tief in der deutschen Militär- und Politikgeschichte verwurzelt war. Moltke studierte Rechtswissenschaften in Breslau und Berlin und arbeitete als Anwalt, bevor er 1939 in die Abteilung Abwehr des Oberkommandos der Wehrmacht eintrat.

In dieser Position nutzte Moltke seine Zugänge zu Informationen, um sich ein genaues Bild von den NS-Verbrechen zu machen. Entsetzt über die Grausamkeiten des Regimes, begann er, sich für den Widerstand zu engagieren. Er war einer der Mitbegründer der Kreisauer Kreis, eine Gruppe von Gleichgesinnten, die aus verschiedenen sozialen, politischen und religiösen Hintergründen stammten. Der Kreis traf sich regelmäßig auf Moltkes Gut in Kreisau, um über die Zukunft Deutschlands nach dem Fall des Naziregimes zu diskutieren und Pläne für eine föderale und demokratische Ordnung zu entwerfen. Moltke stand in intensivem Briefkontakt mit seiner Frau Freya von

Moltke, was heute als wichtiger Einblick in das Denken und die innere Zerrissenheit des Widerstandes gegen Hitler gewertet wird. Seine Vision für Deutschland war geprägt von christlichen Werten, demokratischen Prinzipien und einem tiefen Respekt für die Menschenrechte.

Seine Aktivitäten blieben nicht unbemerkt, und im Januar 1944 wurde Moltke von der Gestapo verhaftet. Trotz intensiver Verhöre und der Zerschlagung vieler Widerstandsnetzwerke gelang es den Nazis nicht, direkte Verbindungen Moltkes zum gescheiterten Attentat auf Hitler am 20. Juli 1944 herzustellen. Dennoch wurde er wegen Hochverrats angeklagt. Helmuth James Graf von Moltke wurde am 23. Januar 1945 vom Volksgerichtshof zum Tode verurteilt und kurz darauf in Berlin-Plötzensee hingerichtet.

Peter Graf Yorck von Wartenburg (1904-1944) war ein bedeutender Widerstandskämpfer gegen das nationalsozialistische Regime in Deutschland und eine zentrale Figur im Kreisauer Kreis, einer Gruppe, die Pläne für ein Deutschland nach Hitler erarbeitete. Geboren in eine adlige Familie, die tief in der preußischen Militär- und Politiktradition verwurzelt war, absolvierte Yorck von Wartenburg ein Studium der Rechtswissenschaften in Bonn, Berlin und Breslau.

Nach seinem Studium begann er seine Laufbahn im preußischen Justizdienst, doch mit der Machtübernahme der Nationalsozialisten 1933 wuchs seine Besorgnis über die politische Entwicklung Deutschlands. Seine juristische Karriere und aristokratische Herkunft verschafften ihm Zugang zu einflussreichen Kreisen, die er nutzte, um den Widerstand gegen das Regime zu organisieren. Im Kreisauer Kreis, den er gemeinsam mit Helmuth James Graf von Moltke leitete, war Yorck von Wartenburg maßgeblich an der Formulierung von Grundlagen für eine demokratische Nachkriegsordnung in Deutschland beteiligt. Der Kreis entwarf Pläne für eine föderale Republik, die auf rechtsstaatlichen Prinzipien und Menschenrechten basieren sollte.

Sein Engagement im Widerstand führte schließlich zu seiner Verhaftung nach dem gescheiterten Attentat auf Adolf Hitler am 20. Juli 1944, an dem er beteiligt war. Peter Graf Yorck von Wartenburg wurde wegen Hochverrats angeklagt und am 8. August 1944 vom Volksgerichtshof zum Tode verurteilt. Kurz darauf wurde er in Plötzensee hingerichtet.

Die Mitglieder des Kreisauer Kreises entwarfen eine Vision für ein demokratisches Deutschland, das auf den Prinzipien der Menschenwürde, Rechtsstaatlichkeit und sozialen Gerechtigkeit basieren sollte. Sie sprachen sich gegen jegliche Form des Totalitarismus aus und entwarfen Modelle für eine föderale Staatsstruktur, die die Autonomie der Regionen stärken und zentralistischer Macht entgegenwirken sollte. Dieser föderale Ansatz prägte später die Struktur der Bundesrepublik Deutschland, in der Länder eigenständige Rechte und Pflichten im Rahmen des Gesamtstaates haben.

Ein weiteres zentrales Anliegen des Kreisauer Kreises war die soziale Marktwirtschaft, ein Wirtschaftssystem, das sowohl wirtschaftliche Freiheit als auch soziale Gerechtigkeit betont. Die Idee einer Wirtschaft, die nicht nur effizient, sondern auch gerecht ist, war eine direkte Antwort auf die wirtschaftlichen Extreme, die sowohl zum Aufstieg des Nationalsozialismus als auch zur Instabilität der Weimarer Republik beigetragen hatten. Ludwig Erhard, der später als Wirtschaftsminister und Bundeskanzler der Bundesrepublik Deutschland diente, war maßgeblich daran beteiligt, die Prinzipien der sozialen Marktwirtschaft in der Nachkriegszeit umzusetzen.

Das Erbe des Kreisauer Kreises in der deutschen Nachkriegsgeschichte ist daher von großer Bedeutung. Die Ideen und Prinzipien der Gruppe beeinflussten nicht nur die Grundzüge der Verfassung und die politische Kultur der Bundesrepublik, sondern auch die Auffassung von Bürgerrechten und demokratischen Prozessen. Ihre Visionen trugen zur Ausrichtung Deutschlands als ein Land bei, das auf den Werten der Freiheit, Demokratie und sozialen Gerechtigkeit basiert. Der Geist des Kreisauer Kreises lebt in vielen Aspekten des modernen Deutschlands weiter und erinnert an die Bedeutung des Widerstands gegen Unterdrückung und für die Menschenrechte.[6]

6 Peter Hoffmann, Widerstand, Staatsstreich, Attentat – Der Kampf der Opposition gegen Hitler, Ausgabe, Juli 1985, ISBN 3-492-00718-X

2.4. Nachkriegszeit und Bundesrepublik (1945 - heute)

Die unmittelbare Nachkriegszeit in Deutschland war geprägt von einer tiefen Suche nach neuer Identität und Richtung, nicht nur für das Land selbst, sondern auch für die verschiedenen gesellschaftlichen und religiösen Gruppen, die Teil seiner Geschichte waren. Der politische Katholizismus, der sich vor und während des Krieges in verschiedenen Formen manifestiert hatte, stand vor der herausfordernden Aufgabe, seine Rolle in der neu entstehenden politischen und gesellschaftlichen Ordnung neu zu definieren.

Nach dem Ende des Zweiten Weltkriegs und dem dramatischen Zusammenbruch des Dritten Reiches wurde deutlich, wie tief einige Teile der deutschen Gesellschaft, einschließlich einiger kirchlicher Strukturen, mit dem nationalsozialistischen Regime verstrickt waren. Diese Erkenntnis führte innerhalb der katholischen Kirche zu einer Phase der kritischen Selbstreflexion. Es galt, das eigene Verhalten während des Nationalsozialismus aufzuarbeiten und eine Neupositionierung vorzunehmen, die sowohl die moralischen Fehler der Vergangenheit adressierte als auch eine klare Abgrenzung zu den ideologischen Grundlagen des Nationalsozialismus darstellte.

In dieser Zeit der Neuorientierung spielte die katholische Kirche eine zentrale Rolle bei der moralischen und ethischen Wiederbelebung der deutschen Gesellschaft. Die Kirche nutzte ihre weitreichenden Netzwerke und Ressourcen, um sowohl humanitäre Hilfe zu leisten als auch beim Wiederaufbau der zerstörten Städte und Gemeinden aktiv zu sein. Ihre Botschaften von Vergebung und Versöhnung waren in einer Zeit, in der viele Deutsche mit Schuld und Scham rangen, von entscheidender Bedeutung.

1945 wurde die Christlich Demokratische Union Deutschlands (CDU) gegründet, eine Partei, die von Anfang an interkonfessionell ausgerichtet war und sich als Sammelbecken für Christen unterschiedlicher Konfessionen verstand. Unter Führung von Konrad Adenauer, einem überzeugten Katholiken, strebte die CDU danach, christliche Werte in die Politik einzubringen und ein stabiles, demokratisches Deutschland aufzubauen. Die CDU wurde schnell zu einem wichtigen politischen Akteur in den drei westlichen Besatzungszonen und später in der gesamten Bundesrepublik Deutschland.

In der unmittelbaren Nachkriegszeit betonten katholische Politiker und Geistliche die Notwendigkeit, christliche Soziallehre als Grundlage für den politischen und wirtschaftlichen Wiederaufbau zu nutzen. Werke wie "Die sozialen Rundschreiben der Päpste" und "Die Katholische Soziallehre in der praktischen Anwendung" von Oswald von Nell-Breuning boten theoretische Grundlagen, die in praktische Politik umgesetzt wurden. Besonders in den Bereichen der Sozialpolitik, der Familienpolitik und in der Bildung wurden katholische Prinzipien sichtbar.

Oswald von Nell-Breuning war ein bedeutender deutscher Theologe, Sozialethiker und Jesuitenpater, geboren am 8. März 1890 in Trier und verstorben am 21. August 1991. Er war einer der führenden Köpfe in der Entwicklung der katholischen Soziallehre und beeinflusste maßgeblich das sozialpolitische Denken in Deutschland, insbesondere durch seine Arbeit zur Enzyklika „Quadragesimo anno". Diese Enzyklika, die unter Papst Pius XI. 1931 veröffentlicht wurde, bezog sich auf die soziale Ordnung und wirtschaftliche Gerechtigkeit und hatte zum Ziel, Antworten auf die Herausforderungen der modernen Industriegesellschaft zu bieten. Nell-Breuning setzte sich intensiv für die Rechte der Arbeiter ein und trug wesentlich zur Entwicklung der Konzeption der Sozialpartnerschaft und der Mitbestimmung in Deutschland bei. Seine Arbeiten und sein Engagement haben dauerhaft Einfluss auf die christliche Soziallehre und die soziale Marktwirtschaft gehabt. Während seiner langen Karriere gab es einige Kontroversen, die seine Ansichten und Aktivitäten umgaben:

Position gegen den Nationalsozialismus: Nell-Breuning war ein entschiedener Gegner des Nationalsozialismus, was in der Zeit des Dritten Reichs erhebliches persönliches Risiko mit sich brachte. Seine ablehnende Haltung gegenüber dem Regime führte zu Spannungen und gefährdete seine Sicherheit sowie die seiner Mitbrüder im Jesuitenorden.

Reform des Kapitalismus: Seine Ansichten zur Reform des Kapitalismus und seine Forderungen nach sozialer Gerechtigkeit, einschließlich der Umverteilung von Vermögen, waren besonders in konservativen und wirtschaftsnahen Kreisen umstritten. Er trat für eine stärkere Regulierung der Wirtschaft und für soziale Sicherheitsnetze ein, was nicht überall Zustimmung fand.

Modernisierung der Kirche: In den Jahren des Zweiten Vatikanischen Konzils und danach unterstützte Nell-Breuning die Modernisierungsbestrebungen innerhalb der katholischen Kirche, die auf eine Erneuerung der Liturgie und eine Öffnung gegenüber der modernen Welt abzielten. Diese Haltung stieß bei traditionelleren Kirchenkreisen auf Widerstand.

Theologische und soziale Positionen: Seine progressiven theologischen und sozialen Positionen brachten ihm Kritik von konservativen Elementen sowohl innerhalb als auch außerhalb der Kirche ein. Besonders in Fragen der Arbeitnehmerrechte und der wirtschaftlichen Gerechtigkeit vertrat er Ansichten, die als radikal angesehen wurden.

Diese Kontroversen zeichnen ein Bild von Nell-Breuning als einem engagierten, prinzipientreuen Denker, der nicht davor zurückschreckte, auch unpopuläre Standpunkte zu vertreten, wenn er sie für ethisch oder moralisch geboten hielt.

Im Jahr 1949, mit der Gründung der Bundesrepublik Deutschland, begann ein neues Kapitel in der deutschen Geschichte. Die Wahl Konrad Adenauers zum ersten Bundeskanzler markierte den Beginn einer Ära, in der der politische Katholizismus eine prägende Rolle in der Gestaltung des Staates spielte. Adenauer, ein zutiefst von christlichen Werten geprägter Staatsmann, lenkte das Land mit einer Politik, die stark durch das katholische Ethos beeinflusst war. Unter seiner Führung suchte Deutschland nach den Schrecken des Krieges und den

Zerwürfnissen der nationalsozialistischen Herrschaft nach Wegen, Wohlstand und Stabilität wiederzugewinnen und sich als verantwortungsbewusster Akteur in der internationalen Gemeinschaft neu zu positionieren. Adenauers Regierungszeit, durchdrungen von dem Streben nach moralischer Integrität und sozialer Gerechtigkeit, half, die Fundamente für das moderne Deutschland zu legen.

Das sogenannte Wirtschaftswunder der 1950er Jahre war eng verbunden mit der Einführung der sozialen Marktwirtschaft durch Ludwig Erhard, einem engen Vertrauten Adenauers. Diese Wirtschaftsordnung, die individuelle Freiheit mit sozialer Gerechtigkeit kombinierte, spiegelte zentrale Aspekte der katholischen Soziallehre wider, wie sie in den päpstlichen Enzykliken und von katholischen Sozialtheoretikern formuliert wurde.

Adenauer war auch ein Vorreiter der europäischen Integration, ein Projekt, das er als notwendig für den Frieden und die Stabilität in Europa ansah. Diese Haltung war tief in seinem christlichen Glauben und seiner Überzeugung verwurzelt, dass ein vereintes Europa die Wiederholung der Konflikte der Vergangenheit verhindern könnte. Katholische Prinzipien der Solidarität und Subsidiarität spielten eine Schlüsselrolle in seiner Europapolitik.

Nach dem Rücktritt von Konrad Adenauer und während der tiefgreifenden gesellschaftlichen Umwälzungen, die die 1960er Jahre kennzeichneten, stand der politische Katholizismus erneut vor der Notwendigkeit, sich zu wandeln und anzupassen. Die zunehmende Säkularisierung der Gesellschaft, die leidenschaftlichen Forderungen der Studentenbewegung der 68er und die fortschreitende Pluralisierung der deutschen Gesellschaft führten zu neuen Herausforderungen. Diese Entwicklungen forderten die katholische Kirche und ihre politischen Vertreter heraus, ihre Botschaften und Methoden zu überdenken, um weiterhin relevant und ansprechend für eine sich schnell verändernde Bevölkerung zu bleiben. In dieser Zeit des Umbruchs suchten sie nach Wegen, ihre grundlegenden Werte in einem Kontext zu vermitteln, der zunehmend von Vielfalt und einem neuen Verständnis von Freiheit geprägt war.

Die katholische Kirche und die mit ihr verbundenen politischen Bewegungen gestalteten den öffentlichen Diskurs über moralische und ethische Fragen aktiv mit. Ihre Stimme reichte von der intensiven Abtreibungsdebatte bis hin zu Diskussionen über Gerechtigkeit in einer zunehmend globalisierten Welt. In diesem Rahmen spielten katholische Organisationen wie die Katholische Aktion und die Katholische Arbeitnehmer-Bewegung eine wesentliche Rolle. Sie widmeten sich nicht nur der politischen Bildung, sondern engagierten sich auch tatkräftig in der Sozialarbeit. Ihr Ziel war es, den christlichen Glauben auch in einer sich rapide wandelnden Gesellschaft lebendig und relevant zu erhalten. Durch diese Initiativen trugen sie dazu bei, dass der Glaube nicht nur eine private Überzeugung blieb, sondern auch ein aktiver, gestaltender Teil des öffentlichen Lebens wurde.

In jüngerer Zeit sieht sich der politische Katholizismus mit der gewichtigen Aufgabe konfrontiert, tragfähige Lösungen für globale Herausforderungen wie die Flüchtlingskrise, den Klimawandel und die zunehmende soziale Ungleichheit zu entwickeln. Ein wegweisendes Dokument in dieser neuen Ära ist die Enzyklika „Laudato si'" von Papst Franziskus, die eine frische Perspektive auf Umweltfragen und soziale Gerechtigkeit bietet und damit die Richtung vorgibt, in die sich die katholische Kirche bewegt. Politische Parteien, die traditionell mit dem Katholizismus verbunden sind, wie die CDU und die CSU, stehen vor der Herausforderung, diese Themen in ihre politischen Programme aufzunehmen. Sie müssen innovative und inklusive Strategien entwickeln, um ihre Bedeutung und Anziehungskraft für eine immer diverser werdende Wählerschaft zu erhalten und zu stärken.

Die Geschichte des politischen Katholizismus in der Bundesrepublik Deutschland seit 1945 ist eine eindrucksvolle Erzählung von Resilienz, Anpassung und tiefgreifender Einflussnahme.

Beginnend in den Trümmern des Zweiten Weltkriegs, durch die Gründungsjahre der jungen Republik bis hin zur heutigen modernen, globalisierten Gesellschaft, hat der politische Katholizismus kontinuierlich eine dominierende Rolle in der Gestaltung der deutschen Politik eingenommen. Seine bemerkenswerte Fähigkeit, sich immer wieder erfolgreich neuen sozialen, wirtschaftlichen und politischen Gegebenheiten anzupassen, hat ihn zu einer beharrlichen konservativen Kraft gemacht, die oft progressive Entwicklungen blockiert und soziale Veränderungen verlangsamt. Diese Anpassungsfähigkeit hat es dem politischen Katholizismus ermöglicht, seine traditionelle Machtposition zu bewahren und dabei die Bedürfnisse und Interessen marginalisierter Gruppen zu ignorieren. Diese unkritische Akzeptanz seiner Rolle wird auch in Zukunft ein Hindernis für tiefgreifende soziale und politische Reformen sein und seine fortwährende Relevanz und Bedeutung in der deutschen Politiklandschaft kritisch hinterfragen lassen.

*Die **Enzyklika "Laudato si'"** von Papst Franziskus, veröffentlicht am 24. Mai 2015, markiert einen bedeutenden Moment in der kirchlichen und weltweiten Auseinandersetzung mit ökologischen und sozialen Fragen. Der vollständige Titel dieser päpstlichen Enzyklika, "Laudato si', mi' Signore" – "Gelobt seist du, mein Herr", ist ein Zitat aus dem Sonnengesang des heiligen Franz von Assisi, welcher die Erde und alle ihre Geschöpfe als Brüder und Schwestern ansieht. Dies spiegelt die zentrale Botschaft der Enzyklika wider: die Notwendigkeit eines harmonischen Zusammenlebens aller Geschöpfe der Erde und die Verantwortung des Menschen für die Pflege unseres gemeinsamen Hauses.*

Kernthemen der Enzyklika

***Ökologische Krise**: Papst Franziskus spricht von der Erde als „unserem gemeinsamen Haus", das durch übermäßigen Konsum, Umweltverschmutzung und den unverantwortlichen Umgang mit natürlichen Ressourcen beschädigt* wird. Er betont, dass Klimawandel eine reale und aktuelle Bedrohung darstellt und hauptsächlich von menschlichen Aktivitäten verursacht wird.

Verbindung von Ökologie und sozialer Gerechtigkeit: Ein signifikantes Thema in "Laudato si'" ist die Verknüpfung von Umweltproblemen mit sozialer Ungerechtigkeit. Franziskus argumentiert, dass Armut, Marginalisierung und große Teile der globalen Ungerechtigkeit direkt mit ökologischen Problemen verbunden sind. Der Klimawandel wirkt sich demnach disproportional auf die ärmsten Nationen und Menschen aus.

Kritik am technokratischen Paradigma: Der Papst kritisiert die vorherrschende technokratische Mentalität, die dazu neigt, die Natur zu beherrschen und auszubeuten. Er fordert einen Paradigmenwechsel, der Technologie und wissenschaftlichen Fortschritt in den Dienst eines ganzheitlicheren und ethisch verantwortlichen Wirtschaftsmodells stellt.

Aufruf zum Handeln: Papst Franziskus fordert nicht nur einzelne Gläubige, sondern auch Gemeinschaften, Unternehmen und politische Entscheidungsträger dazu auf, Verantwortung zu übernehmen und zum Schutz der Umwelt beizutragen. Dies umfasst sowohl lokale als auch globale Maßnahmen.

Spiritualität und ökologische Umkehr: Ein weiterer zentraler Aspekt der Enzyklika ist die Aufforderung zu einer „ökologischen Umkehr", einer tiefgreifenden inneren Wandlung. Er sieht eine große Rolle für die christliche Spiritualität, die Menschen dazu inspirieren kann, eine nachhaltigere und respektvollere Beziehung zur Natur zu pflegen.

"Laudato si'" ist die erste päpstliche Enzyklika, die sich ausschließlich mit Umweltthemen befasst und sie in den Kontext des christlichen Glaubens stellt. Die Enzyklika wurde weltweit sowohl von kirchlichen als auch von säkularen Gruppen positiv aufgenommen, da sie wichtige Fragen zur Zukunft des Planeten und der Menschheit anspricht. Sie hat auch zu zahlreichen Diskussionen und Initiativen in Kirchengemeinden sowie auf politischer und gesellschaftlicher Ebene geführt.

Die Enzyklika "Laudato si'" ist ein bedeutendes Dokument, das zeigt, wie tiefgreifend die Verantwortung und die potenzielle Rolle der Kirche und des Glaubens in der globalen Umweltkrise sind. Sie fordert eine ganzheitliche

Betrachtung der Ökologie, die wissenschaftliche Erkenntnisse und moralische Prinzipien verbindet, um eine nachhaltigere und gerechtere Welt zu fördern.

Obwohl die Enzyklika "Laudato si'" von Papst Franziskus weitgehend positiv aufgenommen wurde, gibt es auch kritische Stimmen, die verschiedene Aspekte des Dokuments in Frage stellen. Diese Kritiken kommen aus unterschiedlichen Richtungen, sowohl von innerhalb der katholischen Kirche als auch von außerhalb. Hier sind einige der Hauptkritikpunkte:

Zu starker Fokus auf Umweltthemen: Einige Kritiker innerhalb der Kirche argumentieren, dass sich die Enzyklika zu sehr auf ökologische und soziale Fragen konzentriert und dabei die spirituellen und theologischen Aspekte des christlichen Glaubens vernachlässigt. Sie befürchten, dass die primären Lehren und Missionen der Kirche in den Hintergrund gedrängt werden könnten.

Wissenschaftliche Debatten: Einige Kritiker, insbesondere aus konservativen und industriellen Kreisen, hinterfragen die wissenschaftlichen Grundlagen der Enzyklika, besonders bezüglich des Klimawandels. Sie argumentieren, dass Papst Franziskus sich zu stark auf eine Seite der wissenschaftlichen Debatte stelle und damit die Unsicherheiten und Meinungsverschiedenheiten unter Wissenschaftlern nicht ausreichend berücksichtige.

Politische und wirtschaftliche Implikationen: Die Enzyklika wurde auch dafür kritisiert, dass sie zu politisch sei und sich in wirtschaftliche Themen einmische, die über das traditionelle Lehrgebiet der Kirche hinausgehen. Kritiker aus dem wirtschaftlichen Sektor sehen insbesondere die Kritik am Kapitalismus und am Konsumverhalten als problematisch an, da diese Aussagen potenziell schädliche Auswirkungen auf Wirtschaftssysteme und Arbeitsplätze haben könnten.

Praktikabilität der Vorschläge: Einige Stimmen heben hervor, dass die in der Enzyklika vorgeschlagenen Lösungen zu idealistisch und nicht praktikabel sind. Sie argumentieren, dass die Aufrufe zu einem grundlegenden Wandel in Produktion und Konsum ohne klare Anleitung zur Umsetzung bleiben und somit schwer realisierbar sind.

Religiöse Exklusivität: Obwohl Papst Franziskus versucht, eine universelle Botschaft zu vermitteln und auch Nicht-Christen anspricht, sehen einige Kriti-

ker die Enzyklika immer noch zu stark in der spezifischen Tradition und Lehre der katholischen Kirche verwurzelt. Dies könnte Menschen anderer Glaubensrichtungen oder säkulare Gruppen davon abhalten, sich vollständig mit den Inhalten zu identifizieren.

Diese Kritikpunkte reflektieren eine breite Palette von Meinungen und Perspektiven und zeigen, wie herausfordernd es sein kann, weitreichende und tiefgreifende Themen wie Umweltschutz, soziale Gerechtigkeit und wirtschaftliche Entwicklung in einem globalen und interdisziplinären Rahmen zu diskutieren.

Die 1960er Jahre waren für die Bundesrepublik Deutschland eine Zeit tiefgreifender sozialer und politischer Umwälzungen. Diese Ära, geprägt von einem Streben nach Modernisierung und Liberalisierung, konfrontierte traditionelle Werte und Institutionen mit Forderungen nach Reform und Erneuerung. Der politische Katholizismus, vertreten durch Parteien wie die CDU und die CSU, die ihre Wurzeln in christlich-katholischen Überzeugungen hatten, spielte in dieser Zeit eine ambivalente Rolle.

Auf der einen Seite waren diese Parteien integraler Bestandteil des politischen Systems und trugen zur Stabilität und zum Wirtschaftswunder der Nachkriegsjahre bei. Sie unterstützten auch wichtige Sozialreformen, die zur Verbesserung der Lebensbedingungen vieler Deutscher führten. Auf der anderen Seite jedoch wirkten sie oft als Bremse bei bestimmten Reformen, die darauf abzielten, die Gesellschaft umfassender zu modernisieren und zu liberalisieren. Insbesondere in Bereichen wie der Bildungspolitik, der Familienpolitik und in Fragen der gesellschaftlichen Moral und Ethik zeigten sich konservative Tendenzen.

Während in vielen Ländern die Scheidungsgesetze liberalisiert wurden, wirkte der politische Katholizismus in Deutschland als Bremse für ähnliche Reformen. Aus einer liberaleren Perspektive behinderte dies die individuelle Freiheit und Autonomie, insbesondere von

Frauen, die in unglücklichen oder schädlichen Ehen gefangen waren. Die Betonung der Unauflöslichkeit der Ehe durch die katholische Lehre verzögerte die notwendige Anpassung der Gesetze an veränderte gesellschaftliche Realitäten.

Die 1960er Jahre waren eine Zeit des sozialen Umbruchs und der sexuellen Revolution, die teilweise durch die Einführung der Anti-Baby-Pille ermöglicht wurde. Diese Entwicklung bot Frauen bisher unerreichte Möglichkeiten zur Kontrolle über ihre reproduktive Gesundheit und trug maßgeblich zur Befreiung der Frau bei. Die Verfügbarkeit und Akzeptanz von Verhütungsmitteln war ein zentraler Aspekt dieser Veränderung.

In der Bundesrepublik Deutschland spielte der politische Katholizismus eine bedeutende Rolle beim Widerstand gegen die Liberalisierung der Familienplanung und Verhütung. Die katholische Kirche und ihre politischen Vertreter, insbesondere die CDU/CSU, vertraten strikt konservative Ansichten bezüglich Sexualmoral und Familienplanung. Aus ihrer Sicht waren Ehe und Familie heilige Institutionen, deren Zweck primär in der Fortpflanzung lag.

Aus liberaler Perspektive war der Widerstand gegen die Liberalisierung der Verhütung problematisch und rückschrittlich. Liberale Kritiker argumentierten, dass der Zugang zu Verhütungsmitteln und umfassende Bildung über reproduktive Gesundheit essentiell für die Gleichstellung der Geschlechter seien. Sie sahen in der Kontrolle über die eigene Fortpflanzung ein fundamentales Menschenrecht, das Frauen die Freiheit gibt, über ihren Körper, ihre Karriere und ihr Leben zu entscheiden.

Der eingeschränkte Zugang zu Verhütung und progressive Familienplanung hatte weitreichende gesellschaftliche Implikationen. Viele Frauen waren ohne diese Mittel weniger in der Lage, am Arbeitsmarkt teilzunehmen und unabhängige, selbstbestimmte Leben zu führen. Die liberalen Kritiker sahen darin eine Fortführung patriarchalischer Strukturen, die Frauen auf traditionelle Rollen beschränken und sie von voller gesellschaftlicher, wirtschaftlicher und politischer Teilhabe ausschließen.

Die staatliche Politik in den 1960er Jahren in Deutschland reflektierte oft die konservative Haltung der regierenden Parteien, die stark vom politischen Katholizismus beeinflusst waren. Dies führte zu einer zögerlichen Unterstützung von Programmen zur sexuellen Aufklärung und Familienplanung. Liberale forderten eine Trennung von Staat und kirchlichen Doktrinen, insbesondere in Fragen der persönlichen Moral und der individuellen Rechte.

Die Debatte um Familienplanung und Verhütung in den 1960er Jahren illustriert die Spannung zwischen konservativen religiösen Werten und liberalen Prinzipien der individuellen Freiheit und Gleichheit. Aus liberaler Sicht behinderte der politische Katholizismus nicht nur die gesellschaftliche Entwicklung und die Emanzipation der Frau, sondern stand auch im Widerspruch zu modernen Vorstellungen von Menschenrechten und persönlicher Autonomie.

Die Frauenbewegung kämpfte in den 1960er Jahren für Gleichberechtigung in allen Lebensbereichen. Der politische Katholizismus, der traditionelle Familienmodelle befürwortete, in denen Frauen hauptsächlich als Hausfrauen und Mütter gesehen wurden, stand diesen Bestrebungen oft entgegen. Dies verzögerte aus liberaler Sicht wichtige Fortschritte in der Geschlechtergerechtigkeit und verhinderte, dass Frauen voll am gesellschaftlichen und wirtschaftlichen Leben teilnehmen konnten.

Die Widerstände gegen die vollständige Emanzipation der Frau riefen auch Gegenbewegungen hervor. Feministische Gruppen und andere liberale Organisationen kämpften für eine Reform der Gesetze und Einstellungen, die die Gleichstellung in allen Lebensbereichen fördern sollten. Diese Bewegungen forderten die Abschaffung gesetzlicher und institutioneller Barrieren, die Frauen daran hinderten, gleichberechtigt am gesellschaftlichen, politischen und wirtschaftlichen Leben teilzunehmen.

Die Gegenbewegungen gegen den politischen Katholizismus und traditionelle Geschlechterrollen in den 1960er Jahren und darüber hinaus umfassten eine Vielzahl von feministischen und liberalen Organisationen, Gruppen und Initiativen, die in Westdeutschland aktiv waren. Diese Gruppen arbeiteten auf nationaler und internationaler Ebene, um die Rechte und die Stellung der Frau in der Gesellschaft zu verbessern.

Hier sind einige der bemerkenswertesten:

1. Deutscher Frauenrat

Der Deutsche Frauenrat, offiziell bekannt als „Deutscher Frauenrat, Lobby der Frauen", ist die größte Dachorganisation von Frauenverbänden in Deutschland. Gegründet im Jahr 1951, vertritt er die Interessen von etwa 60 Mitgliedsverbänden, die zusammen mehr als 10 Millionen Frauen repräsentieren. Die Organisation setzt sich für die Gleichstellung der Geschlechter in allen gesellschaftlichen Bereichen ein und fungiert als wichtige Schnittstelle zwischen Frauenorganisationen, der Politik und der Öffentlichkeit.

Der Deutsche Frauenrat entstand aus dem Bedürfnis, die Kräfte der nach dem Zweiten Weltkrieg neugegründeten Frauenverbände zu bündeln und eine gemeinsame Plattform zu schaffen, die frauenpolitische Themen auf nationaler Ebene vorantreibt. Dies war eine Antwort auf die damalige politische Landschaft in Deutschland, die durch den Wiederaufbau und die Neuordnung der Gesellschaft gekennzeichnet war. In dieser Zeit waren viele Frauen besonders darauf angewiesen, ihre Rechte und Interessen vertreten zu sehen, da die

Nachkriegszeit auch eine Zeit der rechtlichen Neuorientierung und gesellschaftlichen Umstrukturierung war.

Die Ziele des Deutschen Frauenrates sind vielfältig und richten sich nach den aktuellen politischen und gesellschaftlichen Herausforderungen. Zu den Hauptanliegen gehören die Förderung der Gleichberechtigung und Chancengleichheit von Frauen in Beruf und öffentlichem Leben, der Kampf gegen Diskriminierung aufgrund des Geschlechts und die Förderung von Frauen in Führungspositionen. Darüber hinaus engagiert sich der Deutsche Frauenrat für die Verbesserung der Situation von Frauen in allen Lebensbereichen, einschließlich Gesundheit, Bildung und soziale Sicherheit.

Um seine Ziele zu erreichen, arbeitet der Deutsche Frauenrat eng mit der Bundesregierung, dem Parlament, den politischen Parteien sowie mit anderen nationalen und internationalen Organisationen zusammen. Er nimmt Einfluss auf die Gesetzgebung und ist in verschiedenen Gremien und Kommissionen vertreten, wo er die Perspektiven und Bedürfnisse von Frauen einbringt. Der Frauenrat organisiert Konferenzen, Workshops und öffentliche Kampagnen, um seine Themen voranzutreiben und das Bewusstsein für die Belange von Frauen zu schärfen.

Ein weiteres wichtiges Arbeitsfeld des Deutschen Frauenrates ist die internationale Frauenpolitik. Als Mitglied des Europäischen Frauenlobby und anderer internationaler Netzwerke setzt sich der Frauenrat für die Rechte von Frauen weltweit ein und beteiligt sich aktiv an der Umsetzung internationaler Abkommen wie der UN-Frauenrechtskonvention.

Der Deutsche Frauenrat spielt somit eine zentrale Rolle in der deutschen Frauenbewegung und hat über die Jahrzehnte hinweg maßgeblich dazu beigetragen, die Situation von Frauen in Deutschland zu verbessern. Durch seine kontinuierliche Arbeit und sein Engagement hat der Frauenrat viele Erfolge erzielt, darunter die Verbesserung der rechtlichen Rahmenbedingungen für Frauen, die Erhöhung der weiblichen Erwerbsquote und die Stärkung der Rechte von Frauen in der Familie und in der Gesellschaft. Trotz dieser Fortschritte bleibt noch viel zu tun, und der Deutsche Frauenrat setzt seine Bemühungen fort, um eine vollständige Gleichstellung der Geschlechter in Deutschland und darüber hinaus zu erreichen.

2. Aktion 218

Die Aktion 218 war eine prägende soziale Bewegung in Deutschland, die in den späten 1960er Jahren entstand und sich gegen den Paragraphen 218 des deutschen Strafgesetzbuches wandte. Dieser Paragraph machte Abtreibung unter fast allen Umständen zu einer strafbaren Handlung und war seit seiner Einführung im Jahr 1871 Gegenstand kontroverser Debatten. Die Aktion 218 setzte ein markantes Zeichen im Kampf für Frauenrechte und die Reform des Abtreibungsrechts in Deutschland, ein Thema, das bis heute resoniert.

Im Kontext der weltweiten 68er-Bewegungen, die politische und soziale Strukturen infrage stellten, fand die Aktion 218 fruchtbaren Boden. Die Bewegung wurde teilweise von Frauen initiiert, die aktiv an den Studentenprotesten teilgenommen hatten und begannen, die spezifischen Unterdrückungsmechanismen gegen Frauen in der Gesellschaft herauszufordern. Sie sahen in dem restriktiven Abtreibungsgesetz eine grundlegende Verletzung der Selbstbestimmung der Frau und ein Symbol patriarchalischer Kontrolle.

Der Name „Aktion 218" wurde schnell zu einem Synonym für den energischen Widerstand gegen die bestehenden gesetzlichen Regelungen. Die Aktivistinnen und Unterstützer der Bewegung forderten die Streichung oder zumindest eine erhebliche Liberalisierung des Paragraphen 218. Sie argumentierten, dass das Recht auf Abtreibung

Teil der grundlegenden Menschenrechte jeder Frau sei und dass der Staat nicht das Recht habe, Frauen in so einer persönlichen und oft schicksalhaften Entscheidung zu bevormunden.

Die Aktion 218 organisierte Demonstrationen, Informationskampagnen und öffentliche Diskussionen, die oft von heftigen Emotionen und Kontroversen begleitet waren. Eines der berühmtesten Beispiele für den direkten Aktivismus der Gruppe war eine Serie von "Selbstbezichtigungen", bei der zahlreiche Frauen öffentlich erklärten, sie hätten eine Abtreibung vorgenommen oder dabei geholfen, um so auf die Massenhaftigkeit und die Notwendigkeit solcher Eingriffe hinzuweisen und die Absurdität des Gesetzes zu unterstreichen.

Diese öffentlichen Selbstbezichtigungen hatten einen enormen Einfluss auf die öffentliche Wahrnehmung des Themas. Sie brachten das Problem der Abtreibung aus dem Schatten ins Licht der Öffentlichkeit und machten es zu einem Thema von nationaler Bedeutung. Diese Strategie half, die Diskussion über Abtreibung aus dem medizinischen und rechtlichen Fachjargon in die allgemeine gesellschaftliche Debatte zu überführen, wo Fragen der Gleichberechtigung, der persönlichen Freiheit und der sozialen Gerechtigkeit im Vordergrund standen.

Die intensive Arbeit und die sichtbaren Proteste der Aktion 218 trugen dazu bei, dass das Thema Abtreibung in den folgenden Jahrzehnten auf der politischen Agenda blieb und schließlich zu einer Reform des Paragraphen 218 führte. Obwohl die Änderungen für viele Aktivistinnen nicht weit genug gingen, markierte die Reform einen signifikanten Sieg für die Frauenbewegung in Deutschland.

Die Aktion 218 bleibt ein bedeutendes Beispiel dafür, wie engagierte Bürgerbewegungen durch kreative und mutige Aktionen tief verwurzelte gesetzliche und moralische Normen herausfordern und langfristige Veränderungen bewirken können. Sie zeigt, dass der Kampf für persönliche Rechte und Freiheiten oft ein langer Weg ist, der Beharrlichkeit und Mut erfordert.

3. Frauenbewegung der 68er

Die Frauenbewegung der 68er in Deutschland war ein Wendepunkt in der Geschichte des Feminismus und der gesellschaftlichen Auseinandersetzung mit Geschlechterrollen. Sie bildete sich vor dem Hintergrund der allgemeinen 68er-Bewegung, die weltweit für soziale Gerechtigkeit, gegen den Vietnamkrieg und autoritäre Strukturen kämpfte. Innerhalb dieses breiten gesellschaftlichen Aufbegehrens erlangte die spezifische Auseinandersetzung mit Frauenrechten eine neue Dynamik und Dringlichkeit.

In den 1960er Jahren waren Frauen in vielen Bereichen des gesellschaftlichen Lebens in Deutschland nach wie vor stark benachteiligt. Gesetze und soziale Normen schrieben Frauen vor allem die Rollen der Hausfrau und Mutter zu, während ihre beruflichen und politischen Möglichkeiten stark eingeschränkt waren. Frauen wurden rechtlich und praktisch als abhängig von ihren Ehemännern betrachtet, und das Bildungssystem sowie der Arbeitsmarkt spiegelten diese Ungleichheiten wider.

Die 68er-Frauenbewegung begann als Teil der studentischen Proteste, doch schnell wurde deutlich, dass die allgemeinen linken und studentischen Gruppierungen die spezifischen Anliegen von Frauen oft ignorierten oder marginalisierten. Frauen innerhalb dieser Bewegung begannen, sich gegen ihre doppelte Unterdrückung – sowohl als Bürger in einem autoritären Staat als auch als Frauen in einer patriarchalisch geprägten Gesellschaft – zu wehren. Sie forderten nicht nur Veränderungen in der Politik und Kultur, sondern auch im privaten und persönlichen Bereich.

Ein zentrales Thema war die sexuelle Selbstbestimmung, insbesondere das Recht auf Verhütung und Abtreibung. Der Kampf gegen den §218, der Abtreibung unter Strafe stellte, wurde zu einem Symbol der Frauenbewegung. Frauen traten öffentlich für ihre Rechte ein, organisierten Demonstrationen und sorgten mit spektakulären Aktionen wie dem "Weiberrat" für Aufmerksamkeit. Diese Gruppe führte bewusst provokative Aktionen durch, darunter das berühmte "Tomatenwurf" bei einer Veranstaltung der Sozialistischen Deutschen Studentenunion (SDS), um auf die Missachtung der Frauenfrage in politischen Diskursen hinzuweisen.

Die 68er-Frauenbewegung setzte auch wichtige Impulse für die Veränderung von Familienstrukturen und das Verhältnis der Geschlechter. Die Forderung nach Gleichberechtigung in Ehe und Familie, nach gerechter Verteilung von Hausarbeit und nach Anerkennung der Arbeit von Frauen sowohl im Haus als auch im Beruf, brachte langfristige gesellschaftliche Veränderungen mit sich.

Die Bewegung hatte auch ihre internen Konflikte und Debatten, insbesondere in Bezug auf die Frage, ob und wie feministische Ziele innerhalb der gemischten linken Bewegungen verfolgt werden sollten. Trotz dieser Herausforderungen trug die Frauenbewegung der 68er wesentlich dazu bei, das Bewusstsein für Geschlechtergerechtigkeit zu schärfen und die Grundlagen für spätere rechtliche und soziale Reformen in Deutschland zu legen.

Die 68er-Frauenbewegung hat nicht nur die Landschaft des Feminismus in Deutschland verändert, sondern auch weltweit Einfluss gehabt. Sie inspirierte Generationen von Frauen und Männern, sich für eine gerechtere Gesellschaft einzusetzen, in der Geschlecht nicht länger ein determinierender Faktor für Rechte und Möglichkeiten ist.

4. Weiberrat

In den turbulenten Jahren der späten 1960er begann in Westdeutschland eine Bewegung, die nicht nur die politische Landschaft verändern sollte, sondern auch die sozialen Normen, die das Leben von Frauen bestimmten. Der Weiberrat, eine feministische Gruppe, die aus der breiteren 68er-Bewegung hervorging, spielte eine zentrale Rolle in diesem Umbruch. Dieser Rat, bestehend aus mutigen und entschlossenen Frauen, setzte sich zum Ziel, die feministischen Fragen innerhalb der politischen Linken zu schärfen und eine Plattform für die Diskussion und Durchsetzung von Frauenrechten zu schaffen.

Der Weiberrat entstand aus einer wachsenden Frustration über die männlich dominierten Strukturen innerhalb der linken Bewegungen, einschließlich der Sozialistischen Deutschen Studentenunion (SDS). Frauen, die in diesen Kreisen aktiv waren, stellten fest, dass ihre Anliegen und die spezifischen Diskriminierungen, denen sie ausgesetzt waren, oft ignoriert oder marginalisiert wurden. Der entscheidende Moment, der oft als symbolischer Beginn des Weiberats angesehen wird, war der berühmte "Tomatenwurf" im Jahr 1968, als Sigrid Rüger auf einer SDS-Versammlung eine Tomate auf die Redner warf, um gegen die herablassende Behandlung von Frauen in der Bewegung zu protestieren.

Diese Aktion markierte einen Wendepunkt und führte zur Gründung des Weiberats, der sich fortan als eine unabhängige feministische Kraft etablierte. Die Mitglieder des Weiberats organisierten Treffen, Diskussionen und Veranstaltungen, die sich ausschließlich den Frauenrechten widmeten. Sie forderten eine Gleichstellung der Geschlechter in allen Bereichen des Lebens, von der Arbeitswelt bis zur Familie, von der Bildung bis zur Gesetzgebung.

Eines der zentralen Themen, das der Weiberrat aufgriff, war die sexuelle Selbstbestimmung der Frau. Dies umfasste den Kampf für das

Recht auf Abtreibung und den Zugang zu Verhütungsmitteln, was in direkter Konfrontation mit dem restriktiven §218 des deutschen Strafgesetzbuches stand, der Abtreibungen unter Strafe stellte. Der Weiberrat unterstützte die "Aktion 218", die sich für die Abschaffung dieses Paragraphen einsetzte und organisierte Kampagnen, die das Bewusstsein für die Problematik erhöhen sollten.

Darüber hinaus setzte sich der Weiberrat für die Anerkennung und Aufwertung der Haus- und Erziehungsarbeit ein, die traditionell von Frauen geleistet wurde und gesellschaftlich und ökonomisch unterbewertet war. Sie forderten eine gerechtere Verteilung dieser Lasten und eine gesellschaftliche und finanzielle Anerkennung der Arbeit, die Frauen in den Familien leisteten.

Die Aktivitäten und das Engagement des Weiberats hatten einen tiefgreifenden Einfluss auf die Frauenbewegung in Deutschland. Sie trugen dazu bei, dass feministische Themen in den öffentlichen Diskurs eingebracht wurden und halfen, eine Basis für die späteren Erfolge der Frauenbewegung in den 1970er Jahren zu legen. Der Weiberrat war nicht nur ein Produkt seiner Zeit, sondern auch ein Motor für Veränderungen, die die Lebensrealität von Millionen Frauen verbessern sollten.

5. Terre des Femmes

Terre des Femmes, eine Nichtregierungsorganisation, die sich weltweit für die Rechte von Frauen und Mädchen einsetzt, wurde 1981 in Hamburg, Deutschland, von einer Gruppe engagierter Frauen gegründet. Diese Frauen kamen zusammen, weil sie eine gemeinsame Vision teilten: eine Welt, in der Frauen und Mädchen frei von Diskriminierung, Gewalt und Unterdrückung leben können. Der Name "Terre des Femmes", was auf Französisch "Land der Frauen" bedeutet, spiegelt das Ziel der Organisation wider, sichere Räume für Frauen überall auf der Welt zu schaffen.

Von Anfang an konzentrierte sich Terre des Femmes auf die Bekämpfung spezifischer Formen von Gewalt, die Frauen und Mädchen weltweit betreffen. Zu diesen gehören Zwangsheirat, häusliche Gewalt, Genitalverstümmelung, Menschenhandel und sexuelle Ausbeutung. Die Organisation arbeitet daran, diese Themen sowohl auf nationaler als auch auf internationaler Ebene sichtbar zu machen und durch Aufklärung, politische Kampagnen und direkte Unterstützung betroffener Frauen Veränderungen herbeizuführen.

Ein wesentliches Merkmal der Arbeit von Terre des Femmes ist ihr ganzheitlicher Ansatz. Die Organisation erkennt, dass die Unterdrückung von Frauen auf komplexen, oft miteinander verflochtenen sozialen, ökonomischen und kulturellen Faktoren beruht. Daher strebt Terre des Femmes danach, nicht nur die Symptome, sondern auch die Ursachen der Frauenunterdrückung zu bekämpfen. Dies geschieht durch Bildungsprogramme, die darauf abzielen, traditionelle Einstellungen und Verhaltensweisen zu verändern, die Frauen und Mädchen schaden.

Terre des Femmes hat im Laufe der Jahre zahlreiche Kampagnen durchgeführt, die auf spezifische Probleme aufmerksam machen und zum Handeln auffordern. Eine ihrer bekanntesten Initiativen ist die Kampagne gegen weibliche Genitalverstümmelung, eine Praxis, die trotz internationaler Ächtung in vielen Teilen der Welt fortbesteht. Durch Aufklärungsarbeit in den betroffenen Gemeinschaften und Lobbyarbeit bei politischen Entscheidungsträgern hat Terre des Femmes dazu beigetragen, das Bewusstsein für die Schäden dieser Praxis zu schärfen und Gesetze zu ihrer Bekämpfung zu stärken.

Neben der Arbeit an spezifischen Themen bietet Terre des Femmes auch direkte Hilfe für betroffene Frauen an. Dies umfasst Rechtsberatung, psychologische Unterstützung und Hilfe bei der Integration in neue Gemeinschaften, besonders für Frauen, die vor Gewalt und Unterdrückung geflohen sind. Die Organisation arbeitet eng mit anderen NGOs, staatlichen Stellen und internationalen Organisationen zusammen, um ihre Ziele zu erreichen.

Terre des Femmes ist auch auf der politischen Ebene aktiv und setzt sich für die Veränderung von Gesetzen ein, die Frauen diskriminieren oder unzureichend schützen. In Deutschland hat die Organisation maßgeblich dazu beigetragen, dass Themen wie Zwangsheirat und häusliche Gewalt auf die politische Agenda gesetzt wurden und entsprechende Gesetzesänderungen initiiert wurden.

Die Geschichte und die Arbeit von Terre des Femmes zeigen, wie aus lokalem Engagement eine Bewegung mit weltweiter Wirkung entstehen kann.

6. Lesbenbewegung[7]

Die Lesbenbewegung in Deutschland ist ein faszinierendes Kapitel der sozialen Geschichte, das tief in den gesellschaftlichen Umwälzungen der 1970er Jahre verwurzelt ist. In einer Zeit, in der die zweite Welle der Frauenbewegung an Dynamik gewann, begannen lesbische Frauen, sich für ihre Rechte und ihre Sichtbarkeit in der Gesellschaft einzusetzen. Diese Bewegung war nicht nur ein Kampf gegen die Diskriminierung aufgrund des Geschlechts, sondern auch gegen die Diskriminierung aufgrund der sexuellen Orientierung.

---

7   Ilse Kokula, Der Kampf gegen Unterdrückung. Frauenoffensive, München 1975. (unter dem Pseudonym: Ina Kuckuck)

In den frühen 1970er Jahren waren die Herausforderungen für lesbische Frauen enorm. Homosexualität war in vielen Teilen der Welt, einschließlich Deutschland, noch immer ein Tabu und mit erheblichen sozialen, rechtlichen und psychologischen Hürden behaftet. Der Paragraf 175 des deutschen Strafgesetzbuches, der sexuelle Handlungen zwischen Männern unter Strafe stellte, wurde zwar 1969 reformiert, umfassende Gleichstellung und Akzeptanz waren jedoch noch weit entfernt. Lesbische Frauen waren daher doppelt marginalisiert – sowohl innerhalb der heteronormativen Gesellschaft als auch oft innerhalb der männlich dominierten Schwulenbewegung.

Die Lesbenbewegung in Deutschland nahm Gestalt an, als Frauen begannen, sich in Lesben- und Frauengruppen zu organisieren. Ein Meilenstein war die Gründung des „Lesbischen Aktionszentrums Westberlin" im Jahr 1972, das als ein frühes Zentrum der Organisierung galt und Raum für Treffen, Diskussionen und Unterstützung bot. Diese Zentren spielten eine entscheidende Rolle dabei, lesbischen Frauen eine Stimme zu geben und ihre Anliegen in den breiteren feministischen und sozialen Bewegungen zu artikulieren.

Die Lesbenbewegung arbeitete eng mit der feministischen Bewegung zusammen, aber es gab auch Spannungen und Konflikte. Der Hauptstreitpunkt lag oft in der Frage, inwieweit die spezifischen Probleme lesbischer Frauen von der allgemeinen Frauenbewegung anerkannt und adressiert wurden. Trotz dieser Herausforderungen waren lesbische Aktivistinnen führend in vielen feministischen Kampagnen, insbesondere im Kampf gegen sexuelle Gewalt und für körperliche Autonomie.

Eines der zentralen Themen der Lesbenbewegung war die Sichtbarkeit. In einer Zeit, in der die Darstellung von Homosexualität in den Medien oft verzerrt oder negativ war, setzten sich lesbische Frauen für positive und authentische Repräsentationen in der Öffentlichkeit ein. Veranstaltungen wie der Christopher Street Day, der in Deutschland seit 1979 gefeiert wird, wurden zu wichtigen Plattformen, um auf die Rechte und die Existenz von LGBTQ+ Personen aufmerksam zu machen.

Die rechtliche Situation verbesserte sich allmählich. Nachdem 1994 der Paragraf 175 endgültig abgeschafft wurde, folgten weitere gesetzliche Reformen, die die Diskriminierung aufgrund der sexuellen Orientierung adressierten. Die Lesbenbewegung hatte einen nicht zu unterschätzenden Anteil an diesen Veränderungen, indem sie kontinuierlich Druck auf Politik und Gesellschaft ausübte.

3. SCHLÜSSELPERSÖNLICHKEITEN UND - BEWEGUNGEN

3.1. Porträts wichtiger Persönlichkeiten

Josef Wirth

Josef Wirth wurde am 6. September 1879 in Freiburg im Breisgau geboren. In einer Zeit tiefgreifender sozialer und politischer Umbrüche kam Wirth in einer Familie zur Welt, die tief im katholischen Glauben verwurzelt war. Diese religiöse Prägung sollte sein gesamtes Leben und Wirken maßgeblich beeinflussen.

Wirth begann seine akademische Laufbahn mit dem Studium der Mathematik und der Naturwissenschaften an der Universität Freiburg. Sein Interesse an sozialen Fragen führte ihn jedoch bald in die Politik. Bereits während seines Studiums engagierte er sich in der Katholischen Studentenvereinigung, was seine späteren politischen Weichenstellungen vorzeichnete.

Nach seinem Studium und einer kurzen Zeit als Lehrer trat Josef Wirth 1909 in die Deutsche Zentrumspartei ein. Diese Partei vertrat vor allem die Interessen des Katholizismus und zog viele Anhänger aus dem katholischen Bürgertum sowie der Arbeiterschaft an. Wirths Engagement in der Zentrumspartei war geprägt von seinem Einsatz für soziale Gerechtigkeit und seine Überzeugung, dass der Staat eine aktive Rolle in der Förderung des Gemeinwohls spielen sollte.

Mit dem Ausbruch des Ersten Weltkriegs und den folgenden turbulenten Jahren der Weimarer Republik stieg Wirth schnell in den politischen Rängen auf. 1919 wurde er als Vertreter des Wahlkreises Baden in die Weimarer Nationalversammlung gewählt und kurz darauf in den ersten regulären Reichstag der Weimarer Republik entsandt.

Im Jahr 1921 erreichte Wirth den Höhepunkt seiner politischen Laufbahn, als er zum Reichskanzler ernannt wurde. Seine Regierungszeit fiel in eine der schwierigsten Perioden der Weimarer Republik. Deutschland war geplagt von wirtschaftlichen Problemen, Reparationsforderungen der Alliierten und politischer Instabilität.

Wirths Hauptanliegen als Kanzler war die Stabilisierung Deutschlands und die Wiederherstellung guter Beziehungen zu den anderen europäischen Staaten. Er verfolgte eine Politik der Erfüllung, um die Bedingungen des Versailler Vertrags zu erfüllen und so das Vertrauen der Alliierten zu gewinnen. Diese Politik war jedoch im Inland höchst umstritten und führte zu heftiger Kritik sowohl von der politischen Rechten als auch von der Linken.

Trotz dieser Herausforderungen gelang es Wirth, wichtige Erfolge zu erzielen. Unter seiner Führung wurde 1921 der Londoner Zahlungsplan verhandelt, der die Reparationszahlungen Deutschlands regelte und damit einen Weg aus der unmittelbaren finanziellen Krise wies.

Nachdem Wirth 1922 als Kanzler zurückgetreten war, blieb er weiterhin in der Politik aktiv. Er diente als Minister in verschiedenen Kabinetten und setzte sich insbesondere für Bildung und Kultur ein. Sein Engagement für den Frieden und die Versöhnung mit Frankreich führte dazu, dass er auch nach seiner Amtszeit hohe Anerkennung erfuhr.

Josef Wirth zog sich 1932 aus der aktiven Politik zurück, blieb jedoch eine moralische Stimme gegen den aufkommenden Nationalsozialismus. Nach dem Zweiten Weltkrieg wurde er erneut politisch aktiv und half beim Wiederaufbau Deutschlands.

Er starb am 3. Januar 1956 in Freiburg. Josef Wirth hinterließ ein ambivalentes politisches Erbe. Einerseits wurde er für seine Kompromissbereitschaft und seine Bemühungen um Stabilität und Frieden gelobt, andererseits für seine teilweise als zu nachgiebig betrachtete Politik kritisiert.[8]

Heinrich Brüning - Der Reichskanzler in der Krise

Heinrich Brüning wurde am 26. November 1885 in Münster geboren. Aufgewachsen in einer katholischen Familie, erhielt Brüning eine Erziehung, die von tiefen religiösen Werten geprägt war. Diese Prägung sollte später eine entscheidende Rolle in seinem politischen Leben spielen. Brüning studierte Volkswirtschaft, Geschichte und Philosophie an den Universitäten München und Straßburg. Sein Studium, das er mit einer Promotion in Volkswirtschaft abschloss, bereitete ihn auf eine Karriere vor, die durch akademische Strenge und ein tiefes Verständnis für wirtschaftliche Zusammenhänge gekennzeichnet war.

Mit Ausbruch des Ersten Weltkriegs meldete sich Brüning freiwillig zum Dienst und erlebte die Schrecken des Krieges an der Westfront. Diese Erfahrungen prägten ihn nachhaltig und verstärkten seine bereits bestehende Ablehnung von Militarismus und Krieg, was sich später in seiner politischen Haltung widerspiegeln sollte.

Nach dem Krieg trat Brüning in die Deutsche Zentrumspartei ein, eine Partei, die hauptsächlich die katholische Bevölkerung Deutschlands vertrat. In den 1920er Jahren begann Brüning, sich einen Namen als fähiger Politiker zu machen, insbesondere durch seine Expertise in Wirtschaftsfragen. Er wurde 1924 in den Reichstag gewählt und schnell zu einem führenden Kopf seiner Partei.

8   Erich Eyck, deutscher Historiker, 1878 – 1964, Geschichte der Weimarer Republik. 2 Bände. Rentsch, Erlenbach 1954/56

Als die Weltwirtschaftskrise 1929 Deutschland erreichte, verschärften sich die politischen und wirtschaftlichen Probleme des Landes dramatisch. In dieser Zeit wachsender Unsicherheit wurde Brüning am 30. März 1930 zum Reichskanzler ernannt. Seine Ernennung erfolgte in der Hoffnung, dass er durch seine ökonomische Sachkenntnis Deutschland aus der Krise führen könnte.

Brünings Amtszeit als Kanzler war geprägt von enormen Herausforderungen. Deutschland litt unter hoher Arbeitslosigkeit, massiven Reparationsforderungen der Alliierten und einer tiefen sozialen Unruhe. Als Antwort darauf setzte Brüning eine Politik der Haushaltskonsolidierung und Sparmaßnahmen durch, die oft als Deflationspolitik beschrieben wird. Diese Maßnahmen waren höchst umstritten und trugen zu einer weiteren Verschärfung der wirtschaftlichen Lage bei.

Brüning versuchte auch, die Reparationszahlungen zu renegotiieren, was ihm teilweise gelang, als die Young-Plan-Zahlungen durch die Lausanner Konferenz 1932 deutlich reduziert wurden.

*Der **Young-Plan** war ein Abkommen zur Regelung der deutschen Reparationszahlungen nach dem Ersten Weltkrieg. Er wurde 1929 als Nachfolger des Dawes-Plans formuliert, um eine realistischere und nachhaltigere Lösung für die finanziellen Verpflichtungen Deutschlands zu bieten. Hier sind die wesentlichen Aspekte des Young-Plans:*

Reduzierung der Gesamtschuld: Der Plan sah eine Reduktion der gesamten Reparationsschuld Deutschlands vor. Die Gesamtschuld wurde auf etwa 121 Milliarden Reichsmark (etwa 29 Milliarden US-Dollar) festgelegt.

Laufzeit der Zahlungen: Die Laufzeit für die Rückzahlung wurde auf 59 Jahre festgelegt, was eine erhebliche Verlängerung im Vergleich zu früheren Regelungen darstellte.

Jährliche Zahlungen: Der Plan legte fest, dass Deutschland jährliche Zahlungen leisten sollte, die in den ersten Jahren 1,7 Milliarden Reichsmark betragen und später auf 2,05 Milliarden Reichsmark ansteigen würden.

Internationale Überwachung: Die Zahlungen und die finanzielle Lage Deutschlands sollten durch ein internationales Gremium, das Bank für Internationalen Zahlungsausgleich in Basel, Schweiz, überwacht werden.

Zweck der Zahlungen: Die Zahlungen waren hauptsächlich für die Alliierten des Ersten Weltkriegs bestimmt, insbesondere Frankreich, Belgien und Großbritannien, die erhebliche Zerstörungen erlitten hatten.

Die Einführung des Young-Plans erfolgte in einer Zeit wirtschaftlicher Unsicherheit und politischer Instabilität in Deutschland. Er stieß auf erheblichen Widerstand in der deutschen Bevölkerung, die ihn als eine untragbare Last und eine Demütigung empfand. Dieser Widerstand wurde von nationalistischen und extremistischen Gruppen genutzt, um politische Unterstützung zu gewinnen, was letztlich zur Stärkung der NSDAP und dem Aufstieg Hitlers beitrug. Der Young-Plan wurde nach der Machtergreifung der Nationalsozialisten 1933 effektiv außer Kraft gesetzt, als Deutschland einseitig die Reparationszahlungen einstellte. Dies markierte das Ende der internationalen Bemühungen, Deutschland zur Zahlung von Kriegsreparationen zu verpflichten.

Brüning versuchte, durch eine Politik der Haushaltskonsolidierung und der Deflationspolitik die Wirtschaftskrise zu bewältigen. Seine Regierung erhöhte die Steuern, senkte die Löhne und die Sozialleistungen, um das Budgetdefizit zu reduzieren und die Währung zu stabilisieren. Diese Maßnahmen zielten darauf ab, das Vertrauen der internationalen Kreditgeber und Investoren wiederherzustellen, aber sie verstärkten kurzfristig die wirtschaftlichen Schmerzen der Bevölkerung.

Die Austeritätspolitik Brünings machte ihn zunehmend unbeliebt bei der Bevölkerung. Die Arbeitslosenzahlen stiegen weiter an, und die ökonomischen Schmerzen verstärkten die politische Polarisierung. Brüning und seine Regierung wurden Ziele heftiger Kritik, nicht nur von den betroffenen Bürgern, sondern auch von politischen Extremen auf beiden Seiten des politischen Spektrums. Auf der rechten Seite gewannen die Nationalsozialisten unter Adolf Hitler zunehmend an Zustimmung, indem sie einfache Lösungen für komplexe Probleme versprachen und die Unzufriedenheit der Bevölkerung für sich nutzten. Auf der linken Seite kritisierten die Kommunisten Brüning als Werkzeug des Großkapitals und der konservativen Eliten.

Die politische Landschaft in Deutschland war von einer wachsenden Radikalisierung und einem Verlust an Vertrauen in traditionelle Parteien und demokratische Institutionen geprägt. Brünings Politik, obwohl sie langfristig auf die Wiederherstellung der wirtschaftlichen Stabilität abzielte, wurde oft als zu hart und unzureichend empathisch wahrgenommen, was zu einer Vertiefung der gesellschaftlichen Spaltungen führte.

Die Unfähigkeit seiner Regierung, schnell wirksame Maßnahmen gegen die wirtschaftliche Not zu ergreifen, und das Fehlen einer überzeugenden politischen Vision, die den Menschen Hoffnung und Sicherheit hätte geben können, trugen dazu bei, dass die extremen Ränder stärker wurden.

Die wachsende politische Instabilität und zunehmender Druck durch die Nationalsozialisten zwangen Brüning schließlich am 30. Mai 1932 zum Rücktritt als Kanzler. Nach der Machtübernahme durch die Nationalsozialisten im Jahr 1933 emigrierte Brüning in die Vereinigten Staaten, wo er seine akademische Karriere als Professor für politische Wissenschaft fortsetzte. In seinen späteren Jahren verfasste Brüning seine Memoiren, die einen tiefen Einblick in seine persönlichen Erfahrungen und Ansichten über die turbulenten Ereignisse seiner Amtszeit geben.

Brüning kehrte nach dem Zweiten Weltkrieg gelegentlich nach Deutschland zurück, blieb aber in den USA, wo er 1970 in Norwich, Vermont, starb. Seine letzten Jahre verbrachte er mit akademischer

Arbeit und Vorträgen, in denen er seine Erfahrungen und Einsichten teilte.[9]

Heinrich Brüning bleibt eine kontroverse Figur in der deutschen Geschichte.

Die Kontroverse um Heinrich Brüning, den deutschen Reichskanzler von 1930 bis 1932, dreht sich vor allem um seine Wirtschafts- und Sozialpolitik während der Weimarer Republik, besonders in der Zeit der Weltwirtschaftskrise. Brünings Politik und deren Auswirkungen sind bis heute Gegenstand intensiver historischer Debatten. Hier sind die Hauptpunkte der Kontroverse:

1. **Austeritätspolitik**: Brüning ist besonders für seine Politik der fiskalischen Austerität bekannt, die eine Reihe von Sparmaßnahmen umfasste. Diese Politik zielte darauf ab, das Budgetdefizit zu reduzieren und die Reichsmark zu stabilisieren, um das Vertrauen internationaler Kreditgeber und Investoren wiederzugewinnen. Kritiker argumentieren, dass diese Maßnahmen die Wirtschaftslage verschärften, da sie zu einer Reduzierung der öffentlichen und privaten Ausgaben führten, was die Deflation und Arbeitslosigkeit weiter erhöhte.

2. **Erhöhung der Arbeitslosigkeit**: Während Brünings Amtszeit stiegen die Arbeitslosenzahlen in Deutschland dramatisch an. Die Sparpolitik, einschließlich Kürzungen bei öffentlichen Ausgaben und Löhnen, trug zu einer weiteren Verminderung der Nachfrage bei und verschärfte die ökonomische Depression. Dies führte zu sozialer Unruhe und erhöhte die Unterstützung

9 Rudolf Morsey, Der Untergang des politischen Katholizismus. Die Zentrumspartei zwischen christlichem Selbstverständnis und „Nationaler Erhebung" 1932/33. Belser, Stuttgart 1977, ISBN 978-3-7630-1182-7

für radikale politische Parteien wie die NSDAP (Nationalsozialistische Deutsche Arbeiterpartei).

3. **Verwendung von Notverordnungen**: Brüning machte ausgiebig Gebrauch von Artikel 48 der Weimarer Verfassung, der es dem Reichspräsidenten erlaubte, in Notfällen Gesetze per Verordnung zu erlassen, ohne Zustimmung des Reichstags. Diese Praxis unterminierte die parlamentarische Demokratie und trug zu einem autoritären Regierungsstil bei, was viele Historiker als Vorbote der späteren NS-Diktatur sehen.

4. **Außenpolitik und Reparationszahlungen**: Brüning versuchte, die durch den Versailler Vertrag auferlegten Reparationszahlungen zu mindern und letztendlich zu beenden. Seine Strategie war es, durch eine strenge Sparpolitik Mitleid und Verständnis bei den Siegermächten zu erwecken und so eine Revision der als ungerecht empfundenen Bedingungen zu erreichen. Obwohl er in dieser Hinsicht einige Erfolge erzielte, wird seine außenpolitische Strategie oft als zu passiv und defensiv kritisiert.

5. **Wegbereitung für Hitler**: Eine der gravierendsten Anschuldigungen gegen Brüning ist, dass seine Politik und sein Regierungsstil indirekt den Aufstieg Adolf Hitlers und der NSDAP erleichterten. Indem Brüning das politische System durch den exzessiven Gebrauch von Notverordnungen weiter schwächte und die wirtschaftliche Situation verschärfte, schuf er ein Klima der Verzweiflung, das extremistische Lösungen attraktiver machte.

Heinrich Brüning, eine der umstrittensten Figuren in der deutschen Geschichte der frühen 1930er Jahre, bleibt eine Gestalt, deren Amtszeit und Wirken je nach historischer Betrachtungsweise unterschiedlich bewertet wird. Als Kanzler während der Weimarer Republik stand

Brüning vor Herausforderungen, die durch die wirtschaftliche Depression und politische Instabilität enorm verstärkt wurden. Seine Amtszeit, geprägt von wirtschaftlichen Notlagen und politischem Aufruhr, bietet ein facettenreiches Bild eines Mannes, dessen Entscheidungen und Politik bis heute diskutiert werden.

Von einigen Historikern und Zeitgenossen wird Brüning als tragischer Held angesehen, ein Politiker, der versuchte, unter äußerst schwierigen Umständen das Beste für sein Land zu erreichen. Diese Perspektive betont seine Bemühungen, Deutschland durch eine der schwersten Wirtschaftskrisen seiner Geschichte zu steuern, ohne die demokratischen Institutionen zu untergraben. Brüning, oft als Zauderer kritisiert, sah sich selbst als einen Stabilisator, der bemüht war, die Weimarer Republik vor extremen politischen Kräften zu schützen.

Auf der anderen Seite gibt es jene, die Brüning als einen der Wegbereiter für die spätere nationalsozialistische Katastrophe betrachten. Kritiker argumentieren, dass seine Politik der Sparmaßnahmen und seine Entscheidung, den Reichstag aufzulösen und per Notverordnungen zu regieren, die öffentliche Unzufriedenheit verschärften und den Boden für extremistische Bewegungen wie die NSDAP bereiteten. Diese Ansicht wirft ein düsteres Licht auf seine Regierungszeit und stellt seine Entscheidungen als indirekte Beiträge zum Aufstieg Hitlers dar.

Trotz dieser kontroversen Einschätzungen hat Brünings tiefe Verbundenheit mit Frieden und Demokratie sowie seine späteren akademischen Beiträge einige zu einer positiveren Bewertung seines Lebenswerkes geführt. Nach seinem Rückzug aus der aktiven Politik widmete er sich der akademischen Lehre und Forschung, insbesondere in den Vereinigten Staaten, wo er seine Erfahrungen und Kenntnisse über die Weimarer Republik teilte und die Bedeutung demokratischer Werte betonte.

Luigi Sturzo - Ein Pionier der christlichen Demokratie

Luigi Sturzo wurde am 26. November 1871 in Caltagirone, Sizilien, geboren. Als Sohn einer alteingesessenen Familie, die tief im katholischen Glauben verwurzelt war, folgte Sturzo schon früh seinem geistlichen Ruf. Er trat in das Priesterseminar ein und wurde 1894 zum Priester geweiht. Neben seiner kirchlichen Laufbahn widmete sich Sturzo intensiv sozialen und politischen Studien, wobei er von Anfang an ein starkes Interesse an den sozialen Lehren der katholischen Kirche zeigte.

Sturzo's politische Karriere begann in seiner Heimatstadt, wo er von 1905 bis 1920 als Bürgermeister diente. In dieser Funktion setzte er sich besonders für soziale Reformen ein, die die Lebensbedingungen der armen Bevölkerung verbessern sollten. Er gründete landwirtschaftliche Genossenschaften, unterstützte die Bildung und förderte öffentliche Gesundheitsinitiativen. Diese frühen Erfahrungen in der Lokalpolitik bestärkten Sturzo in seinem Glauben an die Notwendigkeit einer aktiven Beteiligung der Christen in der Politik.

1919, in der unruhigen Nachkriegszeit Italiens, gründete Sturzo die Partito Popolare Italiano (PPI), eine der ersten christlich-demokratischen Parteien in Europa. Die PPI war eine Antwort auf die sozialen und politischen Herausforderungen der Zeit und zielte darauf ab, eine Brücke zwischen dem traditionellen Katholizismus und modernen politischen Strömungen zu schlagen. Sturzo sah die PPI als ein Mittel, um den Einfluss des sozialistischen und kommunistischen Gedankenguts einzudämmen und eine gerechtere Gesellschaft auf der Grundlage christlicher Werte zu fördern.

Die PPI wuchs schnell und gewann bedeutenden Einfluss in der italienischen Politik. Sturzos Führung war jedoch nicht unumstritten. Seine entschiedene Ablehnung des Faschismus und seine Kritik an Mussolinis Regime brachten ihn bald in eine schwierige Position. 1924, unter wachsendem politischen Druck, sah sich Sturzo gezwungen, Italien zu verlassen und ins Exil zu gehen.

Während seiner Exiljahre lebte Sturzo zunächst in London und später in den USA. In dieser Zeit schrieb er zahlreiche Bücher und Artikel, in denen er seine politischen und sozialen Überzeugungen darlegte. Seine Schriften trugen dazu bei, die Idee der christlichen Demokratie international bekannt zu machen. Trotz der räumlichen Distanz blieb Sturzo eine einflussreiche Figur in der italienischen und europäischen Politik und setzte sich weiterhin für Demokratie und Menschenrechte ein.

Erst 1946, nach dem Ende des Zweiten Weltkriegs und dem Fall des Faschismus, kehrte Sturzo nach Italien zurück. Obwohl er nicht mehr aktiv in die Politik eingriff, blieb er eine moralische Autorität und ein geistiger Wegweiser für die christliche Demokratie. Sturzo widmete seine letzten Jahre dem Schreiben und der Förderung seiner Ideen. Er starb am 8. August 1959 in Rom.

Luigi Sturzos Vermächtnis ist tief in der politischen Landschaft Italiens und Europas verankert. Seine Gründung der PPI und seine philosophischen Schriften haben maßgeblich zur Formung der christlich-demokratischen Bewegung beigetragen. Sturzo wird oft als Vordenker gesehen, der die Bedeutung einer Verbindung von Glauben und Politik erkannte und praktisch umsetzte.

Obwohl Sturzo eine zentrale Figur in der Entwicklung der christdemokratischen Politik war, war sein politisches Leben nicht frei von Kontroversen.

Sturzos größte Kontroverse drehte sich um seinen Widerstand gegen den aufkommenden Faschismus in Italien unter Benito Mussolini. Sturzo kritisierte offen das faschistische Regime, was zu Spannungen und letztendlich zu seiner erzwungenen Resignation als Parteiführer und später zu seinem Exil führte. Seine entschiedene Position gegen den Faschismus machte ihn zu einer kontroversen Figur, insbesondere innerhalb konservativer Kreise in Italien, die Mussolinis Regime unterstützten oder tolerierten.

Innerhalb der PPI gab es ebenfalls Kontroversen über Sturzos Führung und politische Strategie. Einige Parteimitglieder kritisierten seine Entscheidungen, insbesondere seine Weigerung, engere Bündnisse mit anderen antifaschistischen Kräften zu schmieden, was einige als eine verpasste Gelegenheit ansahen, das faschistische Regime effektiver zu bekämpfen.

Sturzos Beziehung zur katholischen Kirche war kompliziert. Obwohl er Priester war, befand er sich oft im Konflikt mit der Kirchenhierarchie, die seine politischen Aktivitäten und seinen Versuch, die Kirche in die weltliche Politik einzubeziehen, misstrauisch betrachtete. Diese Spannungen führten zu einem schwierigen Verhältnis mit dem Vatikan, insbesondere während des Pontifikats von Papst Pius XI.

Nach dem Zweiten Weltkrieg kehrte Sturzo nach Italien zurück und setzte seine politische Karriere fort, doch seine Rolle in der italienischen Nachkriegspolitik blieb umstritten. Einige kritisierten ihn für seine historischen Kompromisse mit konservativen und monarchistischen Kräften, während andere seine Bemühungen zur Wiederherstellung der Demokratie in Italien lobten.[10]

Luigi Sturzos Leben und Karriere spiegeln die komplexe und oft widersprüchliche Natur politischen Handelns wider, insbesondere in Zeiten tiefgreifender nationaler und internationaler Krisen. Sein Vermächtnis bleibt ein wichtiger Bestandteil der italienischen und europäischen Geschichte, das bis heute in politischen und akademischen Diskursen diskutiert wird.

10 Karl Josef Hahn, Die christliche Demokratie in Europa. Gebundene Ausgabe – ASIN: B0CK7HN3RH Herausgeber: Europäische Union Christlicher Demokraten, Rom, (1. Januar 1979)

Alcide De Gasperi - Architekt des modernen Italiens und Europas

Alcide De Gasperi wurde am 3. April 1881 in Pieve Tesino, einer kleinen Gemeinde in der Region Trentino, die damals noch Teil der Österreich-Ungarischen Monarchie war, geboren. Aufgewachsen in bescheidenen Verhältnissen, zeigte De Gasperi schon früh eine tiefe intellektuelle Neigung und ein starkes Interesse an Sprachen und Politik. Er besuchte das Seminar in Trento und studierte später Literatur an der Universität Wien, wo er 1905 seinen Abschluss machte.

De Gasperis politische Karriere begann im Kontext der österreichisch-ungarischen Politik. Er engagierte sich für die italienische Volkspartei in seinem Heimatgebiet, das stark von nationalen Spannungen geprägt war. Sein Engagement galt insbesondere der Förderung der Rechte und der Kultur der italienischen Minderheit. 1911 wurde er zum Abgeordneten im Wiener Reichsrat gewählt, eine Position, die er bis zum Zusammenbruch der Monarchie 1918 innehatte.

Nach dem Ersten Weltkrieg und dem Zerfall der Österreich-Ungarischen Monarchie wurde Trentino Teil Italiens. De Gasperi verlegte seinen politischen Schwerpunkt nach Rom, wo er sich der italienischen Volkspartei (Partito Popolare Italiano, PPI) anschloss und bald zu einer führenden Figur aufstieg. Seine politische Laufbahn wurde jedoch durch den Aufstieg des Faschismus unterbrochen. Nachdem Mussolini die Macht ergriffen hatte, wurde De Gasperi 1926 verhaftet und später unter Hausarrest gestellt, weil er sich weigerte, den Faschismus zu unterstützen.

Nach dem Fall Mussolinis und dem Ende des Zweiten Weltkriegs kehrte De Gasperi 1944 in die Politik zurück. Er wurde einer der führenden Köpfe der neu gegründeten christdemokratischen Partei Italiens (Democrazia Cristiana, DC), die schnell zur dominanten politischen Kraft im Nachkriegsitalien aufstieg. Von 1945 bis 1953 diente De Gasperi als Ministerpräsident und führte Italien durch eine Phase des Wiederaufbaus und der demokratischen Konsolidierung.

Unter De Gasperis Führung erlebte Italien eine signifikante wirtschaftliche Erholung, teilweise unterstützt durch den Marshall-Plan, der entscheidend dazu beitrug, die Wirtschaft des Landes nach dem Krieg wiederzubeleben. De Gasperi förderte Industrie, Landwirtschaft und Infrastrukturprojekte, was nicht nur zur wirtschaftlichen Stabilisierung beitrug, sondern auch die Lebensbedingungen der italienischen Bevölkerung verbesserte.

De Gasperi war auch ein Visionär der europäischen Integration. Er war einer der Gründungsväter der Europäischen Gemeinschaft, die Vorläuferin der Europäischen Union. Seine Vision von einem vereinten Europa, das durch wirtschaftliche und politische Zusammenarbeit gekennzeichnet ist, war wegweisend. Er spielte eine Schlüsselrolle bei der Gründung des Europarates und der Europäischen Gemeinschaft für Kohle und Stahl (EGKS).

Nachdem er sich 1953 aus der aktiven Politik zurückgezogen hatte, blieb De Gasperi weiterhin eine einflussreiche Figur im politischen Leben Italiens und Europas. Er starb am 19. August 1954 in Sella di Valsugana.

Während seines Wirkens wurden auch einige Kontroversen mit ihm in Verbindung gebracht.

De Gasperi war dafür bekannt, breite Koalitionen zu bilden, um stabile Regierungen zu sichern. Diese Taktik führte jedoch zu Kompromissen mit verschiedenen politischen Gruppen, einschließlich rechter und monarchistischer Elemente, was bei einigen seiner linkeren Unterstützer zu Unmut führte. Kritiker warfen ihm vor, zu nachgiebig gegenüber diesen Kräften zu sein, was die Ideale der Christdemokraten verwässere.

Seine Wirtschaftspolitik, insbesondere die Entscheidung, den Mar-shall-Plan der USA zu akzeptieren und umzusetzen, war ebenfalls um-stritten. Während viele dies als einen entscheidenden Faktor für den wirtschaftlichen Aufschwung Italiens sahen, kritisierten andere, vor allem aus kommunistischen und sozialistischen Kreisen, dies als eine Unterwerfung unter amerikanischen Einfluss und Imperialismus.

Wie Luigi Sturzo hatte auch De Gasperi eine komplexe Beziehung zur katholischen Kirche. Obwohl er eng mit dem Vatikan zusammenarbei-tete und seine Politik oft mit katholischen Lehren im Einklang stand, gab es Spannungen über das Ausmaß des Einflusses, den die Kirche auf staatliche Angelegenheiten haben sollte. Diese Spannungen wa-ren besonders in Fragen der Bildung und ziviler Rechte spürbar.

Eine weitere bedeutende Kontroverse in De Gasperis Karriere war die Frage Südtirols. Als Gebietsstreit zwischen Italien und Österreich nach dem Ersten Weltkrieg entstanden, war das Problem während De Gas-peris Amtszeit besonders akut. Seine Regierung wurde kritisiert für die harte Haltung gegenüber der deutschsprachigen Minderheit und für Maßnahmen, die als Versuch angesehen wurden, die italienische Kultur in der Region zu fördern, was Spannungen mit Österreich und den lokalen deutschsprachigen Bewohnern verschärfte.

Das Ende von De Gasperis politischer Karriere war von Kontroversen und einem Rückgang der Unterstützung begleitet, was schließlich zu seinem Rücktritt führte. Die Gründe hierfür waren vielfältig, ein-schließlich wirtschaftlicher Schwierigkeiten und einer wachsenden Entfremdung innerhalb seiner eigenen Partei.

Alcide De Gasperi bleibt eine zentrale Figur der italienischen Ge-schichte, dessen Erbe in der Gestaltung des modernen Italiens und der europäischen Integration nach wie vor Anerkennung findet. Seine politischen Entscheidungen und die damit verbundenen Kontroversen bieten wichtige Einblicke in die Herausforderungen der Staatsführung in einer komplexen und sich schnell verändernden Welt.[11]

Robert Schuman - Staatsmann und Visionär der europäischen Einheit

Robert Schuman, geboren am 29. Juni 1886 in Luxemburg und gestorben am 4. September 1963 in Frankreich, war ein französischer Politiker, der als einer der Gründerväter der Europäischen Union gilt. Sein Wirken und seine Visionen haben maßgeblich zur Schaffung der Institutionen beigetragen, die heute als Grundlage der europäischen Integration dienen. Schumans Lebenswerk ist geprägt von der Überzeugung, dass der Frieden in Europa nur durch wirtschaftliche Zusammenarbeit und politische Vereinigung erreicht werden kann.

Schuman wurde in eine lothringische Familie geboren, die nach dem deutsch-französischen Krieg 1870/71 in das damals zum Deutschen Reich gehörende Gebiet zog. Nach dem frühen Tod seiner Eltern wuchs Schuman bei Verwandten auf und besuchte das Gymnasium in Metz. Später studierte er Jura und Wirtschaftswissenschaften an den Universitäten in Bonn, München, Berlin und Straßburg. Nach dem Ersten Weltkrieg, als Lothringen wieder an Frankreich fiel, begann Schuman seine Karriere als Anwalt in Metz.

Schuman engagierte sich früh in der Politik und wurde 1919 zum Mitglied der französischen Nationalversammlung gewählt. Er vertrat das Departement Moselle, eine Region, die besonders von den deutsch-französischen Spannungen betroffen war. In den folgenden Jahren

---

11 Italiens Weg in die Demokratie: Das Erbe Alcide De Gasperis, Sammlung von Essays verschiedener Historiker über die Rolle De Gasperis beim Aufbau der italienischen Nachkriegsdemokratie und seine Visionen für Europa

setzte er sich insbesondere für die Versöhnung zwischen Deutschland und Frankreich ein. Während des Zweiten Weltkriegs wurde Schuman von der deutschen Besatzungsmacht verhaftet, konnte jedoch fliehen und schloss sich dem französischen Widerstand an.

Nach dem Krieg wurde Schuman 1946 erneut in die Nationalversammlung gewählt und übernahm verschiedene ministerielle Posten, darunter das Amt des Außenministers von 1948 bis 1952. In dieser Funktion legte er den Grundstein für seine visionären Ideen zur europäischen Einheit. Am 9. Mai 1950, einem Datum, das später als „Schuman-Erklärung" bekannt wurde und heute als „Europatag" gefeiert wird, schlug er vor, die französisch-deutsche Produktion von Kohle und Stahl unter eine gemeinsame Oberaufsicht zu stellen. Dieser Vorschlag, bekannt als der Schuman-Plan, führte zur Gründung der Europäischen Gemeinschaft für Kohle und Stahl (EGKS), der ersten supranationalen europäischen Organisation, die die Basis für die spätere Europäische Union bildete.

*Die **Schuman-Erklärung** von 1950, die als Startpunkt für die Europäische Integration und die spätere Europäische Union gilt, wurde weitgehend positiv aufgenommen, insbesondere wegen ihres innovativen Ansatzes zur Friedenssicherung durch wirtschaftliche Integration. Allerdings gab es auch einige Kontroversen und Herausforderungen, die mit dieser Erklärung verbunden waren. Die Idee, nationale Kontrolle über die Schlüsselindustrien Kohle und Stahl an eine überstaatliche Behörde abzugeben, war in den beteiligten Ländern nicht unumstritten. Viele Kritiker sahen darin einen Verlust nationaler Souveränität und befürchteten, dass dies der Beginn einer Reihe von Konzessionen sein könnte, die letztlich die Unabhängigkeit der Nationalstaaten untergraben würden.*

In einigen Ländern, insbesondere in Frankreich, gab es politischen Widerstand gegen die Schuman-Erklärung. Der französische Plan war insofern revolutionär, als er vorschlug, die Kontrolle über zwei der wichtigsten nationalen Industrien auf eine neue, supranationale Behörde zu übertragen. Dies

stieß auf Widerstand bei einigen politischen Gruppen, die eine stärkere natio-
nale Kontrolle befürworteten.

Die Reaktionen in Deutschland waren gemischt. Während die westdeutsche
Führung unter Konrad Adenauer den Plan als eine Chance sah, Deutschland
wieder in die europäische Staatengemeinschaft zu integrieren und den Wie-
deraufbau nach dem Krieg zu fördern, gab es auch Bedenken hinsichtlich der
langfristigen Implikationen für die deutsche Industrie und Souveränität.

Die Schuman-Erklärung muss auch im Kontext des beginnenden Kalten Krie-
ges betrachtet werden. Die sowjetische Führung kritisierte den Plan als einen
Versuch des Westens, seine Einflusssphäre zu konsolidieren und Deutschland
wirtschaftlich und politisch an den Westen zu binden.

Die Erklärung stellte einen entscheidenden Schritt in Richtung weiterer euro-
päischer Integration dar, was langfristig zu weiteren kontroversen Diskussio-
nen über den Grad und die Geschwindigkeit der Integration führte. Während
einige die Schuman-Erklärung als Beginn eines friedlicheren und vereinten
Europas feierten, sahen andere darin den Beginn eines Prozesses, der zu un-
erwünschter politischer Zentralisierung führen könnte. Trotz dieser Kontro-
versen und Herausforderungen war die Schuman-Erklärung erfolgreich dar-
in, die Grundlage für die Europäische Gemeinschaft für Kohle und Stahl
(EGKS) zu legen, die später zur Europäischen Union erweitert wurde. Ihre
Prinzipien der Friedenssicherung durch wirtschaftliche Zusammenarbeit und
Integration bleiben zentral in der heutigen EU.[12]

Schuman diente auch als Premierminister Frankreichs von 1947 bis
1948 und war maßgeblich an der Gründung des Nordatlantikvertrags
(NATO) im Jahr 1949 beteiligt. Seine Überzeugungen und sein diplomatisches Geschick trugen dazu bei, dass er in den Jahren der frühen
europäischen Integration eine Schlüsselrolle spielte. Seine Bemühungen um die europäische Einigung wurden international anerkannt

---

12 Klaus Schwabe, Die Anfänge des Schuman-Plans 1950/51. Beiträge des
Kolloquiums in Aachen, 28.–30. Mai 1986. Nomos Verlag, Baden-Baden
1988, ISBN 3-7890-1543-1

und er erhielt mehrere Auszeichnungen, darunter den Karlspreis der Stadt Aachen.

Nach seinem Rückzug aus der aktiven Politik widmete sich Schuman seiner Arbeit im Europäischen Parlament, wo er bis zu seinem Tod im Jahr 1963 tätig war. Sein Erbe lebt in den Institutionen und Vereinbarungen fort, die er helfen konnte zu gründen und die heute als Eckpfeiler der Europäischen Union dienen.

Robert Schuman bleibt eine zentrale Figur in der Geschichte der europäischen Integration. Sein Engagement für den Frieden, seine visionäre Politik und seine Überzeugung, dass Europa nur gemeinsam stark sein kann, machen ihn zu einem der bedeutendsten Politiker des 20. Jahrhunderts.

Konrad Adenauer - Architekt des modernen Deutschland

Konrad Adenauer, geboren am 5. Januar 1876 in Köln und gestorben am 19. April 1967 in Rhöndorf, war einer der prägendsten deutschen Politiker des 20. Jahrhunderts. Als erster Bundeskanzler der Bundesrepublik Deutschland legte er den Grundstein für das politische und wirtschaftliche System, das Deutschland nach dem Zweiten Weltkrieg stabilisierte und zu einem der führenden Staaten Europas machte. Adenauers Politik der Westintegration, sein Einsatz für den Wiederaufbau des Landes und seine Führung in den Anfangsjahren des Kalten Krieges haben sein Erbe nachhaltig geformt.

Konrad Adenauer wurde in eine katholische Familie in Köln geboren. Sein Vater war ein Beamter, und die Familie gehörte zur bürgerlichen Mittelschicht. Adenauer studierte Rechtswissenschaften an den Universitäten in Freiburg, München und Bonn. Nach dem Abschluss seines Studiums und der Promotion zum Doktor der Rechte begann Adenauer seine Karriere als Anwalt in Köln.

Seine politische Laufbahn begann Adenauer in der Weimarer Republik, als er Mitglied der Zentrumspartei wurde, die hauptsächlich von Katholiken unterstützt wurde. Er diente von 1917 bis 1933 als Oberbürgermeister von Köln, eine Position, die ihm erheblichen Einfluss in der lokalen und regionalen Politik verschaffte. Während seiner Amtszeit als Oberbürgermeister setzte sich Adenauer für moderne Infrastrukturprojekte ein, darunter der Bau von Brücken, Straßen und der erste deutsche Autobahnabschnitt.

Mit der Machtübernahme der Nationalsozialisten 1933 wurde Adenauers Karriere jäh unterbrochen. Er wurde als Oberbürgermeister entlassen und mehrmals von der Gestapo verhaftet. Während des Krieges lebte er zurückgezogen und war zeitweise inhaftiert. Trotz der Gefahren und der politischen Isolation blieb Adenauer ein entschiedener Gegner des Nationalsozialismus.

Nach dem Ende des Zweiten Weltkriegs beteiligte sich Adenauer aktiv am politischen Wiederaufbau Deutschlands. Er gründete 1946 die Christlich Demokratische Union (CDU), eine überkonfessionelle Partei, die schnell zu einer der dominanten Kräfte in der neuen politischen Landschaft Westdeutschlands wurde. Adenauer setzte sich für eine Politik der Aussöhnung und des Wiederaufbaus ein und strebte eine enge Zusammenarbeit mit den westlichen Alliierten an.

Im Jahr 1949 wurde Adenauer im Alter von 73 Jahren zum ersten Bundeskanzler der neu gegründeten Bundesrepublik Deutschland gewählt. Seine Amtszeit dauerte bis 1963, eine Periode, in der Adenauer die deutsche Politik maßgeblich prägte.

Adenauer verfolgte eine klare Westintegrationspolitik. Er war ein starker Befürworter der europäischen Integration und spielte eine Schlüsselrolle bei der Gründung der Europäischen Wirtschaftsgemeinschaft (EWG) und der Europäischen Verteidigungsgemeinschaft. Ebenso wichtig war seine Unterstützung für die NATO, die Westdeutschland 1955 beitrat.

Innenpolitisch trieb Adenauer den Wiederaufbau der deutschen Wirtschaft voran, unterstützt durch die Marshallplan-Hilfe der Vereinigten Staaten. Unter seiner Führung erlebte Deutschland das "Wirtschaftswunder", einen schnellen wirtschaftlichen Aufschwung, der das Land in eine Ära des Wohlstands führte. Adenauer arbeitete eng mit Wirtschaftsminister Ludwig Erhard zusammen, der die soziale Marktwirtschaft als wirtschaftliches Modell etablierte.

Die soziale Marktwirtschaft, die während Adenauers Amtszeit eingeführt wurde, kombinierte freie Marktmechanismen mit sozialen Sicherungssystemen. Diese Wirtschaftspolitik zielte darauf ab, sowohl wirtschaftliche Effizienz als auch soziale Gerechtigkeit zu gewährleisten und wurde zu einem der Grundpfeiler des deutschen Erfolgsmodells. Adenauer und Erhard förderten den Aufbau eines starken Sozialstaats, der unter anderem Rentenversicherungen und Krankenversicherungen umfasste und die Lebensqualität der breiten Bevölkerung erheblich verbesserte.

Ein zentrales Thema von Adenauers Außenpolitik war die deutsche Teilung. Während seiner gesamten Amtszeit stand die Frage der Wiedervereinigung Deutschlands im Raum. Adenauer verfolgte einen pragmatischen Ansatz, indem er zunächst die Sicherung der Freiheit Westdeutschlands priorisierte und enge Beziehungen zu den westlichen Demokratien aufbaute. Diese Politik war nicht unumstritten, da Kritiker ihm vorwarfen, die Wiedervereinigung durch seine Westbindung zu verzögern.

Trotz dieser Kritik suchte Adenauer nach Möglichkeiten, die Beziehungen zwischen Ost und West zu verbessern. Die Hallstein-Doktrin, benannt nach Adenauers Staatssekretär Walter Hallstein, war eine Schlüsselstrategie in diesem Zusammenhang. Sie besagte, dass die

Bundesrepublik diplomatische Beziehungen zu jedem Land abbrechen würde, das die DDR offiziell anerkannte. Dieses Vorgehen zielte darauf ab, die internationale Isolation der DDR zu fördern und den Anspruch der Bundesrepublik als einzige legitime deutsche Regierung zu unterstreichen.

Adenauers Führungsstil war oft von einer starken Kontrolle und einer zentralisierten Machtstruktur geprägt. Im Laufe der Jahre wuchsen innerparteiliche Spannungen, und jüngere Politiker in der CDU drängten auf einen Generationenwechsel. 1963, nach 14 Jahren im Amt, trat Adenauer schließlich zurück. Er übergab das Amt des Bundeskanzlers an Ludwig Erhard, der bisher als Wirtschaftsminister gedient hatte.

Nach seinem Rücktritt blieb Adenauer politisch aktiv und setzte sich weiterhin für die europäische Integration ein. Seine letzten Jahre verbrachte er in seinem Haus in Rhöndorf, wo er seine Memoiren schrieb und regelmäßig politische Gäste empfing.

Trotz seiner bedeutenden Errungenschaften war Adenauers politische Karriere nicht frei von Kontroversen. Adenauers entschiedene Politik der Westintegration, die darauf abzielte, die Bundesrepublik fest in das westliche Bündnissystem einzugliedern (NATO-Mitgliedschaft, Europäische Gemeinschaft für Kohle und Stahl), stieß besonders bei denjenigen auf Kritik, die eine neutralere Position Deutschlands im Kalten Krieg bevorzugten oder die eine schnellere Wiedervereinigung mit Ostdeutschland anstrebten. Seine Politik wurde oft als Vernachlässigung der Wiedervereinigungsbestrebungen kritisiert.

Adenauers Ansatz im Umgang mit der NS-Vergangenheit war ebenfalls umstritten. Während seiner Amtszeit wurden zahlreiche ehemalige Nazis in öffentliche Ämter reintegriert, was teilweise als pragmatischer Schritt zur Gewinnung erfahrener Fachkräfte für den Aufbau des Landes gesehen wurde. Kritiker sahen darin jedoch eine unzureichende Aufarbeitung der Vergangenheit und eine Verharmlosung der NS-Verbrechen.

Eine der bekanntesten politischen Kontroversen unter Adenauer war die Spiegel-Affäre 1962. Die Regierung ließ die Redaktionsräume des Nachrichtenmagazins „Der Spiegel" durchsuchen und mehrere Redakteure festnehmen, nachdem der Spiegel kritische Artikel über die Bundeswehr veröffentlicht hatte. Dies führte zu massiven Protesten und gilt als ein Angriff auf die Pressefreiheit. Die Affäre mündete in Rücktritten von Verteidigungsminister Franz Josef Strauß und anderen und stellte eine ernsthafte Krise für Adenauers Kabinett dar.

Adenauers Langlebigkeit in der Politik – er war bei seinem Rücktritt 1963 87 Jahre alt – war ebenfalls Gegenstand von Diskussionen. Kritiker argumentierten, dass er zu lange im Amt geblieben sei und dadurch den politischen Wandel und die Weiterentwicklung der CDU gebremst habe.

Adenauers Führungsstil wurde oft als autoritär beschrieben. Er kontrollierte die Schlüsselentscheidungen innerhalb seiner Partei und der Regierung sehr straff, was ihm sowohl Respekt als auch Kritik einbrachte. Insbesondere jüngere Mitglieder der CDU und politische Gegner forderten mehr Partizipation und demokratische Offenheit.

Trotz dieser Kontroversen bleibt Adenauer eine Schlüsselfigur in der deutschen Nachkriegsgeschichte, dessen Politik der Stabilisierung und des Wiederaufbaus des Landes sowie seine Bemühungen um die europäische Integration das moderne Deutschland wesentlich geprägt haben.[13]

13 Rudolf Morsey, Der Untergang des politischen Katholizismus. Die Zentrumspartei zwischen christlichem Selbstverständnis und „Nationaler Erhebung" 1932/33. Belser, Stuttgart 1977, ISBN 978-3-7630-1182-7

Angela Merkel - Ein Portrait der langjährigen Kanzlerin Deutschlands

Angela Dorothea Merkel, geboren am 17. Juli 1954 in Hamburg und aufgewachsen in der DDR, prägte als Bundeskanzlerin der Bundesrepublik Deutschland von 2005 bis 2021 maßgeblich die Geschichte. Als eine der herausragenden politischen Persönlichkeiten des frühen 21. Jahrhunderts und als erste Frau im Amt des Bundeskanzlers setzte sie bedeutende Meilensteine. Ihre Amtszeit zeichnete sich durch eine pragmatische und stabilitätsorientierte Politik aus, die nachhaltige Spuren in der deutschen und europäischen Politik hinterließ. Unter ihrer Führung meisterte Deutschland zahlreiche globale Krisen und Herausforderungen mit einem ausgewogenen und weitsichtigen Ansatz, der Angela Merkel international hohes Ansehen und breite Anerkennung sicherte.

Angela Merkel wurde als Angela Kasner geboren und zog im Kindesalter mit ihrer Familie von Hamburg in die DDR, wo ihr Vater, ein lutherischer Pastor, eine Pfarrstelle in Templin, nordöstlich von Berlin, übernahm. Merkel wuchs in einem Umfeld auf, das von den ideologischen Zwängen des sozialistischen Regimes geprägt war, entwickelte jedoch früh ein Interesse für Naturwissenschaften und entschied sich für ein Physikstudium an der Universität Leipzig. Nach ihrem Abschluss 1978 arbeitete sie als Physikerin am Zentralinstitut für Physikalische Chemie der Akademie der Wissenschaften der DDR in Ost-Berlin.

Merkels politische Karriere begann mit dem Fall der Berliner Mauer und der anschließenden Wiedervereinigung Deutschlands. 1989 trat sie dem Demokratischen Aufbruch bei, einer politischen Bewegung, die später in der CDU aufging. Ihre wissenschaftliche Präzision und analytische Fähigkeit machten sie schnell zu einer geschätzten Beraterin. Der damalige Bundeskanzler Helmut Kohl erkannte ihr Talent und förderte ihre Karriere; Merkel diente unter ihm als Bundesministerin für Frauen und Jugend und später als Bundesministerin für Umwelt, Naturschutz und Reaktorsicherheit.

Im Jahr 2000 wurde Merkel zur Vorsitzenden der Christlich Demokratischen Union (CDU) gewählt. Ihre Führung der Partei markierte einen Wendepunkt, der sie 2005 zur Bundeskanzlerin führte. Merkel war bekannt für ihren pragmatischen Ansatz in der Politik, der es ihr ermöglichte, breite Koalitionen zu bilden und Kompromisse zu schließen, die notwendig waren, um in einem oft gespaltenen politischen Umfeld zu regieren.

Während ihrer Amtszeit als Kanzlerin sah sich Merkel mit einer Reihe von nationalen und internationalen Krisen konfrontiert, darunter die globale Finanzkrise 2008, die Eurozonen-Schuldenkrise, die Flüchtlingskrise 2015 und die COVID-19-Pandemie. Ihre Politik während der Finanzkrise, insbesondere ihr Einsatz für Sparmaßnahmen und Haushaltsdisziplin in der Eurozone, sowie ihre Entscheidung, 2015 die Grenzen für Flüchtlinge zu öffnen, waren sowohl umstritten als auch richtungsweisend.

Merkels Führungsstil, oft als "Merkelismus" bezeichnet, zeichnete sich durch Vorsicht, Detailorientierung und eine oft zurückhaltende, aber entschlossene öffentliche Kommunikation aus. Ihre Fähigkeit, in Krisenzeiten Ruhe zu bewahren und effektive, oft datengestützte Lösungen zu finden, hat ihr international Anerkennung eingebracht, auch wenn sie innenpolitisch manchmal kritisiert wurde.

Auf europäischer Ebene war Merkel eine zentrale Figur. Ihre Amtszeit fiel mit einer Phase der intensiven europäischen Integration zusammen, und sie war eine starke Befürworterin der Europäischen Union. Merkel spielte eine Schlüsselrolle bei der Bewältigung der Eurokrise und setzte sich für eine engere politische und wirtschaftliche Koordination innerhalb der EU ein. Ihr Engagement für den europäischen

Gedanken, insbesondere in Zeiten der Krise, festigte Deutschlands Rolle als führende Kraft in Europa.

Nach fast 16 Jahren im Amt kündigte Merkel 2018 an, nicht für eine weitere Amtszeit als CDU-Vorsitzende und Bundeskanzlerin zu kandidieren. Ihr Rücktritt im Jahr 2021 markierte das Ende einer Ära in der deutschen Politik. Ihre Nachfolge trat Armin Laschet an, der jedoch bei der darauffolgenden Bundestagswahl nicht erfolgreich war, was zu einer neuen Regierungskoalition unter Führung von Olaf Scholz führte.

Trotz ihrer weithin anerkannten Führungsrolle war Merkel auch verschiedenen Kritiken ausgesetzt, die ihre Politik und Entscheidungen betrafen.

Flüchtlingskrise 2015

Eine der markantesten und kontroversesten Entscheidungen während Angela Merkels Amtszeit als Bundeskanzlerin war zweifellos ihre Reaktion auf die Flüchtlingskrise im Jahr 2015. In einem historischen Moment, gekennzeichnet durch eine beispiellose Anzahl von Menschen, die vor Krieg und Verfolgung in den Nahen Osten und Afrika flohen, entschied Merkel, die Grenzen Deutschlands für Asylsuchende offen zu halten. Mit den mittlerweile ikonischen Worten „Wir schaffen das" verteidigte sie diese Politik, die sowohl national als auch international breite Aufmerksamkeit erregte.

Diese Worte wurden schnell zum Synonym für ihre "Politik der offenen Tür". Viele betrachteten Merkels Entscheidung als einen Akt moralischer Standhaftigkeit und eine humanitäre Geste, die das Recht auf Asyl und den Schutz von Flüchtlingen betonte. Dennoch löste diese Entscheidung auch erhebliche Kritik aus, vor allem von konservativen und rechtsgerichteten Kreisen innerhalb Deutschlands, die eine strengere Migrationspolitik forderten. Sie argumentierten, dass die unkontrollierte Einreise eine Überforderung der sozialen und wirtschaftlichen Kapazitäten Deutschlands zur Folge haben könnte und die Sicherheitsrisiken erhöhte.

Die Folgen von Merkels Entscheidung waren tiefgreifend und weitreichend. Sie polarisierte nicht nur die öffentliche Meinung in Deutschland, sondern führte auch zu erheblichen Spannungen innerhalb der Europäischen Union. Die Herausforderung, eine gemeinsame und gerechte Verteilung der Asylsuchenden unter den Mitgliedstaaten zu erreichen, wurde zu einem zentralen Streitpunkt. Zudem verstärkte diese Politik populistische und nationalistische Bewegungen in ganz Europa, die Migration als eine Bedrohung für die nationale Sicherheit und kulturelle Identität darstellten.

Diese Phase in Merkels Kanzlerschaft bleibt als eine Zeit intensiver politischer und gesellschaftlicher Debatten in Erinnerung, die nicht nur Deutschland, sondern die gesamte Europäische Union vor bedeutende Herausforderungen stellte. Sie offenbarte die komplexen Dilemmata moderner Migrationspolitik und die Schwierigkeiten, ethische Prinzipien mit politischer Pragmatik in Einklang zu bringen.

Eurokrise und Sparpolitik

Angela Merkels Rolle während der Eurokrise, vor allem im Kontext der Rettungspakete für Griechenland und andere hoch verschuldete EU-Mitgliedstaaten, markierte ein besonders umstrittenes Kapitel ihrer Amtszeit. In enger Zusammenarbeit mit ihrem Finanzminister Wolfgang Schäuble war Merkel maßgeblich an der Ausarbeitung und Durchsetzung strenger Sparmaßnahmen beteiligt, die als Bedingung für finanzielle Hilfen durch die Europäische Union und den Internationalen Währungsfonds gefordert wurden. Diese Politik galt vielen als notwendig, um die Stabilität des Euros zu sichern und die Finanzmärkte zu beruhigen, doch sie rief auch massive Kritik hervor.

Kritiker der Austeritätspolitik[14] beschuldigten Merkel und ihre Regierung, durch ihre Forderungen nach drastischen Einsparungen die wirtschaftlichen Rezessionen in den betroffenen Ländern zu verschärfen und die sozialen Spannungen zu vertiefen. Besonders in Griechenland führten die Sparvorgaben zu tiefgreifenden sozialen Unruhen und einer weitverbreiteten Verzweiflung unter der Bevölkerung. Die öffentlichen Proteste und die zunehmenden wirtschaftlichen Schwierigkeiten zeichneten ein Bild von tiefer Not und Isolation, das die öffentliche Meinung sowohl innerhalb als auch außerhalb der betroffenen Länder stark beeinflusste.

Die Debatte um die Menschlichkeit und Effektivität von Merkels Sparpolitik prägte das Bild Europas in einer Zeit tiefgreifender Unsicherheit. Die Austeritätsmaßnahmen wurden von einigen als kurzfristig notwendiges Übel zur Rettung des gemeinsamen Währungssystems gesehen, während andere sie als unverhältnismäßig und schädlich für das europäische Projekt der sozialen Solidarität kritisierten. Diese Spannungen offenbarten die Herausforderungen europäischer Integration, bei denen wirtschaftliche und politische Entscheidungen oft weitreichende soziale und menschliche Konsequenzen nach sich ziehen.

Diese kontroverse Phase in Angela Merkels Amtszeit unterstreicht die Komplexität ihrer Führung in einer Krisenzeit, in der entschlossene Entscheidungen sowohl zu Stabilisierung als auch zu erheblichem Wi-

14 Der Ausdruck „Austerität" stammt aus dem Lateinischen „austeritas", was „Strenge" oder „Schroffheit" bedeutet. Im wirtschaftlichen Kontext hat sich der Begriff im 20. Jahrhundert entwickelt, um eine strikte Sparpolitik zu beschreiben, die insbesondere darauf abzielt, öffentliche Ausgaben zu kürzen und die Haushaltsdisziplin zu stärken. In vielen Sprachen, darunter auch im Deutschen und Englischen, wird der Begriff verwendet, um Sparmaßnahmen und Budgetdisziplin in staatlichen Finanzen zu charakterisieren.

derstand führten. Sie zeigt auf, wie politische Führung unter Druck nicht nur die wirtschaftliche Landschaft, sondern auch das Leben zahlreicher Menschen direkt beeinflussen kann.

Energiewende

Die Energiewende, eines von Angela Merkels ambitioniertesten Projekten, markierte einen signifikanten Wendepunkt in der deutschen Energiepolitik mit dem Ziel, den Übergang von Kernenergie und fossilen Brennstoffen zu erneuerbaren Energiequellen zu vollziehen. Der Anstoß für diese politische Richtungsänderung erhielt durch die Nuklearkatastrophe von Fukushima im Jahr 2011 besonderen Nachdruck. Angesichts der offensichtlichen Risiken der Kernenergie beschleunigte Merkel den Atomausstieg Deutschlands entschlossen, eine Entscheidung, die international als mutiges Bekenntnis zum Umweltschutz und zur nachhaltigen Energiepolitik gelobt wurde.

Diese Maßnahme, die ein starkes internationales Signal setzte, wurde jedoch nicht ohne Kritik aufgenommen. Auf der globalen Bühne zwar weitgehend positiv betrachtet, löste die Energiewende in Deutschland selbst eine rege und oft kritische Debatte aus, insbesondere hinsichtlich der finanziellen und ökonomischen Konsequenzen. Kritiker wiesen auf die erheblichen Kosten hin, die durch die Energiewende entstanden, und äußerten Bedenken über die Lasten, die sowohl Verbrauchern als auch der Industrie auferlegt wurden. Die Finanzierung des Umbaus der Energieinfrastruktur und die damit verbundenen Investitionen in erneuerbare Technologien stellten eine erhebliche finanzielle Herausforderung dar.

Darüber hinaus wurden Fragen der Netzstabilität und Energieversorgungssicherheit laut. Der Übergang zu erneuerbaren Energien, insbesondere Wind- und Solarenergie, brachte technische und infrastrukturelle Herausforderungen mit sich, die eine konstante und zuverlässige Stromversorgung gefährden könnten. Diese technischen und operativen Unsicherheiten führten zu weiteren Diskussionen über die Machbarkeit und Nachhaltigkeit des gesamten Projekts.

Angela Merkel stand somit vor der schwierigen Aufgabe, zwischen ökologischer Notwendigkeit und ökonomischer Vernunft zu balancieren, um eine Lösung zu finden, die sowohl umweltverträglich als auch wirtschaftlich tragfähig ist. Die Energiewende bleibt ein Kernstück ihrer politischen Erbschaft, illustriert die Herausforderungen, die mit groß angelegten politischen Veränderungen verbunden sind, und wirft ein Licht auf die komplexe Dynamik zwischen ökologischen Zielen und ökonomischer Realität.

<u>NSA-Affäre und Datenschutz</u>

Die Enthüllungen durch Edward Snowden im Jahr 2013, welche aufdeckten, dass sogar das Handy der Kanzlerin Angela Merkel Ziel der Überwachungsaktivitäten der NSA war, erschütterten das Vertrauensverhältnis zwischen Deutschland und den USA zutiefst. Merkels anfänglich zurückhaltende Reaktion auf diese brisanten Informationen wurde in Deutschland vielfach kritisch betrachtet. Viele erwarteten eine entschiedenere Antwort oder deutliche politische Konsequenzen, die jedoch ausblieben.

Die Entstehung einer kontroversen Debatte über Datenschutz und Überwachung in Deutschland begann mit einem Vorfall, der tiefgreifende Bedenken über den Umgang mit persönlichen Daten aufwarf. Dieses Ereignis beleuchtete nicht nur die Schwachstellen existierender Gesetze, sondern auch die zunehmende Abhängigkeit von Technologien, die außerhalb Europas entwickelt und verwaltet wurden. Als Reaktion darauf entbrannte innerhalb der deutschen Gesellschaft eine intensivere Diskussion über die Notwendigkeit, Datenschutzgesetze zu verschärfen und die Daten der Bürger besser zu schützen.

Die Debatte weitete sich schnell auf eine breitere europäische Ebene aus, wobei der Ruf nach einer unabhängigeren europäischen Datennetzinfrastruktur immer lauter wurde. Politiker, Datenschutzbeauftragte und Bürgerrechtsgruppen äußerten vermehrt die Sorge, dass die Abhängigkeit von nicht-europäischen Technologien nicht nur ein Risiko für die Privatsphäre der Einzelnen darstellte, sondern auch eine strategische Schwachstelle für die gesamte Region bedeutete. Diese Befürchtungen führten zu einer vertieften Auseinandersetzung mit Fragen der digitalen Souveränität und der Notwendigkeit, eine robustere, unabhängige Infrastruktur zu entwickeln, die Europas Daten vor externen Einflüssen und potenzieller Überwachung schützen könnte.

Der besagte Vorfall markierte somit einen Wendepunkt in der Wahrnehmung und im Umgang mit Datenschutzfragen in Deutschland und Europa. Die folgenden Diskussionen und legislativen Bemühungen zeigten eine klare Bewegung hin zu einer strengeren Regulierung von Datenschutzpraktiken und einer Überprüfung der Abhängigkeit von technologischen Lösungen, die außerhalb der eigenen Kontrolle lagen. Der Vorfall beleuchtete die kritische Bedeutung der digitalen Autonomie in einer zunehmend vernetzten Welt und motivierte Politiker sowie die Öffentlichkeit dazu, aktiver an der Gestaltung einer sicheren digitalen Zukunft zu arbeiten. In diesem Kontext entwickelten sich neue Gesetzesinitiativen und Projekte, die darauf abzielten, Europas digitale Infrastruktur zu stärken und die Souveränität über die eigenen Daten zu sichern.

<u>Politikstil und Parteiinterne Kritik</u>

Merkels Führungsstil wurde oft als pragmatisch und risikoavers beschrieben. Ihre Neigung, Entscheidungen oft nach langen Überlegungen und sorgfältiger Abwägung zu treffen, führte zu der Kritik, sie reagiere in Krisensituationen zu zögerlich. Innerhalb ihrer eigenen Partei, der CDU, gab es auch Kritik an ihrem zentristischen Kurs, der von einigen Mitgliedern als Vernachlässigung konservativer Werte empfunden wurde. Diese Spannungen kamen besonders nach den Einbußen der CDU in den Bundestagswahlen zum Vorschein.

Angela Merkels Amtszeit war geprägt von Herausforderungen, die bedeutende politische, wirtschaftliche und soziale Veränderungen in Deutschland und Europa nach sich zogen. Ihre Entscheidungen und deren Folgen sind bis heute Gegenstand politischer und akademischer Diskussionen, wobei ihre Prägung der deutschen und europäischen Politik unbestritten bleibt.[15]

Thema: Werteunion

Die Werteunion wurde 2017 gegründet, um eine konservative Basis innerhalb der CDU/CSU zu stärken und die Partei in eine konservativere Richtung zu lenken. Ihre Gründung ist eine Reaktion auf wahrgenommene Abweichungen der CDU/CSU von traditionellen konservativen Werten unter der Führung von Angela Merkel.

Viele Mitglieder der CDU/CSU fühlten sich unter der Führung von Angela Merkel entfremdet. Sie glaubten, dass die Partei zu stark in die Mitte gerückt sei und traditionelle konservative Werte vernachlässigt habe. Insbesondere die Politik der offenen Grenzen während der Flüchtlingskrise 2015 und die Einführung der Ehe für alle 2017 stießen bei konservativen Mitgliedern auf Ablehnung.

Die Werteunion betont die Bedeutung traditioneller Werte wie Familie, Heimat, Sicherheit und eine restriktive Migrationspolitik. Sie sieht sich als Bewahrer dieser Werte und als Gegenpol zu einer wahrgenommenen Liberalisierung und Modernisierung der CDU/CSU, die sie als Bedrohung für die kulturelle und nationale Identität Deutschlands betrachtet.

Ein zentrales Anliegen der Werteunion ist die Betonung von Sicherheit und Ordnung. Sie fordert eine strengere Migrationspolitik, eine stärkere Kontrolle der Grenzen und eine härtere Linie gegen Kriminali-

---

15 Ralph Bollmann, Angela Merkel: Die Kanzlerin und ihre Zeit. Verlag C. H. Beck, München 2021, ISBN 978-3-406-74111-1

tät. Dies spiegelt die Sorgen vieler konservativer Mitglieder wider, die glauben, dass die Sicherheit in Deutschland durch eine zu liberale Flüchtlingspolitik gefährdet ist.

Die Werteunion legt großen Wert auf eine marktwirtschaftlich orientierte Wirtschaftspolitik. Sie fordert weniger staatliche Regulierung und mehr wirtschaftliche Freiheit. Dies steht im Einklang mit ihrer konservativen Ideologie, die auf Eigenverantwortung und Leistungsprinzipien setzt.

Die Werteunion kritisiert die Führung der CDU/CSU für eine mangelnde innerparteiliche Demokratie und Transparenz. Sie fordert mehr Mitspracherechte für die Basis und eine stärkere Berücksichtigung konservativer Positionen in der Parteipolitik.

Ein weiterer Grund für die Gründung der Werteunion ist die klare Abgrenzung von den Grünen und anderen linken Parteien. Die Werteunion sieht sich als Bollwerk gegen eine zunehmende Linkslastigkeit in der deutschen Politik und will verhindern, dass die CDU/CSU Koalitionen eingeht, die ihre konservativen Prinzipien gefährden könnten.

Die Werteunion wurde gegründet, um eine konservative Gegenbewegung innerhalb der CDU/CSU zu schaffen und die Partei wieder stärker auf traditionelle Werte auszurichten. Sie ist eine Reaktion auf eine wahrgenommene Abweichung der Partei von ihren Wurzeln und eine Forderung nach einer Rückkehr zu konservativen Prinzipien in der deutschen Politik.

Die Werteunion teilt auch viele Grundprinzipien mit dem politischen Katholizismus, besonders in Bezug auf traditionelle Familienstrukturen, ethische Werte und die Bedeutung von Religion in der Gesellschaft. Beide Bewegungen sehen sich als Hüter konservativer Werte und stehen in Opposition zu vielen liberalen gesellschaftlichen Entwicklungen.

Ein zentrales Element des politischen Katholizismus ist die Betonung der katholischen Soziallehre, die auf Prinzipien wie Solidarität, Subsidiarität und Gemeinwohl basiert. Diese Prinzipien finden auch bei der Werteunion Anklang, insbesondere in ihrer Betonung auf soziale Verantwortung und die Unterstützung traditioneller Familienstrukturen.

Trotz der vielen Gemeinsamkeiten gibt es auch Unterschiede und Spannungen zwischen der Werteunion und dem politischen Katholizismus. Während der politische Katholizismus stark von der katholischen Kirche und deren sozialer Lehre beeinflusst ist, betont die Werteunion eher eine allgemeine konservative Ideologie, die nicht ausschließlich auf religiösen Grundlagen basiert.

Ein weiterer Unterschied liegt in der Herangehensweise an die Migrationspolitik. Während die Werteunion eine sehr restriktive Haltung einnimmt und eine Begrenzung der Zuwanderung fordert, haben viele Vertreter des politischen Katholizismus, einschließlich hoher kirchlicher Würdenträger, oft eine humanere und inklusivere Perspektive vertreten. Die katholische Kirche hat sich in Deutschland wiederholt für die Rechte von Flüchtlingen und Migranten ausgesprochen und zur Solidarität aufgerufen, was zu Spannungen mit der Werteunion führen kann.

Die Werteunion, eine Gruppierung innerhalb der CDU/CSU, ist bestrebt, ihren Einfluss zu verstärken und die Partei stärker in eine konservative Richtung zu lenken. Diese Bestrebungen verdeutlichen einen Machtkampf, der nicht nur die Parteidynamik betrifft, sondern auch das Verhältnis zum politischen Katholizismus berührt. Die katholische Kirche, mit ihrem traditionell starken Einfluss auf die CDU, steht dabei im Zentrum verschiedener Strömungen innerhalb der Partei. Einige Fraktionen heben die konservativen Werte der katholischen Soziallehre hervor, während andere deren soziale und inklusive Aspekte betonen. Diese innerparteilichen Auseinandersetzungen spiegeln die vielschichtigen Interpretationen und Anwendungen der katholischen

Lehre in der modernen Politik wider und formen die Richtung, in der sich die Partei zukünftig entwickeln wird.

Oscar Romero - Stimme der Unterdrückten und Märtyrer für Gerechtigkeit

Óscar Arnulfo Romero y Galdámez, geboren am 15. August 1917 in Ciudad Barrios, El Salvador, und ermordet am 24. März 1980 in San Salvador, war eine Schlüsselfigur in der Geschichte Lateinamerikas und eine Ikone der Menschenrechte. Als Erzbischof von San Salvador nutzte Romero seine Position, um sich gegen soziale Ungerechtigkeit, politische Unterdrückung und die systematische Verletzung der Menschenrechte durch das salvadorianische Regime auszusprechen. Sein Einsatz für die Armen und seine prophetische Verurteilung von Gewalt machten ihn weltweit bekannt und führten schließlich zu seinem Märtyrertod. Romero wurde 2018 heiliggesprochen und bleibt eine zentrale Figur im Kampf für Gerechtigkeit und menschliche Würde.

Óscar Romero wurde in eine Familie der unteren Mittelschicht geboren und zeigte schon früh eine tiefe religiöse Neigung. Im Alter von 14 Jahren trat er in das Kleine Seminar von San Miguel ein und setzte später sein Studium am Nationalen Seminar in San Salvador fort, bevor er nach Rom ging, um an der Päpstlichen Universität Gregoriana Theologie zu studieren. 1942 wurde er zum Priester geweiht und kehrte nach El Salvador zurück, wo er in verschiedenen ländlichen Gemeinden arbeitete.

Romeros frühe Jahre im priesterlichen Dienst waren von pastoraler Sorge und Bildungsarbeit geprägt. Er war bekannt für seine ruhige, überlegene Art und sein Engagement für die Bildung, was ihm Respekt in der kirchlichen Hierarchie und in der Gemeinschaft einbrachte.

1970 wurde Romero zum Hilfsbischof von San Salvador ernannt und 1974 zum Bischof von Santiago de María, einer ländlichen Diözese, die von extremer Armut und sozialer Ungerechtigkeit geprägt war. In dieser Zeit begann Romero, die drastischen Bedingungen, unter denen die Landbevölkerung lebte, zu erkennen und öffentlich zu kritisieren. Seine Erfahrungen mit der armen Landbevölkerung prägten seine späteren Ansichten und seinen pastoralen Fokus.

1977 wurde Romero zum Erzbischof von San Salvador ernannt. Diese Ernennung kam zu einer Zeit, als El Salvador zunehmend von politischer Gewalt und sozialer Unruhe heimgesucht wurde. Anfangs als konservativ betrachtet, wandelte sich Romero durch die Ermordung seines Freundes und Priesters Rutilio Grande, der sich für die Rechte der Landarbeiter eingesetzt hatte, dramatisch.

Der Mord an Grande war ein Wendepunkt für Romero, der fortan eine aktive und öffentliche Rolle im Kampf gegen die Unterdrückung übernahm. Er nutzte seine wöchentlichen Predigten und die Radiosendungen der Diözese, um die Gewalttaten der Regierung und der paramilitärischen Gruppen zu verurteilen, Gerechtigkeit für die Opfer zu fordern und die salvadorianische Regierung und deren Unterstützer im Ausland herauszufordern.

Romeros Kritik an der Regierung und seine offene Unterstützung für die Menschenrechte machten ihn zu einer kontroversen Figur. Während er von den Armen und Unterdrückten verehrt wurde, betrachteten ihn viele in der Regierung, im Militär und sogar in der Kirche als politischen Unruhestifter und Gefahr für den Status quo.

Am 24. März 1980, während er eine Messe in der Kapelle des Krankenhauses La Divina Providencia hielt, wurde Óscar Romero von einem Auftragskiller erschossen. Sein Tod schockierte die Welt und machte die brutale Realität der politischen Repression in El Salvador international bekannt.

Als Romero 1977 zum Erzbischof von San Salvador ernannt wurde, galt er zunächst als konservativ. Viele progressive Priester und Laien, die sich für soziale Gerechtigkeit und gegen die Unterdrückung durch das salvadorianische Militärregime einsetzten, waren von seiner Ernennung enttäuscht. Sie befürchteten, dass er die sozialen und politischen Reformen nicht unterstützen würde, die in einer von Armut, Ungleichheit und politischer Repression geprägten Gesellschaft dringend benötigt wurden.

Romeros Einstellung begann sich jedoch nach dem Mord an seinem engen Freund, Pater Rutilio Grande, der für seine Arbeit mit den Armen bekannt war, zu ändern. Dieses Ereignis markierte einen Wendepunkt in Romeros Leben und führte zu einer tiefgreifenden Wandlung seiner theologischen und pastoralen Ausrichtung. Er begann, die Unterdrückung und die Menschenrechtsverletzungen, die durch das Regime und dessen Unterstützer begangen wurden, öffentlich zu kritisieren. Seine wöchentlichen Predigten, in denen er die Regierung anprangerte und zur Umkehr aufrief, wurden im ganzen Land über Radio verbreitet.

Romeros offene Kritik am Militärregime und seine Verteidigung der Menschenrechte brachten ihm viele Feinde sowohl innerhalb der Regierung als auch innerhalb der Kirche ein. Einige konservative Kirchenführer warfen ihm vor, die Kirche zu politisieren und die Situation durch seine Predigten weiter zu verschärfen. Diese Spaltungen innerhalb der Kirche reflektierten die tieferen gesellschaftlichen und politischen Risse in El Salvador.

Während Romero oft mit der Befreiungstheologie in Verbindung gebracht wird, war seine Beziehung zu dieser Bewegung komplex. Obwohl er viele ihrer sozialen Anliegen teilte, distanzierte er sich von deren radikalsten Elementen und betonte stattdessen die Notwendigkeit einer spirituellen Erneuerung und den Vorrang der Gewaltlosigkeit. Diese Haltung führte zu Spannungen sowohl mit radikalen Linken, die ihn aufforderten, sich stärker zu engagieren, als auch mit konservativen Kräften, die jegliche Form sozialen Engagements der Kirche ablehnten.

Romeros Ermordung während einer Messe im März 1980 war ein Schock für die internationale Gemeinschaft und machte ihn zu einem Märtyrer in den Augen vieler Menschen in El Salvador und weltweit. Seine Ermordung verstärkte die Bürgerkriegsbedingungen in El Salvador, die bis 1992 andauern sollten.

Die Heiligsprechung Romeros durch Papst Franziskus im Jahr 2018 war ebenfalls nicht frei von Kontroversen. Während viele in der katholischen Kirche seine Heiligsprechung begrüßten, gab es auch Stimmen, die argumentierten, dass die Kirche damit eine politisch aufgeladene Figur, deren Wirken und Theologie noch immer debattiert wird, zu sehr verehre.

Óscar Romero bleibt eine komplexe und herausfordernde Figur in der modernen Kirchengeschichte. Sein Einsatz für die Armen und Unterdrückten sowie sein mutiger Widerstand gegen die Tyrannei haben ihn zu einem Symbol für Gerechtigkeit und Frieden gemacht, während die Kontroversen, die sein Leben und Erbe umgeben, die anhaltenden Spannungen innerhalb der Kirche und der Gesellschaft widerspiegeln.[16]

Jerzy Popiełuszko - Märtyrer der Freiheit

Jerzy Popiełuszko, geboren am 14. September 1947 in Okopy und ermordet am 19. Oktober 1984, war ein polnischer Priester, der zu einer symbolischen Figur im Kampf gegen die kommunistische Unter-

---

16 James R. Brockman, Óscar Romero: Bischof der Armen – Das Lebensbild des ermordeten Erzbischofs von San Salvador, Verlag Topos Plus, ISBN 9783836700078

drückung in Polen wurde. Als Verfechter der Menschenrechte und geistlicher Betreuer der Solidarność-Bewegung nutzte Popiełuszko die Kraft seiner Predigten, um den Geist des Widerstands und der Hoffnung unter den Unterdrückten zu stärken. Sein gewaltsamer Tod machte ihn zum Märtyrer und seine Botschaft und sein Erbe leben in Polen und weltweit weiter.

Jerzy Popiełuszko wurde als Alfons Popiełuszko in einer ländlichen Familie in der Region Podlachien geboren. Die tief religiöse Atmosphäre seines Elternhauses und die harten Lebensbedingungen unter dem kommunistischen Regime prägten seine frühe Entwicklung. Schon in jungen Jahren fühlte er sich zum Priestertum berufen und trat 1965 in das Warschauer Priesterseminar ein. Seine Ausbildung wurde durch den Wehrdienst unterbrochen, den er in einer speziellen Einheit für Geistliche absolvierte, wo er Drangsalierungen und Misshandlungen durch das Militärpersonal erfuhr.

Nach seiner Rückkehr setzte er sein Studium fort und wurde 1972 zum Priester geweiht. Popiełuszko wurde in verschiedene Pfarreien in Warschau versetzt, wo er schnell für seine tiefgründigen und engagierten Predigten bekannt wurde. Sein Engagement für soziale Gerechtigkeit und seine offene Kritik am kommunistischen System brachten ihm jedoch auch die Aufmerksamkeit der staatlichen Sicherheitsdienste ein.

Die 1980er Jahre waren eine Zeit der politischen Unruhe in Polen. Die Solidarność (Solidarität), eine unabhängige Gewerkschaft und soziale Bewegung, führte landesweite Streiks und Proteste an, die die kommunistische Regierung herausforderten. Popiełuszko wurde 1980 zum Kaplan der Warschauer Stahlwerke ernannt, einem Zentrum der Solidarność-Aktivitäten. Dort entwickelte er enge Beziehungen zu Lech Wałęsa und anderen führenden Figuren der Bewegung.

Seine monatlichen "Messen für das Vaterland" wurden zu einem Sammelpunkt für die Opposition, in denen er die Unterdrückten ermutigte und die Regierung für ihre Ungerechtigkeiten anprangerte. Diese Gottesdienste zogen Tausende von Menschen an und wurden zu einer bedeutenden Quelle moralischer und geistlicher Unterstützung für die Widerstandsbewegung.

Die Aktivitäten Popiełuszkos riefen zunehmend den Zorn der kommunistischen Behörden hervor. Er wurde unter ständige Überwachung gestellt, und es gab mehrere Versuche, ihn einzuschüchtern und zum Schweigen zu bringen. Trotz der Drohungen setzte Popiełuszko seine Arbeit fort, wohl wissend, dass sein Leben in Gefahr war.

Am 19. Oktober 1984 wurde Popiełuszko von drei Agenten des polnischen Sicherheitsdienstes entführt, als er von einer pastoralen Reise nach Warschau zurückkehrte. Nach brutalen Folterungen wurde er getötet, und sein Leichnam wurde später in einem Stausee gefunden. Sein Tod löste landesweite Empörung aus und führte zu einer weiteren Solidarisierung der Opposition gegen das kommunistische Regime.

Die Ermordung von Popiełuszko führte zu einem der bekanntesten Gerichtsverfahren in der Geschichte Polens. Der Prozess gegen seine Mörder war einer der ersten, in denen Mitglieder der Sicherheitsdienste öffentlich für ihre Taten zur Rechenschaft gezogen wurden. Dies markierte einen Wendepunkt im polnischen Widerstand und trug dazu bei, das Fundament für die spätere politische Transformation Polens zu legen.

2010 wurde Jerzy Popiełuszko seliggesprochen, und sein Vermächtnis als Symbol des friedlichen Widerstands und der moralischen Courage bleibt unvergessen. Er wird nicht nur in Polen, sondern weltweit als Märtyrer und Held verehrt.

3.2. Wichtige politische und soziale Bewegungen

Zentrumspartei (Deutschland)

Die Zentrumspartei, offiziell auch als Deutsche Zentrumspartei bekannt, hat eine prägende Rolle in der politischen Geschichte Deutschlands gespielt. Ursprünglich im Jahr 1870 gegründet, um die katholischen Interessen im neu entstehenden deutschen Kaiserreich zu vertreten, entwickelte sich die Zentrumspartei schnell zu einer wichtigen politischen Kraft. Die Partei agierte überwiegend als eine konfessionelle Partei, die jedoch auch bedeutende soziale und politische Initiativen vorantrieb. Ihre Geschichte spiegelt die turbulenten Veränderungen wider, die Deutschland und Europa von der Zeit des Kaiserreichs über die Weimarer Republik bis hin zum Ende des Zweiten Weltkriegs und darüber hinaus durchlebten.

Die Gründung der Zentrumspartei fand in einer Zeit statt, in der der politische Katholizismus als Reaktion auf die säkularen Tendenzen und die Herausforderungen der modernen Welt erstarkte. Dies war eine Epoche, die von der Kulturkampfpolitik Bismarcks gegen die katholische Kirche geprägt war. Bismarck, der erste Kanzler des deutschen Reichs, sah in der politischen Macht der katholischen Kirche eine potenzielle Bedrohung für das junge, protestantisch dominierte Kaiserreich. Die Zentrumspartei bildete sich als Widerstandsbewegung gegen diese Angriffe und suchte den Schutz religiöser und sozialer Rechte für ihre Anhänger.

Mit dem Ende des Ersten Weltkriegs und dem Zusammenbruch des Kaiserreichs im Jahr 1918 wandelte sich das politische Umfeld Deutschlands dramatisch. Die Zentrumspartei, die zuvor primär für katholische Belange eingetreten war, musste sich in der neu gegründeten Weimarer Republik neu positionieren. In der Weimarer Republik wurde die Zentrumspartei zu einem wichtigen Bestandteil der demokratischen Ordnung und beteiligte sich an verschiedenen Koalitionsregierungen.

Die Partei spielte eine zentrale Rolle bei der Ausarbeitung der Weimarer Verfassung und setzte sich für die Verankerung christlicher Werte sowie für den Schutz der individuellen Freiheitsrechte ein. Sie unterstützte zudem sozialpolitische Reformen, die auf die Verbesserung der Arbeitsbedingungen und die Einführung von Sozialversicherungen abzielten. Trotz ihrer Beteiligung an verschiedenen Regierungen blieb die Zentrumspartei jedoch stets in einer schwierigen Position, da sie einerseits ihre katholischen Wähler vertreten und andererseits Kompromisse mit säkularen und sozialistischen Parteien eingehen musste.

In den späten 1920er und frühen 1930er Jahren stieg die politische Unsicherheit in Deutschland, und die Zentrumspartei stand vor neuen Herausforderungen. Die Weltwirtschaftskrise und die damit einhergehende soziale Unruhe begünstigten den Aufstieg extremistischer Parteien, insbesondere der Nationalsozialistischen Deutschen Arbeiterpartei (NSDAP). Die Zentrumspartei versuchte, als stabilisierende Kraft zu wirken, fand sich jedoch zunehmend in der Defensive wieder.

1933 war ein entscheidendes Jahr für die Zentrumspartei. Adolf Hitler wurde zum Reichskanzler ernannt, und die NSDAP begann, ihre Macht zu konsolidieren. Die Zentrumspartei stimmte unter enormem Druck dem Ermächtigungsgesetz zu, das Hitler diktatorische Vollmachten verlieh. Dieser Akt wird oft als ein tragischer Fehler der Zentrumspartei angesehen, der zum Verlust der demokratischen Strukturen in Deutschland beitrug.

Nach dem Ende des Zweiten Weltkriegs wurde die Zentrumspartei 1945 zunächst verboten, später jedoch in verschiedenen Teilen Deutschlands neu gegründet. In der Bundesrepublik Deutschland konnte die Zentrumspartei jedoch nicht mehr an ihre frühere Stärke anknüpfen. Die Gründung der Christlich Demokratischen Union (CDU) durch Konrad Adenauer, die sowohl katholische als auch protestantische Wähler vereinte, entzog der Zentrumspartei ihre traditionelle Basis.[17]

Christlich-Demokratische Union CDU (Deutschland)

Die Christlich Demokratische Union Deutschlands (CDU) ist eine der einflussreichsten politischen Parteien Deutschlands. Seit ihrer Gründung im Jahr 1945 hat sie die politische Landschaft Deutschlands entscheidend geprägt. Diese Betrachtung zielt darauf ab, die Entwicklung der Partei, ihre Schlüsselentscheidungen, innerparteilichen Dynamiken und die prägenden Persönlichkeiten in der Geschichte der CDU umfassend darzulegen.

Die CDU wurde in der unmittelbaren Nachkriegszeit als Sammelbecken für christlich orientierte Politikerinnen und Politiker aus allen Teilen Deutschlands gegründet. Die Gründungsmitglieder, darunter Konrad Adenauer, wollten eine Partei schaffen, die konfessionelle Grenzen überwindet und sowohl Protestanten als auch Katholiken anspricht. Im Gegensatz zu ihrem Vorgänger, dem Zentrum, strebte die CDU eine breitere Wählerbasis und eine stärkere Betonung sozialer Marktwirtschaft an. Die CDU setzte sich für eine Politik ein, die christliche Soziallehren mit liberalen Wirtschaftsprinzipien verbindet, ein Hybridmodell, das als "Soziale Marktwirtschaft" bekannt wurde und maßgeblich von Ludwig Erhard, dem späteren Bundeskanzler, gefördert wurde.

Konrad Adenauer, der erste Bundeskanzler der Bundesrepublik Deutschland, prägte die CDU und das Land tiefgreifend. Unter seiner

17 Hans-Ulrich Wehler (Hrsg.), Karl-Egon Lönne: Politischer Katholizismus im 19. und 20. Jahrhundert (edition suhrkamp) Gebundene Ausgabe – 26. Mai 1986

Führung verfolgte die CDU eine strikte Westorientierung, was in den Beitritt zur NATO und der Gründung der Europäischen Wirtschaftsgemeinschaft (EWG) mündete. Diese Schritte waren entscheidend für die politische und wirtschaftliche Stabilisierung Westdeutschlands während des Kalten Krieges. Adenauer setzte sich auch stark für die Versöhnung mit Frankreich ein, was in den Elysée-Vertrag mündete, einem Schlüsselmoment der deutsch-französischen Beziehungen.

Nach Adenauers Rücktritt übernahm Ludwig Erhard das Kanzleramt. Erhard, ein überzeugter Verfechter der freien Marktwirtschaft, sah sich jedoch bald mit wirtschaftlichen Schwierigkeiten und politischer Instabilität konfrontiert, die 1966 zu seinem Rücktritt führten. Seine Amtszeit war durch das Konzept der "formierten Gesellschaft" geprägt, einem sozialpolitischen Ansatz, der jedoch nicht die erhoffte politische Unterstützung fand.

Helmut Kohl, der 1982 das Amt des Bundeskanzlers übernahm, wurde zu einer der prägendsten Figuren der CDU und der deutschen Geschichte.

Die "geistig-moralische Wende" war ein zentraler Begriff und ein politisches Ziel der Regierung Helmut Kohl, das nach seinem Amtsantritt als Bundeskanzler der Bundesrepublik Deutschland im Jahr 1982 geprägt wurde. Diese Wende war als Antwort auf die wahrgenommene gesellschaftliche und moralische Krise der vorhergehenden sozialliberalen Koalition gedacht und zielte darauf ab, traditionelle Werte wie Familie, Leistungsbereitschaft und eine Stärkung der freiheitlich-demokratischen Grundordnung wieder stärker in den Vordergrund zu rücken.

Sowohl die "geistig-moralische Wende" als auch der politische Katholizismus legten großen Wert auf die Betonung traditioneller, christlich geprägter Werte. Für Kohl bedeutete dies eine Rückbesinnung auf konservative Werte, die auch eine Reaktion auf die liberaleren gesellschaftspolitischen Entwicklungen der 1960er und 1970er Jahre (z. B. die 68er-Bewegung) darstellte. Beide Bewegungen sahen die Familie als Grundpfeiler der Gesellschaft. Die Förderung von Familienwerten, darunter die Unterstützung von Familien durch politische Maßnahmen wie das Ehegattensplitting und Kindergelderhöhungen, waren sowohl für den politischen Katholizismus als auch in Kohls Ära zentral.

Der politische Katholizismus hatte einen maßgeblichen Einfluss auf die Gestaltung der sozialen Marktwirtschaft in Deutschland, besonders durch die Einbindung christlicher Soziallehren in die Wirtschaftspolitik. Kohl, der auch von diesen Prinzipien beeinflusst war, setzte sich ebenfalls für eine Wirtschaftspolitik ein, die soziale Gerechtigkeit innerhalb eines marktwirtschaftlichen Systems anstrebte. Sowohl Kohl als auch frühere Vertreter des politischen Katholizismus teilten eine starke Überzeugung für die europäische Integration. Kohl sah in der Europäischen Union ein wichtiges Mittel zur Sicherung von Frieden und Stabilität in Europa, was auch mit den christlich inspirierten Idealen früherer politischer Katholiken übereinstimmte.

Trotz dieser Parallelen gab es auch Unterschiede, insbesondere in der Breite der thematischen Ausrichtung und in der spezifischen historischen und politischen Kontextualisierung. Die "geistig-moralische Wende" war stark von den Erfahrungen der deutschen Teilung und der Nachkriegszeit geprägt und hatte somit andere unmittelbare politische Herausforderungen als der politische Katholizismus des früheren 20. Jahrhunderts.

Zusammenfassend lässt sich sagen, dass die "geistig-moralische Wende" und der politische Katholizismus zwar in verschiedenen Epochen stattfanden, ihre Grundausrichtung auf christlich-konservative Werte und das Streben nach einer stabilen, wertebasierten Gesellschaft jedoch deutliche Parallelen aufweisen.

Kohl nutzte den politischen Umbruch in Europa nach dem Fall der Berliner Mauer, um die Wiedervereinigung Deutschlands 1990 voranzutreiben. Kohls Regierung implementierte weitreichende wirtschaftliche Reformen und legte den Grundstein für die Einführung des Euro. Seine Politik förderte auch die europäische Integration, was zu einer stärkeren EU führte.

Wie bei jeder großen politischen Partei gibt es auch in der Geschichte der CDU Ereignisse, die kritisch betrachtet werden oder die Partei in einem weniger guten Licht erscheinen lassen.

Der Spenden-Skandal der CDU, der in den späten 1990er Jahren aufgedeckt wurde, erschütterte nicht nur die Partei, sondern auch das politische System Deutschlands tief. Der Skandal umfasste illegale Spenden und schwarze Konten, die vor allem während der Kanzlerschaft von Helmut Kohl geführt wurden. Dieser Vorfall bietet nicht nur Einblicke in die Herausforderungen politischer Ethik und Transparenz, sondern berührt auch die Kernwerte des politischen Katholizismus, der sich auf moralische Integrität und soziale Verantwortung stützt.

Helmut Kohl gestand 1999 ein, dass er während seiner Amtszeit anonyme Spenden entgegengenommen und diese nicht ordnungsgemäß verbucht hatte. Diese Offenbarung führte zu einer tiefen Krise innerhalb der CDU, einer Partei, die traditionell katholische Werte vertrat und große Teile der katholischen Wählerschaft in Deutschland ansprach. Die Enthüllungen umfassten unerklärte Gelder in Millionenhöhe, die aus unbekannten Quellen stammten und teilweise aus dem Ausland kamen.

Der politische Katholizismus, aus dem die CDU einen erheblichen Teil ihrer ideologischen Grundlage zieht, betont die Bedeutung von Ethik und Moral in der öffentlichen Verwaltung. Die Prinzipien der Transparenz, Rechenschaftspflicht und des Dienstes am Gemeinwohl sind tief in der katholischen Soziallehre verwurzelt. Der Spenden-Skandal stand in direktem Widerspruch zu diesen Prinzipien und führte zu einer tiefgreifenden Glaubwürdigkeits- und Vertrauenskrise innerhalb der katholischen Gemeinschaft und darüber hinaus.

Die Reaktionen innerhalb der CDU und der breiteren katholischen Gemeinschaft auf den Skandal waren gemischt. Während einige Mitglieder und Wähler tief enttäuscht waren und eine strenge Aufarbeitung forderten, verteidigten andere Kohl und seine Verdienste für Deutschland und Europa. Diese Spaltung zeigt die Schwierigkeit, politische Loyalität und moralische Integrität in Einklang zu bringen, ein zentrales Dilemma des politischen Katholizismus.

Der Skandal führte zu einer Verschärfung der Gesetze über Parteispenden und politische Transparenz in Deutschland. Dies umfasste strengere Meldepflichten für Spenden und härtere Strafen für Verstöße gegen das Parteiengesetz. Diese Veränderungen waren ein direktes Ergebnis des Skandals und zielten darauf ab, das Vertrauen in das politische System zu stärken.

Die CDU musste sich intern reformieren, um ihre Glaubwürdigkeit wiederherzustellen. Dies umfasste nicht nur eine transparentere Handhabung von Finanzen, sondern auch eine intensivere Auseinandersetzung mit den ethischen Grundlagen politischen Handelns. Die Partei bemühte sich, ihre Verbindung zu katholischen und christlichen Werten neu zu bekräftigen und stärker in den Vordergrund ihrer politischen Agenda zu stellen.

Der CDU-Spenden-Skandal bleibt ein prägendes Ereignis in der Geschichte des politischen Katholizismus in Deutschland. Er zeigt die potenziellen Gefahren, die entstehen, wenn politische Macht und finanzielle Interessen vermischt werden, und die Notwendigkeit, ethische Prinzipien ständig zu überwachen und zu verteidigen. Für die CDU war der Skandal eine Gelegenheit zur Selbstreflexion und Neuausrich-

tung, um sicherzustellen, dass ihre politischen Praktiken ihren moralischen und ethischen Ansprüchen gerecht werden. Dieses Ereignis
dient als Mahnung und Lehrstück für politische Parteien weltweit
über die Bedeutung von Transparenz und ethischer Verantwortung in
der Politik.

Angela Merkel, die 2005 Bundeskanzlerin wurde, stand für einen
pragmatischen und oft als "merkelianisch" beschriebenen Politikstil.
Ihre Regierungszeit war geprägt durch die Eurokrise, die Flüchtlingskrise 2015 und die zunehmenden Herausforderungen durch den globalen Terrorismus und den Klimawandel. Merkel führte die CDU in
eine Koalition mit der SPD, was zu bedeutenden sozialpolitischen Reformen führte, darunter die Einführung des Mindestlohns und die
Energiewende.

Seit dem Rücktritt Merkels im Jahr 2021 sieht sich die CDU mit der
Aufgabe konfrontiert, ihre Position neu zu definieren. Der Aufstieg po-
pulistischer Bewegungen und die zunehmende politische Polarisierung stellen die Partei vor große Herausforderungen. Die CDU muss
Wege finden, ihre traditionelle Basis zu bewahren, während sie
gleichzeitig auf die sich verändernden politischen und sozialen Realitäten in Deutschland und Europa reagiert.

Die CDU bleibt eine Schlüsselfigur in der deutschen Politik. Ihre Fähigkeit, sich anzupassen und zu erneuern, wird entscheidend sein für
ihre zukünftige Rolle in Deutschland und darüber hinaus. Die Partei
steht vor der Herausforderung, ihre christlich-sozialen Wurzeln mit
den Anforderungen einer sich schnell verändernden globalen und
multikulturellen Gesellschaft in Einklang zu bringen. Ihre Geschichte
zeigt jedoch eine bemerkenswerte Fähigkeit zur Evolution und Anpassung, die für ihre Zukunft richtungsweisend sein könnte.[18]

18 Gerd Langguth, Das Innenleben der Macht. Krise und Zukunft der CDU,
   Ullstein, München, 2001, ISBN 3-550-07169-8

Friedrich Merz, eine markante Persönlichkeit der deutschen Politiklandschaft nach der Ära Merkel, hat sich in den letzten Jahren als eine Schlüsselfigur innerhalb der Christlich Demokratischen Union (CDU) herauskristallisiert. Sein politischer Werdegang ist geprägt von Beharrlichkeit und einer klaren Vision, die ihn nach einer Zeit abseits der politischen Hauptbühne wieder ins Zentrum der Macht geführt hat. Merz, bekannt für seine Prinzipienfestigkeit und sein tiefes Verständnis für wirtschaftliche Zusammenhänge, hat den Weg zurück an die Spitze der deutschen Politik gefunden. Seine Rückkehr und sein Einfluss auf die Partei skizzieren das Bild eines Mannes, der mit strategischem Geschick und einer klaren Agenda die Weichen für die Zukunft der CDU stellt.

Geboren 1955 in Brilon, Nordrhein-Westfalen, begann Merz seine politische Karriere in den frühen 1980er Jahren. Er machte sich zunächst als Jurist einen Namen, bevor er 1989 für die CDU in den Bundestag einzog. Seine juristische Expertise und sein Engagement für wirtschaftspolitische Fragen führten zu einem schnellen Aufstieg innerhalb der Partei. Merz war bekannt für seine klaren, konservativen Positionen, die insbesondere in der Finanzpolitik und bei der Förderung der freien Marktwirtschaft zum Ausdruck kamen.

Trotz seiner Erfolge in den 1990er und frühen 2000er Jahren stieß Merz innerhalb der CDU auch auf Widerstand. Sein Verhältnis zu Angela Merkel, die 2000 den Parteivorsitz übernahm, war von Spannungen geprägt. Merz, der als Vertreter des konservativeren Flügels der CDU galt, fand sich oft im Gegensatz zu Merkels zentristischer Ausrichtung. Diese internen Konflikte führten schließlich zu seinem Rückzug aus der ersten Reihe der Politik im Jahr 2009, nachdem er bereits 2004 den Fraktionsvorsitz verloren hatte.

Friedrich Merz, eine Figur, die den nahtlosen Übergang zwischen Politik und Hochfinanz verkörpert, nahm von Ende 2016 bis Ende 2020 den Vorsitz des Aufsichtsrats bei der deutschen Niederlassung von

BlackRock, dem weltgrößten Vermögensverwalter, ein. Dieser Rollenwechsel folgte auf eine ausgedehnte politische Karriere, in der Merz bereits einflussreiche Positionen innehatte. Seine Tätigkeit bei Black-Rock fällt aufgrund der engen Verflechtungen zwischen seiner politischen Erfahrung und seiner neuen Rolle in der Privatwirtschaft besonders ins Auge.

Als Vorsitzender des Aufsichtsrats übernahm Merz eine Position, die weit mehr war als bloße Aufsicht und Beratung. Hier war er nicht nur für die Kontrolle der Geschäftsführung zuständig, sondern sicherte auch, dass das Unternehmen im besten Interesse seiner Stakeholder handelte – eine Rolle, die jedoch Fragen aufwirft, inwieweit solche Entscheidungen wirklich dem öffentlichen Wohl oder den Interessen eines global agierenden Finanzriesen dienten. Der Aufsichtsrat, und insbesondere der Vorsitzende, spielt eine entscheidende Rolle in der Formulierung von Unternehmensstrategien, besonders in Zeiten, in denen der Finanzsektor durch wachsende regulatorische und politische Herausforderungen unter Druck steht.

Die tiefen Kenntnisse, die Merz über die politische Landschaft in Deutschland und Europa mitbrachte, sowie sein umfangreiches Netzwerk, waren für BlackRock zweifelsohne von unschätzbarem Wert. Diese Ressourcen ermöglichten es ihm, das Unternehmen durch das Dickicht komplexer regulatorischer Landschaften zu manövrieren und gleichzeitig essenzielle Geschäftsbeziehungen aufzubauen und zu pflegen. Es ist kaum zu übersehen, dass diese Verbindungen Black-Rock ermöglichten, strategische Vorteile in einem Markt zu nutzen, der zunehmend von strengen EU-Finanzmarktregulierungen durchzogen ist.

Die wertvollen Erfahrungen von Merz aus seiner Zeit in politischen Ämtern, einschließlich seiner Arbeit in rechtlichen und finanziellen Ausschüssen, stellten eine Schlüsselkompetenz dar, um BlackRock in die Lage zu versetzen, sich an ständig ändernde Marktbedingungen anzupassen. Hier wird der Verdacht laut, dass der Übergang von einer politischen Karriere zu einer Führungsrolle in einem der mächtigsten Finanzunternehmen der Welt potenziell Interessenkonflikte birgt, insbesondere wenn man bedenkt, wie Finanzmarktregulierungen oft gestaltet und angepasst werden.

Merz' öffentliches Profil und seine politische Vergangenheit spielten eine entscheidende Rolle dabei, das Image von BlackRock in Deutschland zu formen und zu verbessern. Dies ist in einem Sektor, der oft kritischer Beobachtung unterliegt, von besonderer Bedeutung. Doch man muss sich fragen, inwiefern diese Imagepflege dazu dient, die tatsächlichen Auswirkungen und Machenschaften des Finanzsektors zu verschleiern, und ob sie nicht vielmehr dazu beiträgt, die öffentliche Meinung in einer Weise zu formen, die den Interessen eines finanzkräftigen multinationalen Unternehmens entgegenkommt.

Die Verbindung von Friedrich Merz mit BlackRock hat in der deutschen Öffentlichkeit zahlreiche Diskussionen und Kritik ausgelöst. Dies lag vor allem an der Sorge um potenzielle Interessenkonflikte und den Einfluss, den ein global agierender Finanzriese wie BlackRock auf die deutsche und europäische Politik ausüben könnte.

Die Hauptkritik, die oft von links-liberalen Medien wie „Die Tageszeitung" (taz) oder „Der Spiegel" geäußert wurde, fokussierte sich auf mögliche Interessenkonflikte. Merz, der zeitweise seine Ambitionen auf das Amt des CDU-Vorsitzenden und sogar auf die Kanzlerkandidatur signalisierte, stand im Zentrum der Befürchtung, dass seine Tätigkeit bei BlackRock und seine politischen Ambitionen zu einer Vermischung von privaten und öffentlichen Interessen führen könnten. Die kritische Frage war, inwieweit seine Entscheidungen, sollte er ein politisches Amt bekleiden, von seinen vorherigen Verpflichtungen gegenüber BlackRock beeinflusst werden könnten.

Ein weiterer Kritikpunkt bezog sich auf die Rolle von BlackRock selbst. Der Vermögensverwalter ist bekannt für seine umfangreichen Investments in verschiedene Branchen und hat erheblichen Einfluss auf die Märkte. Organisationen wie Attac Deutschland und Publikationen wie „Neues Deutschland" hoben hervor, dass BlackRock durch seine Investitionstätigkeit und seine Beteiligung an großen Unternehmen eine nicht zu unterschätzende Macht in wirtschaftlichen und somit auch politischen Fragen hat. Es wurde befürchtet, dass Merz' Verbindung zu BlackRock dazu beitragen könnte, dass Unternehmensinteressen in der Politik stärker gewichtet werden.

Von einigen Kommentatoren wurde ebenfalls bemängelt, dass die Transparenz in Bezug auf Merz' Rolle und Verantwortlichkeiten bei BlackRock nicht ausreichend sei. Kritiker forderten klarere Informationen darüber, wie Merz seine Rolle als Aufsichtsratsvorsitzender ausübte und inwiefern er an Entscheidungsprozessen beteiligt war, die möglicherweise Einfluss auf die deutsche und europäische Wirtschaftspolitik haben könnten.

Insgesamt spiegelt die Kritik an Friedrich Merz' Tätigkeit für BlackRock eine tiefgehende Skepsis gegenüber der Verflechtung von Finanzwelt und Politik wider, die in links-liberalen Kreisen oft thematisiert wird. Diese Bedenken betonen die Notwendigkeit einer strikten Trennung zwischen privaten Unternehmensinteressen und öffentlicher Verantwortung, um die Integrität politischer Entscheidungsprozesse zu wahren. Sie fordern zudem eine stärkere Regulierung und Überwachung solcher Verbindungen, um die Demokratie vor der übermäßigen Einflussnahme durch wirtschaftliche Interessengruppen zu schützen.

Nach fast einem Jahrzehnt abseits der großen politischen Bühne kehrte Merz im Jahr 2018 zurück, als er seine Kandidatur für den Parteivorsitz ankündigte. Diese Entscheidung markierte den Beginn einer neuen Ära für ihn und die CDU. Sein Comeback war getragen von der Unterstützung der Basis, die eine Rückkehr zu konservativeren Werten und eine klare Abgrenzung zu den Grünen und der SPD forderte. Merz profilierte sich als Kandidat, der die CDU aus der "Ära Merkel" führen und ihre traditionellen Wähler zurückgewinnen wollte.

Nachdem er schließlich 2021 den Parteivorsitz übernahm, stand Merz vor der Aufgabe, die CDU in eine neue Richtung zu lenken. Seine Führung ist gekennzeichnet durch das Bemühen, die Partei zu konsolidieren und sie gleichzeitig auf drängende zeitgenössische Herausforderungen wie den digitalen Wandel, die Migrationspolitik und den Klimaschutz auszurichten. Merz betont die Notwendigkeit, die Wirtschaftspolitik zu revitalisieren und Deutschland auf einen nachhaltigeren Pfad zu führen.

Merz' Ansatz wird jedoch, oft auch aus eigenen Reihen, kritisch betrachtet. Seine Fokussierung auf Wirtschaftswachstum und Marktliberalisierung wird als zu einseitig empfunden, da sie soziale Ungleichheiten und ökologische Nachhaltigkeit nicht ausreichend berücksichtigt. Kritiker argumentieren, dass seine Politik den Interessen der Großunternehmen und wohlhabenden Eliten dient, während sie die Bedürfnisse der breiten Bevölkerung und der Umwelt vernachlässigt.

Merz' politischer Stil ist direkt und unverblümt, was ihn bei einigen als erfrischend und authentisch erscheinen lässt. Doch seine klare Sprache und seine oft konservativen Ansichten können auch polarisierend wirken und gesellschaftliche Spannungen verstärken. Insbesondere seine Positionen zur Migrationspolitik stoßen bei vielen auf Ablehnung, da sie als zu restriktiv und wenig humanitär angesehen werden.

Seine öffentliche Wahrnehmung als Wirtschaftsfachmann und als Politiker, der nicht davor zurückschreckt, unpopuläre Meinungen zu vertreten, kann aus links-liberaler Sicht problematisch sein. Es wird befürchtet, dass seine Führung die Partei weiter nach rechts rücken könnte, was die politische Landschaft Deutschlands polarisieren und die soziale Gerechtigkeit untergraben könnte.

Friedrich Merz steht für einen Teil der CDU, der eine Rückkehr zu traditionellen konservativen Werten und eine stärkere Betonung der Wirtschaftspolitik fordert. Seine Karriere reflektiert die Dynamiken innerhalb der CDU und die Spannungen, die entstehen können, wenn sich politische und persönliche Ambitionen überschneiden. In seiner derzeitigen Rolle als Parteivorsitzender hat Merz die Gelegenheit, seine Vision für Deutschland zu verwirklichen, steht jedoch vor der Herausforderung, die unterschiedlichen Strömungen innerhalb seiner Partei zu vereinen und auf kommende Wahlen vorzubereiten. Inwiefern es ihm gelingt, seine politischen Ziele umzusetzen und die CDU in eine erfolgreiche Zukunft zu führen, bleibt abzuwarten.

Seit Friedrich Merz im Jahr 2021 die Führung der Christlich Demokratischen Union (CDU) übernahm, fand er sich im Zentrum der politischen Arena wieder, wo jeder Schritt und jedes Wort die Waagschale der öffentlichen Meinung beeinflusst. Diese Rolle als Vorsitzender brachte nicht nur erhebliche Verantwortung mit sich, sondern auch die unvermeidliche Konfrontation mit Kontroversen, die sowohl seine politischen Positionen als auch seine Äußerungen betrafen.

Merz, der für seine polarisierenden Standpunkte bekannt ist, trat in eine Ära ein, in der die politische Landschaft Deutschlands besonders turbulent war. Die Herausforderungen, denen er sich gegenübersah, waren vielfältig: von innenpolitischen Spannungen bis hin zu globalen Krisen. Jede Entscheidung und jede öffentliche Äußerung von ihm wurde sorgfältig unter die Lupe genommen und oft in den Medien und von politischen Gegnern debattiert.

Einige seiner Positionen, die er als CDU-Vorsitzender vertrat, lösten breite Diskussionen aus und wurden teilweise kontrovers aufgenommen. Diese Debatten spiegelten die tiefen gesellschaftlichen Spaltungen wider, die durch verschiedene politische und soziale Fragen hervorgerufen wurden. Merz stand somit oft im Mittelpunkt von Auseinandersetzungen, die nicht nur die CDU betrafen, sondern die gesamte politische Kultur Deutschlands.

Die Kontroversen rund um seine Person und Politik dienten nicht nur als Prüfstein für seine Führungsqualitäten, sondern auch als Wegweiser für die strategische Ausrichtung, die er der Partei geben wollte. Jede seiner Äußerungen, sei es in Interviews, auf Parteitagen oder in parlamentarischen Debatten, trug markant dazu bei, das Profil seiner Amtszeit zu gestalten. In dieser konfliktreichen Zeit stand Merz häufig vor der Herausforderung, seine tiefen Überzeugungen mit dem Erfordernis abzuwägen, unterschiedliche Wählerschichten zu erreichen.

Friedrich Merz' Amtszeit als CDU-Vorsitzender war geprägt von einer Folge von Kontroversen, die sowohl seine politischen Überzeugungen auf die Probe stellten als auch seine Fähigkeit, die Partei sicher durch turbulente Zeiten zu steuern. Jede Kontroverse bot dabei die Gelegenheit, seine Führungsstärke unter Beweis zu stellen und seine Vision für Deutschland und die CDU zu schärfen. Hier sind einige der bemerkenswertesten Kontroversen:

Aussagen zur Geschlechtergerechtigkeit und Gendern: Im politischen Diskurs Deutschlands hat Friedrich Merz wiederholt für Kontroversen gesorgt, insbesondere durch seine skeptischen Äußerungen zum Thema Gendern in der Sprache. Merz vertrat die Ansicht, dass solche Bemühungen um sprachliche Gleichbehandlung überflüssig seien und eher von wichtigeren politischen und gesellschaftlichen Themen ablenkten. Diese Haltung rief in einer Zeit, in der Geschlechtergerechtigkeit und Inklusion zunehmend in den Mittelpunkt öffentlicher Debatten rücken, vielerorts Kritik hervor.

Seine Kommentare stießen insbesondere bei verschiedenen gesellschaftlichen Gruppen, die sich leidenschaftlich für Geschlechtergerechtigkeit einsetzen, auf starken Widerstand. Diese Gruppen sehen im Gendern ein wesentliches Werkzeug, um auf sprachlicher Ebene Gleichberechtigung zu fördern und Diskriminierung entgegenzuwirken. Für sie sind Merz' Äußerungen ein Zeichen dafür, dass er in Bezug auf gesellschaftliche Entwicklungen und die Bedürfnisse von Minderheiten möglicherweise nicht auf der Höhe der Zeit ist.

Friedrich Merz' Positionen zum Gendern haben somit nicht nur Stirnrunzeln, sondern auch deutlichen Widerstand hervorgerufen und ihn als eine etwas altmodische Figur in der politischen Landschaft Deutschlands positioniert. Diese Episode verdeutlicht die Spannungen zwischen traditionellen und progressiven Ansichten in der deutschen Gesellschaft und wie Sprache zum Brennpunkt gesellschaftlicher Auseinandersetzungen werden kann. Merz' Kommentare und die daraus resultierenden Reaktionen spiegeln einen breiteren Kampf um Werte und Prioritäten wider, der sich quer durch das Land zieht.

Kommentare zu finanzieller Unabhängigkeit im Alter: In einer Zeit wachsender ökonomischer Unsicherheit und sozialer Herausforderungen löste Friedrich Merz erneut Aufsehen aus. In einem bemerkenswerten Moment politischer Diskussion schlug Merz vor, dass die Bürgerinnen und Bürger mehr Eigenverantwortung für ihre Altersvorsorge übernehmen sollten. Dieser Vorschlag, der aus seiner Sicht vermutlich als eine praktische Lösung für die Belastungen der öffentlichen Haushalte gedacht war, traf jedoch nicht überall auf Zustimmung.

Viele empfanden seine Äußerungen als unsensibel, besonders jene in der Bevölkerung, die mit niedrigerem Einkommen zu kämpfen haben. Für diese Menschen, für die bereits die alltägliche finanzielle Belastung eine Herausforderung darstellt, schien Merz' Forderung nach mehr Eigenverantwortung in der Altersvorsorge wie ein ferner, unerreichbarer Luxus. Die Kritik ließ nicht lange auf sich warten und war sowohl in den Medien als auch in der öffentlichen Meinung spürbar. Kommentatoren und politische Gegner warfen Merz vor, er sei von den realen Lebensumständen eines bedeutenden Teils der Bevölkerung entfremdet.

Diese Episode beleuchtet die tiefe Kluft zwischen politischen Ideologien und der Lebensrealität vieler Bürgerinnen und Bürger. Sie illustriert, wie politische Vorschläge, die auf den ersten Blick praktikabel erscheinen mögen, tiefgreifende soziale Sensibilitäten berühren und ungewollt das Bild eines Politikers prägen können. Für Friedrich Merz war dieser Vorfall ein lehrreiches Beispiel dafür, wie schnell die Wahrnehmung einer Person durch eine unbedachte Äußerung beeinflusst werden kann, und ein Zeichen dafür, dass politische Führung auch ein tiefes Verständnis für die vielschichtigen Realitäten der Gesellschaft erfordert.

Umgang mit der Ukraine-Krise: Friedrich Merz fand sich in einer etwas unglücklichen Lage wieder, als er seine Kommentare und Positionen zur deutschen und europäischen Reaktion auf den Konflikt in der Ukraine äußerte. Innerhalb und außerhalb seiner Partei wurden seine Aussagen lebhaft diskutiert. Er sprach sich für eine stärkere Unterstützung der Ukraine aus, doch wirkte dieser Vorstoß für einige als recht spät und damit als eine Reaktion, die etwas schwerfällig und verspätet erschien. Diese Wahrnehmung ließ Merz etwas unbeholfen wirken, als hätte er den Ernst der Lage erst später als andere erfasst, was ihm nicht gerade zur Ehre gereichte und seine Fähigkeit, proaktiv auf internationale Krisen zu reagieren, in ein fragwürdiges Licht rückte.

Positionen zur Einwanderung und Integration: Friedrich Merz geriet etwas ins Straucheln, als er mehrfach darauf beharrte, dass Deutschland eine strengere Migrationspolitik benötige. Mit einer gewissen

Unbedarftheit setzte er sich für eine Begrenzung der Zuwanderung und für eine konsequentere Abschiebung abgelehnter Asylbewerber ein. Diese Äußerungen, vielleicht in der Hoffnung geäußert, entschlossen zu wirken, stießen jedoch auf erheblichen Widerstand und wurden von seinen Gegnern als übermäßig hart kritisiert. Sie lösten breite Debatten aus, in denen Merz' Ansichten als etwas einfältig und wenig einfühlsam gegenüber den komplexen Realitäten der Migrationspolitik erschienen, was seine Position in dieser ernsten und vielschichtigen Debatte nicht gerade stärkte.

Reaktionen auf die COVID-19-Pandemie: Friedrich Merz fand sich wieder einmal in einem schwierigen Licht, als er sich kritisch zu einigen Maßnahmen äußerte, die die deutsche Regierung zur Eindämmung der COVID-19-Pandemie ergriffen hatte, insbesondere was die wirtschaftlichen Einschränkungen und Lockdowns betraf. Seine Kommentare schienen in ihrer Einfachheit etwas unüberlegt, als wären sie ohne vollständiges Verständnis der komplexen Wechselwirkungen zwischen öffentlicher Gesundheit und wirtschaftlichen Interessen geäußert worden. Diese Äußerungen platzierten ihn mitten in einer größeren Debatte, in der seine Sichtweisen als etwas kurzsichtig und unzulänglich wahrgenommen wurden, besonders im Hinblick darauf, wie man eine ausgewogene Lösung für eine derart gravierende Krise finden sollte.

Diese Reihenfolge von Kontroversen wirft ein etwas ungünstiges Licht auf Friedrich Merz als Führungsfigur der CDU. Sie enthüllen die Schwierigkeiten, denen er sich gegenübersieht, insbesondere bei der Frage, wie die Partei sich positionieren und auf gesellschaftliche Veränderungen sowie internationale Ereignisse reagieren sollte. Seine Kommentare und Positionierungen scheinen oft unzureichend durchdacht zu sein, was ihn manchmal als etwas unbeholfen und nicht ganz auf der Höhe der Zeit erscheinen lässt. Diese Situation verdeutlicht, wie herausfordernd es für ihn ist, seine Rolle effektiv zu gestalten und die CDU in eine kohärente und zukunftsfähige Richtung zu führen.

Christlich-Soziale Union CSU (Bayern, Deutschland)

Die Christlich-Soziale Union in Bayern e.V. (CSU) ist eine politische Partei, die eine einzigartige Stellung im deutschen Parteiensystem innehat. Als Regionalpartei vertritt sie ausschließlich in Bayern Interessen, während sie auf Bundesebene eng mit der Christlich-Demokratischen Union (CDU) zusammenarbeitet. Nachfolgend möchte ich einen tiefgreifenden Einblick in die Geschichte, Struktur, Politik und weniger bekannte Ereignisse der CSU bieten.

Die CSU wurde am 13. Oktober 1945 in Würzburg gegründet. Ihre Gründung war eine Antwort auf die politische und gesellschaftliche Zerrüttung nach dem Zweiten Weltkrieg. Die Gründungsmitglieder, unter ihnen Josef Müller, Franz Josef Strauß und Alois Hundhammer, waren bestrebt, eine christlich fundierte, überkonfessionelle Partei zu etablieren, die sowohl katholische als auch protestantische Wähler anspricht. Dies unterschied sie von ihrer Schwesterpartei, der CDU, die in anderen Teilen Deutschlands gegründet wurde.

Bayern, mit seiner starken regionalen Identität, bildet das exklusive Aktionsfeld der CSU. Die Partei hat seit den 1950er Jahren fast ununterbrochen die bayerische Staatsregierung geführt und prägt somit die politische Landschaft Bayerns entscheidend. Besonders bemerkenswert ist, dass die CSU in Bayern oft absolute Mehrheiten erreicht, was sie von den meisten anderen deutschen Parteien unterscheidet.

Die CSU ist hierarchisch und dezentral organisiert, mit einem starken Fokus auf die Bezirks-, Kreis- und Ortsverbände. Diese Struktur fördert die Nähe zu den Bürgern und ermöglicht eine effektive Mobilisierung ihrer Basis. Der Parteivorsitzende, derzeit Markus Söder, spielt eine zentrale Rolle in der Ausrichtung der Partei und ihrer Strategie.

Die CSU vertritt traditionell konservative Werte, betont jedoch auch soziale und ökologische Aspekte. Wichtige Themen sind die innere Sicherheit, die Förderung der bayerischen Kultur und Identität, sowie die Unterstützung der Landwirtschaft. In der Wirtschaftspolitik befürwortet die CSU eine soziale Marktwirtschaft.

Ereignisse, die mit der CSU in Zusammenhang gebracht werden:

Die Spiegel-Affäre 1962: Die Spiegel-Affäre 1962 ist ein bedeutendes Ereignis in der deutschen Nachkriegsgeschichte, das sowohl die politische Landschaft als auch die Pressefreiheit in der Bundesrepublik Deutschland nachhaltig prägte. Sie begann mit der Veröffentlichung eines kritischen Artikels im Nachrichtenmagazin „Der Spiegel", der erhebliche Mängel in der Bundeswehr aufdeckte und dabei insbesondere die Verteidigungspolitik des damaligen Bundesverteidigungsministers Franz Josef Strauß (CSU) kritisierte.

Der Artikel, der am 10. Oktober 1962 unter dem Titel „Bedingt abwehrbereit" erschien, basierte auf einem internen NATO-Manöverbericht. Er behauptete, dass die Bundeswehr im Ernstfall „bedingt abwehrbereit" sei, was eine deutliche Kritik an der Verteidigungsfähigkeit Deutschlands darstellte. Der Bericht legte Schwächen in der Organisation, Ausrüstung und Strategie der Bundeswehr offen und stellte damit die Kompetenz von Strauß und der gesamten Verteidigungsführung in Frage.

Die Veröffentlichung führte zu einer scharfen Reaktion der Bundesregierung unter Kanzler Konrad Adenauer, die eine Verletzung der Staatssicherheit sah. Am 26. Oktober 1962 wurden die Räumlichkeiten des „Spiegel" in Hamburg sowie die Wohnungen mehrerer Redakteure und des Herausgebers Rudolf Augstein durchsucht. Augstein und andere „Spiegel"-Mitarbeiter wurden verhaftet und angeklagt,

Geheimnisse verraten zu haben, die die Sicherheit der Bundesrepublik gefährdeten.

Die Maßnahmen gegen den „Spiegel" lösten eine Welle der Empörung aus, sowohl in der deutschen Öffentlichkeit als auch in der internationalen Presse. Kritiker sahen in dem Vorgehen der Regierung einen direkten Angriff auf die Pressefreiheit und einen Versuch, kritische Medienstimmen zu unterdrücken. Die Affäre führte zu massiven Protesten von Journalisten, Politikern und Bürgern, die die Aktionen der Regierung als „Spiegel-Krise" bezeichneten.

Die Spiegel-Affäre hatte auch direkte politische Konsequenzen. Die Ermittlungen ergaben, dass Franz Josef Strauß persönlich die Verhaftung von Augstein und die Razzien genehmigt hatte, ohne ausreichende rechtliche Grundlage. Dies führte zu einem erheblichen Glaubwürdigkeitsverlust für Strauß. Trotz anfänglicher Unterstützung durch Bundeskanzler Adenauer sah sich Strauß zunehmendem politischen Druck ausgesetzt, der schließlich zu seinem Rücktritt als Verteidigungsminister führte.

Die Spiegel-Affäre stärkte letztendlich die Position der Presse in Deutschland und führte zu einer kritischeren Haltung der Medien gegenüber der Regierung. Sie wird oft als Wendepunkt für die Pressefreiheit in Deutschland angesehen und hat das Verhältnis zwischen Staat und Medien dauerhaft beeinflusst. Das Ereignis ist ein Schlüsselmoment in der deutschen Geschichte, der die Bedeutung von Transparenz und Medienfreiheit in einer demokratischen Gesellschaft unterstreicht.

Die Abspaltung des Bayernpartei-Flügels 1954: Die Abspaltung der Bayernpartei von der Christlich-Sozialen Union (CSU) im Jahr 1954 war ein markantes Ereignis in der politischen Landschaft Bayerns nach dem Zweiten Weltkrieg. Diese Trennung reflektiert tiefgreifende ideologische und regionale Spannungen innerhalb der CSU und führte zur Entstehung einer eigenständigen politischen Bewegung, die eine größere Autonomie für Bayern forderte.

Die Bayernpartei (BP) wurde bereits 1946 gegründet und vertrat regionalistische und separatistische Ansichten, die in der unmittelbaren Nachkriegszeit auf Resonanz in Teilen der bayerischen Bevölkerung stießen. Ihre Forderungen zielten auf eine größere politische und kulturelle Autonomie Bayerns innerhalb des neu gegründeten Deutschlands ab. In den ersten Nachkriegsjahren erzielte die Bayernpartei signifikante Wahlerfolge auf Landesebene.

Die CSU, die sich als überkonfessionelle Sammlungspartei verstand, umfasste in ihren Reihen sowohl föderalistisch als auch zentralistisch orientierte Mitglieder. Die Spannungen zwischen diesen Flügeln verschärften sich, als die CSU unter der Führung von Hanns Seidel eine stärkere Integration Bayerns in den deutschen Bundesstaat befürwortete, was von den föderalistischen Kräften innerhalb der Partei als Bedrohung der bayerischen Identität und Autonomie wahrgenommen wurde.

Im Jahr 1954 erreichten die internen Konflikte innerhalb der CSU einen Höhepunkt. Eine Gruppe um den ehemaligen bayerischen Ministerpräsidenten Alois Hundhammer, die eine stärkere Betonung der bayerischen Autonomie forderte, spaltete sich von der CSU ab und schloss sich der Bayernpartei an. Diese Gruppe war unzufrieden mit der als zu zentralistisch empfundenen Ausrichtung der CSU und sah in der Bayernpartei eine Plattform, um ihre föderalistischen und separatistischen Ziele besser verfolgen zu können.

Die Abspaltung hatte mehrere Konsequenzen für die politische Landschaft Bayerns. Kurzfristig führte sie zu einer Schwächung der CSU, die jedoch bald überwunden wurde, da die Partei ihre dominante Rolle in der bayerischen Politik weiter festigte. Die Bayernpartei hingegen konnte in den folgenden Jahren nicht mehr an ihre früheren Erfolge anknüpfen und verlor zunehmend an politischem Einfluss.

Langfristig hatte die Abspaltung eine klärende Wirkung auf das politische Profil der CSU. Sie ermöglichte der Partei, sich als eine einheitliche Kraft zu präsentieren, die sowohl konservative als auch christlichsoziale Werte vertritt, dabei aber eine integrative bayerische Politik im Rahmen des deutschen Bundesstaates fördert. Die Bayernpartei hingegen positionierte sich weiterhin als Hüterin der bayerischen Identität, verlor jedoch im Laufe der Jahre an Boden gegenüber der zunehmend etablierten und erfolgreichen CSU.

Die Abspaltung der Bayernpartei illustriert die Spannungen, die entstehen können, wenn regionale Identität und zentralstaatliche Politik aufeinandertreffen. Sie zeigt auch, wie solche Konflikte die politische Landschaft formen und zur Neudefinition von Parteizugehörigkeiten und -ideologien führen können.

Geheimtreffen von Kreuth 1976: Das Geheimtreffen von Kreuth im Jahr 1976 markiert einen entscheidenden Wendepunkt in der Geschichte der Christlich-Sozialen Union (CSU) sowie in der politischen Landschaft Deutschlands insgesamt. Das Treffen fand in Wildbad Kreuth, einer idyllischen Anlage in den bayerischen Alpen, statt und zielte darauf ab, die zukünftige Ausrichtung und Strategie der CSU in ihrer Zusammenarbeit mit der Christlich-Demokratischen Union (CDU) zu überdenken.

Die CSU und die CDU, obwohl Schwesternparteien mit einem gemeinsamen Fraktionsbündnis im Bundestag seit 1949, hatten in den frühen 1970er Jahren zunehmend unterschiedliche politische Ansichten und Strategien entwickelt. Insbesondere war die CSU unter der Führung von Franz Josef Strauß mit der politischen Richtung der CDU unter Bundeskanzler Helmut Kohl unzufrieden. Die CSU sah in der CDU eine zu zentristische und kompromissbereite Haltung gegenüber der sozialliberalen Koalition unter Bundeskanzler Helmut Schmidt.

Das Hauptziel des Kreuther Treffens war es, eine mögliche Trennung der CSU von der CDU-Fraktionsgemeinschaft zu erörtern. Diese drastische Maßnahme wurde als mögliche Strategie angesehen, um die politische Unabhängigkeit der CSU zu stärken und ihre spezifisch bayerischen Interessen effektiver zu vertreten. Die CSU-Führung glaubte, dass eine solche Trennung es der Partei ermöglichen würde, eine klarere und konservativere Position auf nationaler Ebene zu vertreten, insbesondere in der Opposition gegen die Regierung Schmidt.

Das Treffen, das vom 19. bis zum 20. November 1976 stattfand, war geprägt von intensiven Diskussionen und strategischen Überlegungen. Die Mehrheit der CSU-Delegierten sprach sich zunächst für eine Trennung von der CDU aus. Diese Entscheidung wurde als "Kreuther Trennungsbeschluss" bekannt und löste sofort eine politische Krise in Deutschland aus. Die Möglichkeit, dass die CSU als eigenständige Fraktion im Bundestag auftreten könnte, stellte die bisherige politische Ordnung und die Machtverhältnisse im Parlament in Frage.

Die Reaktion auf den Kreuther Beschluss war sowohl innerhalb der CSU als auch national und international von großer Besorgnis geprägt. Viele sahen darin eine Bedrohung für die Stabilität der bundesdeutschen Politik. In den folgenden Wochen intensivierten sich die Verhandlungen zwischen den Führungen von CSU und CDU, um einen Weg zu finden, das Bündnis zu erhalten.

Letztendlich führten diese Verhandlungen zu einer Rücknahme des Trennungsbeschlusses. Die CSU und CDU einigten sich auf eine engere Abstimmung ihrer politischen Linien und auf verstärkte Berücksichtigung der speziellen Interessen der CSU auf Bundesebene. Dieser Kompromiss stärkte die Einheit der Union und ihre Fähigkeit, als kohärente Kraft in der deutschen Politik aufzutreten.

Das Geheimtreffen von Kreuth hatte langfristige Auswirkungen auf die Beziehung zwischen CSU und CDU. Es verdeutlichte die Notwendigkeit einer engen Koordination und Kooperation zwischen den beiden Parteien und führte zu einer verstärkten Berücksichtigung bayerischer Interessen in der Bundespolitik. Gleichzeitig stärkte der Vorfall den Einfluss von Franz Josef Strauß und bestätigte die CSU in ihrer Rolle als wichtige politische Kraft innerhalb der deutschen Konservativen.

Das Treffen von Kreuth bleibt ein Schlüsselmoment in der Geschichte der CSU und ein Beleg für die komplexen Dynamiken innerhalb der deutschen politischen Union.

Franz Josef Strauß, Edmund Stoiber und Horst Seehofer sind nur einige der prägenden Figuren in der Geschichte der CSU. Jeder von ihnen hat die Partei auf seine Weise geformt und hatte signifikanten Einfluss auf die bayerische sowie deutsche Politiklandschaft.

Die CSU steht vor verschiedenen Herausforderungen, darunter der demografische Wandel in Bayern, die politische Integration von Migranten und die Bewältigung des Strukturwandels in der Automobilindustrie. Die Partei muss sich auch mit einer zunehmend fragmentierten Wählerschaft auseinandersetzen, da das Aufkommen kleinerer Parteien wie den Grünen und der AfD die politische Landschaft weiter diversifiziert.

Partito Popolare Italiano (Italien)

Die Partito Popolare Italiano (PPI), oder die Italienische Volkspartei, war eine wichtige christdemokratische politische Partei in Italien, die in der unruhigen politischen Landschaft Italiens Anfang des 20. Jahrhunderts eine wesentliche Rolle spielte. Ihre Entstehung, Entwicklung und schließliche Auflösung sind eng mit den gesellschaftlichen und politischen Umwälzungen der Zeit verknüpft.

Die Partito Popolare Italiano wurde am 18. Januar 1919 von Don Luigi Sturzo, einem sizilianischen Priester und Sozialreformer, gegründet. Sturzo sah die Notwendigkeit einer Partei, die die sozialen Lehren der katholischen Kirche vertrat, insbesondere angesichts der wachsenden Popularität sozialistischer und kommunistischer Ideen nach dem Ersten Weltkrieg. Die PPI trat für eine breite Palette von Reformen ein, darunter die Einführung von Arbeiterschutzgesetzen, die Reform der Landwirtschaft durch Unterstützung kleiner Landwirte gegen die Großgrundbesitzer und eine Erweiterung des Wahlrechts.

Die Partei zog schnell breite Schichten der Bevölkerung an, darunter Bauern, Mittelklasse-Bürger und Intellektuelle, die eine Alternative sowohl zum Sozialismus als auch zum aggressiven Nationalismus suchten. Sturzo förderte einen "Dritten Weg" zwischen Kapitalismus und Sozialismus und betonte die Notwendigkeit einer moralischen und ethischen Erneuerung der italienischen Gesellschaft.

In den Jahren nach ihrer Gründung erlangte die PPI rasch politische Bedeutung. Bei den Wahlen von 1919 gewann die Partei beachtliche 20,5% der Stimmen, was sie zur zweitgrößten Partei im italienischen Parlament machte. Ihre Position ermöglichte es ihr, sowohl mit den Sozialisten als auch mit den Liberalen zu koalieren, obwohl solche Bündnisse oft instabil waren.

Die frühen 1920er Jahre waren eine Zeit großer politischer Unruhe in Italien, geprägt von Streiks, gewalttätigen Auseinandersetzungen und einem instabilen parlamentarischen System. Die PPI war oft in der schwierigen Lage, zwischen der Verteidigung ihrer reformistischen Prinzipien und dem Bedürfnis, extreme politische Bewegungen zu bekämpfen, zu navigieren.

Mit dem Aufstieg des Faschismus unter Benito Mussolini verschärften sich die Herausforderungen für die PPI. Mussolinis "Marsch auf Rom" im Jahr 1922 führte zu seiner Ernennung zum Premierminister, und die folgende faschistische Herrschaft markierte den Beginn eines systematischen Vorgehens gegen alle politischen Oppositionsparteien, einschließlich der PPI.

Trotz anfänglicher Versuche, mit den Faschisten zu verhandeln, fand die PPI sich bald in direkter Opposition. Don Luigi Sturzo wurde 1924 ins Exil gezwungen, und die Partei stand unter ständigem Druck und Verfolgung. 1926 wurde die PPI schließlich aufgelöst, als Mussolini alle Oppositionsparteien verbot und Italien in eine Einparteiendiktatur verwandelte.

Die PPI spielte eine zentrale Rolle in der Entwicklung der christdemokratischen Ideologie in Europa. Ihre Betonung sozialer Gerechtigkeit, ihr Einsatz für demokratische Prinzipien und ihre Widerstandsfähigkeit gegen totalitäre Ideologien beeinflussten spätere christdemokratische Bewegungen in ganz Europa.

Die Nachkriegsgründung der Democrazia Cristiana (DC) durch ehemalige Mitglieder der PPI und ihre dominante Rolle in der italienischen Politik bis in die 1990er Jahre können als direktes Erbe der Volkspartei angesehen werden. Die DC übernahm viele der sozialen und politischen Ziele der PPI, obwohl sie in einer völlig veränderten politischen und gesellschaftlichen Landschaft agierte.

Einige weniger bekannte Aspekte der PPI umfassen ihre Bemühungen, Frauen in der Politik eine Stimme zu geben, was für die damalige Zeit relativ progressiv war. Die Partei unterstützte auch Bildungsreformen und förderte die Gründung von Kooperativen und anderen Formen der sozialen Selbsthilfe, die besonders in ländlichen Gebieten wichtig waren.

Persönlichkeiten wie Alcide De Gasperi, der später einer der Gründerväter der Europäischen Union werden sollte, begannen ihre politische Karriere in der PPI. Ihre frühen Erfahrungen mit demokratischen und christlich-sozialen Prinzipien prägten ihre späteren politischen Aktivitäten.

Die Geschichte der Partito Popolare Italiano ist ein faszinierendes Kapitel in der italienischen und europäischen Geschichte. Sie zeigt die komplexen Wechselwirkungen zwischen Religion, Politik und Gesellschaft in einer Zeit tiefgreifender Umbrüche. Die PPI bietet ein lehrreiches Beispiel dafür, wie politische Parteien als Katalysatoren für sozialen Wandel fungieren können, aber auch für die Herausforderungen, denen sie in Zeiten politischer Extremität gegenüberstehen.[19]

Democrazia Cristiana (Italien)

Die Democrazia Cristiana (DC), übersetzt als Christliche Demokratie, war eine zentrale politische Kraft in Italien während der meisten Jahre der italienischen Republik nach dem Zweiten Weltkrieg. Die Partei, die von 1943 bis 1994 bestand, spielte eine entscheidende Rolle in der Gestaltung der politischen, sozialen und wirtschaftlichen Landschaft Italiens. In dieser umfassenden Abhandlung werde ich die Geschichte, die bedeutenden Persönlichkeiten, die politischen Strategien sowie weniger bekannte Ereignisse und Aspekte der Democrazia Cristiana untersuchen, die oft in allgemeinen Darstellungen übersehen werden.

Die Democrazia Cristiana wurde im Jahr 1943, noch während des Zweiten Weltkriegs, gegründet. Sie entstand aus der Notwendigkeit, eine starke zentristische Kraft gegen den aufkommenden Kommunismus und Faschismus zu etablieren. Die Partei wurde stark von den Prinzipien der katholischen Soziallehre beeinflusst, was sich in ihrer Politik der sozialen Marktwirtschaft und ihrer Betonung sozialer Ge-

19 Francesco Traniello, Katholizismus und politische Kultur in Italien, Aschendorf Verlag, 2016, ISBN 9783402131497

rechtigkeit widerspiegelte. Die DC zielte darauf ab, eine Brücke zwischen der bürgerlichen und der arbeitenden Klasse zu schlagen, indem sie Programme förderte, die auf die Verbesserung der Lebensbedingungen der breiten Bevölkerung abzielten.

Nach dem Ende des Krieges und der Gründung der Italienischen Republik im Jahr 1946 wurde die DC schnell zur dominanten politischen Kraft. Unter der Führung von Alcide De Gasperi, dem ersten Ministerpräsidenten des Nachkriegsitaliens, spielte die DC eine führende Rolle beim Wiederaufbau des Landes und bei der Eingliederung Italiens in die europäische und transatlantische Gemeinschaft, einschließlich der Gründung der NATO und der Europäischen Wirtschaftsgemeinschaft.

Die DC hielt fast ununterbrochen die Regierungsmacht von 1946 bis Anfang der 1990er Jahre, oft durch Koalitionen mit kleineren zentristischen und rechten Parteien. Diese lange Regierungszeit war jedoch nicht frei von Kontroversen und Skandalen. Insbesondere in den 1970er und 1980er Jahren wurde die Partei von einer Reihe von Korruptionsskandalen erschüttert, die ihre Glaubwürdigkeit und öffentliche Unterstützung erheblich unterminierten.

Eines der weniger bekannten Kapitel in der Geschichte der Democrazia Cristiana betrifft ihre Rolle in der Südtirol-Frage. Während der 1950er und 1960er Jahre unterstützte die DC aktiv die Autonomieverhandlungen zwischen Italien und Österreich, die letztlich zur Gewährung weitreichender Autonomierechte für die deutschsprachige Bevölkerung in Südtirol führten. Diese politische Entscheidung war nicht nur ein bedeutender Schritt zur Lösung eines langjährigen internationalen Konflikts, sondern auch ein Beispiel dafür, wie die DC ihre politische Agenda auf Minderheitenrechte und regionale Autonomie ausweitete.

Ein weiterer weniger bekannter Aspekt ist die Rolle der DC in der Entwicklung der italienischen Sozialgesetzgebung. Unter anderem war die Partei maßgeblich an der Einführung des staatlichen Gesundheitssystems in den 1970er Jahren beteiligt, das bis heute als eines der fortschrittlichsten in Europa gilt. Die DC setzte sich auch für umfassende Rentenreformen und Arbeitsrechte ein, was dazu beitrug, die soziale Sicherheit für Millionen italienischer Bürger zu verbessern.

Der endgültige Niedergang der Democrazia Cristiana begann in den frühen 1990er Jahren, als die Partei in den Strudel der "Mani pulite"-Korruptionsaffäre (Saubere Hände) gezogen wurde. Dieser weitreichende Skandal offenbarte ein tief verwurzeltes System der politischen Korruption und illegalen Parteienfinanzierung, das nicht nur die DC, sondern das gesamte italienische politische System betraf. Infolge dieser Enthüllungen löste sich die Democrazia Cristiana 1994 auf, und aus ihren Resten entstanden mehrere Nachfolgeparteien, die versuchten, das Erbe der DC unter veränderten politischen Bedingungen fortzusetzen.

Nach der Auflösung der Democrazia Cristiana (DC) im Jahr 1994 spalteten sich aus den Trümmern der Partei mehrere Nachfolgeparteien ab. Diese Parteien versuchten, das politische und ideologische Erbe der DC unter den veränderten politischen Rahmenbedingungen Italiens in der post-Kalten-Krieg-Ära weiterzuführen. Jede dieser Parteien reflektiert unterschiedliche Aspekte der ursprünglichen DC-Identität und zeigt, wie die Mitglieder der DC unterschiedlich auf das neue politische Klima reagierten, das durch das Ende der "Ersten Republik" und den Zusammenbruch des traditionellen Parteiensystems gekennzeichnet war.

Der Partito Popolare Italiano (Italienische Volkspartei), der unmittelbar nach der Auflösung der DC gegründet wurde, sah sich selbst als direkten Nachfolger und versuchte, das zentristische, christlich-demokratische Erbe fortzusetzen. Der PPI bemühte sich, die traditionellen Wähler der DC anzusprechen, die eine gemäßigte, sozial orientierte Politik bevorzugten. Der PPI schloss sich später mit anderen Zentrumsparteien zur Democrazia è Libertà – La Margherita (Demokratie ist Freiheit – Die Margerite) zusammen, die schließlich in das Partito Democratico, eine größere Mitte-Links-Partei, aufging.

Der Centro Cristiano Democratico (CCD) und später die Cristiani Democratici Uniti (CDU) repräsentierten eine konservativere Strömung innerhalb der ehemaligen DC. Diese Parteien zielten darauf ab, die christlich-demokratischen Werte im Sinne einer konservativeren und wirtschaftsfreundlicheren Politik zu bewahren. Sie betonten die Bedeutung der christlichen Ethik in der öffentlichen Politik und positionierten sich oft rechts von den anderen Nachfolgeparteien. Der CCD und die CDU waren an verschiedenen Mitte-Rechts-Regierungen beteiligt und gingen später in der Union der Christdemokraten und Zentrumsdemokraten (UDC) auf.

Die Unione dei Democratici Cristiani e di Centro (Union der Christdemokraten und Zentrumsdemokraten) entstand aus der Fusion mehrerer kleinerer christdemokratischer Splitterparteien, darunter der CCD und die CDU. Die UDC verstand sich als Bewahrerin der christdemokratischen Traditionen und Werte, betonte jedoch auch die Notwendigkeit einer Anpassung an moderne politische Realitäten. Sie spielte eine Schlüsselrolle in verschiedenen Koalitionsregierungen und versuchte, eine Brücke zwischen dem wachsenden politischen Bipolarismus Italiens zu schlagen.

Die Nachfolgeparteien der DC haben unterschiedliche Erfolge und Herausforderungen erlebt. Sie mussten nicht nur um die Gunst der Wähler werben, die sich nach dem Korruptionsskandal von der Politik der alten DC entfremdet hatten, sondern auch mit der stark polarisierten politischen Landschaft Italiens zurechtkommen. Während einige der Nachfolgeparteien bedeutende Rollen in Regierungen spielten und an wichtigen politischen Entscheidungen beteiligt waren, kämpften sie alle mit der Aufgabe, sich in einem veränderten politischen

Umfeld neu zu definieren und dabei gleichzeitig die treuen Anhänger der DC zu behalten.

Diese Entwicklungen verdeutlichen die Schwierigkeiten, die Parteien bei der Bewahrung ihrer historischen Identität in einer sich schnell verändernden politischen Landschaft erleben können. Die Nachfolgeparteien der DC zeigen, wie komplexe politische Erbschaften verwaltet und angepasst werden, um relevante politische Akteure zu bleiben.

Die Democrazia Cristiana war eine prägende Kraft in der italienischen Politik und trug wesentlich zur Gestaltung der modernen italienischen Republik bei. Trotz ihrer umstrittenen Geschichte und der schweren Korruptionsvorwürfe, die zu ihrem Untergang führten, bleibt das Erbe der DC in vielen Aspekten der italienischen Gesellschaft und Politik spürbar, insbesondere in Bezug auf ihre sozialpolitischen Initiativen und ihren Einfluss auf die europäische Integration Italiens.

Parti Social Chrétien/Centrum Democratisch Humanist (Belgien)

Der Parti Social Chrétien (PSC), später umbenannt in Centre Démocrate Humaniste (CDH), ist eine bedeutende politische Partei in Belgien, die maßgeblich die politische Landschaft des Landes mitgeprägt hat.

Der PSC wurde unmittelbar nach dem Zweiten Weltkrieg, im Jahr 1945, gegründet. Er ging aus der katholischen Partei hervor, die seit der Unabhängigkeit Belgiens im Jahr 1830 in verschiedenen Formen existiert hatte. Die Partei wurde mit dem Ziel ins Leben gerufen, christdemokratische Werte im neu formierenden belgischen Staat zu vertreten und eine Alternative sowohl zu den sozialistischen als auch zu den liberalen Parteien zu bieten.

Die Gründung des PSC markierte den Beginn einer Ära, in der christdemokratische Parteien in vielen europäischen Ländern an Bedeutung gewannen. Dies war teilweise eine Reaktion auf die Erfahrungen des Krieges und die Suche nach politischen Systemen, die sowohl demokratisch als auch sozial gerecht sind, ohne dabei in autoritäre Strukturen abzugleiten.

Die Ideologie des PSC und später des CDH basierte stark auf den Prinzipien des Christentums, insbesondere der katholischen Soziallehre. Diese Prinzipien umfassen die Förderung sozialer Gerechtigkeit, den Schutz der Familie, die Unterstützung kleiner und mittlerer Unternehmen sowie die Betonung von Solidarität und Subsidiarität. Subsidiarität, ein Schlüsselbegriff in der katholischen Soziallehre, befürwortet, dass Entscheidungen so nah wie möglich an den betroffenen Personen getroffen werden sollten.

Eine der herausragenden Figuren des PSC war Paul Vanden Boeynants, der Belgien in den Jahren 1966-1968 und 1978-1979 als Premierminister diente. Vanden Boeynants war bekannt für seinen pragmatischen Ansatz in der Politik und seine Fähigkeit, unterschiedliche politische Lager zusammenzubringen. Seine Amtszeiten waren jedoch auch von Kontroversen geprägt, einschließlich Vorwürfen der Korruption und Verbindungen zu zwielichtigen Geschäften.

Paul Vanden Boeynants, oft einfach als "VDB" bezeichnet, trat in den 1960er Jahren in die belgische Politik ein und wurde wegen seines charismatischen Auftretens und seiner effektiven Vernetzung bald zu einer führenden Figur des PSC. Er diente zweimal als Premierminister Belgiens, von 1966 bis 1968 und von 1978 bis 1979. Vanden Boeynants war bekannt für seine Fähigkeit, komplexe Koalitionen zu leiten und galt als ein Meister der politischen Manöver.

Die Korruptionsvorwürfe gegen Vanden Boeynants begannen in den frühen 1970er Jahren öffentlich zu werden. Er wurde beschuldigt, in mehrere finanzielle und geschäftliche Unregelmäßigkeiten verwickelt zu sein. Einer der bekanntesten Skandale war seine Verbindung mit der Affäre um die "Supermarionnette", ein Netzwerk, das angeblich staatliche Subventionen und andere öffentliche Mittel für private Zwecke umgeleitet hatte.

Die "Supermarionnette"-Affäre wurde nach einem belgischen Puppenspieler benannt, der ein Netzwerk von Unternehmen führte, das angeblich illegale Geschäfte mit der belgischen und anderen Regierungen betrieb. Vanden Boeynants wurde beschuldigt, Schmiergelder angenommen zu haben, um lukrative Verträge für dieses Netzwerk zu sichern. Obwohl er die Vorwürfe bestritt, führten die Enthüllungen zu einem erheblichen politischen Skandal, der das Vertrauen in seine Regierung untergrub.

Im Jahr 1986 wurde Vanden Boeynants schließlich strafrechtlich angeklagt. Der Prozess konzentrierte sich auf seine Rolle in verschiedenen korrupten Geschäften, darunter auch die Supermarionnette-Affäre. 1986 wurde er zu einer Bewährungsstrafe verurteilt, was in der belgischen Öffentlichkeit als zu milde Strafe angesehen wurde. Vanden Boeynants behauptete seine Unschuld und behauptete, das Opfer einer politischen Hexenjagd zu sein.

Trotz seiner Verurteilung und der damit verbundenen Skandale gelang es Vanden Boeynants, 1987 in die Politik zurückzukehren. Er wurde in den Senat gewählt und blieb eine einflussreiche Figur in der belgischen Politik. Seine Rückkehr war umstritten und spaltete die öffentliche Meinung in Belgien.

Paul Vanden Boeynants zog sich Ende der 1990er Jahre aus der aktiven Politik zurück. Seine Karriere hinterließ ein ambivalentes Vermächtnis. Einerseits wird er als fähiger Politiker und Staatsmann geschätzt, der in turbulenten Zeiten Führung zeigte. Andererseits bleibt sein Ruf durch die Korruptionsaffären, die einen Großteil seiner Karriere überschatteten, dauerhaft beschädigt.

Ein weniger bekanntes, aber bedeutendes Ereignis in der Geschichte des PSC war die Rolle der Partei in der belgischen Sprachenfrage. Der PSC spielte eine zentrale Rolle bei der Einführung der Sprachgesetze in den 1960er Jahren, die darauf abzielten, die Rechte der französischsprachigen Minderheit in Flandern und der niederländischsprachigen Minderheit in Wallonien zu schützen. Diese Gesetze waren entscheidend für die spätere föderale Struktur Belgiens.

Im Jahr 2002 wurde der PSC offiziell in Centre Démocrate Humaniste (CDH) umbenannt. Diese Umbenennung spiegelte den Wunsch wider, ein moderneres und inklusiveres Image zu schaffen. Der CDH hat die grundlegenden christdemokratischen Prinzipien beibehalten, sich jedoch stärker auf Themen wie Umweltschutz, Bildung und die Integration von Migranten konzentriert.

Trotz seiner Erfolge steht der CDH vor zahlreichen Herausforderungen, darunter der Rückgang der Wählerunterstützung und die Schwierigkeit, sich in einem zunehmend polarisierten politischen Umfeld zu behaupten. Kritiker werfen der Partei vor, nicht genügend erneuert zu haben und zu sehr in traditionellen, manchmal als überholt angesehenen Werten verhaftet zu sein.

Der Parti Social Chrétien und das Centre Démocrate Humaniste haben eine komplexe und facettenreiche Geschichte, die tief in die politische Kultur Belgiens eingebettet ist. Ihre Entwicklung von einer traditionellen christdemokratischen Partei zu einer modernen politischen Kraft spiegelt die Veränderungen in der belgischen Gesellschaft und im weiteren europäischen Kontext wider. Ihre Zukunft wird davon abhängen, wie gut sie sich an die sich verändernden politischen und sozialen Bedingungen anpassen kann.

L'Action Française (Frankreich)

Gegen Ende des 19. Jahrhunderts entstand in Frankreich die Bewegung "L'Action Française", die von Charles Maurras und Henri Vaugeois ins Leben gerufen wurde. Ursprünglich formierte sich die Gruppe als kulturelle und politische Antwort auf die tiefen gesellschaftlichen Spaltungen, die durch die Dreyfus-Affäre offengelegt wurden. Schnell gewann die Bewegung an Einfluss und entwickelte sich zu einem führenden Akteur auf der extremen Rechten der französischen politischen Landschaft. Die Ideologie von "L'Action Française" zeichnete sich durch eine starke Befürwortung der Monarchie und eine entschiedene Ablehnung der republikanischen Staatsform aus. Darüber hinaus waren ihre Ansichten deutlich antisemitisch und antiparlamentarisch geprägt, was sie zu einem kontroversen und einflussreichen Element in der französischen Politik machte.

Die Gründung von L'Action Française im Jahr 1899 war eine direkte Antwort auf die politischen und gesellschaftlichen Erschütterungen, die Frankreich durch die Dreyfus-Affäre erlebte.

*Die **Dreyfus-Affäre** war ein politischer Skandal, der Frankreich Ende des 19. Jahrhunderts tief spaltete und weitreichende soziale und politische Auswirkungen hatte. Die Affäre begann 1894, als der jüdische Offizier der französischen Armee, Alfred Dreyfus, fälschlicherweise der Spionage für Deutschland beschuldigt und zu lebenslanger Haft verurteilt wurde. Die Beweise gegen Dreyfus waren schwach und größtenteils gefälscht, aber aufgrund eines vorherrschenden antisemitischen Klimas und militärischer Geheimhaltung wurde er dennoch verurteilt.*

Die Affäre nahm eine Wende, als 1896 neue Beweise auftauchten, die darauf hindeuteten, dass der wirkliche Spion ein anderer Offizier war. Trotzdem weigerte sich das Militär zunächst, das Verfahren gegen Dreyfus wieder aufzunehmen. Die Situation eskalierte, als der Schriftsteller Émile Zola 1898 mit seinem offenen Brief „J'accuse" (Ich klage an) die Ungerechtigkeit öffentlich anprangerte und das französische Militär der Vertuschung und des Unrechts bezichtigte.

Der Fall spaltete die französische Gesellschaft in zwei Lager: die Dreyfusards, die eine Revision des Prozesses und Gerechtigkeit für Dreyfus forderten, und die Anti-Dreyfusards, die den Fall als Angriff auf das Militär und die nationale Sicherheit ansahen. Die Auseinandersetzung wurde zu einer Debatte über größere Themen wie Antisemitismus, Bürgerrechte und die Rolle des Militärs in der Gesellschaft.

Nach mehreren Gerichtsverhandlungen und einer anhaltenden öffentlichen Debatte wurde Dreyfus 1899 erneut verurteilt, jedoch kurz darauf vom Präsidenten Frankreichs begnadigt. Erst 1906 wurde Dreyfus vollständig rehabilitiert und in die Armee reintegriert.

Die Dreyfus-Affäre hatte langfristige Auswirkungen auf das französische politische und soziale Gefüge, stärkte zivilgesellschaftliche Strukturen und führte zu einer festen Verankerung der laizistischen und republikanischen Prinzipien in Frankreich. Sie bleibt ein zentrales Beispiel für die Gefahren von Vorurteilen und Ungerechtigkeit in der Justiz.

Der Fall Dreyfus spaltete das Land in zwei Lager: die Dreyfusards, die für eine Revision des Prozesses und gegen die antisemitische Verfolgung kämpften, und die Anti-Dreyfusards, zu denen auch die Gründer der L'Action Française gehörten. Diese sahen in der Affäre ein Symptom des moralischen Verfalls der Dritten Republik und des Einflusses liberaler und jüdischer Kreise auf die französische Politik.

Die Ideologie der L'Action Française basierte vor allem auf den Schriften von Charles Maurras. Maurras, ein entschiedener Gegner der Demokratie und Republik, vertrat eine katholische und königstreue Monarchie als ideales Regierungssystem für Frankreich. Seine Theorie des "integralen Nationalismus" forderte eine Rückkehr zur monarchischen Ordnung unter einem autokratischen König, der durch eine starke, zentralisierte Verwaltung unterstützt wird. Die Bewegung lehnte den modernen demokratischen Staat ab, den sie als korrupt und ineffektiv ansah.

Die politische Tätigkeit der L'Action Française manifestierte sich nicht nur in der Publikation ihrer gleichnamigen Zeitung, sondern auch in einer rege ausgeführten Kampagnenarbeit und öffentlichen Demonstrationen. Ihre Mitglieder, oft aus der höheren Mittelklasse und dem Adel, waren bekannt für ihre brutalen Methoden gegen politische Gegner und ihre starken paramilitärischen Strukturen, die in den sogenannten "Camelots du Roi" organisiert waren.

Trotz ihrer tief katholischen Ausrichtung geriet die L'Action Française oft in Konflikt mit der offiziellen Kirchenleitung. 1926 verurteilte Papst Pius XI. die Bewegung und ihre Lehren, was zu einem vorübergehenden Rückgang der Unterstützung durch gläubige Katholiken führte. Erst nach dem Tod von Maurras und der Neuorientierung der Bewegung in den 1930er Jahren konnte sie wieder ein besseres Verhältnis zur katholischen Kirche aufbauen.

Der Einfluss der L'Action Française auf die französische Gesellschaft war tiefgreifend und langanhaltend. Ihre anti-demokratischen, antiparlamentarischen und monarchistischen Ideale prägten mehrere Generationen von Rechten und extremen Rechten in Frankreich. Ihre Vision einer autoritären, zentralisierten Regierung und die Betonung einer nationalistischen und xenophoben Politik finden sich in verschiedenen Formen auch in späteren rechten Bewegungen in Frankreich wieder.

Nach dem Zweiten Weltkrieg verlor die L'Action Française schnell an Bedeutung. Die Vichy-Regierung und die Zusammenarbeit mit den deutschen Besatzern diskreditierten viele ihrer führenden Mitglieder. In der Nachkriegszeit wurde die Bewegung schließlich aufgelöst, obwohl einige Splittergruppen weiterhin unter verschiedenen Namen aktiv blieben. Ihr ideologisches Erbe lebt jedoch in verschiedenen rechten und nationalistischen Gruppierungen in Frankreich weiter.

Ein weniger bekanntes Ereignis in der Geschichte der L'Action Française ist die Beteiligung ihrer Mitglieder an verschiedenen politischen Attentaten und Verschwörungen in den 1920er und 1930er Jahren. Diese Aktionen waren oft gezielt gegen politische Gegner und sollten die Destabilisierung der Republik vorantreiben. Ebenso ist die Rolle der Frauen in der Bewegung ein oft übersehenes Thema. Obwohl die L'Action Française hauptsächlich von Männern dominiert wurde, gab es auch eine Reihe von Frauen, die sich aktiv an ihren Aktivitäten beteiligten und die Ideale der Bewegung in verschiedenen sozialen Kreisen verbreiteten.

Die L'Action Française war eine der prägendsten politischen Bewegungen des frühen 20. Jahrhunderts in Frankreich. Ihre Auswirkungen auf die politische Landschaft des Landes und ihre Rolle bei der Formung rechter Ideologien sind unbestreitbar. Ihr Erbe bleibt ein umstrittenes Kapitel in der französischen Geschichte, das weiterhin Gegenstand intensiver Forschung und Diskussion bleibt.

Die französische politische Landschaft hat über die Jahrzehnte hinweg zahlreiche ideologische Strömungen und Parteien gesehen, die die nationale Politik maßgeblich geprägt haben. Ein interessanter Vergleich ergibt sich zwischen der "L'Action Française", einer der einflussreichsten monarchistischen und nationalistischen Bewegungen des frühen 20. Jahrhunderts, und dem "Rassemblement National" (RN), einer führenden rechtsextremen Partei des 21. Jahrhunderts, früher bekannt als Front National.

L'Action Française war eine monarchistische, antirepublikanische Bewegung, die stark von der katholischen Tradition beeinflusst wurde. Die Bewegung befürwortete eine autoritäre, von einem König regierte Monarchie, war tief antisemitisch und antiparlamentarisch und stand für einen "integralen Nationalismus", der eine starke, zentralisierte Staatsform und eine aggressive kulturelle und politische Abschottung propagierte.

Der Rassemblement National, der einst unter dem Namen Front National von Jean-Marie Le Pen ins Leben gerufen und später von seiner Tochter Marine Le Pen neu geformt wurde, setzt sich mit großer Inbrunst für Themen wie eine strenge Anti-Immigrationspolitik, die Betonung nationaler Souveränität und die Wiederherstellung der „nationalen Identität" Frankreichs ein. Diese politische Kraft zeigt sich skeptisch gegenüber der europäischen Integration und ist bekannt für ihre euroskeptischen sowie oft isolationistischen Ansichten. Obwohl der RN sich als republikanisch und demokratisch versteht, scheint er manchmal ein wenig einfältig in seinem starken Ruf nach zentraler Autorität und Führung, um die nationalen Interessen zu schützen. Dies lässt die Partei manchmal etwas altmodisch und nicht ganz in Schritt mit der komplexen Realität einer globalisierten Welt erscheinen.

Die L'Action Française war für ihre paramilitärischen Gruppen bekannt, die "Camelots du Roi", welche häufig in gewaltsame Auseinandersetzungen mit politischen Gegnern verwickelt waren. Ihre Aktivitäten umfassten die Verbreitung von Propaganda, gewaltsame Demonstrationen und gelegentliche Versuche, politische Entscheidungen direkt zu beeinflussen.

Im Vergleich dazu betreibt der Rassemblement National seine politische Aktivität hauptsächlich durch demokratische Kanäle, nimmt an Wahlen teil und hat im Laufe der Jahre eine erhebliche Anzahl von Sitzen in lokalen, nationalen und europäischen Parlamenten erlangt. Obwohl der RN für seine harten rhetorischen Aussagen und gelegentlich kontroversen Aktionen seiner Mitglieder bekannt ist, vermeidet die Partei größtenteils illegale Aktivitäten und setzt auf Massenmobilisierung durch Wahlen.

Ein markanter Unterschied zwischen beiden Gruppen ist ihre Haltung zur Religion. Die L'Action Française war tief katholisch und sah die katholische Kirche als eine Säule der französischen Identität und Kultur.

Ihre Beziehung zur Kirche war jedoch komplex und manchmal angespannt, besonders nachdem die Bewegung von der katholischen Kirche offiziell verurteilt wurde.

Der Rassemblement National hingegen hat eine eher pragmatische Haltung zur Religion. Obwohl er die christlichen Werte als Teil der französischen Kultur betont, ist die Partei in ihrem Ansatz laizistischer und weniger direkt mit der katholischen Kirche verbunden. Die Partei nutzt religiöse Symbole und Rhetorik häufiger zur Unterstützung ihrer Anti-Immigrations- und nationalen Identitätspolitik.

Beide Bewegungen hatten tiefgreifende Auswirkungen auf die französische Politik und Gesellschaft, allerdings in sehr unterschiedlichen historischen Kontexten. Die L'Action Française beeinflusste das politische Denken der extremen Rechten in Frankreich während der ersten Hälfte des 20. Jahrhunderts erheblich und hinterließ ein ideologisches Erbe, das in verschiedenen Formen bis heute nachwirkt.

Der Rassemblement National spielt eine aktive Rolle in der modernen französischen Politik und hat die Diskussionen über nationale Identität, Immigration und Souveränität maßgeblich geprägt. Die Partei hat die politische Landschaft Frankreichs verändert und ist ein wichtiger Akteur in der gegenwärtigen rechtspopulistischen Welle in Europa.

Insgesamt repräsentieren L'Action Française und der Rassemblement National zwei unterschiedliche, aber einflussreiche Formen des französischen Nationalismus und zeigen, wie sich politische Bewegungen im Laufe der Zeit an neue gesellschaftliche und politische Realitäten anpassen.

Movimiento Nacional Justicialista (Argentinien)

Das Movimiento Nacional Justicialista, auch bekannt unter den Namen Justizialismus oder Peronismus, stellt eine der markantesten politischen Bewegungen in der Geschichte Argentiniens dar. Diese Bewegung wurzelt tief in den Ideologien und dem Wirken von Juan Domingo Perón, der als einer der einflussreichsten Staatsmänner Argentiniens des 20. Jahrhunderts gilt. Der Peronismus entwickelte sich
weit über die Grenzen einer politischen Partei hinaus zu einer umfassenden sozialen Bewegung, die nachhaltige Spuren in der Gesellschaft, Wirtschaft und Kultur des Landes hinterlassen hat.

In den folgenden Ausführungen möchte ich tiefer in die historischen
Ursprünge des Movimiento Nacional Justicialista eintauchen. Ich werde die bedeutenden Entwicklungsphasen beleuchten, die zentralen
Merkmale herausarbeiten und auch weniger bekannte Aspekte dieser
faszinierenden Bewegung erforschen, die so prägend für das moderne Argentinien geworden ist.

Die Wurzeln des Peronismus können auf das Jahr 1943 zurückgeführt
werden, als Juan Domingo Perón als Teil eines Militärputsches, der
die konservative Regierung Argentiniens stürzte, an die Macht kam.
Perón, der zunächst das Amt des Arbeitsministers übernahm, nutzte
diese Position, um eine starke Verbindung zu den Gewerkschaften
und der arbeitenden Klasse zu schmieden. Er implementierte eine
Vielzahl von Arbeitsreformen, darunter die Einführung von Urlaub
und Renten, die Verbesserung der Arbeitsbedingungen und die Erhöhung der Löhne, was ihm breite Unterstützung sicherte.

1946 wurde Perón zum Präsidenten Argentiniens gewählt und begann, seine Vision einer gerechten, unabhängigen und souveränen
Nation umzusetzen. Dies führte zur Schaffung des Movimiento Nacional Justicialista, das eine integrative politische Plattform für seine Un-

terstützer bot und verschiedene Aspekte des argentinischen Lebens beeinflusste.

Der Justizialismus basiert auf drei grundlegenden Säulen: soziale Gerechtigkeit, wirtschaftliche Unabhängigkeit und politische Souveränität. Peróns Philosophie war stark beeinflusst von der katholischen Soziallehre und faschistischen Idealen, die er während seiner Zeit als Militärattaché in Italien aufgenommen hatte. Er strebte danach, eine "organische Gemeinschaft" zu schaffen, in der der Staat eine zentrale Rolle in der Koordination der Wirtschaft und der Förderung sozialer Wohlfahrt spielte.

Unter Perón erlebte Argentinien eine Periode des wirtschaftlichen Aufschwungs und der sozialen Reformen. Der Staat nahm eine aktive Rolle in der Wirtschaft ein, nationalisierte Schlüsselindustrien und förderte die Industrialisierung durch den Schutz der heimischen Produktion. Diese Maßnahmen, kombiniert mit einem starken Fokus auf soziale Wohlfahrtsprogramme, führten zu einem Rückgang der Armut und einer Verbesserung der Lebensstandards für viele Argentinier.

Nach Peróns Sturz durch einen weiteren Militärputsch im Jahr 1955 wurde der Peronismus in Argentinien offiziell verboten. Trotzdem blieb die Bewegung eine bedeutende politische Kraft. Perón selbst kehrte 1973 aus dem Exil zurück und wurde erneut zum Präsidenten gewählt, starb jedoch 1974. Seine dritte Frau, Isabel Perón, übernahm die Präsidentschaft, wurde jedoch 1976 gestürzt. In den folgenden Jahrzehnten erlebte der Peronismus mehrere Transformationen und Spaltungen.

Eine weniger bekannte Tatsache ist, dass Perón in seinen späteren Jahren Elemente des "dritten Weges" zwischen Kapitalismus und Sozialismus zu integrieren suchte. Dies führte zu einer gewissen ideologischen Flexibilität innerhalb der Bewegung, die es ermöglichte, sowohl konservative als auch progressive Fraktionen unter einem Dach zu vereinen.

Ein weiteres interessantes Ereignis ist Peróns Beziehung zu verschiedenen internationalen Bewegungen und Führern. Zum Beispiel unterstützte er die nichtgebundenen Bewegungen während des Kalten Krieges und suchte die Zusammenarbeit mit anderen populistischen Führern in Lateinamerika.

Das Movimiento Nacional Justicialista bleibt eine der einflussreichsten und umstrittensten politischen Bewegungen in Argentinien. Seine Fähigkeit, sich zu wandeln und verschiedene soziale, wirtschaftliche und politische Strömungen zu integrieren, macht den Peronismus zu einem einzigartigen Phänomen in der politischen Landschaft Südamerikas. Seine Geschichte und Entwicklung bieten wertvolle Einblicke in die Dynamik der argentinischen Gesellschaft und die Herausforderungen moderner Staatsführung.[20]

*Der **"Dritte Weg"** ist ein politisches Konzept, das eine Mittelposition zwischen traditionellem Kapitalismus und Sozialismus anstrebt. Dieser Ansatz versucht, Elemente beider Systeme zu kombinieren, um eine gerechtere und effizientere Gesellschaft zu schaffen. Der Dritte Weg betont die Rolle des Staates bei der Förderung sozialer Gerechtigkeit, während er gleichzeitig die Bedeutung von Marktkräften und privatem Unternehmertum für wirtschaftliches Wachstum anerkennt. Historisch gesehen wurde der Begriff "Dritter Weg" in verschiedenen Kontexten verwendet, am prominentesten vielleicht in der Zeit nach dem Kalten Krieg durch politische Führer wie Tony Blair in Großbritannien und Gerhard Schröder in Deutschland. Diese Politiker nutzten den Dritten Weg, um ihre sozialdemokratischen Parteien zu modernisieren, indem sie Politiken förderten, die sowohl soziale Investitionen als auch wirtschaftliche Liberalisierung umfassten.*

20 Aus: Zeitschrift für Lateinamerika-Studien, Buenos Aires, 1992, "Juan Domingo Perón: Charisma und Macht"

In Lateinamerika wurde der Dritte Weg unter anderem von Juan Domingo Perón in Argentinien verfolgt. Perón suchte eine Balance zwischen den Bedürfnissen der Arbeiterklasse und den Anforderungen einer modernen, industrialisierten Wirtschaft. Seine Politik umfasste staatliche Interventionen in der Wirtschaft, umfassende Sozialprogramme, aber auch Maßnahmen zur Anziehung von ausländischen Investitionen und zur Förderung privater Unternehmen. Der Dritte Weg ist oft kritisiert worden, sowohl von traditionellen Kapitalisten als auch von Sozialisten, da er als Kompromiss betrachtet wird, der möglicherweise die grundlegenden Probleme keines der beiden Systeme wirklich löst. Dennoch bleibt er eine einflussreiche Idee in der politischen Theorie und Praxis, die darauf abzielt, einen ausgewogeneren Ansatz für die Gestaltung moderner Volkswirtschaften und Gesellschaften zu bieten.

Solidarność (Polen)

Die Gewerkschaft Solidarność, auch bekannt als "Solidarität", ist eine der bemerkenswertesten sozialen Bewegungen des 20. Jahrhunderts. Ursprünglich in den Werften von Danzig, Polen, gegründet, entwickelte sich die Solidarność schnell zu einer nationalen Bewegung, die nicht nur auf tiefgreifende Veränderungen in Polen abzielte, sondern auch als Katalysator für den Fall des Eisernen Vorhangs und den Zusammenbruch des kommunistischen Systems in Osteuropa diente. Dieser Abschnitt beleuchtet die Entwicklung, die Erfolge und auch weniger bekannte Ereignisse dieser einflussreichen Bewegung.

Vor der Gründung der Solidarność im Jahr 1980 war Polen eine kommunistische Volksrepublik unter der Dominanz der Sowjetunion. Die polnische Regierung wurde stark von der Kommunistischen Partei kontrolliert, und unabhängige Gewerkschaften waren verboten. Die wirtschaftliche Lage war angespannt; Inflation, Nahrungsmittelknappheit und politische Repression prägten den Alltag vieler Polen. Die direkte Ursache für die Entstehung der Solidarność war der Streik in der Lenin-Werft in Danzig am 14. August 1980. Ausgelöst durch die Entlassung der beliebten Arbeiterin Anna Walentynowicz, weitete sich der Streik schnell aus, da er auf den weit verbreiteten Unmut über die wirtschaftlichen Bedingungen und das repressive Regime traf. Lech Wałęsa, ein Elektriker in der Werft, wurde schnell zur führenden Figur der Streikbewegung.

Am 31. August 1980 erzielten die Streikenden und die Regierung eine Einigung, die als Danziger Abkommen bekannt wurde. Dieses Abkommen erlaubte die Gründung unabhängiger Gewerkschaften und garantierte das Recht auf Streik, was einen bedeutenden Durchbruch in der kommunistischen Welt darstellte. Es markierte auch die offizielle Gründung der Solidarność.

Innerhalb eines Jahres wuchs die Mitgliederzahl der Solidarność auf über 9 Millionen an, was fast ein Viertel der gesamten polnischen Bevölkerung umfasste. Die Gewerkschaft umfasste nicht nur Arbeiter, sondern auch Intellektuelle, Studenten und Angehörige des Klerus. Diese breite Basis ermöglichte es der Solidarność, eine Vielzahl von sozialen und politischen Themen anzusprechen, die über traditionelle Gewerkschaftsfragen hinausgingen.

Im Dezember 1981 reagierte die Regierung auf den wachsenden Einfluss der Solidarność, indem sie das Kriegsrecht verhängte. Militär und Polizei gingen hart gegen die Gewerkschaft und ihre Anhänger vor. Tausende wurden verhaftet, darunter auch Wałęsa. Diese Zeit war geprägt von massiven Menschenrechtsverletzungen und einem harten Vorgehen gegen jeglichen Widerstand.

Trotz der repressiven Maßnahmen gelang es der Solidarność, im Untergrund weiter aktiv zu sein. Kleine, geheime Netzwerke druckten und verteilten Untergrundzeitungen, organisierten heimliche Treffen und hielten den Geist des Widerstands am Leben. Diese Periode der Untergrundaktivität ist weniger bekannt, zeigt jedoch die tiefe Verwurzelung der Solidarność in der polnischen Gesellschaft und ihre Fähigkeit, sich an extrem repressive Bedingungen anzupassen.

1989 markierte einen Wendepunkt für Polen und die Solidarność. Unter dem Druck der anhaltenden wirtschaftlichen Schwierigkeiten und dem Einfluss der Perestroika in der Sowjetunion stimmte die polnische Regierung Verhandlungen mit der Solidarność zu. Die sogenannten Runden Tisch Gespräche führten zu teilweise freien Wahlen, bei denen die Solidarność einen überwältigenden Sieg errang. Dies läutete das Ende des kommunistischen Regimes in Polen ein und inspirierte ähnliche Bewegungen in anderen Teilen Osteuropas.

Die Erfolge der Solidarność in Polen hatten weitreichende Auswirkungen auf den gesamten Ostblock. Die Bewegung zeigte, dass es möglich war, innerhalb des kommunistischen Systems effektiven Widerstand zu leisten und Veränderungen herbeizuführen. Die Ereignisse in Polen inspirierten Oppositionsgruppen in der DDR, der Tschechoslowakei, Ungarn und weiteren Ländern, eigene Reformen und Widerstände zu organisieren. Dies führte letztendlich zum Fall der Berliner Mauer im November 1989 und dem Zusammenbruch des kommunistischen Einflussbereichs in Europa.

Nach dem Fall des Kommunismus spielte die Solidarność eine zentrale Rolle bei der Umgestaltung der polnischen Gesellschaft und Wirtschaft. Viele ihrer führenden Mitglieder wurden Teil der neuen Regierung. Unter anderem wurde Lech Wałęsa 1990 zum Präsidenten Polens gewählt. Die Solidarność war maßgeblich an der Einführung marktwirtschaftlicher Reformen beteiligt und setzte sich für die Integration Polens in westliche Strukturen wie die Europäische Union und die NATO ein.

Trotz ihrer Erfolge stand die Solidarność auch vor erheblichen Herausforderungen. Die schnellen wirtschaftlichen Veränderungen führten zu sozialen Spannungen, da viele Polen sich an die neuen Realitäten einer Marktwirtschaft anpassen mussten. Zudem wurde die Bewegung im Laufe der Jahre politisch fragmentiert, was zu internen Konflikten und einer Abnahme der Einflussnahme führte. Kritiker bemängelten auch, dass die Solidarność in ihrer späteren Phase zu sehr politisiert wurde und sich von ihren ursprünglichen Zielen einer breiten sozialen Bewegung entfernte.

Die Solidarność hat ein tiefgreifendes kulturelles Erbe in Polen hinterlassen. Sie wird nicht nur als politische Bewegung, sondern auch als Symbol für den Kampf um Freiheit und Gerechtigkeit betrachtet. Museen, Denkmäler und Bildungsprogramme, wie das Europäische Solidarność-Zentrum in Danzig, bewahren die Erinnerung an ihre Errungenschaften und Lehren für zukünftige Generationen.

In der heutigen polnischen Politik spielt die Solidarność weiterhin eine Rolle, wenngleich eine weniger zentrale als in ihren Anfangsjahren. Die Gewerkschaft ist in vielen Branchen aktiv und setzt sich für die Rechte der Arbeiter ein. Ihre Geschichte der erfolgreichen Auseinandersetzung mit einem autoritären Regime gibt ihr eine fortwährende moralische Autorität in Diskussionen um Arbeitnehmerrechte und Demokratie.[21]

Die Solidarność ist mehr als nur eine Gewerkschaft; sie ist ein Beispiel dafür, wie ziviler Ungehorsam und kollektive Aktionen tiefgreifende politische und soziale Veränderungen herbeiführen können. Ihre Geschichte bietet wertvolle Einblicke in den Kampf um demokratische Werte und zeigt die Macht des gemeinsamen Handelns. In einer Zeit, in der demokratische Institutionen weltweit unter Druck stehen, bleibt die Solidarność ein inspirierendes Beispiel dafür, was durch Solidarität und Entschlossenheit erreicht werden kann.

---

21 Pawel Zyzak, *Lech Wałęsa – idea i historia. Biografia polityczna legendarnego przywódcy Solidarności,* Warsaw, ISBN 978-83-609-40-72-3

Eine Verbindung zwischen der Gewerkschaft Solidarność (Solidarität) und der Partei Prawo i Sprawiedliwość (PiS, Recht und Gerechtigkeit) in Polen ist historisch und ideologisch geprägt. Solidarność spielte eine zentrale Rolle in den Oppositionsbewegungen gegen das kommunistische Regime in Polen in den 1980er Jahren. Die Bewegung war nicht nur gewerkschaftlich, sondern auch politisch aktiv und trug wesentlich zur Transformation Polens von einem kommunistischen zu einem demokratischen Staat bei. Viele ihrer führenden Mitglieder, einschließlich Lech Wałęsa, wurden später in der polnischen Politik aktiv. Nach dem Zusammenbruch des Kommunismus gingen viele ehemalige Solidarność-Aktivisten in die Politik. Einige von ihnen gründeten oder schlossen sich verschiedenen politischen Parteien an, darunter auch die PiS, die 2001 gegründet wurde. Personen wie Lech Kaczyński, einer der Mitbegründer der PiS, waren aktiv in der Solidarność-Bewegung involviert. Lech Kaczyński wurde später Präsident von Polen.

Beide Organisationen, Solidarność und PiS, teilen gewisse konservative und patriotische Werte. Sie betonen die Bedeutung von nationaler Souveränität, sozialer Gerechtigkeit und der Verteidigung traditioneller polnischer Werte. Diese gemeinsamen ideologischen Punkte haben zu einer gewissen Sympathie zwischen den Mitgliedern und Anhängern beider Gruppen geführt. In neueren Jahren hat die Gewerkschaft Solidarność die PiS bei verschiedenen Wahlen unterstützt. Die Partei hat ihrerseits Maßnahmen ergriffen, die die Interessen der Gewerkschaft und ihrer Mitglieder unterstützen, insbesondere in Bereichen wie Arbeitnehmerrechte und Sozialpolitik.

Diese Verbindungen zeigen, wie historische und ideologische Linien zwischen einer einflussreichen Gewerkschaft und einer bedeutenden politischen Partei in Polen verlaufen können.

Lech Wałęsa wurde am 29. September 1943 in Popowo, Polen, geboren. Er wuchs in einer Zeit auf, in der Polen unter sowjetischem Einfluss stand, und erlebte eine Jugend, die von politischen und sozialen Unruhen geprägt war. Nach Abschluss der Grund- und weiterführenden Schule begann er eine Ausbildung zum Elektriker, die er am Technikum in Chelmno erfolgreich abschloss.

Wałęsa begann seine berufliche Laufbahn 1967 in der Gdańsker Lenin-Werft, dem späteren Epizentrum seiner politischen Aktivitäten. Seine Arbeit dort und die tägliche Konfrontation mit den Missständen im kommunistischen Polen sensibilisierten ihn zunehmend für soziale und politische Fragen. Sein politisches Engagement begann in den frühen 1970er Jahren, als er sich aktiv an Streiks und Protesten beteiligte. 1970 wurde er aufgrund seiner Beteiligung an einem Arbeiteraufstand entlassen, kehrte jedoch zwei Jahre später zurück zur Werft. Seine Erfahrungen stärkten sein Engagement für Arbeiterrechte und seinen Widerstand gegen das kommunistische Regime.

Am markantesten trat Wałęsa 1980 in Erscheinung, als er zum Anführer des Lenin-Werft-Streiks in Danzig wurde. Diese Proteste führten zur Gründung der Solidarność, der ersten unabhängigen Gewerkschaft hinter dem Eisernen Vorhang, deren Vorsitzender Wałęsa wurde. Die Solidarność spielte eine zentrale Rolle im Kampf gegen das kommunistische Regime und erlangte rasch Millionen Mitglieder. Der Einfluss der Solidarność und Wałęsas wuchs so stark, dass die polnische Regierung 1981 das Kriegsrecht verhängte. Wałęsa wurde mehrere Monate interniert. Trotz dieser Repressionen setzte er seine Arbeit mit der Solidarność fort, oft im Untergrund, und wurde zu einem Symbol des Widerstands gegen Unterdrückung.

1989 war Wałęsa einer der Hauptakteure der Runden Tisch-Gespräche zwischen der polnischen Regierung und der Opposition. Diese Gespräche mündeten in teilweise freien Wahlen, die der Solidarność einen erdrutschartigen Sieg bescherten und den Weg für das Ende des Kommunismus in Polen ebneten. 1990 wurde Lech Wałęsa zum Präsidenten von Polen gewählt, eine Position, die er bis 1995 innehatte. Während seiner Amtszeit führte er bedeutende wirtschaftliche Reformen durch und setzte sich für die Integration Polens in westliche Strukturen ein. Seine Präsidentschaft war jedoch auch von politischen Kontroversen und Kritik an seinem Führungsstil geprägt.

Nach dem Ende seiner Präsidentschaft blieb Wałęsa eine prominente öffentliche Figur. Er setzt sich weiterhin für Demokratie und Menschenrechte sowohl in Polen als auch international ein. Für seine Bemühungen und seinen Einfluss auf die weltweite politische Landschaft erhielt er zahlreiche Auszeichnungen, darunter den Friedensnobelpreis im Jahr 1983. Lech Wałęsas Lebensgeschichte ist eng mit der jüngeren Geschichte Polens verflochten und spiegelt den dramatischen Kampf um Freiheit und Demokratie in der zweiten Hälfte des 20. Jahrhunderts wider. Sein unermüdlicher Einsatz hat ihn zu einer der herausragendsten Figuren in der Geschichte des modernen Europa gemacht.

Christian People's Party (Norwegen)

Die Christliche Volkspartei Norwegens, auf Norwegisch „Kristelig Folkeparti" (KrF) genannt, stellt eine einzigartige politische Kraft in Norwegens vielfältigem Parteienspektrum dar. Die Partei, die oft als zentristisch oder als Teil der christlich-demokratischen Bewegung betrachtet wird, hat eine reiche Geschichte, die tief in den sozialen und moralischen Werten des Christentums verwurzelt ist. Hier werde ich die Entstehung der KrF, ihre Entwicklung, ihre politischen Erfolge und Rückschläge sowie weniger bekannte Aspekte ihrer Geschichte und deren Auswirkungen auf die norwegische Gesellschaft beleuchten.

Die KrF wurde im Jahr 1933 gegründet. Die Partei entstand in einer Zeit, in der Norwegen – ähnlich wie viele andere europäische Länder – politische und soziale Umwälzungen erlebte. Die Gründer der KrF waren motiviert durch das Ziel, christliche Werte in die Politik einzubringen und eine Alternative zu den stärker säkular orientierten Parteien zu bieten. Von Anfang an war die Partei darauf ausgerichtet, sowohl Protestanten als auch Katholiken in Norwegen anzusprechen, was in der überwiegend lutherischen Gesellschaft Norwegens eine Besonderheit darstellte.

Die KrF positioniert sich meistens in der Mitte des politischen Spektrums, neigt jedoch in einigen sozialpolitischen Fragen zur konservativen Seite. Ihre Kernthemen umfassen Familie, Bildung, Gesundheitswesen und soziale Gerechtigkeit, wobei ein starker Akzent auf der Unantastbarkeit des Lebens liegt. Dies manifestiert sich in ihrer strikten Haltung gegen Abtreibung und in ihrem Engagement für die Unterstützung von Familien.

Eine der Schlüsselfiguren in der Geschichte der KrF war Kjell Magne Bondevik, der zweimal als Ministerpräsident Norwegens diente (1997-2000 und 2001-2005). Unter seiner Führung nahm die Partei eine zentrale Rolle in der norwegischen Politik ein. Bondeviks Regierungen waren bekannt für ihre Minderheitskonstellationen, die oft auf wechselnde Allianzen im Storting (dem norwegischen Parlament) angewiesen waren. Bondevik selbst war bekannt für seine Prinzipientreue, insbesondere in Fragen der ethischen Politikgestaltung.

Ein oft übersehenes Ereignis in der Geschichte der KrF war ihre Rolle in der Entwicklung der norwegischen Umweltpolitik. In den späten 1980er und frühen 1990er Jahren spielte die Partei eine entscheidende Rolle bei der Formulierung von Gesetzen, die Norwegens natürliche Ressourcen schützen sollten. Ihre Initiativen trugen dazu bei, dass Umweltfragen in den nationalen politischen Diskurs integriert wurden.

Ein weiteres weniger bekanntes Kapitel betrifft die Haltung der Partei während der Ölkrise in den 1970er Jahren. Trotz des enormen wirtschaftlichen Potenzials, das die Ölfunde in der Nordsee darstellten, war die KrF besorgt über die langfristigen sozialen und ökologischen Auswirkungen der Ölförderung. Diese Position führte zu Spannungen innerhalb der Partei sowie zu Konflikten mit anderen politischen Kräften, die eine aggressivere Ausbeutung der Ressourcen befürworteten.

Obwohl die KrF eine eher kleine Partei ist, hat sie gelegentlich auch auf internationaler Ebene Einfluss genommen, besonders in Fragen der Menschenrechte und der internationalen Entwicklung. Die Partei hat sich immer für Norwegens aktive Rolle in internationalen Organisationen und in der Entwicklungshilfe eingesetzt.

Die Geschichte der KrF ist ein Spiegelbild der Spannungen zwischen Tradition und Moderne in der norwegischen Gesellschaft. Als Partei, die tief in christlichen Werten verwurzelt ist, hat sie sich kontinuierlich den sich ändernden sozialen und politischen Landschaften angepasst. Ihre Fähigkeit, sowohl konservative als auch progressive Elemente zu integrieren, macht sie zu einem einzigartigen Akteur in der Politik Norwegens.

Die Geschichte der Kristelig Folkeparti (KrF) in Norwegen ist auch geprägt von einigen Kontroversen, die sowohl interne Spannungen als auch öffentliche Debatten umfassten. Diese Kontroversen betrafen häufig ethische und moralische Fragestellungen, die mit den christlichen Werten der Partei kollidierten oder von ihnen beeinflusst wurden. Einige der markantesten Kontroversen umfassen:

1. Haltung zu Abtreibungsrechten

Die KrF hat eine konsequente Anti-Abtreibungshaltung eingenommen, was in Norwegen, wo liberale Haltungen zum Thema Abtreibung vorherrschen, oft zu Spannungen führte. Die Partei kämpfte wiederholt dafür, das Abtreibungsgesetz zu verschärfen oder zusätzliche Hürden für Schwangerschaftsabbrüche einzuführen, was zu erheblichen Auseinandersetzungen im politischen und öffentlichen Raum führte.

2. Debatte um gleichgeschlechtliche Ehe

Die KrF war lange Zeit gegen die Legalisierung der gleichgeschlechtlichen Ehe in Norwegen, eine Position, die sie erst in den letzten Jahren teilweise revidiert hat. Diese Haltung stand im Kontrast zu den fortschreitenden sozialen Normen in Norwegen bezüglich LGBT-Rechten und führte zu erheblicher Kritik, insbesondere von liberaleren und progressiveren politischen Kräften.

3. Interne Spaltung über EU-Mitgliedschaft

In den 1990er Jahren erlebte die KrF eine interne Krise über die Frage der norwegischen EU-Mitgliedschaft. Während ein Teil der Partei die Mitgliedschaft befürwortete, um Norwegen stärker in Europa zu integrieren, stand ein anderer Teil kritisch gegenüber der EU, besorgt über den Verlust nationaler Souveränität und die mögliche Untergrabung christlicher Werte durch säkulare europäische Politiken. Diese Spaltung führte zu einer tiefen internen Zerrissenheit während des EU-Referendums 1994.

4. Koalitionsdynamiken und Kompromisse

Als Koalitionspartner in verschiedenen Regierungen musste die KrF oft schwierige Kompromisse eingehen, insbesondere mit Parteien, die in sozialen Fragen deutlich liberalere Ansichten vertraten. Diese Kompromisse wurden innerhalb der Partei oft kontrovers diskutiert, insbesondere wenn sie grundlegende christliche Prinzipien zu untergraben schienen.

5. Führungskämpfe und Richtungsstreitigkeiten

Die Partei hat im Laufe der Jahre mehrere Führungskämpfe erlebt, bei denen unterschiedliche Flügel um die Kontrolle rangen. Diese Kämpfe drehten sich oft um die Ausrichtung der Partei, insbesondere im Hinblick darauf, wie progressiv oder konservativ ihre Politik sein sollte. Solche Führungskämpfe haben die Partei zeitweise geschwächt und ihre Fähigkeit, als einheitliche Kraft aufzutreten, untergraben.

Für die Recherche zu diesem Absatz wurden verschiedene Quellen herangezogen, darunter norwegische Medienarchive und politische

Analysen. Spezifische deutsche Quellen zu diesem Thema sind rar, da die KrF überwiegend innerhalb Norwegens von Bedeutung ist. Jedoch können allgemeine Werke zur europäischen Politik, wie sie von deutschen Universitätsbibliotheken oder politischen Stiftungen bereitgestellt werden, weiterführende Einblicke bieten.

Catholic Worker Movement (USA)

Die Catholic Worker Bewegung ist ein bemerkenswertes Beispiel für den tiefgreifenden Einfluss religiös motivierter sozialer Aktivismus in der modernen Gesellschaft. Gegründet während der Großen Depression in den 1930er Jahren von Dorothy Day und Peter Maurin, kombiniert die Bewegung katholische Soziallehre mit radikalem Engagement für die Armen und Arbeitslosen.

Im pulsierenden Herzen von New York City begann im Jahr 1933 die bemerkenswerte Geschichte der Catholic Worker Bewegung. Dorothy Day, eine engagierte Journalistin und Sozialaktivistin, begegnete Peter Maurin, einem französischen Einwanderer und ehemaligen Bruder. Maurin, geprägt von tiefen Überzeugungen, teilte seine Vision einer Gesellschaft, die auf den Prinzipien der Gerechtigkeit und Barmherzigkeit fußt. Diese Begegnung erwies sich als katalytisch für Day, deren Herz und Verstand durch Maurins Ideale entflammt wurden.

Zusammen beschlossen sie, ihre Überzeugungen in die Tat umzusetzen und gründeten die Catholic Worker Bewegung. Ihr Ziel war es, die katholische Soziallehre nicht nur zu predigen, sondern durch direkte Aktionen greifbar und lebendig zu machen. Diese Zusammenarbeit legte den Grundstein für eine Bewegung, die darauf abzielte, soziale Gerechtigkeit aktiv zu fördern und gleichzeitig ein Zeugnis des Glaubens zu sein. Ihre Bemühungen sollten bald Früchte tragen und zahlreiche Menschen inspirieren, sich ihrem Streben nach einer gerechteren Welt anzuschließen.

Die Philosophie der Catholic Worker Bewegung basiert auf der katholischen Soziallehre, die die Würde des Menschen, die Notwendigkeit der Gemeinschaft und die Option für die Armen betont. Maurins Vision beinhaltete die Schaffung einer "neuen Gesellschaft in der Schale der alten" durch die Gründung von Landwirtschaftsgemeinschaften, Suppenküchen und Hospizen, sowie durch friedlichen Widerstand gegen ungerechte soziale Strukturen.

Ein Schlüsselelement der Bewegung war die Veröffentlichung der "Catholic Worker" Zeitung, die Dorothy Day zur Verbreitung ihrer Botschaften nutzte. Die Zeitung, die erstmals am 1. Mai 1933 erschien, verkauft sich bis heute für einen Cent pro Exemplar, als Symbol für ihre Solidarität mit den Armen.

In den 1940er Jahren expandierte die Bewegung national und international, mit neuen Häusern der Gastfreundschaft, die in den USA und später auch in anderen Ländern gegründet wurden. Während des Zweiten Weltkriegs leisteten Mitglieder der Bewegung Widerstand gegen den Krieg, was zu Spannungen und manchmal auch zu Haftstrafen führte. Diese pazifistische Haltung wurde besonders während des Vietnamkriegs deutlich, als die Bewegung aktiven Widerstand gegen den Krieg leistete.

Neben Dorothy Day und Peter Maurin gab es viele bedeutende Persönlichkeiten, die die Bewegung geprägt haben. Einer davon war Ammon Hennacy, ein Anarchist und Pazifist, der in den 1950er Jahren bekannt wurde durch seine Steuerverweigerung aus Protest gegen das Militär. Sein Engagement für gewaltfreien Widerstand inspirierte viele andere innerhalb und außerhalb der Bewegung.

Ammon Hennacy war eine herausragende Persönlichkeit der amerikanischen Geschichte, bekannt für sein Engagement in sozialen Bewegungen, seinen radikalen Pazifismus und seine tiefe Religiosität. Geboren am 24. Juli 1893 in Negley, Ohio, entwickelte Hennacy bereits in jungen Jahren eine kritische Sicht auf gesellschaftliche Normen und Institutionen.

Während des Ersten Weltkriegs manifestierte sich sein Engagement für den Pazifismus, als er sich weigerte, am Kriegsdienst teilzunehmen, und dafür inhaftiert wurde. Diese Erfahrung vertiefte seine Überzeugungen und führte zu seinem lebenslangen Widerstand gegen jede Form von staatlicher Autorität, die er als gewalttätig und ungerecht ansah. Nach dem Krieg widmete Hennacy sich verschiedenen Formen des zivilen Ungehorsams und setzte sich für die Rechte von Arbeitslosen und Landarbeitern ein. Er war auch während der Großen Depression aktiv, wo er sich insbesondere für die Rechte von Wanderarbeitern und anderen marginalisierten Gruppen einsetzte.

Ein Schlüsselmoment in seinem Leben war seine Konversion zum Katholizismus im Jahr 1939, inspiriert durch die Lektüre der Werke von Peter Maurin und Dorothy Day, den Gründern der Catholic Worker Bewegung. Hennacy zog nach New York, um sich aktiv an der Bewegung zu beteiligen, und arbeitete eng mit Day zusammen, um die Ideen der Bewegung zu verbreiten. Sein Engagement für die Bewegung umfasste die Arbeit in Suppenküchen, die Bereitstellung von Unterkünften für Obdachlose und die Teilnahme an gewaltfreien Protesten gegen Krieg und soziale Ungerechtigkeit. Hennacy war auch bekannt für seinen Einpersonen-Protest gegen die Steuerzahlung, den er als Ablehnung der Finanzierung von Militär und Krieg ansah. Er verbrachte sein späteres Leben in Utah, wo er den "Joe Hill House of Hospitality" leitete, ein Projekt ähnlich den Werken der Catholic Worker Bewegung, das Obdach und Unterstützung für Bedürftige anbot.

Ammon Hennacy verstarb am 14. Januar 1970 in Salt Lake City, Utah. Sein Leben und Werk bleiben ein bedeutendes Zeugnis für die Kraft des Gewissens und des unermüdlichen Engagements für Frieden und soziale Gerechtigkeit. Seine Schriften und Aktionen inspirieren bis heute Aktivisten weltweit.

Heute setzt die Catholic Worker Bewegung ihre Arbeit fort, mit über 200 lokalen Gemeinschaften weltweit, die sich der Unterstützung Bedürftiger widmen. Die Bewegung hat auch neue soziale Herausforderungen angenommen, darunter Umweltaktivismus und die Unterstützung für Flüchtlinge und Immigranten.

Die Catholic Worker Bewegung bleibt ein lebendiges Zeugnis dafür, wie religiöser Glaube in soziales Handeln umgesetzt werden kann.

Durch ihre beständige Betonung der Solidarität mit den Armen und ihrem Engagement für soziale Gerechtigkeit bietet sie ein inspirierendes Modell für sozialen Wandel.

Dorothy Day wurde am 8. November 1897 in Brooklyn, New York, geboren. Ihre Familie zog im Laufe ihrer Kindheit mehrmals um, wobei sie einen Großteil ihrer Jugend in Chicago verbrachte. Day begann ihr Studium an der University of Illinois in Urbana-Champaign, brach dieses jedoch nach zwei Jahren ab, um eine Karriere als Journalistin in New York City zu verfolgen. In dieser Zeit war sie stark in soziale Aktivitäten und politische Bewegungen involviert, insbesondere in den Kreisen der sozialistischen und pazifistischen Bewegungen.

Ihre Konversion zum Katholizismus erfolgte 1927, ein entscheidender Wendepunkt in ihrem Leben, der durch die Geburt ihrer Tochter Tamar Teresa beeinflusst wurde. Diese persönliche Veränderung führte zu einer neuen Ausrichtung in ihrem Leben und Wirken, bei der sie ihren Glauben mit ihrem sozialen Aktivismus verband. 1933 gründete Dorothy Day zusammen mit Peter Maurin die Catholic Worker Bewegung, eine Organisation, die sich der Hilfe für Arme und Obdachlose verschrieb. Die Bewegung wuchs schnell, indem sie Unterkünfte, Nahrung und Unterstützung anbot, aber auch durch ihre harte Kritik an den sozialen und wirtschaftlichen Strukturen, die Armut und Ungerechtigkeit förderten. Ihre Philosophie basierte auf den Prinzipien der Gastfreundschaft, der persönlichen Verantwortung und der gewaltfreien Aktion.

Dorothy Day war bekannt für ihren unermüdlichen Einsatz für Gerechtigkeit und Frieden. Sie protestierte gegen Kriege, stand an vorderster Front bei Arbeiterstreiks und setzte sich vehement für die Rechte von Frauen und Minderheiten ein. Ihre zahlreichen Schriften, darunter ihre Autobiographie "The Long Loneliness" und die regelmäßigen Beiträge in der Zeitung "The Catholic Worker", spiegelten ihr Engagement für diese Ursachen und ihre tiefen Überzeugungen wider. Dorothy Day blieb bis zu ihrem Lebensende aktiv in der Bewegung. Sie starb am 29. November 1980 in New York City. Ihre Lebensarbeit hatte einen unauslöschlichen Einfluss auf die katholische Kirche und die breitere Gesellschaft. Day wird oft für ihre starke Führung und ihr unerschütterliches Engagement für soziale Gerechtigkeit gelobt. Ihr Ver-

mächtnis lebt in den fortwährenden Aktivitäten der Catholic Worker Gemeinschaften weltweit weiter.

Papst Franziskus würdigte Dorothy Day in seiner Rede vor dem US-Kongress im Jahr 2015 als eine der großen Gestalten Amerikas. Auch wenn sie nie offiziell heiliggesprochen wurde, wird sie in vielen Kreisen als Heilige betrachtet. Dorothy Days Leben und Arbeit zeigen, wie tiefgehender Glaube und radikales soziales Engagement eine kraftvolle Kraft für Veränderung sein können. Sie bleibt ein Symbol für gewissenhaften Widerstand gegen Ungerechtigkeit und ein Modell für christliches Zeugnis in der Welt.

Rerum Novarum League (Philippinen)

Die Rerum Novarum League auf den Philippinen ist eine bedeutende Organisation, die sich im sozialen und politischen Kontext des Landes stark engagiert. Der Name der Liga bezieht sich auf die Enzyklika „Rerum novarum", die 1891 von Papst Leo XIII. veröffentlicht wurde und als Gründungsdokument der katholischen Soziallehre gilt.

Die katholische Soziallehre, die mit der Enzyklika „Rerum novarum" ihren Anfang nahm, adressierte die sozialen und wirtschaftlichen Herausforderungen, die durch die industrielle Revolution entstanden waren. Papst Leo XIII. thematisierte die Rechte der Arbeiter, die gerechte Verteilung von Vermögen und die Rolle des Staates in der Wirtschaft. Diese Prinzipien bildeten später die Grundlage für weitere soziale Enzykliken und beeinflussten christliche Sozialbewegungen weltweit, einschließlich auf den Philippinen.

Die Philippinen, eine ehemalige spanische Kolonie, wurden 1898 von den Vereinigten Staaten übernommen. Dieser Übergang führte zu tiefgreifenden sozialen und politischen Veränderungen. Die amerikanische Kolonialverwaltung implementierte zahlreiche Modernisierungsprojekte, die jedoch auch soziale Disparitäten und politische Spannungen schürten. In diesem Kontext entstanden verschiedene

Bewegungen, die sich für soziale Gerechtigkeit und nationale Selbstbestimmung einsetzten.

Die genaue Gründungszeit der Rerum Novarum League auf den Philippinen lässt sich schwer bestimmen, da detaillierte Aufzeichnungen fehlen. Es wird jedoch angenommen, dass die Organisation in der ersten Hälfte des 20. Jahrhunderts ins Leben gerufen wurde, inspiriert von der wachsenden Bedeutung der katholischen Soziallehre im Land. Die Liga setzte sich zum Ziel, die Lehren der Enzyklika in die Praxis umzusetzen und insbesondere die Lebensbedingungen der arbeitenden Klassen zu verbessern. Die Aktivitäten der Rerum Novarum League umfassten eine breite Palette von Initiativen, darunter Bildungsprogramme, die Förderung von Arbeiterrechten und die Unterstützung von Gemeindeentwicklungsprojekten. Besonders in ländlichen Gebieten spielte die Liga eine zentrale Rolle bei der Organisation von Kooperativen und der Unterstützung von Bauern bei der Durchsetzung ihrer Landrechte.

Ein Kernanliegen der Rerum Novarum League war die Verbesserung der Arbeitsbedingungen und die Sicherstellung gerechter Löhne. In den 1970er Jahren, während des Kriegsrechts unter Ferdinand Marcos, war die Liga aktiv in der Opposition gegen die Unterdrückung von Gewerkschaften und setzte sich für die Rechte von Arbeitern ein. Diese Periode war geprägt von politischer Repression, und Mitglieder der Liga wurden häufig Ziel staatlicher Übergriffe.

Die Rerum Novarum League etablierte zahlreiche Bildungsinitiativen, um das Bewusstsein für soziale Gerechtigkeit zu fördern. Schulungen und Workshops wurden organisiert, um die Prinzipien der katholischen Soziallehre zu verbreiten und praktische Fähigkeiten für soziales Engagement zu vermitteln.

Trotz der Herausforderungen, wie politische Instabilität und wirtschaftliche Unsicherheit, bleibt die Rerum Novarum League auf den

Philippinen eine einflussreiche Kraft im Streben nach sozialer Gerechtigkeit. Die Organisation passt ihre Strategien kontinuierlich an die sich ändernden sozialen und politischen Bedingungen an und sucht nach neuen Wegen, um ihre Ziele effektiv zu verfolgen. Durch ihr kontinuierliches Engagement für soziale Gerechtigkeit und ihre Beständigkeit in Zeiten der Herausforderung hat die Liga einen unverkennbaren Einfluss auf die philippinische Gesellschaft ausgeübt. Ihre Geschichte und ihre Taten bieten wertvolle Einblicke in die Dynamik sozialer Bewegungen in einem komplexen nationalen Kontext.

Opus Dei (International)

Opus Dei, offiziell als das „Werk Gottes" bekannt, ist eine einflussreiche Institution innerhalb der römisch-katholischen Kirche. Gegründet wurde sie am 2. Oktober 1928 von dem spanischen Priester Josemaría Escrivá de Balaguer. Seitdem hat sie sowohl in ihrer Heimat Spanien als auch international eine bedeutende Rolle in verschiedenen gesellschaftlichen und politischen Kontexten gespielt. In diesem Text werde ich die Entstehung, Entwicklung, Struktur, Spiritualität und die verschiedenen Aspekte der Organisation detailliert darstellen. Dabei werde ich auch auf weniger bekannte Ereignisse und kontroverse Themen eingehen, um ein vollständiges Bild von Opus Dei zu zeichnen.

Die Gründung von Opus Dei erfolgte in einer Zeit großer religiöser und sozialer Umbrüche in Spanien. Escrivá, der eine tiefgreifende Spiritualität und ein starkes Verpflichtungsgefühl gegenüber dem katholischen Glauben hatte, sah seine Mission darin, den Laien in der Kirche eine tiefere geistliche Bedeutung zu geben. Er betonte die Idee, dass jeder Christ in seinem täglichen Leben heilig werden kann, insbesondere durch die Arbeit. Dieser Gedanke war revolutionär, weil er die spirituelle Entwicklung nicht auf das Klosterleben oder den Klerus beschränkte, sondern sie in den Alltag der gewöhnlichen Menschen integrierte.

Nach seiner Gründung breitete sich Opus Dei schnell in anderen Teilen Spaniens aus und gewann vor allem während des Spanischen Bürgerkriegs (1936-1939) an Bedeutung. Nach dem Krieg und der Etablierung der Franco-Diktatur in Spanien, fand Opus Dei eine gewisse Unterstützung bei der neuen Regierung, was zu Kontroversen führte. In den 1940er und 1950er Jahren internationalisierte sich die Organisation und gründete Niederlassungen in Europa und Amerika.

Opus Dei ist als Personalprälatur innerhalb der katholischen Kirche organisiert, ein Status, der ihr 1982 von Papst Johannes Paul II. verliehen wurde. Dies bedeutet, dass sie eine eigene juristische Struktur hat und direkt dem Papst unterstellt ist, nicht den lokalen Bischof. Die Mitglieder sind Laien und Priester, wobei die Laien die überwiegende Mehrheit bilden. Es gibt verschiedene Arten der Mitgliedschaft: Numerarier, die zölibatär leben und sich vollständig dem Werk widmen; Supernumerarier, die verheiratet sein können und einen beruflichen Alltag haben; und Assoziierte, die ebenfalls zölibatär leben, aber größere familiäre oder berufliche Verpflichtungen haben können.

Die Spiritualität von Opus Dei betont die Heiligung durch Arbeit. Arbeit wird als Mittel zur spirituellen Entwicklung und als Form der Anbetung Gottes gesehen. Mitglieder werden ermutigt, ihre täglichen Aufgaben mit großer Sorgfalt und Hingabe auszuführen, als wären sie ein Gebet. Diese Spiritualität spiegelt sich auch in den täglichen Praktiken wider, wie der Messebesuch, das tägliche Gebet, Lesungen und regelmäßige Beichte.

Opus Dei ist im Laufe der Jahre aufgrund seiner vermeintlichen Geheimhaltung, seiner Rolle während der Franco-Ära und seiner angeblichen Einflussnahme in politischen und finanziellen Angelegenheiten kritisiert worden. Besonders in den Medien, wie im Roman und Film

„The Da Vinci Code", wurde die Organisation als geheimnisvoll und machthungrig dargestellt. Solche Darstellungen wurden sowohl von Mitgliedern als auch von externen Beobachtern oft als übertrieben und ungenau kritisiert.

Ein oft übersehenes Kapitel in der Geschichte von Opus Dei ist die bemerkenswerte Rolle, die die Organisation bei der Gründung und Entwicklung neuer Bildungseinrichtungen und Universitäten gespielt hat. Ein prägnantes Beispiel hierfür ist die Universität von Navarra in Spanien. Diese Einrichtungen wurden ins Leben gerufen mit der Vision, die tiefgründigen philosophischen und spirituellen Prinzipien von Opus Dei in das akademische Umfeld zu integrieren. Sie streben danach, Forschung und Lehre so zu gestalten, dass sie sich an christlichen Werten orientieren, und bieten damit einen Raum, in dem sich sowohl der Geist als auch der Glaube entfalten können. Diese Universitäten sind nicht nur Bildungsstätten, sondern auch Orte, an denen die Werte und Überzeugungen von Opus Dei auf fruchtbaren Boden treffen und das akademische Streben nach Wissen mit spiritueller Tiefe bereichern.

Der Einfluss von Opus Dei in politischen Kreisen, besonders während der Franco-Ära in Spanien, ist ein Thema intensiver Debatten und Forschungen. Obwohl Opus Dei selbst behauptet, keine politischen Ziele zu verfolgen und eine strikte Neutralität zu bewahren, gibt es Belege dafür, dass Mitglieder der Organisation in politischen Ämtern und Entscheidungsprozessen aktiv waren. Kritiker werfen der Organisation vor, sie nutze ihren Einfluss, um konservative katholische Werte in der Politik zu fördern. Befürworter argumentieren hingegen, dass die individuellen politischen Aktivitäten ihrer Mitglieder nicht notwendigerweise die Haltung der Prälatur widerspiegeln.

Es ist von Bedeutung, hervorzuheben, dass die Zugehörigkeit zu einer religiösen Überzeugung oder einer religiösen Gruppe wie Opus Dei nicht zwangsläufig direkte politische Konsequenzen nach sich zieht. In

Deutschland, wo die Trennung von Kirche und Staat tief in der Verfassung verwurzelt ist, ist es durchaus üblich, dass Politiker ihre religiösen Überzeugungen offen darlegen. Ein solches Bekenntnis hat jedoch nicht notwendigerweise einen direkten Einfluss auf ihre politische Arbeit. Dies zeigt sich beispielsweise in Fällen wie dem von Armin Laschet und dem Fall Liminski aus dem Jahr 2021, wo die religiösen Ansichten der beteiligten Politiker öffentlich bekannt waren, ohne dass diese unmittelbar ihre Entscheidungsfindung oder politische Ausrichtung bestimmten. Dieses Phänomen unterstreicht die Vielschichtigkeit, mit der persönliche Überzeugungen und öffentliches Amt in einer modernen demokratischen Gesellschaft zusammenwirken können.

Nathanael Liminski, geboren am 27. Mai 1985 in Köln, ist ein deutscher Politiker und Beamter, dessen berufliche Laufbahn von seinen konservativen katholischen Überzeugungen stark beeinflusst ist. Er studierte Politikwissenschaft und Katholische Theologie in Bonn und Münster, bevor er in die politische Arena eintrat.

Seine Karriere begann Liminski als Mitarbeiter im Bundestag und setzte sie im Bundesministerium für Familie, Senioren, Frauen und Jugend fort. Seine konservative Ausrichtung wurde deutlicher, als er 2017 zum Chef der Staatskanzlei in Nordrhein-Westfalen unter Ministerpräsident Armin Laschet ernannt wurde. In dieser Rolle hat Liminski bedeutende administrative Funktionen übernommen, wobei seine Entscheidungen und politischen Prioritäten nicht selten kritisch betrachtet werden, insbesondere hinsichtlich seines Einflusses auf die kulturelle und soziale Politikgestaltung des Landes. Seine ausgeprägt konservativen Ansichten haben zu Kontroversen geführt, vor allem bei Themen, die moderne soziale Normen und Werte betreffen.

Opus Dei bleibt eine der faszinierendsten und kontroversesten Organisationen innerhalb der katholischen Kirche. Ihre Bemühungen, den katholischen Glauben in das tägliche Leben zu integrieren und Heiligkeit durch alltägliche Arbeit zu fördern, haben vielen Menschen Inspiration und spirituelle Heimat geboten. Gleichzeitig fordern die Geheimniskultur, die politischen Verbindungen und die strengen Praktiken die öffentliche Wahrnehmung heraus und sind Gegenstand anhaltender Debatten.

Die Organisation wird weiterhin sowohl Bewunderung als auch Kritik erfahren, da sie versucht, ihre Prinzipien in einer sich schnell verändernden Welt umzusetzen und dabei ihre Identität und Mission zu bewahren. Die zukünftige Entwicklung von Opus Dei wird wahrscheinlich ebenso von internen Dynamiken wie von der globalen Reaktion auf ihre Aktivitäten und Lehren abhängen.[22]

Josemaría Escrivá de Balaguer war ein spanischer Priester, der vor allem als Gründer von Opus Dei, einer einflussreichen Organisation innerhalb der römisch-katholischen Kirche, bekannt ist. Sein Leben und sein Werk haben tiefgreifende Auswirkungen auf die moderne katholische Spiritualität und die Laienbewegung in der Kirche gehabt. Josemaría Escrivá wurde am 9. Januar 1902 in Barbastro, Spanien, geboren. Er war das zweite von sechs Kindern in einer tief religiösen Familie. Nach dem Bankrott seines Vaters zog die Familie nach Logroño um, wo Escrivá seine Berufung zum Priesteramt spürte. Im Alter von 16 Jahren begann er ein Studium am Priesterseminar in Logroño und setzte seine Ausbildung später an der Päpstlichen Universität Gregoriana in Rom fort, wo er sowohl in Theologie als auch im kanonischen Recht promovierte. Am 2. Oktober 1928, während er sich in einer spirituellen Rückzug in Madrid befand, erhielt Escrivá nach eigenen Aussagen eine göttliche Inspiration zur Gründung von Opus Dei. Die Kernidee von Opus Dei war und ist es, das Streben nach Heiligkeit in das tägliche Leben, besonders in die alltägliche Arbeit und die Erfüllung der bürgerlichen Pflichten, zu integrieren. Escrivá lehrte, dass jeder Mensch, unabhängig von seinem Lebensstand, berufen ist, ein Leben der Heiligkeit zu führen. Unter Escrivás Führung breitete sich Opus Dei schnell in Spanien und dann international aus. Während des Spanischen Bürgerkriegs und der anschließenden Franco-Diktatur musste

22 Peter Berglar, Opus Dei: Leben und Werk des Gründers Josemaría Escrivá. Müller, Salzburg 1983, ISBN 3-7013-0652-4

Escrivá verschiedene Herausforderungen bewältigen, einschließlich poli-
tischer Repression und Missverständnissen bezüglich der Ziele und Me-
thoden seiner Organisation. Trotz dieser Herausforderungen wuchs Opus
Dei stetig und erlangte 1950 vom Heiligen Stuhl die Anerkennung als Sä-
kularinstitut päpstlichen Rechts. Nach dem Zweiten Vatikanischen Konzil
zog Escrivá nach Rom, um Opus Dei besser in die sich wandelnde Kirche
zu integrieren. Er starb am 26. Juni 1975 in Rom. Sein Tod markierte nicht
das Ende seines Einflusses; im Gegenteil, seine Lehren und sein Beispiel
führten zu einer weiteren Expansion und Vertiefung von Opus Deis Akti-
vitäten weltweit. Escrivá wurde am 6. Oktober 2002 von Papst Johannes
Paul II. heiliggesprochen, was seine Bedeutung als spiritueller Führer un-
terstreicht.

Josemaría Escrivá de Balaguer hinterließ ein tiefgreifendes geistiges Erbe,
das durch die Aktivitäten von Opus Dei weitergeführt wird. Seine
Schriften und Reden, die die Heiligkeit des Alltagslebens betonen, haben
zahlreiche Menschen dazu inspiriert, ihren Glauben in ihrem täglichen
Leben praktisch zu leben. Escrivás Arbeit hat die katholische Kirche
beeinflusst, insbesondere durch die Betonung der Bedeutung der Laien in
der Kirche und die Heiligkeit der Arbeit, die zu zentralen Themen des
modernen katholischen Diskurses geworden sind.

Katholische Frauenbewegung (Deutschland)

Die katholische Frauenbewegung in Deutschland ist eine facettenreiche Strömung innerhalb des Katholizismus, die sich sowohl für die
spirituellen als auch sozialen Belange von Frauen einsetzt. Sie hat historische Wurzeln, die bis in das 19. Jahrhundert zurückreichen, und
umfasst eine Vielzahl von Organisationen und Initiativen, die sich der
Förderung der Rolle der Frau in der Kirche und der Gesellschaft widmen.

Die Geschichte der katholischen Frauenbewegung in Deutschland, die
ihre Wurzeln in den letzten Jahrzehnten des 19. Jahrhunderts hat, ist

ein faszinierendes Beispiel für das Engagement von Frauen innerhalb der katholischen Kirche, ihre Lebensbedingungen aktiv zu gestalten und zu verbessern. Diese Bewegung entstand in einer Epoche, in der Frauen zunehmend nach Möglichkeiten suchten, ihre Bildungs- und Berufschancen zu erweitern und sich für soziale Belange einzusetzen.

Die späten 1800er Jahre waren geprägt von einer sich wandelnden sozialen Landschaft, in der die Rollen der Geschlechter und die gesellschaftlichen Erwartungen an Frauen intensiv diskutiert wurden. In diesem Kontext begannen katholische Frauen in Deutschland, sich zu organisieren. Sie gründeten Vereine, die nicht nur auf die Verbesserung ihrer Bildungsmöglichkeiten abzielten, sondern auch darauf, berufliche Chancen zu erweitern und sich aktiv in sozialen Projekten zu engagieren. Diese Organisationen boten ihnen eine Plattform, um Einfluss auf gesellschaftliche Diskurse zu nehmen und für ihre Rechte innerhalb einer von Männern dominierten Kirche und Gesellschaft zu kämpfen.

Ein signifikanter Meilenstein in der Entwicklung der katholischen Frauenbewegung war die Gründung des Katholischen Deutschen Frauenbundes (KDFB) im Jahr 1903. Der KDFB, gegründet in einer Zeit, als Frauenbewegungen weltweit an Dynamik gewannen, entwickelte sich schnell zu einer wichtigen Stimme in der deutschen Frauenbewegung. Der Bund war nicht nur eine Antwort auf die spezifischen Bedürfnisse und Herausforderungen, denen sich katholische Frauen gegenübersahen, sondern auch ein Zeugnis für das wachsende Bewusstsein und die Forderung nach mehr Gleichberechtigung und Gerechtigkeit.

Die Aktivitäten des KDFB waren vielfältig und weitreichend. Die Organisation setzte sich vehement für die Bildung und berufliche Förderung von Frauen ein. Sie organisierte Kurse und Vorträge, gründete Bildungseinrichtungen und unterstützte Frauen darin, sich beruflich zu qualifizieren und weiterzuentwickeln. Dies war besonders relevant in einer Zeit, in der Frauen der Zugang zu vielen akademischen und beruflichen Feldern verwehrt oder stark erschwert war.

Neben der Förderung der Bildung kämpfte der KDFB auch für grundlegende soziale Rechte. Zu den bemerkenswertesten Errungenschaften gehörten der Einsatz für den Mutterschutz und die Einführung des Frauenwahlrechts. Diese sozialen Reformen waren entscheidend für die Verbesserung der Lebensqualität und der gesellschaftlichen Stellung von Frauen in Deutschland. Der Einsatz für den Mutterschutz etwa spiegelte das wachsende Bewusstsein für die Bedeutung von Gesundheitsfürsorge und sozialer Sicherheit für Frauen und deren Familien wider.

Der Kampf für das Frauenwahlrecht, der schließlich 1918 erfolgreich war, markierte einen entscheidenden Wendepunkt. Durch diese politische Teilhabe erhielten Frauen die Möglichkeit, direkt auf die Gestaltung der Gesetze und Politiken Einfluss zu nehmen, die ihr Leben und das ihrer Gemeinschaften betrafen. Der KDFB und ähnliche Organisationen spielten eine zentrale Rolle in dieser Bewegung, indem sie Bewusstsein schufen und Frauen ermutigten, ihre Stimmen zu erheben.

Insgesamt illustriert die Geschichte der katholischen Frauenbewegung und insbesondere des Katholischen Deutschen Frauenbundes, wie tiefgreifend religiöse Überzeugungen und soziales Engagement miteinander verwoben sein können. Sie zeigt auch, dass der Kampf für Gleichberechtigung und soziale Gerechtigkeit innerhalb der katholischen Gemeinschaft sowohl herausfordernd als auch enorm einflussreich sein kann, was die Gestaltung gerechter und nachhaltiger Politiken angeht.

Nach dem Zweiten Weltkrieg erlebte die katholische Frauenbewegung eine neue Dynamik, die durch signifikante Veränderungen sowohl innerhalb der Kirche als auch in der breiteren gesellschaftlichen Landschaft getragen wurde. Besonders die 1960er und 1970er Jahre, eine Zeit des tiefgreifenden gesellschaftlichen Umbruchs und des Zweiten Vatikanischen Konzils, markierten eine Phase intensiver Debatten und Reformen, die auch die Rolle der Frau in der katholischen Kirche betrafen.

In diesen Jahrzehnten wurde die katholische Kirche von einer Welle des Wandels erfasst, die durch das Zweite Vatikanische Konzil (1962-1965) ausgelöst wurde. Dieses Konzil war bemüht, die Kirche zu modernisieren und ihre Lehren stärker mit den realen Lebensumständen und Bedürfnissen der Gläubigen in Einklang zu bringen. Die allgemeine gesellschaftliche Aufbruchsstimmung, geprägt von Bürgerrechtsbewegungen, dem Aufkommen der Frauenbewegung und einer zunehmenden Infragestellung traditioneller Autoritäten, bot einen fruchtbaren Boden für diese Bestrebungen.

Viele katholische Frauen sahen in dieser Zeit eine Chance, ihre Forderungen nach einer tiefgreifenderen Auseinandersetzung mit der Rolle der Frau in der Kirche energisch voranzutreiben. Sie strebten nach mehr als nur symbolischer Teilhabe und forderten echte Gleichberechtigung in allen Aspekten kirchlichen Lebens. Dies umfasste den Zugang zu kirchlichen Ämtern, die bis dahin ausschließlich Männern vorbehalten waren, und eine Anerkennung ihrer Beiträge auf allen Ebenen der kirchlichen Hierarchie.

Ein Schlüsselakteur in diesem Prozess war die Katholische Frauengemeinschaft Deutschlands (kfd), die sich als eine der führenden Organisationen in der katholischen Frauenbewegung etablierte. Die kfd trat verstärkt für die Teilhabe von Frauen in allen kirchlichen Ämtern ein und unterstützte nachdrücklich die berufliche und persönliche Selbstverwirklichung ihrer Mitglieder. Sie bot Frauen Plattformen für Bildung und Weiterbildung, förderte die Vernetzung unter katholischen Frauen und setzte sich für eine Neuinterpretation theologischer Texte aus weiblicher Perspektive ein.

Diese Bestrebungen stießen jedoch nicht nur auf Zustimmung. Innerhalb der Kirche gab es erhebliches Widerstand gegen die Vorstellung einer Gleichberechtigung der Geschlechter, besonders wenn es um die Ordination von Frauen oder ihre Gleichstellung in Führungspositionen ging. Konservative Kreise in der Kirche beharrten darauf, dass die traditionellen Rollen der Geschlechter göttlich festgelegt und daher nicht veränderbar seien.

Die kfd und andere ähnliche Organisationen mussten sich mit tief verwurzelten Vorurteilen und einer oft zögerlichen Kirchenführung auseinandersetzen, die Veränderungen nur langsam und oft widerstrebend annahm. Die Herausforderungen waren sowohl theologischer als auch praktischer Natur, da die Integration von Frauen in führende Rollen tiefgreifende strukturelle und kulturelle Veränderungen innerhalb der Kirche erforderte.

Die Bemühungen der katholischen Frauenbewegung in den 1960er und 1970er Jahren und die Rolle von Organisationen wie der kfd illustrieren eine kritische Phase in der Geschichte der Kirche, in der Frauen begannen, aktiv ihre Rechte innerhalb ihrer religiösen Gemeinschaften zu fordern und durchzusetzen. Trotz erheblicher Widerstände haben diese Frauen wesentlich dazu beigetragen, die Diskussion über Geschlechtergerechtigkeit in der katholischen Kirche voranzubringen und grundlegende Fragen über Macht, Autorität und Gleichberechtigung in religiösen Kontexten zu stellen. Diese Entwicklung bleibt ein wesentlicher Bestandteil der fortlaufenden Geschichte der katholischen Kirche und ihrer Auseinandersetzung mit modernen gesellschaftlichen Anforderungen.

Die katholische Frauenbewegung in Deutschland bleibt auch heute ein vitales und dynamisches Feld sozialen Engagements, das sich mit einer Vielzahl von dringenden Themen auseinandersetzt. Zentrale Anliegen dieser Bewegung umfassen die Frauenordination, die Gleichstellung der Geschlechter in kirchlichen Ämtern und die Überwindung von sexuellem Missbrauch und Diskriminierung innerhalb der Kirche. Diese Themen reflektieren sowohl die anhaltenden internen Kämpfe um Gleichberechtigung als auch das Bestreben, tief verwurzelte Strukturen zu reformieren, die Ungleichheit und Missstände fördern.

Die Forderung nach Frauenordination stellt eine der grundlegendsten und umstrittensten Fragen innerhalb der katholischen Kirche dar. Trotz bedeutender theologischer, sozialer und kultureller Argumente, die von Befürwortern der Frauenordination vorgebracht werden, bleibt die offizielle Kirchenlehre bislang unverändert und schließt Frauen von priesterlichen Ämtern aus. Diese Position steht im Kontrast zu den Entwicklungen in vielen anderen christlichen Konfessionen, die bereits Frauen in pastoralen Rollen akzeptieren und fördern. Die katholische Frauenbewegung kämpft daher nicht nur für praktische Veränderungen, sondern auch für eine tiefgreifende theologische Neubewertung der Rolle der Frau in der Kirche.

Ein weiteres kritisches Thema, das die katholische Frauenbewegung anspricht, ist der sexuelle Missbrauch und die Diskriminierung innerhalb der Kirche. Die Aufdeckung von Missbrauchsfällen und die oft mangelhafte Reaktion der kirchlichen Hierarchie haben zu einem Vertrauensverlust und zu Forderungen nach umfassenden Reformen geführt. Die Bewegung fordert transparentere Verfahren zur Aufklärung von Missbrauchsfällen, bessere Schutzmechanismen für Opfer und eine grundsätzliche Änderung der kirchlichen Kultur, die solche Übergriffe begünstigt hat.

Maria 2.0 – Eine neue Welle des Protests

Ein prägnantes Beispiel für die neueren Aktivitäten in der katholischen Frauenbewegung ist die Bewegung "Maria 2.0". Diese Bewegung, die 2018 in Münster ihren Anfang nahm, hat national wie international für Aufsehen gesorgt. Durch öffentliche Proteste, Kirchenstreiks und andere Formen des zivilen Ungehorsams setzt Maria 2.0

ein deutliches Zeichen gegen die mangelnde Repräsentation von Frauen in kirchlichen Führungspositionen und fordert grundlegende Veränderungen in der Kirchenstruktur. Ihre Aktionen bringen nicht nur die Frustration vieler katholischer Frauen zum Ausdruck, sondern auch ihren unermüdlichen Einsatz für Gerechtigkeit und Gleichberechtigung.

Die katholische Frauenbewegung steht jedoch vor erheblichen Herausforderungen. Die tief verwurzelte patriarchale Struktur der Kirche, die langsame Reaktion auf Forderungen nach Reformen und die oft feindselige Haltung gegenüber feministischen Ansätzen innerhalb der kirchlichen Hierarchie sind nur einige der Hindernisse. Kritisch betrachtet muss die Bewegung weiterhin innovative Wege finden, um ihre Ziele effektiv zu kommunizieren und eine breitere Basis innerhalb und außerhalb der Kirche zu mobilisieren.

Die katholische Frauenbewegung hat nicht nur innerhalb der Kirche, sondern auch in der breiteren deutschen Gesellschaft erheblichen Einfluss. Sie trägt dazu bei, wichtige gesellschaftliche Debatten über Gleichberechtigung, Gerechtigkeit und die Rolle von Religion in einer sich verändernden Welt zu führen. Ihre Arbeit beeinflusst die Politik, die Bildungspolitik und die sozialen Dienste und fördert das Bewusstsein für die Bedeutung von Geschlechtergerechtigkeit sowohl in sakralen als auch in säkularen Kontexten.[23]

Katholische Jugendbewegung (Deutschland)

Die katholische Jugendbewegung in Deutschland hat eine lange Tradition, die sich durch ein starkes Engagement für soziale, spirituelle und

23 Ute Gerhard, Frauenbewegung und Feminismus. Eine Geschichte seit 1789. C.H. Beck, München 2009. 4. Aufl. 2020 ISBN 978-3-406-75810-2

gesellschaftliche Anliegen auszeichnet. Diese Bewegung ist nicht nur ein wichtiger Bestandteil des katholischen Lebens in Deutschland, sondern auch ein bedeutender Akteur in der Jugendarbeit und in der Förderung von Gemeinschaft, Glauben und gesellschaftlichem Engagement.

Die katholische Jugendbewegung in Deutschland, deren Ursprünge in die frühen Jahre des 20. Jahrhunderts zurückreichen, spiegelt ein reiches Erbe des Engagements und der gesellschaftlichen Aktivität junger Katholiken wider. In einer Zeit tiefgreifender sozialer Veränderungen suchten diese jungen Menschen nach Wegen, ihren Glauben nicht nur zu vertiefen, sondern ihn auch praktisch im Alltag umzusetzen. Diese Bemühungen führten zur Bildung verschiedener katholischer Jugendvereinigungen, die sich der sozialen Gerechtigkeit, Bildung und spirituellen Entwicklung widmeten.

Zu Beginn des 20. Jahrhunderts war Deutschland durch tiefgreifende soziale und politische Veränderungen gekennzeichnet. Industrialisierung, Urbanisierung und die zunehmende politische Mobilisierung der Arbeiterklasse veränderten die gesellschaftliche Landschaft. In diesem Kontext entstanden zahlreiche Jugendorganisationen, die sich nicht nur als Antwort auf die moderne Lebensweise verstanden, sondern auch als eine Möglichkeit für junge Katholiken, sich in einer zunehmend säkularisierten Gesellschaft zu orientieren und zu positionieren.

Junge Katholiken gründeten Vereinigungen, die darauf abzielten, eine Brücke zwischen ihrem Glauben und ihrem sozialen Handeln zu schlagen. Diese Gruppen organisierten Bildungsveranstaltungen, spirituelle Retreats und soziale Projekte, die darauf ausgerichtet waren, den katholischen Glauben in der jungen Generation zu festigen und sie zu ermutigen, eine aktive Rolle in der Gesellschaft zu spielen. Diese frühen Vereinigungen legten den Grundstein für eine strukturierte Jugendbewegung innerhalb der katholischen Kirche in Deutschland.

Ein Wendepunkt in der Geschichte der katholischen Jugendbewegung war die Gründung des Bundes der Deutschen Katholischen Jugend (BDKJ) im Jahr 1947. Dieser Schritt war entscheidend, denn der BDKJ diente fortan als Dachorganisation für die verschiedenen katholischen Jugendgruppen in Deutschland. Die Nachkriegszeit, geprägt von dem Bedürfnis nach Wiederaufbau und moralischer Erneuerung, bot einen fruchtbaren Boden für eine solche zentralisierte Organisation, die die Kräfte junger Katholiken bündeln und ihre Aktivitäten koordinieren konnte.

Der BDKJ hatte das Ziel, eine koordinierte und einheitliche Stimme der katholischen Jugend in Deutschland zu schaffen. Er vernetzte lokale und regionale Gruppen, standardisierte die Jugendarbeit innerhalb der Kirche und schuf Plattformen für überregionale Projekte und Initiativen. Durch diese organisatorische Konsolidierung konnte der BDKJ effektiver auf nationaler Ebene agieren und wurde zu einem wichtigen Akteur in der deutschen Jugend- und Sozialpolitik.

Die Gründung und Entwicklung des BDKJ markieren nicht nur einen organisatorischen Erfolg, sondern werfen auch Fragen über die Rolle der Kirche in der modernen Gesellschaft auf. Die katholische Jugendbewegung musste sich immer wieder mit der Herausforderung auseinandersetzen, Relevanz und Anziehungskraft unter sich verändernden gesellschaftlichen Bedingungen zu bewahren. Kritisch betrachtet, steht die Bewegung vor der Aufgabe, ihre traditionellen Werte mit den Bedürfnissen und Erwartungen einer globalisierten und pluralistischen Jugend in Einklang zu bringen.

Die katholische Jugendbewegung in Deutschland zeichnet sich durch eine bemerkenswert vielfältige Struktur aus, die eine breite Palette an Gruppen und Verbänden umfasst. Diese Organisationen spielen eine zentrale Rolle in der katholischen Jugendarbeit und tragen wesentlich zur sozialen, spirituellen und gesellschaftlichen Entwicklung junger Menschen bei. Zu den prominentesten Gruppen gehören die Katholische junge Gemeinde (KjG), die Pfadfinderinnenschaft St. Georg (PSG) und die Katholische Studierende Jugend (KSJ). Jede dieser Gruppen verfolgt einen einzigartigen Ansatz, um die Bedürfnisse und Interessen katholischer Jugendlicher in Deutschland zu bedienen und bietet eine Vielzahl von Aktivitäten, die von spirituellen Retreats über Bildungsworkshops bis hin zu Freizeitaktivitäten und sozialem Engagement reichen.

Katholische junge Gemeinde (KjG)

Die Katholische junge Gemeinde (KjG) ist eine der größten Jugendorganisationen innerhalb der katholischen Kirche in Deutschland. Sie zielt darauf ab, jungen Menschen eine Plattform zu bieten, auf der sie ihren Glauben aktiv erleben und gleichzeitig soziale Kompetenzen entwickeln können. Die KjG organisiert eine Vielzahl von Veranstaltungen, darunter Bildungsworkshops, die sich mit Themen wie sozialer Gerechtigkeit, Nachhaltigkeit und interkultureller Kommunikation befassen. Darüber hinaus bietet sie spirituelle Retreats an, die den Jugendlichen Raum geben, ihren Glauben in einer oft hektischen Welt zu reflektieren und zu vertiefen.

Pfadfinderinnenschaft St. Georg (PSG)

In der vielschichtigen Landschaft der Jugendbewegungen in Deutschland nimmt die Pfadfinderinnenschaft St. Georg (PSG) eine besondere Stellung ein. Als Teil der globalen Pfadfinderbewegung und fest verankert in den Traditionen der katholischen Kirche, hat sich die PSG dem Ziel verschrieben, junge Menschen nicht nur in ihrer persönlichen, sondern auch in ihrer spirituellen Entwicklung zu fördern.

Gegründet in einer Zeit, als die Pfadfinderbewegung weltweit an Popularität gewann, hat die PSG es sich zur Aufgabe gemacht, Werte wie Teamarbeit, Selbstständigkeit und Verantwortungsbewusstsein zu stärken. Diese Prinzipien werden durch eine Vielzahl von Aktivitäten vermittelt, die tief in den katholischen Glauben eingebettet sind und den Jugendlichen helfen sollen, ihre individuellen und gemeinschaftlichen Fähigkeiten zu entwickeln.

Die Aktivitäten der PSG sind breit gefächert und reichen von Zeltlagern in der freien Natur bis hin zu Gemeinschaftsdienstprojekten, die nicht nur den Teamgeist, sondern auch das Bewusstsein für soziale Verantwortung stärken. Diese Erlebnisse sind sorgfältig darauf ausgelegt, den Teilnehmenden die Werkzeuge an die Hand zu geben, die sie benötigen, um zu starken und verantwortungsbewussten Erwachsenen heranzuwachsen.

In ihren Zeltlagern, oft umgeben von der ruhigen und herausfordernden Natur, lernen die Jugendlichen, sich in der Wildnis zurechtzufinden, während sie gleichzeitig in den Abendstunden am Lagerfeuer über ihre Erfahrungen reflektieren und spirituelle Einsichten gewinnen. Diese Momente der Stille und der Gemeinschaft sind essentiell für die persönliche Entwicklung und fördern eine tiefe Verbundenheit sowohl mit dem Glauben als auch mit den Mitmenschen.

Die Pfadfinderinnenschaft St. Georg steht somit exemplarisch für eine Bewegung, die sich der ganzheitlichen Entwicklung junger Menschen verschrieben hat, indem sie Abenteuer und spirituelle Reflexion miteinander verbindet. Durch ihre konsequente Einbindung katholischer Werte in alle ihre Programme trägt die PSG dazu bei, dass ihre Mitglieder nicht nur in der Natur, sondern auch im Leben Orientierung finden. Ihre fortwährende Arbeit formt Generationen von Jugendlichen, die bereit sind, sowohl ihre Gemeinschaften als auch die größere Welt mit Integrität und Mitgefühl zu bereichern.

Katholische Studierende Jugend (KSJ)

Die Katholische Studierende Jugend (KSJ) fokussiert sich auf die älteren Jugendlichen, insbesondere Studierende und junge Erwachsene.

Diese Gruppe bietet ein Forum für Diskussionen, die sowohl die intellektuelle als auch die spirituelle Entwicklung fördern. Die KSJ organisiert Seminare und Debatten zu aktuellen gesellschaftlichen und politischen Fragen, die aus einer katholischen Perspektive betrachtet werden. Sie bietet auch spirituelle Angebote wie Exerzitien und Pilgerreisen, die den Glauben im Kontext akademischer und beruflicher Herausforderungen stärken sollen.

Obwohl diese Gruppen eine wichtige Rolle in der katholischen Jugendbewegung spielen, stehen sie auch vor Herausforderungen, besonders im Hinblick auf die Säkularisierung und die abnehmende Kirchenbindung junger Menschen. Die Gruppen müssen ständig innovative Wege finden, um relevant und ansprechend für die heutige Jugend zu bleiben. Eine kritische Betrachtung zeigt, dass es notwendig ist, traditionelle Aktivitäten kontinuierlich zu überdenken und neu zu gestalten, um sie an die veränderten Lebensrealitäten und Interessen junger Menschen anzupassen.

Trotz dieser Herausforderungen tragen die vielfältigen Angebote der katholischen Jugendbewegung in Deutschland erheblich dazu bei, junge Menschen nicht nur in ihrem Glauben, sondern auch in ihrem sozialen und gesellschaftlichen Engagement zu stärken. Diese Organisationen leisten somit einen wesentlichen Beitrag zur Förderung von Werten wie Solidarität, Verantwortung und Gemeinschaftssinn, die in der heutigen globalisierten Welt von unschätzbarem Wert sind.

Ein zentraler Aspekt der katholischen Jugendbewegung ist ihr Engagement für soziale Gerechtigkeit und Umweltschutz. Viele Gruppen beteiligen sich an Kampagnen gegen Armut, setzen sich für die Rechte von Flüchtlingen ein und fördern Projekte zum Umweltschutz. Die Jugendbewegung spielt auch eine wichtige Rolle bei der Organisation von Großveranstaltungen wie dem Katholikentag, der regelmäßig tausende junge Menschen aus ganz Deutschland zusammenbringt.

Die spirituelle Förderung bleibt ein Kernanliegen der katholischen Jugendbewegung. Durch Gottesdienste, Gebetskreise und spirituelle Seminare bietet sie jungen Menschen die Möglichkeit, ihren Glauben zu vertiefen und eine persönliche Beziehung zu Gott zu entwickeln. Diese spirituellen Angebote sind oft eng mit sozialem Engagement verknüpft, was die Überzeugung widerspiegelt, dass Glaube und Handeln untrennbar verbunden sind.

Die katholische Jugendbewegung hat einen nachhaltigen Einfluss auf das kirchliche und gesellschaftliche Leben in Deutschland. Sie bildet junge Führungskräfte aus und fördert ein aktives Christentum, das sich den Herausforderungen der modernen Welt stellt. Gleichzeitig sieht sich die Bewegung mit Herausforderungen wie der Säkularisierung und einem Rückgang der Mitgliederzahlen konfrontiert, was zu einer fortwährenden Anpassung und Erneuerung ihrer Ansätze und Methoden führt.[24]

24 u.a. Studie „Jugendarbeit in Deutschland" veröffentlicht vom Deutschen Jugendinstitut (www.dji.de)

4. EINFLUSSBEREICHE

4.1. Sozialpolitik und Wohlfahrtsstaat

Die Entstehung des modernen Wohlfahrtsstaates in Deutschland kann nicht betrachtet werden ohne die Einflüsse des politischen Katholizismus, die besonders im 19. Jahrhundert während des Kulturkampfs sichtbar wurden. Diese historisch bedeutsame Periode war geprägt von tiefgreifenden Spannungen zwischen dem preußisch geführten deutschen Staat unter Otto von Bismarck und der katholischen Kirche. Der Kulturkampf, als politische Strategie Bismarcks zur Stärkung der staatlichen Kontrolle, führte zu zahlreichen Konflikten mit der Kirche, die in diesem Kontext ihre soziale und politische Rolle festigte und ausbaute.

Inmitten dieser Auseinandersetzungen zeigte die katholische Kirche ein tiefes Engagement für soziale Fragen. Die Kirche, die schon immer eine wichtige Rolle in der Fürsorge für die Armen und Bedürftigen spielte, nutzte ihre weitreichenden Netzwerke und Ressourcen, um Unterstützung und Schutz für die weniger Begüterten zu bieten. Dies geschah in einer Zeit, in der industrielle Expansion und Urbanisierung zu verstärkter sozialer Not und wachsenden Gegensätzen zwischen Arm und Reich führten.

Die kirchliche Betonung der sozialen Gerechtigkeit und der moralischen Pflicht zur Unterstützung der Schwächsten in der Gesellschaft resonierten tief mit vielen Gläubigen und Nichtgläubigen gleichermaßen. Dieses Engagement führte nicht nur zur Gründung zahlreicher karitativer Organisationen und sozialer Einrichtungen, sondern prägte auch die politische Diskussion über die Verantwortung des Staates gegenüber seinen Bürgern.

Die von der Kirche propagierten Prinzipien der Nächstenliebe und sozialen Verantwortung beeinflussten maßgeblich die frühen Entwicklungen des deutschen Wohlfahrtsstaates. Es entwickelte sich ein Verständnis dafür, dass der Staat eine aktive Rolle bei der Sicherstellung des sozialen Wohlergehens spielen sollte. Dies führte letztlich zur Einführung verschiedener sozialer Reformen, die auf die Verbesserung der Lebensbedingungen der arbeitenden Klassen abzielten.

Der Einfluss des politischen Katholizismus während des Kulturkampfs und darüber hinaus legte somit den Grundstein für einen kontinuierlichen Ausbau staatlicher Sozialleistungen in Deutschland. Dieser Einfluss ist bis heute in der Struktur des deutschen Wohlfahrtsstaates erkennbar, der weiterhin durch eine starke Verpflichtung zu sozialer Gerechtigkeit und Fürsorge geprägt ist. Die historischen Wurzeln dieser Entwicklung zeugen von der komplexen Wechselwirkung zwischen religiösen Überzeugungen und politischer Gestaltung, die den Wohlfahrtsstaat in seiner heutigen Form möglich gemacht hat.

Die katholische Soziallehre, insbesondere durch die bedeutende Enzyklika "Rerum Novarum" von Papst Leo XIII. aus dem Jahr 1891 artikuliert, spielte eine Schlüsselrolle in der Formulierung ethischer Grundsätze zum Schutz der arbeitenden Klassen. Diese Enzyklika ist ein Manifest, das die Würde der Arbeit hervorhebt und die Pflichten von Arbeitgebern gegenüber ihren Angestellten betont, einschließlich des Rechts auf gerechte Löhne und menschenwürdige Arbeitsbedingungen. Sie plädierte vehement für die Rechte der Arbeiter und stellte eine klare Forderung nach einer gerechteren Verteilung des Wohlstands dar.

Diese Prinzipien der katholischen Soziallehre beeinflussten nicht nur die kirchliche Position zu sozialen Fragen, sondern prägten auch nachhaltig die Entwicklung sozialer Sicherungssysteme in Deutschland. Sie boten eine moralische und ethische Grundlage, die weit über die Kirchenmauern hinausreichte und in die politische Gestaltung des Landes einfloss. In der Folge trugen diese Ideale zur Etablierung von Gesetzen und Regulierungen bei, die die Basis für den deutschen Sozialstaat bildeten.

Auch heute sind die Lehren aus diesen Schriften noch immer spürbar und bilden ein solides Fundament für den weiteren Ausbau und die Gestaltung des deutschen Wohlfahrtsstaates. Sie mahnen uns, die Bedürfnisse der schwächsten Mitglieder der Gesellschaft nicht aus den Augen zu verlieren und den sozialen Zusammenhalt stets zu fördern. In einer Zeit, in der neoliberale Tendenzen den sozialen Sicherungssystemen Druck machen, erinnert die katholische Soziallehre daran, dass wirtschaftliche Effizienz niemals auf Kosten sozialer Gerechtigkeit gehen darf. Sie fordert uns auf, weiterhin eine Balance zwischen Marktinteressen und dem Wohl der Allgemeinheit zu suchen, um einen inklusiven und gerechten Wohlfahrtsstaat zu erhalten und weiterzuentwickeln.

Frühe soziale Initiativen

In der Zeit des Kaiserreichs unter Bismarck wurden erste sozialpolitische Maßnahmen ergriffen, wie die Einführung der Kranken-, Unfall- und Rentenversicherung. Diese Maßnahmen waren zwar staatlich initiiert, fanden aber bedeutende Unterstützung durch die Zentrumspartei, die die katholische Soziallehre als moralische Richtschnur ihrer Politik nutzte.

Ich halte es für wichtig, diese historischen Entwicklungen kritisch zu beleuchten. Zwar kann die Unterstützung durch die Zentrumspartei und die katholische Soziallehre als positiver Beitrag zur sozialen Sicherung angesehen werden, doch sollte man nicht vergessen, dass diese Maßnahmen auch politische Motive hatten und nicht ausschließlich dem Wohl der Arbeiterschaft dienten. Bismarcks Sozialpolitik zielte darauf ab, die wachsende Arbeiterbewegung und den Einfluss der Sozialdemokratie einzudämmen, indem sie den Arbeitern eine gewisse soziale Sicherheit bot, um deren Unterstützung für radikalere Forderungen zu verringern.

Die katholische Soziallehre betonte zwar die Verantwortung des Staates und der Gesellschaft gegenüber den Armen und Schwachen, doch geschah dies oft aus einer paternalistischen Perspektive, die nicht unbedingt mit den modernen Vorstellungen von sozialer Gerechtigkeit und individueller Freiheit übereinstimmt. Die Unterstützung der Zentrumspartei für Bismarcks Sozialreformen war auch ein Ausdruck ihres Versuchs, die katholische Bevölkerung in das Kaiserreich zu integrieren und ihren Einfluss innerhalb des politischen Systems zu sichern.

Ein anderer Ansatz würde diese historischen Sozialreformen als erste Schritte in die richtige Richtung anerkennen, aber auch betonen, dass echte soziale Gerechtigkeit weitergehende Maßnahmen erfordert. Soziale Sicherungssysteme sollten nicht nur als Mittel zur Stabilisierung der bestehenden Machtverhältnisse betrachtet werden, sondern als grundlegendes Recht aller Bürger, das kontinuierlich ausgebaut und verbessert werden muss. Dies beinhaltet auch die Bekämpfung von Armut und sozialer Ungleichheit durch umfassende Bildungs- und Arbeitsmarktpolitik sowie durch Maßnahmen zur Förderung der sozialen Mobilität.

Es ist von grundlegender Bedeutung, die Rolle der Religion in der Politik sorgfältig zu reflektieren. Die katholische Soziallehre hat zweifelsohne bedeutende und positive Impulse für die Entwicklung der Sozialpolitik in Deutschland geliefert. Dennoch ist es wesentlich, dass der Einfluss religiöser Lehren auf staatliche Maßnahmen behutsam reguliert wird. Diese Zurückhaltung ist entscheidend, um die fundamentale Trennung von Kirche und Staat aufrechtzuerhalten und die vielfältige Zusammensetzung unserer Gesellschaft zu respektieren.

In der modernen Sozialpolitik sollte der Fokus auf universellen Menschenrechten liegen, die allen Bürgern gleiches Gewicht und gleiche Bedeutung beimessen, unabhängig von ihrer religiösen Zugehörigkeit oder Überzeugung. Eine solche Herangehensweise gewährleistet, dass die Sozialpolitik inklusiv, gerecht und umfassend bleibt, und sie stärkt das Fundament einer pluralistischen und gleichberechtigten Gesellschaft.

Die historischen Sozialreformen des Kaiserreichs sind ein Beispiel dafür, wie soziale Sicherungssysteme politisch instrumentalisiert werden können. Ein links-liberaler Ansatz würde darauf abzielen, diese Sicherungssysteme zu stärken und zu erweitern, um eine wirklich inklusive und gerechte Gesellschaft zu schaffen. Es ist wichtig, aus der Geschichte zu lernen und sicherzustellen, dass Sozialpolitik nicht als Mittel zur Machtsicherung, sondern als Ausdruck echter Solidarität und Gerechtigkeit dient.

Wissenschaftler wie Heinz Lampert in "Die Soziallehre der katholischen Kirche" haben dargelegt, wie diese Prinzipien die Grundlage für die Forderungen nach einem umfassenderen Sozialschutz bildeten.

<u>Der politische Katholizismus in der Weimarer Republik</u>

Der politische Katholizismus spielte in der Weimarer Republik (1919-1933) eine bedeutende Rolle und prägte die politische Landschaft Deutschlands in dieser turbulenten Zeit zwischen den Weltkriegen. In diesem Kontext steht der politische Katholizismus vor allem für die Aktivitäten und die politische Ausrichtung des Zentrums, einer der wichtigsten politischen Parteien der Weimarer Republik, die vorrangig katholische Interessen vertrat.

1. Ursprünge und Hintergrund

Der politische Katholizismus hat seine Wurzeln im 19. Jahrhundert, als Katholiken in überwiegend protestantischen oder säkularen Staaten um ihre Rechte kämpften. In Deutschland formierte sich mit dem Zentrum eine Partei, die sich speziell diesen katholischen Belangen widmete. Diese Partei war schon im Kaiserreich aktiv und spielte eine zentrale Rolle bei der Vertretung katholischer Interessen gegenüber dem preußisch-protestantisch dominierten Staat.

Der politische Katholizismus muss kritisch betrachtet werden, da er oft dazu neigt, religiöse Dogmen über demokratische Prinzipien zu stellen und damit die Trennung von Kirche und Staat zu untergraben. Die historischen Bemühungen des Zentrums, die Rechte der Katholiken zu verteidigen, waren zweifellos wichtig für die Gleichberechtigung in einer von konfessionellen Spannungen geprägten Zeit. Allerdings bestand immer die Gefahr, dass religiöse Überzeugungen zu politischer Bevormundung führen könnten.

Ein Beispiel dafür ist die enge Verflechtung der katholischen Kirche mit politischen Entscheidungen, die oft konservative Werte propagierte und wenig Raum für abweichende Meinungen ließ. Diese Verbindung konnte dazu führen, dass progressive soziale Reformen blockiert oder verzögert wurden, insbesondere in Bereichen wie Frauenrechte, Bildung und Sexualität.

Im modernen Kontext ist es essenziell, die Rolle des politischen Katholizismus kritisch zu hinterfragen. Während die Verteidigung religiöser Rechte weiterhin relevant sein mag, muss dies im Einklang mit den Prinzipien einer säkularen Demokratie geschehen, die Pluralismus und individuelle Freiheiten schützt. Es darf nicht dazu kommen, dass eine religiöse Gruppe disproportionierten Einfluss auf die Politik ausübt und damit andere Glaubensgemeinschaften oder säkulare Bürger benachteiligt.

2. Das Zentrum in der Weimarer Republik

Mit der Gründung der Weimarer Republik nach dem Ende des Ersten Weltkriegs vollzog sich ein fundamentaler Wandel in den politischen

Rahmenbedingungen Deutschlands. Die Niederlage im Krieg und die darauffolgende Abdankung des Kaisers führten zu einer Neuordnung der politischen Struktur, die den Weg für Deutschlands erste demokratische Verfassung ebnete. In diesem Kontext kam es auch zu einer Neuorientierung der politischen Parteien, darunter das Zentrum, eine Partei, die sich traditionell auf die Interessen der katholischen Bevölkerung konzentrierte.

Das Zentrum, unter der neuen republikanischen Ordnung, positionierte sich als eine überkonfessionelle, christlich-soziale Partei. Obwohl sie weiterhin stark von Katholiken getragen wurde, öffnete sie sich zunehmend für Nicht-Katholiken und suchte ihr Profil als eine Partei zu schärfen, die christliche Werte in einer breiteren sozialen und politischen Agenda vertrat. Diese Neupositionierung war entscheidend, um in der vielfältigen Gesellschaft der Weimarer Republik Wählerschaften über konfessionelle Grenzen hinweg anzusprechen.

Die politische Flexibilität des Zentrums war eine seiner hervorstechendsten Eigenschaften. In einer Zeit, in der das politische Spektrum von extrem links bis extrem rechts reichte und zahlreiche Parteien um Einfluss rangen, bewies das Zentrum eine bemerkenswerte Bereitschaft zur Kooperation mit verschiedenen politischen Kräften. Diese Offenheit für Koalitionen war in der fragmentierten und oft instabilen politischen Landschaft der Weimarer Republik von entscheidender Bedeutung. Das Parteiensystem war durch eine hohe Volatilität und kurzlebige Regierungskoalitionen geprägt, wodurch stabile und handlungsfähige Regierungen schwer zu erreichen waren.

Das Zentrum spielte eine zentrale Rolle bei der Bildung von Koalitionsregierungen, die oft breite politische Spektren abdecken mussten. Durch seine Fähigkeit, zwischen verschiedenen politischen Lagern zu vermitteln und Kompromisse zu schmieden, trug das Zentrum wesentlich dazu bei, einige der größten Herausforderungen der jungen Republik zu meistern. Von der Bewältigung wirtschaftlicher Schwierigkeiten bis hin zur Abwehr politischer Extremismen bildete die Partei oft das Rückgrat der parlamentarischen Demokratie in Deutschland.

Diese strategische Positionierung und die Fähigkeit zur politischen Zusammenarbeit machten das Zentrum zu einem Schlüsselakteur in der Weimarer Republik, dessen Handeln und Entscheidungen weitreichende Auswirkungen auf die Entwicklung der deutschen Politik in dieser kritischen Phase der Geschichte hatten.

3. Politische Positionen und Einfluss

Die Zentrumspartei präsentierte sich als ein Chamäleon der politischen Landschaft, das sich je nach Bedarf in die Farben progressiver oder konservativer Politik tauchte. Ihre politischen Positionen waren oft ein widersprüchliches Gemisch aus rückwärtsgewandten sozialen Werten und angeblich fortschrittlichen wirtschaftlichen Politiken. Dieses Vorgehen ermöglichte es ihnen, einerseits konservative Wählersegmente anzusprechen, die an traditionellen religiösen Bildungseinrichtungen und Schulen festhalten wollten, während sie andererseits versuchten, durch Lippenbekenntnisse zur sozialen Gerechtigkeit und dem Schutz von Minderheitenrechten eine progressivere Wählerschaft nicht ganz zu verprellen.

In der turbulenten Ära der Weimarer Republik nutzte das Zentrum seine strategische Positionierung geschickt aus, um häufig Teil der Regierungskoalitionen zu sein und dabei mehrere Reichskanzler zu stellen. Darunter war auch Konrad Adenauer, der später zum ersten Bundeskanzler der Bundesrepublik Deutschland avancierte. Diese scheinbar gemäßigten Mittelwege, die das Zentrum beschritt, kaschierten jedoch eine tiefere Unentschlossenheit oder gar Opportunismus, indem sie sich nie eindeutig von den autoritären und undemokratischen Kräften abgrenzten, die letztlich zum Niedergang der Weimarer Republik und zum Aufstieg des Nationalsozialismus beitrugen.

Die Zentrumspartei mag sich in der Geschichte als Brückenbauer zwischen politischen Extremen stilisiert haben, aber ihre tatsächliche Rolle war oft die eines politischen Zauderers, der es versäumte, eine klare und entschiedene Linie gegen die wachsenden antidemokratischen Kräfte in Deutschland zu ziehen. Ihre Politik war ein Patchwork aus Kompromissen, das zwar kurzfristig Machtpositionen sicherte, aber langfristig zur Erosion der demokratischen Grundlagen beitrug.

4. Herausforderungen und Konflikte

Der politische Katholizismus in der Weimarer Republik sah sich mit einer Vielzahl von Herausforderungen und Konflikten konfrontiert. Diese reichten von externen Bedrohungen durch radikale politische Bewegungen bis hin zu internen Spannungen innerhalb der eigenen Reihen und in der Koalitionspolitik. Die folgende Analyse gibt einen detaillierten Einblick in diese komplexen Herausforderungen, die der politische Katholizismus, insbesondere vertreten durch die Zentrumspartei, während der Weimarer Republik bewältigen musste.

Eine der größten Herausforderungen für den politischen Katholizismus war der rasante Aufstieg der Nationalsozialistischen Deutschen Arbeiterpartei (NSDAP). Die NSDAP, angeführt von Adolf Hitler, gewann ab Ende der 1920er Jahre zunehmend an Popularität, was teilweise auf die wirtschaftliche Instabilität, die Hyperinflation von 1923 und die weltweite Wirtschaftskrise von 1929 zurückzuführen war. Die Nationalsozialisten nutzten die verbreitete Unzufriedenheit und wirtschaftliche Not der Bevölkerung, um Unterstützung zu mobilisieren, indem sie einfache Lösungen und die Wiederherstellung der nationalen Größe versprachen. Ihre rassistische und antisemitische Ideologie stand jedoch in direktem Widerspruch zu den christlichen und humanistischen Werten, die von Parteien wie dem Zentrum vertreten wurden.

Auf der anderen Seite des politischen Spektrums stellte die Kommunistische Partei Deutschlands (KPD) eine weitere Herausforderung dar. Die KPD vertrat eine radikale linke Ideologie, die von der Sowjetunion unterstützt wurde, und zielte darauf ab, eine kommunistische Revolution in Deutschland zu initiieren. Dies stand im krassen Gegensatz zu den konservativen und christlichen Werten des Zentrums, das den Privateigentum und die soziale Ordnung verteidigte.

Innerhalb der Zentrumspartei gab es signifikante ideologische Spannungen zwischen den eher konservativen und den progressiveren Mitgliedern. Diese Spaltungen waren oft geprägt durch unterschiedliche Ansichten über soziale Gerechtigkeit, Wirtschaftspolitik und das Ausmaß der Unterstützung für die republikanischen Prinzipien der Weimarer Verfassung. Während einige Mitglieder eine stärkere Betonung auf sozialpolitische Reformen legten, favorisierten andere eine konservativere Linie, die traditionelle soziale Strukturen und die Macht der Kirche stärkte.

Das Zentrum war häufig Teil von Koalitionsregierungen, was zusätzliche Herausforderungen mit sich brachte. Die Notwendigkeit, Kompromisse mit Parteien zu finden, die unterschiedliche oder sogar gegensätzliche Ideologien vertraten, führte zu weiteren internen Spannungen. Diese Koalitionen waren oft instabil und mussten eine breite Palette von Themen navigieren, von Wirtschaftspolitik bis hin zur Außenpolitik, was nicht selten zu Regierungskrisen führte.

Die weltweite Wirtschaftskrise von 1929 traf Deutschland besonders hart. Die daraus resultierende Massenarbeitslosigkeit und soziale Not verschärften die politische Lage und unterminierten das Vertrauen in demokratische Institutionen. Für das Zentrum bedeutete dies einen Spagat zwischen der Unterstützung für wirtschaftliche Stabilisierungsmaßnahmen und der Bewahrung sozialer Gerechtigkeit, insbesondere in Bezug auf die Unterstützung für die arbeitende Bevölkerung und die Armen.

Die katholische Kirche spielte eine zentrale Rolle im Leben vieler Anhänger des politischen Katholizismus, und das Zentrum musste sich stets bemühen, die Interessen der Kirche mit denen des Staates in Einklang zu bringen. Dies beinhaltete den Schutz kirchlicher Interessen und die Verteidigung gegen Angriffe von säkularen und antiklerikalen Kräften innerhalb der Gesellschaft.

5. Das Ende der Weimarer Republik und Nachwirkungen

Mit der Machtübernahme der Nationalsozialisten 1933 endete die Weimarer Republik und damit auch die Ära des politischen Katholizismus in dieser Form. Das Zentrum wurde 1933 unter großem Druck dazu gebracht, das Ermächtigungsgesetz zu unterstützen, was Adolf Hitler faktisch diktatorische Vollmachten verlieh. Kurz darauf löste sich das Zentrum auf. Dieses Ende markierte einen tiefen Einschnitt für den politischen Katholizismus in Deutschland.

Während des Dritten Reichs wurde der politische Katholizismus stark unterdrückt, und viele seiner Organisationen wurden zerschlagen oder gleichgeschaltet. Dennoch blieben die Grundprinzipien der katholischen Soziallehre bestehen und beeinflussten weiterhin die sozialen Aktivitäten der Kirche, insbesondere im Bereich der karitativen Arbeit und der Unterstützung Verfolgter.[25]

Die Rolle des politischen Katholizismus in der Bundesrepublik Deutschland

Nach dem Zweiten Weltkrieg und der Gründung der Bundesrepublik wurde die CDU/CSU zur dominanten politischen Kraft, und mit ihr kam eine Renaissance der katholischen Soziallehre, die nun direkt in die Gestaltung des deutschen Sozialstaats einfloss.

25 Rudolf Morsey, Die Deutsche Zentrumspartei. In: Rudolf Morsey, Erich Matthias: Das Ende der Parteien. Droste, Düsseldorf 1960, ISBN 978-3-7700-0901-5, S. 281–453

Unter der Kanzlerschaft von Konrad Adenauer und der Wirtschaftsleitung von Ludwig Erhard wurde das Konzept der Sozialen Marktwirtschaft realisiert, das auf der Idee beruhte, wirtschaftliche Freiheit mit sozialer Sicherheit zu verbinden. Diese Wirtschaftsordnung war stark von der katholischen Soziallehre beeinflusst, welche die Würde des Menschen und den Schutz der Schwächsten in den Mittelpunkt stellte. Werke wie "Geschichte der sozialen Sicherung in Deutschland" von Peter A. Köhler und Hans F. Zacher illustrieren, wie diese Prinzipien in die deutsche Sozialgesetzgebung integriert wurden.

In den letzten Jahrzehnten hat sich der deutsche Wohlfahrtsstaat weiterentwickelt, um auf neue soziale und wirtschaftliche Herausforderungen zu reagieren, darunter die Globalisierung, die demografische Alterung und die Digitalisierung. Die CDU/CSU, oft in Koalitionen regierend, hat weiterhin eine zentrale Rolle in der Formulierung sozialpolitischer Maßnahmen gespielt, die sowohl Effizienz als auch soziale Gerechtigkeit zu wahren suchen.

Die Untersuchung des Einflusses des politischen Katholizismus auf die Sozialpolitik und den Wohlfahrtsstaat in Deutschland offenbart, wie tief religiöse Überzeugungen und ethische Prinzipien in das Gefüge der öffentlichen Politik verwoben sind. Über Epochen hinweg, beginnend im Kaiserreich, über die Weimarer Republik und das Dritte Reich bis hin zur heutigen Bundesrepublik, hat der politische Katholizismus eine prägende Rolle in der Gestaltung der sozialen Sicherungssysteme gespielt.

Dieses tiefe Engagement für soziale Fragen zeigt sich in einer Sozialpolitik, die weit über ökonomische Effizienz hinausgeht und die Förderung sozialer Gerechtigkeit in den Mittelpunkt stellt. Die fortwährende Entwicklung dieser Politik spiegelt den Wunsch wider, eine Gesellschaft zu schaffen, die nicht nur materiell versorgt ist, sondern auch ethischen Grundsätzen von Gleichheit und Fürsorge für alle ihre Mitglieder gerecht wird. Dieses Erbe des politischen Katholizismus ist ein Zeugnis dafür, wie tiefgreifend religiöse Werte die Richtung der staatlichen Maßnahmen beeinflussen können, und es beleuchtet die komplexe Verbindung zwischen Glaube und Politik in der deutschen Geschichte.

4.2. Bildungspolitik

Die Landschaft der Bildungspolitik in Deutschland wurde über die Jahrzehnte hinweg tiefgehend durch den politischen Katholizismus geformt, besonders durch die Art und Weise, wie religiöse Überzeugungen und Werte in die öffentlichen Bildungssysteme eingewoben wurden. Diese Einflüsse reichen weit zurück, von den Anfängen im Kaiserreich, durch die bewegte Zeit der Weimarer Republik und das Dritte Reich, bis hin zur modernen Bundesrepublik.

Die Katholische Kirche, zusammen mit ihren politischen Vertretern, spielte in diesem Prozess eine entscheidende Rolle. Insbesondere die Zentrumspartei und später Parteien wie die Christlich Demokratische Union (CDU) und die Christlich-Soziale Union (CSU) waren stets zentrale Akteure in der Gestaltung der Bildungspolitik. Ihre Beteiligung spiegelte das Bestreben wider, Bildung nicht nur als ein Mittel zur Wissensvermittlung, sondern auch als eine Möglichkeit zur Weitergabe und Festigung bestimmter moralischer und ethischer Werte zu sehen. Dieser tief verwurzelte Einfluss hat die Art und Weise, wie Bildung in Deutschland konzipiert und umgesetzt wird, nachhaltig geprägt und zeigt, wie stark politische Überzeugungen die Weichen für die Entwicklung von Bildungssystemen stellen können.

Im Kaiserreich war Bildung ein Schlüsselfeld für den politischen Katholizismus, um katholische Werte und Normen zu fördern. Die Zentrumspartei setzte sich für den Schutz und die Stärkung konfessioneller Schulen ein, in denen der katholische Glauben fest im Lehrplan verankert war. Diese Schulen dienten nicht nur der religiösen Erziehung, sondern auch der sozialen und kulturellen Integration der Katholiken in das protestantisch dominierte Deutschland.

Der Kulturkampf war eine Periode intensiver Auseinandersetzung zwischen dem deutschen Staat unter Otto von Bismarck und der römisch-katholischen Kirche in den 1870er Jahren. Diese Konflikte entstanden aufgrund von Bismarcks Bestreben, die politische und gesellschaftliche Macht der katholischen Kirche in Preußen und später im gesamten Deutschen Reich zu reduzieren, da er ihre starke Bindung zum Vatikan und deren potenziellen Einfluss auf die inneren Angelegenheiten des neuen Deutschen Reichs als Bedrohung sah. Der politische Katholizismus, vertreten vor allem durch die Zentrumspartei, war während des Kulturkampfes verschiedenen repressiven Maßnahmen ausgesetzt. Die Maigesetze (s. Seite 23) bildeten den Kern des Kulturkampfs und zielten darauf ab, die Aktivitäten der katholischen Kirche stark zu beschränken.

- Katholische Priester mussten einen Eid leisten, dass sie keine Predigten halten würden, die der öffentlichen Ordnung zuwiderlaufen.
- Der Staat beanspruchte die Aufsicht über das katholische Schulwesen.
- Bischöfe und Priester durften ihre Ämter nur mit staatlicher Zustimmung antreten.
- Die Zivilehe wurde verpflichtend gemacht, um die kirchliche Kontrolle über die Ehe zu minimieren.
- Viele Bischöfe und Priester, die sich weigerten, die Maigesetze zu akzeptieren oder den Pfarrereid[26] zu leisten, wurden inhaftiert oder des Landes verwiesen. Dies führte zu einer er-

---

26 Pfarrereid, oder auch Kanzelparagraph verpflichtete Geistliche, sich jeder politischen Tätigkeit in Ausübung ihrer kirchlichen Ämter zu enthalten.

heblichen Verunsicherung und Empörung unter den Katholiken.

- Der Staat griff direkt in die Ausbildung neuer Geistlicher ein, indem er zahlreiche kirchliche Seminare schloss. Auch viele katholische Schulen wurden staatlicher Kontrolle unterstellt oder geschlossen.

- Diese Paragraphen richteten sich gegen „Missbrauch der Kanzel", wodurch Geistliche bestraft werden konnten, wenn sie politische Themen auf eine Weise ansprachen, die als Angriff auf den Staat gesehen wurde.

- Die Zentrumspartei, die die politischen Interessen der Katholiken vertrat, wurde von Bismarck als Hauptgegner angesehen. Ihre Mitglieder wurden oft überwacht und ihre politische Tätigkeit wurde behindert, obwohl die Partei im Reichstag eine bedeutende Minderheit darstellte.

- Kirchliche Institutionen wurden finanziell beschnitten, indem der Staat die Kirchensteuern kontrollierte und diese Mittel teilweise einbehielt.

Der Kulturkampf führte zu einer starken Politisierung und Mobilisierung der katholischen Bevölkerung in Deutschland, was paradoxerweise die Position der Zentrumspartei stärkte, da sie als Verteidigerin der katholischen Rechte wahrgenommen wurde. Erst als die politischen Kosten des Kulturkampfs für Bismarck zu hoch wurden und sich die außenpolitischen Rahmenbedingungen änderten, mäßigte er seine Politik und es kam zu einer allmählichen Entspannung, die in den späten 1870er und frühen 1880er Jahren zu ersten Kompromissen und Gesetzesänderungen führte.

Die Weimarer Republik brachte tiefgreifende Änderungen in der Bildungspolitik mit sich, indem Bildung als Grundrecht in der Verfassung verankert wurde. Die Zentrumspartei spielte eine entscheidende Rolle bei der Gestaltung dieser Bildungspolitik. Sie setzte sich für den Erhalt konfessioneller Schulen ein und förderte die Gleichberechtigung dieser Einrichtungen im öffentlichen Bildungssystem. In der Weimarer Zeit wurde das Bildungssystem umfassend ausgebaut und modernisiert. Das Zentrum beeinflusste die Politik dahingehend, dass konfessionelle und weltanschauliche Vielfalt im Bildungssystem nicht nur toleriert, sondern aktiv gefördert wurde. Dies umfasste auch die Förderung von katholischen Hochschulen und die Einrichtung von Lehrstühlen für Katholische Theologie an staatlichen Universitäten.

Mit der Machtergreifung der Nationalsozialisten wurden katholische Schulen und Bildungseinrichtungen massiv unter Druck gesetzt. Viele wurden geschlossen oder in das nationalsozialistische Bildungssystem zwangsintegriert. Trotz dieser Repressionen gelang es der Katholischen Kirche durch geheime und halböffentliche Institutionen, Bildungsarbeit fortzusetzen und eine katholische Subkultur zu bewahren.

Nach dem Zweiten Weltkrieg stand Deutschland vor der Herausforderung, ein zerstörtes Bildungssystem wieder aufzubauen. Die CDU/CSU, die in den ersten Jahrzehnten der Bundesrepublik oft die Regierung führte, nutzte diese Gelegenheit, um das Bildungssystem neu zu organisieren. Dabei wurde besonderer Wert auf die Integration von konfessionellen Schulen in das öffentliche Bildungssystem gelegt.

Die Bildungsreformen in den 1960er und 1970er Jahren markieren einen entscheidenden Wendepunkt in der Geschichte des deutschen Bildungswesens. Getrieben von sozioökonomischen Veränderungen, demografischen Entwicklungen und politischen Idealen, erlebte Deutschland in dieser Zeit eine tiefgreifende Transformation seiner Bildungslandschaft. Diese Reformen zielten darauf ab, das Bildungssystem demokratischer, gerechter und effizienter zu gestalten.

Nach dem Zweiten Weltkrieg konzentrierte sich Deutschland zunächst auf den Wiederaufbau und die Wiederherstellung der grundlegenden Infrastruktur. In den 1960er Jahren jedoch führten wirtschaftliche Prosperität und ein steigendes Bewusstsein für soziale Ungleichheiten zu einer kritischen Auseinandersetzung mit dem Bildungssystem. Die rapide technologische Entwicklung und der daraus resultierende Bedarf an qualifizierten Arbeitskräften zeigten zudem die Notwendigkeit auf, das Bildungsniveau der Bevölkerung zu erhöhen.

Die Diskussion über einen „Bildungsnotstand" in Deutschland wurde maßgeblich durch Georg Picht geprägt, der 1964 in einer Artikelserie in der Zeitschrift „Christ und Welt" die unzureichende Bildungsbeteiligung und -chancen in Deutschland kritisierte. Pichts Thesen, die er in seinem Buch "Die deutsche Bildungskatastrophe" (1964) weiter ausführte, argumentierten, dass Deutschland im internationalen Vergleich zurückfalle, besonders im Bereich der Hochschulbildung und der Forschung.

Als Reaktion auf den wahrgenommenen Bildungsnotstand und die demografische Entwicklung – insbesondere den Babyboom der Nachkriegszeit – wurde eine Expansion des Bildungsangebots notwendig. Zu den zentralen Maßnahmen zählten der Ausbau und die Neugründung von Gymnasien, Gesamtschulen und Universitäten. Die Anzahl der Studienplätze wurde deutlich erhöht, um mehr Jugendlichen den Zugang zur höheren Bildung zu ermöglichen.

Ein wesentliches Element der Bildungsreform war die Einführung der Gesamtschule als alternative Schulform zu den traditionellen dreigliedrigen System aus Hauptschule, Realschule und Gymnasium. Die Gesamtschule sollte eine längere gemeinsame Lernzeit ermöglichen und so die Chancengleichheit verbessern. Sie war sowohl integrativ als auch kooperativ gedacht und bot unterschiedliche Abschlüsse unter einem Dach an.

Die Lehrerbildung erfuhr ebenfalls tiefgreifende Veränderungen. Die akademische Ausbildung für alle Lehrämter wurde angehoben und vereinheitlicht, wodurch die pädagogische Qualität und Professionalität gefördert werden sollten. Zudem wurde die Bedeutung der Pädagogik in der Lehrerausbildung verstärkt, um auf die sich wandelnden Anforderungen im Klassenzimmer besser eingehen zu können.

Die Hochschulen erlebten eine Phase der Demokratisierung und Expansion. Mit dem Hochschulrahmengesetz von 1976 wurde die Struktur der Hochschulen neu geordnet. Universitäten wurden für eine breitere Schicht zugänglich gemacht, und Studiengänge wurden reformiert, um praxisnäher und flexibler zu sein. Die Mitbestimmung von Studenten, wissenschaftlichen Mitarbeitern und Professoren wurde durch die Einführung von Gruppenuniversitäten gestärkt, was zu einer Demokratisierung der Hochschulverwaltung führte.

Die Berufsbildung erhielt durch das Berufsbildungsgesetz von 1969 einen neuen rechtlichen Rahmen. Dieses Gesetz zielte darauf ab, die duale Ausbildung in Betrieb und Berufsschule zu stärken und die Qualität der Ausbildung zu sichern. Weiterhin wurden Weiterbildung und Erwachsenenbildung als wichtige Bestandteile des lebenslangen Lernens anerkannt und systematisch ausgebaut.

Trotz der umfassenden Reformen stießen die Bildungsmaßnahmen auch auf erhebliche Kritik und Widerstände. Konservative Kreise sahen in der Öffnung der Hochschulen und der Einführung der Gesamtschulen eine Nivellierung von Bildungsstandards. Auch die praktische Umsetzung der Reformen erwies sich oft als schwierig, da finanzielle, strukturelle und politische Grenzen die Idealvorstellungen einschränkten.

Die Bildungsreformen, die Deutschland in den 1960er und 1970er Jahren erlebte, stellten Weichenstellungen dar, die das Bildungssystem des Landes tiefgreifend und dauerhaft veränderten. Diese Refor-

men, getragen von einem Geist des Fortschritts und der Demokratisierung, erweiterten die Bildungszugänge signifikant und eröffneten
damit für viele Menschen bisher unerreichte Chancen. Sie brachen
traditionelle Strukturen auf und führten zu einer deutlich höheren Bildungsbeteiligung in allen Schichten der Gesellschaft.

Jedoch waren diese Reformen nicht nur ein Segen. Sie legten auch
den Grundstein für anhaltende Debatten, die bis in die heutige Zeit
reichen. Themen wie Bildungsgerechtigkeit und die Qualität der Bildung rückten in den Fokus der öffentlichen Diskussion. Kritische Stimmen heben hervor, dass trotz der Öffnung und Expansion des Bildungssystems bestimmte soziale Ungleichheiten persistierten und in
manchen Aspekten die Qualität der Bildung unter den raschen und
weitreichenden Veränderungen litt. Diese andauernden Diskussionen
zeugen von der Komplexität der Herausforderungen, mit denen sich
Bildungspolitiker und Gesellschaft weiterhin konfrontiert sehen, wenn
es darum geht, ein gerechtes und effektives Bildungssystem zu gestalten, das allen Mitgliedern der Gesellschaft dient.

Bildungspolitik im 21. Jahrhundert

Die Bildungspolitik ist ein zentrales Element staatlicher Politik, das
weitreichende Auswirkungen auf die Gesellschaft hat. In diesem umfassenden Absatz untersuche ich, wie sich der politische Katholizismus im 21. Jahrhundert auf die Bildungspolitik in Deutschland ausge-
wirkt hat. Der politische Katholizismus, der seine Wurzeln in der
christlich-sozialen Lehre hat, beeinflusst sowohl die Gestaltung von
Bildungsprogrammen als auch die Debatten über Bildungsreformen.
Zunächst ist es wichtig, den historischen Kontext zu skizzieren, in dem
sich der politische Katholizismus entwickelt hat. Seit dem 19. Jahrhundert hat die katholische Kirche in Deutschland aktiv an der politischen Diskussion teilgenommen, insbesondere durch die Gründung
der Zentrumspartei, die eine Schlüsselrolle in der Weimarer Republik
spielte. Nach dem Zweiten Weltkrieg positionierte sich die Christlich

Demokratische Union (CDU) als eine wichtige Nachfolgerin der politisch-katholischen Tradition, obwohl sie sich als überkonfessionell versteht.

Im 21. Jahrhundert hat der politische Katholizismus durch Parteien wie die CDU und die Christlich-Soziale Union (CSU) weiterhin Einfluss auf die Bildungspolitik in Deutschland. Dieser Einfluss manifestiert sich in verschiedenen Aspekten der Bildungspolitik:

- **Religionsunterricht:** Der politische Katholizismus unterstützt den Religionsunterricht als reguläres Schulfach in öffentlichen Schulen. Dies steht im Einklang mit dem Grundgesetz, das die Religionsfreiheit schützt und den Religionsunterricht in Artikel 7, Absatz 3 garantiert.

- **Schulwahl und Privatschulen:** Die Förderung von Privatschulen, einschließlich konfessioneller Schulen, ist ein weiterer Aspekt, in dem sich der politische Katholizismus zeigt. Die CDU/CSU befürwortet die Wahlfreiheit der Eltern bei der Auswahl der Bildungseinrichtung ihrer Kinder, was auch die Wahl katholischer Schulen einschließt.

- **Wertevermittlung:** Ein zentrales Anliegen des politischen Katholizismus in der Bildungspolitik ist die Vermittlung von christlichen Werten. Dies spiegelt sich in der Unterstützung für Lehrpläne wider, die Themen wie soziale Gerechtigkeit, Solidarität und ethisches Verhalten betonen.

Der Einfluss des politischen Katholizismus auf die Bildungspolitik in Deutschland im 21. Jahrhundert hat vielschichtige Kritik und Herausforderungen hervorgerufen.

Eine der Hauptkritiken am Einfluss des politischen Katholizismus auf die Bildungspolitik betrifft die Frage der Trennung von Kirche und Staat. Kritiker argumentieren, dass der Staat eine neutrale Position in religiösen Angelegenheiten einnehmen sollte, um die Religionsfreiheit aller Bürger zu gewährleisten. Besonders in öffentlichen Schulen wird gefordert, dass Bildung frei von konfessionellen Einflüssen sein soll. Diese Debatte ist in Deutschland besonders relevant, da das Grundgesetz zwar die Religionsfreiheit schützt, aber gleichzeitig Religionsunterricht in öffentlichen Schulen erlaubt.

Säkularistische Organisationen und politische Parteien wie Die Linke und die Grünen fordern oft eine stärkere Trennung, die sich in einer Reduzierung oder Umgestaltung des konfessionellen Religionsunterrichts zu einem allgemeinen Ethik- oder Weltanschauungsunterricht äußern könnte.

Ein weiterer Kritikpunkt betrifft die Bildungsgerechtigkeit und die Zugänglichkeit. Obwohl der politische Katholizismus die Wahlfreiheit der Eltern bei der Schulwahl unterstützt, führen Kritiker an, dass dies zu einer sozialen Segregation führen kann. Konfessionelle Schulen, die oft als private Schulen geführt werden, könnten tendenziell besser ausgestattete Bildungseinrichtungen sein, die jedoch nicht für alle Bevölkerungsschichten gleich zugänglich sind. Dies könnte zu einer Vertiefung der Bildungsungleichheit führen, da nicht alle Familien die finanziellen Mittel haben, um Zugang zu diesen Schulen zu erlangen.

Die spezifische Rolle der Religion in der Bildung ist ebenfalls ein Brennpunkt der Kritik. Während Befürworter des politischen Katholizismus die Vermittlung christlicher Werte als essentiell für die Charakterbildung ansehen, sehen Kritiker das Risiko einer Indoktrination. Sie argumentieren, dass Schule ein Raum für kritisches Denken und neutrale Wissensvermittlung sein sollte, frei von jeglicher religiöser Beeinflussung. Dieses Argument wird insbesondere in Bezug auf Themen wie Evolutionstheorie, Sexualkunde und andere wissenschaftliche oder sozial relevante Inhalte vorgebracht, bei denen religiöse Überzeugungen in Konflikt mit wissenschaftlichen Erkenntnissen stehen könnten.

Die gesellschaftliche und demografische Entwicklung in Deutschland stellt eine weitere Herausforderung dar. Mit einer zunehmend diversen Gesellschaft, in der Mitglieder verschiedener Religionen und Weltanschauungen zusammenleben, wird die Aufrechterhaltung einer Bildungspolitik, die stark von einer spezifischen religiösen Perspektive geprägt ist, zunehmend problematisch. Politische Parteien wie die CDU/CSU stehen vor der Herausforderung, ihre bildungspolitischen Ansätze so anzupassen, dass sie sowohl ihren traditionellen Wählern gerecht werden als auch die pluralistische Natur der modernen deutschen Gesellschaft widerspiegeln.

Diese Kritikpunkte zeigen, dass die Bildungspolitik unter dem Einfluss des politischen Katholizismus ein komplexes Feld voller Spannungen und Diskussionen ist, das sowohl ethische als auch praktische Überlegungen erfordert. Die Auseinandersetzung mit diesen Herausforderungen wird entscheidend sein, um eine Bildungspolitik zu gestalten, die sowohl gerecht als auch inklusiv ist und die individuellen Rechte aller Bürger respektiert.

Der Einfluss des politischen Katholizismus auf die Bildungspolitik in Deutschland wird auch in Zukunft von mehreren dynamischen Faktoren beeinflusst werden. Die Entwicklung dieser Perspektiven hängt stark von gesellschaftlichen, politischen und demografischen Veränderungen ab. Hier sind einige Schlüsselaspekte, die in den kommenden Jahren eine entscheidende Rolle spielen könnten:

Deutschland erlebt signifikante demografische Veränderungen, darunter eine alternde Bevölkerung und eine Zunahme von Einwanderung aus verschiedenen kulturellen und religiösen Hintergründen. Diese Veränderungen stellen die Bildungspolitik vor Herausforderungen, insbesondere in Bezug auf die Integration und Inklusion. Konfessionelle Schulen und Bildungseinrichtungen müssen Wege finden, um auf eine zunehmend heterogene Schülerschaft einzugehen. Dies könnte bedeuten, dass der politische Katholizismus flexible Ansätze entwickeln muss, um inklusivere Bildungsmodelle zu fördern, die über traditionelle katholische Werte hinausgehen und interkulturelle und interreligiöse Kompetenzen stärker betonen.

Die politische Landschaft in Deutschland ist im Wandel begriffen, mit einem Erstarken von Parteien, die traditionell weniger religiös orientiert sind, wie die Grünen und die FDP, die andere Schwerpunkte in der Bildungspolitik setzen, wie z.b. Nachhaltigkeit und Digitalisierung. Diese Veränderungen könnten dazu führen, dass der politische Katholizismus neue Allianzen bilden oder seine Positionen modifizieren muss, um relevant zu bleiben und Einfluss auf die Bildungspolitik zu behalten.

Die zunehmende Digitalisierung der Bildung eröffnet neue Möglichkeiten für Lerninhalte und -methoden. Konfessionelle und von politischem Katholizismus beeinflusste Schulen könnten Technologien nutzen, um personalisiertes Lernen zu fördern und die Zugänglichkeit zu verbessern. Gleichzeitig erfordert die Integration von Technologie in den Unterricht eine Neubewertung von Lehrplänen und Lehrmethoden, die möglicherweise anpassungsbedürftig sind, um eine Balance zwischen traditionellen Werten und modernen pädagogischen Anforderungen zu finden.

Die gesellschaftlichen Wertvorstellungen in Deutschland verändern sich, und Themen wie Gleichberechtigung, Diversität und Inklusion gewinnen an Bedeutung. Diese Entwicklungen könnten Druck auf konfessionelle Schulen ausüben, ihre Lehrpläne und Schulpolitiken anzupassen, um modernen sozialen Normen gerecht zu werden. Es wird eine Herausforderung sein, die Kernwerte des politischen Katholizismus zu bewahren, während man sich gleichzeitig an eine progressivere gesellschaftliche Landschaft anpasst.

Angesichts der religiösen Vielfalt in Deutschland wird der interreligiöse Dialog zunehmend wichtiger. Schulen könnten eine führende Rolle in diesem Prozess spielen, indem sie Programme und Initiativen fördern, die auf gegenseitigem Verständnis und Respekt basieren. Der politische Katholizismus könnte eine Schlüsselrolle bei der Förderung dieses Dialogs spielen, indem er Bildung als eine Plattform für die Friedensbildung und die soziale Kohäsion nutzt.

Der Einfluss des politischen Katholizismus auf die Bildungspolitik in Deutschland ist tief und dauerhaft. Er reicht von der Verteidigung konfessioneller Schulen über die Förderung von Reformen bis hin zur Anpassung an moderne Herausforderungen. Katholische Bildungseinrichtungen haben nicht nur dazu beigetragen, das Bildungssystem zu formen, sondern auch wesentlich zur moralischen und ethischen Diskussion in Deutschland beigetragen. Sie bleiben wichtige Akteure in der Gestaltung zukünftiger Bildungspolitik.

In den Vereinigten Staaten hat der Einfluss des politischen Katholizismus auf die Bildungspolitik gelegentlich zu Spannungen geführt, insbesondere in Bezug auf die Lehrinhalte in naturwissenschaftlichen Fächern. Ein Beispiel hierfür ist die Debatte um die Evolutionstheorie, die sich in einigen katholischen Schulen zuspitzt. Obwohl die offizielle Lehre der katholischen Kirche – wie sie von Papst Johannes Paul II. 1996 dargelegt und von der Päpstlichen Akademie der Wissenschaften bestätigt wurde – die Evolutionstheorie als mit dem katholischen Glauben vereinbar anerkennt, gibt es immer noch Bildungseinrichtungen und Lehrkräfte, die den Schülern eine eher kreationistische Sichtweise nahelegen oder die wissenschaftlichen Grundlagen der Evolution nicht vollständig unterrichten.

Die Diskrepanz zwischen der offiziellen Haltung der Kirche und der Praxis in einigen Schulen kann auf verschiedene Faktoren zurückgeführt werden. Einerseits gibt es innerhalb der katholischen Gemeinschaft in den USA eine breite Palette von Überzeugungen hinsichtlich der Schöpfungslehre, und nicht alle Einrichtungen mögen sich an die Vorgaben aus Rom halten. Andererseits kann der lokale Einfluss konservativer kirchlicher Gruppen stärker sein als die zentralen Richtlinien. Diese Situation führt zu einer inkonsistenten Vermittlung wissenschaftlicher Theorien und kann die Qualität der naturwissenschaftlichen Bildung beeinträchtigen.

Ein weiteres Beispiel für die Einschränkung wissenschaftlicher Inhalte in katholischen Bildungseinrichtungen ist die Diskussion um die Stammzellenforschung. Die katholische Kirche steht der Verwendung von embryonalen Stammzellen kritisch gegenüber, da sie dies als Verletzung des Lebensschutzes ansieht. In Schulen kann diese Haltung dazu führen, dass die wissenschaftlichen und medizinischen Aspekte der Stammzellenforschung nicht vollumfänglich thematisiert werden, was die Schülerinnen und Schüler um wichtige wissenschaftliche Erkenntnisse und Diskussionen bringt.

Weitere Quellen zu diesen Themen finden sich in einer Reihe von wissenschaftlichen Publikationen und kirchlichen Dokumenten. Die Enzyklika "Humani Generis" von Papst Pius XII. aus dem Jahr 1950 sowie die Aussagen von Papst Johannes Paul II. bieten Einblick in die offizielle Haltung der Kirche zur Evolutionstheorie. Wissenschaftliche Zeitschriften und Bildungsstudien, wie sie regelmäßig in akademischen Publikationen wie "Nature" oder "Science" erscheinen, bieten zudem Einblicke in die Auswirkungen religiöser Überzeugungen auf die Bildungspolitik und Lehrpläne. Diese Spannungsfelder illustrieren die Herausforderungen, die entstehen, wenn religiöse Überzeugungen und wissenschaftliche Bildung aufeinandertreffen.

4.3. Außenpolitik und europäische Integration

In den Kulissen der europäischen Nachkriegsordnung, inmitten des kalten Schattens, den der Zweite Weltkrieg über den Kontinent geworfen hatte, erblühte eine Bewegung, die die politische Landschaft Deutschlands und Europas tiefgreifend prägen sollte. Der politische Katholizismus, mit seinen tief verwurzelten christlichen Werten und moralischen Überzeugungen, trat als eine bedeutende Kraft auf die Bühne der internationalen Politik.

Die Zentrumspartei, eine der Säulen des politischen Katholizismus in den frühen Jahren der Weimarer Republik, und später die Christlich Demokratische Union (CDU) zusammen mit ihrer bayerischen Schwesterpartei, der Christlich-Sozialen Union (CSU), wurden zu Architekten einer neuen Vision für Deutschland und für Europa. Ihre Führungsfiguren, darunter Männer wie Konrad Adenauer, verstanden es meisterhaft, ihre tiefen katholischen Überzeugungen in die Sphäre der Außenpolitik zu übertragen und prägten damit entscheidend die Richtung der deutschen Nachkriegspolitik.

Diese Parteien sahen in der Zerstörung Europas nicht nur eine Tragödie, sondern auch eine beispiellose Gelegenheit, die Grundlagen für eine dauerhafte Friedensordnung zu legen. Unter ihrer Führung nahm Deutschland eine führende Rolle in den Bemühungen um die europäische Integration an, getrieben von der Überzeugung, dass nur ein vereintes Europa den Schrecken eines weiteren Krieges verhindern könnte. Ihre Vision war klar: Ein Europa, das auf gemeinsamen christlichen Werten basiert, welche nicht nur den Frieden sichern, sondern auch eine tiefere soziale und wirtschaftliche Verbundenheit zwischen den Völkern Europas fördern sollten.

Die CDU und CSU waren nicht nur in der Ausarbeitung von Verträgen und der diplomatischen Annäherung an andere europäische Staaten aktiv, sondern sie prägten die europäische Integration auch aus einer wertebasierten Perspektive. Sie förderten die Idee, dass die Einheit Europas mehr als nur eine politische oder wirtschaftliche Konvenienz sein sollte; sie sollte ein Projekt moralischer und ethischer Bedeutung sein. Diese tiefere, fast spirituelle Dimension ihrer Außenpolitik war entscheidend für die Überwindung der tiefen Gräben, die der Krieg zwischen den Nationen hinterlassen hatte.

Doch der Weg war nicht leicht. Der Einfluss des politischen Katholizismus auf die Außenpolitik Deutschlands und die europäische Integration war ein Tanz auf dem Seil, geprägt von politischem Geschick und diplomatischer Vorsicht. Die Herausforderungen waren immens, von der Überwindung des Misstrauens unter den europäischen Nachbarn bis hin zur Integration von Wirtschaftssystemen, die durch den Krieg zerrüttet worden waren. Aber getrieben von einem unerschütterlichen Glauben an ihre Sache und die Überzeugung, dass nur ein vereintes Europa eine sichere Zukunft bieten könnte, schritten diese katholischen Politiker und Parteien voran, fest entschlossen, ihre Vision eines friedlichen und blühenden Europas zu verwirklichen.

So wurde der politische Katholizismus zu einem Eckpfeiler der europäischen Integration, dessen Echo noch Jahrzehnte später in den Hallen der europäischen Institutionen zu hören ist. Er bleibt ein faszinierendes Beispiel dafür, wie tiefgreifende Überzeugungen und visionäre Führung die Geschichte eines Kontinents formen können.

Bereits im Deutschen Kaiserreich gab es Ansätze einer von katholischen Werten geprägten Außenpolitik, die allerdings durch die vorherrschende protestantisch-preußische Elite limitiert waren. Katholische Politiker im Reichstag setzten sich für Frieden und Stabilität in

Europa ein, beeinflusst durch die christliche Soziallehre, die eine moralische Verantwortung gegenüber anderen Nationen betonte.

In der Weimarer Republik nahm das Zentrum eine Schlüsselrolle in der Außenpolitik ein. Die Partei unterstützte die Locarno-Verträge 1925 und trat für die Einbindung Deutschlands in den Völkerbund ein. Diese Politik spiegelte das katholische Verständnis von einer moralisch fundierten, auf Ausgleich bedachten Außenpolitik wider.

*Die **Locarno-Verträge** waren eine Reihe von internationalen Abkommen, die 1925 in Locarno, Schweiz, von mehreren europäischen Ländern unterzeichnet wurden. Sie zielten darauf ab, die Stabilität und den Frieden in Europa nach dem Ersten Weltkrieg zu stärken. Die Kernpunkte der Locarno-Verträge waren:*

Grenzgarantien: Deutschland, Frankreich, Belgien, das Vereinigte Königreich und Italien unterzeichneten Verträge, in denen die Grenzen zwischen Deutschland und Frankreich sowie zwischen Deutschland und Belgien als endgültig anerkannt wurden. Deutschland verzichtete auf eine Revision dieser Grenzen durch Gewalt.

Demilitarisierung: Die Verträge bestätigten die Demilitarisierung des Rheinlandes, einer Zone innerhalb Deutschlands, die als Puffer zwischen Deutschland und seinen westlichen Nachbarn diente.

Schiedsverfahren: Es wurden Schiedsverfahren vereinbart, um zukünftige Konflikte friedlich zu lösen. Die beteiligten Länder verpflichteten sich, keine Kriege gegeneinander zu führen und Streitigkeiten durch Verhandlungen oder internationale Schiedsgerichtsbarkeit zu lösen.

Sicherheitspakte: Zusätzliche Verträge sahen vor, dass Angriffe gegen die in den Verträgen festgelegten Grenzen als Angriff auf alle Vertragsparteien betrachtet würden, was eine gemeinsame militärische Reaktion zur Folge haben könnte.

Die Locarno-Verträge waren bedeutend, weil sie eine neue Ära der diplomatischen Beziehungen und der Sicherheitspolitik in Europa einleiteten und eine gewisse Zeit des Friedens und der Stabilität förderten. Sie führten dazu, dass

Deutschland 1926 in den Völkerbund aufgenommen wurde, was als weiterer Schritt zur Normalisierung der internationalen Beziehungen nach dem Krieg angesehen wurde. Allerdings wurden sie in den 1930er Jahren durch die aggressive Außenpolitik des nationalsozialistischen Deutschlands untergraben.

Nach dem Zweiten Weltkrieg war es insbesondere Konrad Adenauer, der als Kanzler der Bundesrepublik Deutschland und Mitglied der CDU die Weichen für die europäische Integration stellte. Adenauer, tief verwurzelt in der katholischen Soziallehre, sah in der Einigung Europas eine Möglichkeit, den Frieden dauerhaft zu sichern und christliche Werte im Herzen Europas zu verankern.

Adenauer war maßgeblich an den Verhandlungen beteiligt, die 1957 zur Gründung der Europäischen Wirtschaftsgemeinschaft (EWG) führten. Diese Integration sollte nicht nur wirtschaftliche, sondern auch politische Stabilität fördern und einen Krieg in Europa unwahrscheinlich machen. Die katholische Soziallehre mit ihrem Fokus auf Gemeinwohl und Solidarität prägte seine Überzeugungen und damit seine Politik.

Die Rolle der Christlich-Sozialen Union (CSU) und die Beiträge von Hans-Dietrich Genscher zur europäischen Integration und zum politischen Katholizismus sind vielschichtige Themen, die wesentliche Aspekte der deutschen Nachkriegspolitik umfassen. Beide Akteure haben in unterschiedlicher Weise auf das politische und integrative Gefüge Europas eingewirkt.

Die CSU, eine bayerische Partei, die seit ihrer Gründung im Jahr 1945 eng mit den christlichen Soziallehren und dem Katholizismus verbunden ist, hat ihre politische Identität stark auf diesen Werten aufgebaut. Der politische Katholizismus, der sich durch die Betonung christlicher Moralvorstellungen, sozialer Gerechtigkeit und der Förderung des Gemeinwohls auszeichnet, fand in der CSU einen starken Verfechter.

Ein weniger bekanntes, aber signifikantes Ereignis in diesem Kontext war die Rolle der CSU bei der Formulierung der Sozialen Marktwirtschaft in Deutschland, die oft als Wirtschaftsmodell betrachtet wird, das christliche Sozialprinzipien mit kapitalistischer Wirtschaftsführung vereint. Unter Führung von Ludwig Erhard, einem Mitglied der Schwesterpartei CDU, aber stark unterstützt durch die CSU, wurde dieses Modell in den 1950er Jahren implementiert und trug maßgeblich zum Wirtschaftswunder bei. Dieses Modell wurde später zu einem Exportschlager in die europäische Politikdiskussion.

Hans-Dietrich Genscher, dessen politische Karriere sich wie ein roter Faden durch die entscheidenden Jahrzehnte des späten 20. Jahrhunderts in Deutschland zieht, war eine Schlüsselfigur in der europäischen Politik. Von 1974 bis 1992 diente er als deutscher Außenminister und prägte in dieser Zeit maßgeblich die Richtung der europäischen Integration, obwohl er der Freien Demokratischen Partei (FDP) angehörte und nicht dem Spektrum des politischen Katholizismus zuzurechnen ist.

Genschers Einfluss auf die europäische Politik kann kaum überschätzt werden. Seine Amtszeit war geprägt von einem Europa im Wandel, das sich inmitten des Kalten Krieges befand und tiefgreifende politische und wirtschaftliche Herausforderungen zu bewältigen hatte. Genscher verstand es, über ideologische Grenzen hinweg zu agieren und die Vision eines vereinten Europas zu fördern, das sich durch Freiheit, Stabilität und Wohlstand auszeichnet.

Sein diplomatisches Geschick zeigte sich besonders in den Verhandlungen, die letztlich zum Fall des Eisernen Vorhangs und zur Wiedervereinigung Deutschlands führten. Genscher war ein Meister der leisen Töne und der behutsamen Annäherung, der es verstand, Brücken zu bauen und das Vertrauen sowohl der westlichen als auch der östlichen Blöcke zu gewinnen. Er sah die Integration Deutschlands in ein vereintes Europa nicht nur als geopolitische Notwendigkeit, sondern als moralische Verpflichtung, um die Fehler der Vergangenheit zu überwinden und eine friedliche Zukunft zu sichern.

Unter seiner Führung nahm Deutschland aktiv an der Gestaltung der europäischen Agenda teil und setzte sich für die Erweiterung der Europäischen Gemeinschaft und die Vertiefung der wirtschaftlichen und politischen Integration ein. Genschers Überzeugung, dass Europa mehr sein müsse als eine Wirtschaftsgemeinschaft – dass es auch eine Schicksalsgemeinschaft sei – resoniert in seinen politischen Initiativen und Reden.

Durch seine Bemühungen wurde die Grundlage für den späteren Euro und die Europäische Union, wie wir sie heute kennen, gelegt. Genscher war nicht nur ein Architekt der europäischen Politik, sondern auch ein Vordenker, der die Notwendigkeit erkannte, Europa auf den Prinzipien der Demokratie und der Menschenrechte zu gründen. Seine Arbeit hat die Landschaft Europas nachhaltig geformt und dient als bleibendes Vermächtnis seines tiefen Glaubens an ein vereintes und friedvolles Europa.

Hans-Dietrich Genscher wird daher oft als einer der großen Staatsmänner Europas betrachtet, dessen Einfluss und Vision die europäische Integration in einer Zeit förderten, in der das Schicksal des Kontinents ungewiss war. Seine Prinzipien und sein Engagement für Europa bleiben ein Maßstab für politische Führung und diplomatische Weitsicht.

Ein prägendes, aber weniger bekanntes Ereignis unter Genschers Amtszeit war seine Initiative zur Einführung der Europäischen Politischen Zusammenarbeit (EPZ) in den frühen 1970er Jahren, die als Vorläufer der Gemeinsamen Außen- und Sicherheitspolitik der Europäischen Union gilt. Genscher erkannte früh die Notwendigkeit einer koordinierten Außenpolitik unter den europäischen Nationen, um auf globaler Ebene effektiver agieren zu können.

Interessanterweise überschnitten sich die Wege von CSU und Hans-Dietrich Genscher bei der Gestaltung der europäischen Integration, insbesondere im Kontext der Einheitlichen Europäischen Akte von 1986, die eine tiefere politische Integration und die Errichtung des Binnenmarktes förderte. Die CSU, mit ihrem starken Einfluss innerhalb der Europäischen Volkspartei (EVP), und Genscher, durch seine diplomatischen Fähigkeiten, spielten beide Schlüsselrollen in den Verhandlungen.

Die CSU förderte aktiv die Idee eines "Europas der Regionen", in der lokale und regionale Entitäten eine bedeutendere Rolle in der EU-Politik spielen sollten. Dies reflektierte ihre tief verwurzelte Überzeugung, dass lokale Kulturen und Traditionen – wie die Bayerns – in einem integrierten Europa bewahrt bleiben sollten.

<u>Die geheimen Treffen vor der Gründung der EWG</u>

Der Integrationsprozess war das Ergebnis einer Reihe von politischen Verhandlungen und Geheimtreffen, die entscheidend waren, um die notwendigen Kompromisse zwischen den beteiligten Staaten zu erreichen. Die frühen 1950er Jahre waren geprägt von einem starken Bestreben, eine dauerhafte Friedensordnung in Europa zu schaffen, was letztlich zur Bildung der EWG führte.

Den Auftakt für die Geheimtreffen, die zur Gründung der EWG führten, bildete die Schuman-Erklärung vom 9. Mai 1950. Benannt nach dem französischen Außenminister Robert Schuman und maßgeblich von Jean Monnet, einem französischen Ökonomen und Diplomaten, konzipiert, schlug diese Erklärung die Schaffung einer übernationalen europäischen Institution vor, um die Kohle- und Stahlproduktion zu verwalten. Die Idee war, dass die Kooperation in der Kohle- und Stahlindustrie, den Kernindustrien der militärischen Macht, Kriege zwischen den verfeindeten Nationen Deutschland und Frankreich unwahrscheinlich machen würde.

Nach der Schuman-Erklärung folgten geheime Treffen zwischen den sechs Gründerstaaten: Frankreich, Deutschland, Italien, Belgien, Niederlande und Luxemburg. Diese Treffen fanden in verschiedenen europäischen Städten statt, oft in Botschaften oder abgelegenen Regierungseinrichtungen, um Diskretion zu gewährleisten und die öffentliche Meinung nicht vorzeitig zu beeinflussen. Ein solches Treffen war die Konferenz von Messina im Juni 1955, die als entscheidend für den Fortschritt der europäischen Integration gilt, obwohl sie in der Öffentlichkeit wenig Beachtung fand.

*Die **Konferenz von Messina** fand vom 1. bis 3. Juni 1955 in der sizilianischen Stadt Messina statt. Vertreter der sechs Gründungsmitglieder der Europäischen Gemeinschaft für Kohle und Stahl (EGKS) – Belgien, Deutschland, Frankreich, Italien, Luxemburg und die Niederlande – kamen zusammen, um über die Zukunft der europäischen Integration zu beraten.*

Hauptziele und Ergebnisse der Konferenz von Messina:

- Die Teilnehmer diskutierten Möglichkeiten zur Erweiterung der bestehenden EGKS-Integration über Kohle und Stahl hinaus auf andere Wirtschaftssektoren, insbesondere Atomenergie und den gesamten wirtschaftlichen Markt.

- Es wurde beschlossen, einen Ausschuss unter der Leitung des belgischen Außenministers Paul-Henri Spaak einzurichten. Dieser Ausschuss, bekannt als Spaak-Ausschuss, erhielt den Auftrag, konkrete Vorschläge für die Schaffung eines gemeinsamen Marktes und die Nutzung der Atomenergie (später Euratom genannt) auszuarbeiten.

- Der Spaak-Ausschuss sollte detaillierte Pläne zur Schaffung eines gemeinsamen Marktes entwickeln, der den freien Verkehr von Waren, Dienstleistungen, Kapital und Arbeitskräften zwischen den Mitgliedsstaaten ermöglichen würde.

- Obwohl die Konferenz hauptsächlich wirtschaftliche Themen behandelte, wurden auch erste Schritte in Richtung einer engeren politischen Zusammenarbeit diskutiert.

Die Ergebnisse der Konferenz von Messina führten direkt zu den Verträgen von Rom im Jahr 1957, welche die Europäische Wirtschaftsgemeinschaft (EWG) und die Europäische Atomgemeinschaft (Euratom) begründeten. Diese Verträge markierten einen signifikanten Schritt vorwärts in der europäischen Integration, indem sie nicht nur die wirtschaftliche, sondern auch die politische Zusammenarbeit zwischen den Mitgliedsstaaten vertieften. Die Konferenz von Messina ist daher als ein kritischer Moment in der Geschichte der europäischen Union zu betrachten, da sie den Grundstein für die heutige EU legte und die Vision einer integrierten und vereinten europäischen Gemeinschaft weiter vorantrieb.

Jean Monnet spielte eine zentrale Rolle bei der Koordination dieser Geheimtreffen. Er gründete das „Action Committee for the United States of Europe", das führende Politiker und private Sektorenvertreter zusammenbrachte. Dieses Komitee traf sich regelmäßig in geheimen Sitzungen, um Strategien zu diskutieren und Unterstützung für die europäische Integration zu mobilisieren. Monnet nutzte diese Plattform, um konsensbasierte Lösungen für politische und wirtschaftliche Herausforderungen zu fördern, die in den offiziellen Verhandlungen zur Gründung der EWG auftauchten.

Ein weiteres bedeutendes Element in der Vorbereitung der EWG war das nach Paul-Henri Spaak, dem belgischen Außenminister, benannte Spaak-Komitee. Das Komitee, das Ergebnis der Messina-Konferenz, war verantwortlich für das Ausarbeiten der spezifischen Details, die schließlich in den Verträgen der Römischen Verträge mündeten. Der Spaak-Bericht, benannt nach dem Vorsitzenden des Komitees, skizzierte die Grundlagen für einen gemeinsamen Markt und legte die institutionelle Struktur fest, die später in der EWG umgesetzt wurde.[27]

Die Verhandlungen waren von zahlreichen Herausforderungen geprägt, einschließlich des Widerstands von Interessengruppen inner-

---

27 s. a. Ralf Schönert, Die Geschichte der Europäischen Union, BoD 2022, ISBN 9783752622683

halb der beteiligten Länder und der Notwendigkeit, einen Ausgleich zwischen den wirtschaftlichen und politischen Interessen der verschiedenen Mitgliedsstaaten zu finden. Diese Herausforderungen wurden oft in intensiven, hinter verschlossenen Türen geführten Diskussionen angegangen, in denen Kompromisse ausgehandelt wurden, die es ermöglichten, gemeinsame Ziele zu erreichen.

Katholische Friedensbewegung in den 1980er Jahren

In den 1980er Jahren, einem Jahrzehnt, das durch die angespannten Atmosphären des Kalten Krieges und die eskalierenden Rüstungswettläufe zwischen Ost und West gezeichnet war, entfaltete sich die katholische Friedensbewegung als eine vielschichtige und einflussreiche Kraft. In einer Epoche, in der die drohende Schatten nuklearer Zerstörung über der Welt hingen, nahmen katholische Gruppen und Einzelpersonen eine entscheidende Rolle in den internationalen Anstrengungen zur Förderung von Frieden und Abrüstung ein.

Diese Bewegung, die weit über die Grenzen Europas und Nordamerikas hinaus aktiv war, fand auch in den politisch turbulenten Regionen Lateinamerikas und Teilen Asiens ihren Widerhall. Dort wurden lokale Konflikte und die übergeordneten globalen politischen Spannungen zu einem Prüfstein für das Engagement der katholischen Kirche. Trotz ihres weitreichenden Einflusses und ihrer Hingabe stieß die Bewegung auch auf Herausforderungen und Kritik, insbesondere hinsichtlich ihrer Effektivität und der tatsächlichen Auswirkungen ihrer Friedensbemühungen.

Die katholische Friedensbewegung illustriert somit nicht nur das tief verwurzelte Bestreben der Kirche, als moralische Kraft in Zeiten globaler Unsicherheit zu wirken, sondern auch die Komplexität, die entsteht, wenn spirituelle Überzeugungen auf das raue Terrain internationaler Politik treffen.

Die katholische Friedensbewegung der 1980er Jahre wurzelte tief in der christlichen Theologie und der Soziallehre der Kirche. Schlüsseltexte wie die Enzyklika „Pacem in Terris" von Papst Johannes XXIII. aus dem Jahr 1963, die zu Frieden und Gerechtigkeit zwischen den Völkern und Nationen aufrief, bildeten die theologische Grundlage. Diese Bewegung war stark von der Überzeugung geprägt, dass Frieden mehr ist als die Abwesenheit von Krieg; Frieden beinhaltet auch die Förderung von Gerechtigkeit, die Verteidigung der Menschenrechte und die Verpflichtung zur Solidarität mit den Armen und Unterdrückten.

Eine Schlüsselfigur dieser Zeit war Papst Johannes Paul II., dessen Amtszeit (1978-2005) eine aktive Phase des katholischen Engagements in internationalen Friedensfragen sah. Der Papst nutzte seine moralische Autorität und seine weltweite Präsenz, um gegen die nukleare Aufrüstung zu sprechen und die Notwendigkeit ethischer Überlegungen in der globalen Politik zu betonen. Er trat als Vermittler in internationalen Konflikten auf und unterstützte aktiv die Abrüstungsverhandlungen.

Einige der weniger bekannten, aber bedeutenden Ereignisse und Gruppierungen innerhalb der katholischen Friedensbewegung schließen ein:

Die Aktionen der Plowshares-Bewegung

In den 1980er Jahren, einer Zeit, in der die Welt zunehmend unter der Last des Kalten Krieges und der ständigen Drohung durch nukleare Waffen stand, fanden sich inspiriert von den biblischen Worten "Schwerter zu Pflugscharen" gewisse Mitglieder der katholischen Friedensbewegung, darunter die berühmten Aktivisten Daniel und Philip Berrigan, zusammen. Diese Gruppe engagierter Seelen führte eine Reihe von direkten, gewaltfreien Aktionen durch, die darauf abzielten, ein grelles Licht auf die Gefahren nuklearer Bewaffnung zu werfen.

Diese mutigen Aktionen schlossen das Eindringen in militärische Einrichtungen und das Beschädigen von Waffensystemen ein, um symbolisch die Instrumente des Krieges in Werkzeuge des Friedens zu verwandeln. Diese radikalen Gesten waren nicht ohne schwerwiegende persönliche Konsequenzen; oft endeten sie mit Gefängnisstrafen für die Beteiligten. Diese Vorfälle zeichneten sich durch eine tiefe moralische Überzeugung aus, stellten jedoch gleichzeitig eine herausfordernde ethische Frage: Wie weit darf man gehen, um den Frieden in einer von Waffen dominierten Welt zu fördern?

In einer Zeit wachsender globaler Spannungen und kontroverser Militärpolitik kamen Aktionen des zivilen Ungehorsams, die sich gegen staatlich sanktionierte Waffensysteme richteten, in den Fokus der öffentlichen Aufmerksamkeit. Diese Proteste, oft von Aktivisten und Friedensbewegungen getragen, zielten darauf ab, auf die moralischen und ethischen Bedenken bezüglich der Verbreitung und Nutzung militärischer Waffen hinzuweisen. Obwohl viele diese Handlungen als mutige Akte des Widerstandes gegen ungerechte Kriegsführung feierten, lösten sie zugleich hitzige Debatten über die Grenzen und die Angemessenheit des zivilen Ungehorsams aus.

Die Kritiker dieser Aktionen argumentierten, dass solche Formen des Protests rechtliche und moralische Grenzen überschreiten könnten. Sie warnten vor den potenziellen Risiken für die öffentliche Sicherheit und Ordnung und stellten die Legitimität derart radikaler Maßnahmen in Frage. Die Diskussionen drehten sich auch um die Effektivität dieser Proteste: Während einige betonten, dass sie dringend notwendige Aufmerksamkeit auf wenig diskutierte Themen lenkten, bezweifelten andere ihre Fähigkeit, tatsächliche politische oder gesellschaftliche Veränderungen herbeizuführen.

Diese kontroversen Aktionen und die darauffolgenden Debatten rückten zudem die Methoden des Protests ins Rampenlicht. Die Strategien variierten von symbolischen Handlungen wie dem Eindringen in militärische Anlagen und der Zerstörung von Ausrüstung bis hin zu friedlichen, aber entschiedenen Kundgebungen und Mahnwachen. Die Wahl der Methoden führte zu weiteren Diskussionen über die Prinzipien des zivilen Ungehorsams und dessen Rolle in einer demokratischen Gesellschaft.

Die Auseinandersetzung mit diesen Themen beleuchtete nicht nur die tiefen ethischen Dilemmata, die mit militärischen Waffen und deren Einsatz verbunden sind, sondern auch die Herausforderungen, denen sich Bürgerinnen und Bürger gegenübersehen, die sich für Gerechtigkeit und Frieden einsetzen. Sie zeigte auf, wie komplex die Balance zwischen staatlicher Autorität und individuellem Widerstand in modernen Demokratien ist, und warf die Frage auf, wie weit Menschen gehen dürfen oder sollten, um gegen das anzukämpfen, was sie als moralisch verwerflich erachten.

Diese Diskussionen haben letztlich das Bewusstsein für die Bedeutung von zivilem Engagement in politischen und sozialen Fragen geschärft und betonen die Notwendigkeit eines fortwährenden Dialogs über die Grenzen und Möglichkeiten des zivilen Ungehorsams in der heutigen Welt.

Die Aktionen der Berrigans und ihrer Mitstreiter fordern uns auf, über die Natur des Widerstands nachzudenken und wie weit man gehen sollte, um eine gerechtere und friedlichere Welt zu schaffen.

Die Friedensmärsche in Europa

In den 1980er Jahren, als die Spannungen des Kalten Krieges in Europa spürbar waren, fanden sich in Ländern wie Westdeutschland und Italien katholische Gruppen an der vordersten Front der Friedensbewegung. Motiviert von einem tiefen Verlangen nach einer Welt ohne Atomwaffen, organisierten sie große Friedensmärsche und Demonstrationen gegen die Stationierung von NATO-Waffen und die fortlaufende nukleare Aufrüstung. Diese Veranstaltungen, die oft Zehntausende von Teilnehmern anzogen, wurden zu kraftvollen Ausdrucksformen des öffentlichen Unmuts und der Hoffnung auf Frieden.

Die Friedensmärsche und Demonstrationen boten nicht nur ein beeindruckendes Bild der Solidarität und des Engagements, sondern riefen auch eine breite öffentliche Diskussion über die Moral und Ethik der Nuklearbewaffnung hervor. Diese Ereignisse brachten kritische Fragen zur Sicherheitspolitik und deren Konsequenzen für das menschliche Leben in das öffentliche Bewusstsein, was in vielen Fällen zu einer intensiven Auseinandersetzung mit den zugrundeliegenden politischen und ethischen Dilemmata führte.

Obwohl diese Bemühungen der katholischen Friedensbewegung bedeutende Aufmerksamkeit und Unterstützung erlangten, waren sie auch Gegenstand kritischer Betrachtungen. Fragen wurden laut, ob solche Massenproteste tatsächlich Einfluss auf die politischen Entscheidungen hatten oder ob sie lediglich symbolische Gesten gegen eine unaufhaltsame militärische Logik waren. Zudem mussten sich die Organisatoren mit der Herausforderung auseinandersetzen, die breite öffentliche Unterstützung in konkrete politische Veränderungen umzumünzen. Dennoch bleibt unbestritten, dass diese Friedensmärsche eine wichtige Rolle in der Geschichte der europäischen Friedensbewegungen spielten und als bedeutende Kapitel in der fortwährenden Suche nach dauerhaftem Frieden und Gerechtigkeit gelten.

4.3.1. Rolle im Nord-Irland-Konflikt

Die katholische Kirche hat in Irland seit der Unabhängigkeit im Jahr 1922 eine prägende Rolle gespielt, die das gesellschaftliche und politische Gefüge des Landes maßgeblich beeinflusste. Diese tiefe Verwurzelung und die daraus resultierende Autorität der Kirche in fast allen Lebensbereichen bieten ein faszinierendes Beispiel für die Wechselwirkungen zwischen Religion und Staat.

Nachdem Irland seine Unabhängigkeit von Großbritannien erlangt hatte, suchte die neu formierte Nation nach einer kulturellen und moralischen Identität, die sich von der kolonialen Vergangenheit abheben sollte. In diesem Bestreben nach Selbstdefinition und Einigkeit fand die katholische Kirche ihren festen Platz als zentrale Säule der irischen Gesellschaft. Ihre Rolle erstreckte sich weit über die spirituelle Führung hinaus; sie beeinflusste maßgeblich die Bildungspolitik, das Gesundheitssystem und die Gestaltung der sozialen Normen.

Im Bereich der Bildung etablierte die Kirche sich als Hauptträger der öffentlichen Bildung. Katholische Schulen und Bildungseinrichtungen dominierten die Landschaft, geprägt von einem Curriculum, das stark auf religiösen Werten basierte. Diese Bildungseinrichtungen spielten eine zentrale Rolle in der Sozialisation der irischen Jugend und prägten Generationen von Iren in Übereinstimmung mit katholischen Lehren und Weltanschauungen.

Auch im Gesundheitswesen hinterließ die Kirche ihre Spuren. Katholische Ordensgemeinschaften führten zahlreiche Krankenhäuser und Gesundheitszentren, in denen sie nicht nur medizinische, sondern auch ethische und moralische Richtlinien vorgaben. Die Einflüsse der Kirche in diesem Sektor waren besonders deutlich in Fragen der reproduktiven Rechte und der medizinischen Ethik, wie beispielsweise in der Debatte um Abtreibung und Verhütung.

Die tiefste Prägung erfuhr die irische Gesellschaft jedoch durch die Einflussnahme der Kirche auf soziale Normen und Gesetze. Die katholische Moraltheologie formte die Gesetzgebung in Bereichen, die von Ehe und Familie bis zu moralischen Vergehen reichten. Gesetze, die Scheidung und Homosexualität betrafen, spiegelten lange Zeit die strengen Lehrmeinungen der Kirche wider.

Mit der Zeit jedoch begann der Einfluss der Kirche aufgrund verschiedener Skandale, darunter Missbrauchsfälle und andere Kontroversen, sowie durch die fortschreitende Säkularisierung der irischen Gesellschaft, zu schwinden. Die jüngsten Referenden über Themen wie Ehescheidung und Abtreibung zeigten einen deutlichen Wandel in der öffentlichen Meinung und eine Abkehr von der traditionellen kirchlichen Lehre.

Die Geschichte der katholischen Kirche in Irland ist somit ein eindrucksvolles Beispiel für die Macht und die Grenzen religiöser Einflüsse in einer modernen Gesellschaft. Sie zeigt auf, wie tief religiöse Institutionen in das soziale und politische Gefüge eines Landes eingebettet sein können und welche Auswirkungen dies auf die Entwicklung nationaler Identität und gesellschaftlicher Normen haben kann.

Die katholische Kirche war ein zentrales Element in der Entwicklung der modernen irischen Identität. In einer Zeit, in der Irland unter britischer Herrschaft stand, diente der Katholizismus als ein Symbol des Widerstands gegen die anglikanisch geprägte Kolonialmacht. Nach der Unabhängigkeit wurde die Kirche zu einem integralen Bestandteil des nationalen Selbstverständnisses und prägte die gesellschaftlichen Werte und politischen Entscheidungen des Landes.

Die irische Verfassung von 1937, auch bekannt als Bunreacht na hÉireann, reflektierte die tiefen katholischen Wurzeln des Landes. Die Präambel anerkennt die Ehre Gottes und die Rolle Jesu Christi, was den Einfluss der Kirche auf die Staatsdoktrin verdeutlicht. Artikel 44 gewährte der katholischen Kirche eine besondere Stellung und erklärte sie zur Schutzherrin des Glaubens der großen Mehrheit der Bürger.

Bunreacht na hÉireann, was auf Irisch „Verfassung Irlands" bedeutet, ist die grundlegende rechtliche und politische Grundlage der Republik Irland. Diese Verfassung wurde am 1. Juli 1937 durch ein Referendum angenommen und ersetzte die vorherige Verfassung von 1922. Sie trat am 29. Dezember 1937 in Kraft.

Die Verfassung von 1937 legt die Struktur der irischen Regierung fest und definiert die Rollen ihrer verschiedenen Ämter und Zweige, darunter das Amt des Präsidenten, die beiden Kammern des Oireachtas (das irische Parlament, bestehend aus dem Dáil Éireann und dem Seanad Éireann), sowie die Judikative. Sie enthält auch Bestimmungen zu den Grundrechten der Bürger und betont die besondere Rolle der katholischen Kirche, die Verantwortung des Staates für soziale Politik wie Bildung und Familie sowie die irische Sprache und Kultur. Über die Jahre wurde die Verfassung mehrmals durch Referenden geändert, um sich an veränderte soziale, politische und wirtschaftliche Bedingungen anzupassen. Wesentliche Änderungen betrafen beispielsweise die Liberalisierung der Scheidungsgesetze, die Anerkennung der gleichgeschlechtlichen Ehe und die Reform der Abtreibungsgesetze.

Die katholische Kirche spielte eine zentrale Rolle im irischen Bildungssystem. Die meisten Schulen waren bis in die späten 20. Jahrhunderte kirchlich geführt, was der Kirche erheblichen Einfluss auf die Bildungsinhalte und die Formung junger Geister gab. Dies schloss religiöse Erziehung ein, die fest im Lehrplan verankert war.

Auch im Gesundheitswesen war die Kirche tief verwurzelt. Katholische Werte beeinflussten die Gesetzgebung und Praktiken in Bereichen wie reproduktiver Gesundheit und Sterbehilfe. Die strengen Abtreibungsgesetze Irlands, die bis zum Referendum 2018 galten, spiegelten die katholische Lehre wider, die das ungeborene Leben schützt.

Die katholische Moraltheologie prägte auch die irischen sozialen Normen und Gesetze, insbesondere in Bezug auf Ehe, Familie und Sexualität. Gesetze, die Scheidung und Homosexualität betrafen, waren stark von katholischen Doktrinen beeinflusst und blieben bis in die jüngere Vergangenheit restriktiv.

Ab den späten 20. Jahrhundert begann Irland, einen signifikanten kulturellen und sozialen Wandel zu erleben. Die Autorität der Kirche wurde durch eine Reihe von Skandalen, einschließlich Missbrauchsfällen und der Behandlung von Frauen in Magdalenenheimen, ernsthaft untergraben. Diese Enthüllungen führten zu einer zunehmenden Säkularisierung der irischen Gesellschaft und zu Forderungen nach einer Trennung von Kirche und Staat.

Der Magdalenenheim-Skandal[28] bezieht sich auf eine Serie von Enthüllungen über Missbrauch und Misshandlungen in katholisch geführten Heimen für "gefallene Mädchen" und Frauen in Irland, die von Ende des 18. Jahrhunderts bis weit ins 20. Jahrhundert hinein existierten. Die Magdalenenheime, benannt nach Maria Magdalena, die oft als Sünderin und reuige Büßerin dargestellt wird, sollten ursprünglich Zufluchtsorte für Frauen bieten, die als sexuell verwahrlost oder als Prostituierte betrachtet wurden.

Die Magdalenenheime wurden meist von verschiedenen katholischen Ordensgemeinschaften betrieben. Die Frauen, oft junge Mädchen, die aus verschiedenen Gründen als soziale Außenseiter galten, sollten hier zur "Buße" erzogen werden und durch harte Arbeit – meist in Wäschereien – ihre "Sünden" abarbeiten. Viele dieser Frauen wurden jedoch gegen ihren Willen eingewiesen, basierend auf den morali-

---

28 Martin McAleese, ehem. Senator des irischen Parlaments, nach ihm wurde der McAleese-Report von 2013 benannt, der die Vorgänge in den Heimen untersucht hat

schen und sozialen Normen der Zeit, die strenge Keuschheits- und Verhaltensregeln für Frauen diktierten.

Die Bedingungen in diesen Heimen waren oft grausam und demütigend. Berichte von ehemaligen Insassinnen und Untersuchungen haben physischen, emotionalen und manchmal auch sexuellen Missbrauch aufgedeckt. Die Frauen wurden zu extremer körperlicher Arbeit gezwungen, oft ohne angemessene Ernährung, medizinische Versorgung oder Bildungsmöglichkeiten. Viele wurden von ihren Familien getrennt und durften keinen Kontakt zur Außenwelt haben. Die Heime operierten unter einem Mantel der Stille und Isolation, was die Aufdeckung der Missstände erschwerte.

Der Skandal erlangte breite öffentliche Aufmerksamkeit in den 1990er Jahren, insbesondere durch journalistische Untersuchungen und die Veröffentlichung des Films "Die unbarmherzigen Schwestern", der die grausamen Lebensbedingungen in den Heimen darstellte. Die irische Regierung wurde zunehmend unter Druck gesetzt, sich mit der Geschichte dieser Institutionen auseinanderzusetzen.

Als Reaktion auf den öffentlichen Aufschrei setzte die irische Regierung eine Kommission ein, die die Missbräuche in den Magdalenenheimen untersuchen sollte. Der abschließende Bericht bestätigte viele der Vorwürfe und führte zur Einrichtung eines Entschädigungsfonds für die Überlebenden. Die katholische Kirche und die irische Regierung haben sich öffentlich für die Rolle entschuldigt, die sie bei der Unterstützung und Aufrechterhaltung dieser Institutionen gespielt haben.

Der Skandal um die Magdalenenheime hat zu einer intensiven Debatte über die Rolle der Kirche in Irland und deren Einfluss auf die sozialen Normen und Gesetze geführt. Er hat auch die Diskussion über die Behandlung von Frauen in religiösen und sozialen Einrichtungen weltweit beeinflusst und das Bewusstsein für die Notwendigkeit von Transparenz und Reformen in religiösen Institutionen geschärft.

In den letzten Jahrzehnten hat Irland mehrere Referenden durchgeführt, die zu bedeutenden Änderungen in der Verfassung führten, einschließlich der Legalisierung von Scheidung, gleichgeschlechtlicher Ehe und Abtreibung. Diese Entwicklungen markieren einen dramatischen Wandel in der gesellschaftlichen Einstellung und eine Abkehr von den traditionellen katholischen Lehren.

4.3.2. Rolle im spanischen Bürgerkrieg

Der spanische Bürgerkrieg (1936-1939), eine zutiefst prägende Konfliktsituation in der spanischen Geschichte, zeichnet sich durch die intensive Einbindung verschiedener sozialer und politischer Kräfte aus, einschließlich des politischen Katholizismus. Die Rolle der katholischen Kirche und ihrer Anhänger während dieser turbulenten Zeit ist komplex und war stark von den politischen und gesellschaftlichen Rahmenbedingungen beeinflusst.

Der spanische Bürgerkrieg brach aus, nachdem eine Gruppe nationalistischer Offiziere unter der Führung von General Francisco Franco gegen die demokratisch gewählte republikanische Regierung revoltierte. Dieser Konflikt war nicht nur ein Kampf um politische Macht, sondern auch ein ideologischer Kampf zwischen zwei Weltsichten: der konservativen, katholischen und monarchistischen Tradition auf der einen Seite und den republikanischen, sozialistischen, kommunistischen sowie anarchistischen Kräften auf der anderen.

Die katholische Kirche in Spanien hatte eine lange Geschichte der Unterstützung konservativer und monarchistischer Interessen. Vor dem Bürgerkrieg sahen viele in der Kirche die politischen Reformen der Zweiten Republik (1931-1939) als Bedrohung für ihre traditionellen

Privilegien und ihren gesellschaftlichen Einfluss. Diese Reformen schlossen die Trennung von Kirche und Staat, die Einführung der Zivilheirat und die Säkularisierung des Bildungssystems ein.

Als der Bürgerkrieg begann, positionierte sich die katholische Kirche schnell auf der Seite der Nationalisten. Die Bischöfe gaben 1937 das Kollektivschreiben der spanischen Bischöfe heraus, das den Krieg als einen "Kreuzzug" gegen den "gottlosen Kommunismus" rechtfertigte. Diese Doktrin wurde zum zentralen Element der nationalistischen Propaganda und diente dazu, den Kampf der Nationalisten als eine moralische und religiöse Pflicht darzustellen.

Die Unterstützung für die Nationalisten war unter den Katholiken nicht universell. Während die meisten Bischöfe und viele Gläubige Franco unterstützten, gab es auch eine signifikante Minderheit, die entweder neutral blieb oder die Republik unterstützte, insbesondere in Regionen mit starker anarchistischer oder sozialistischer Präsenz. Diese Spaltung zeigte die komplexe Beziehung zwischen politischer Loyalität und religiöser Überzeugung.

Der spanische Bürgerkrieg hatte verheerende Auswirkungen auf die katholische Kirche. Viele Geistliche wurden getötet, Kirchen zerstört und religiöse Symbole angegriffen, besonders in Gebieten unter republikanischer Kontrolle, wo die antiklerikale Stimmung stark war. Die Gewalt gegen Geistliche und Gläubige führte zu einer noch stärkeren Identifizierung der Kirche mit den nationalistischen Kräften.

Nach dem Sieg der Nationalisten wurde die katholische Kirche zu einem zentralen Pfeiler des Franco-Regimes, das Spanien bis zu Francos Tod im Jahr 1975 regierte. Die Kirche genoss unter Franco Privilegien, ihre Rolle im Bürgerkrieg sowie ihre anschließende Unterstützung für die Diktatur sind jedoch weiterhin Gegenstand intensiver historischer und ethischer Debatten.

Die Rolle des politischen Katholizismus im spanischen Bürgerkrieg zeigt, wie tief religiöse Institutionen in politische Konflikte verwickelt sein können, besonders in Zeiten nationaler Krisen. Die Geschichte der katholischen Kirche während des Bürgerkriegs ist ein Beispiel dafür, wie religiöse Überzeugungen und Institutionen genutzt werden können, um politische Ziele zu fördern, was langfristige Auswirkungen auf die kirchliche und gesellschaftliche Entwicklung haben kann.

4.3.3. Engagement in Lateinamerika

In den von Bürgerkriegen und politischer Repression gezeichneten Ländern El Salvador und Nicaragua spielten katholische Bischöfe und Laienbewegungen eine entscheidende Rolle in den lokalen Friedensbemühungen. Diese kirchlichen Gruppen standen oft an vorderster Front, in einer Umgebung, wo Gewalt und Angst allgegenwärtig waren. Sie boten nicht nur geistlichen Beistand, sondern wurden zu aktiven Verfechtern der Menschenrechte und des Schutzes der Zivilbevölkerung.

Diese katholischen Akteure forderten vehement ein Ende der ausländischen militärischen Interventionen, die oft als Katalysatoren der anhaltenden Konflikte gesehen wurden. Ihre Forderungen und ihr Engagement waren nicht ohne Risiko; viele religiöse Führer und Mitglieder der Laienbewegungen setzten ihr Leben aufs Spiel, um gegen die Ungerechtigkeiten anzukämpfen, die ihre Gemeinschaften tagtäglich erlebten. Ihr Mut und ihre Entschlossenheit zeigten sich in unzähligen Aktionen, von öffentlichen Predigten, die die Regierungen herausforderten, bis hin zu geheimen Netzwerken zur Unterstützung verfolgter Bürger.

Trotz ihrer intensiven Bemühungen und des oft heroischen Engagements, stießen die Friedensinitiativen der Kirche auf erhebliche Herausforderungen und Widerstände. Die politischen Mächte reagierten nicht selten mit weiterer Unterdrückung, und die internationale Gemeinschaft war oft unentschlossen oder inkonsequent in ihrer Unterstützung. Diese Schwierigkeiten werfen ein kritisches Licht auf die Komplexität der Friedensarbeit in solchen turbulenten Regionen und die Grenzen kirchlicher Einflussnahme in politisch instabilen Zeiten.

Die Geschichte dieser katholischen Friedensbemühungen in El Salvador und Nicaragua bietet somit ein tiefgehendes Verständnis für die vielschichtigen Dynamiken von Konflikten und die Rolle der Religion in politischen und sozialen Krisen. Sie zeigt, wie tiefgreifend der Einfluss von Glauben und moralischer Überzeugung sein kann, wenn es darum geht, Veränderungen anzustoßen und für Gerechtigkeit zu kämpfen.

Die katholische Friedensbewegung der 1980er Jahre hatte bedeutende langfristige Auswirkungen auf die Kirche und die globale Politik. Sie trug dazu bei, das Bewusstsein für die moralischen Aspekte der internationalen Beziehungen zu schärfen und beeinflusste die Haltung der Kirche zu Krieg und Frieden in den folgenden Jahrzehnten. Ihre Aktivitäten förderten auch den interreligiösen Dialog und die Zusammenarbeit zwischen verschiedenen Glaubensgemeinschaften im Streben nach Frieden. Diese Bewegung verdeutlicht, wie religiöse Überzeugungen und Organisationen eine aktive und oft entscheidende Rolle in weltweiten politischen und sozialen Fragen spielen können, indem sie die moralischen und ethischen Dimensionen hervorheben, die in rein politischen Diskussionen oft übersehen werden.

Die gesamte Geschichte des politischen Katholizismus in der deutschen Außenpolitik und der europäischen Integration zeigt, wie tief religiöse Überzeugungen und ethische Prinzipien die politischen Handlungen eines Landes prägen können. Von den Anfängen im Kaiserreich bis in die moderne Bundesrepublik hat der politische Katholizismus die außenpolitische Landschaft Deutschlands wesentlich mitgestaltet und dabei stets eine Vision von einem vereinten, friedlichen und solidarischen Europa verfolgt.

4.3.4. Situation in Österreich

Der politische Katholizismus hat in Österreich eine bedeutende und komplexe Rolle gespielt, besonders im Kontext der historischen Entwicklungen des 19. und 20. Jahrhunderts.

In der Geschichte Europas nimmt die Habsburger Monarchie eine faszinierende Stellung ein, geprägt von der untrennbaren Verbindung zwischen Thron und Altar. Unter dem majestätischen Banner der Habsburger, die traditionell als die Schutzherrn des Katholizismus in Europa angesehen wurden, entwickelte sich ein Imperium, in dem die Macht der katholischen Kirche und die politische Herrschaft nicht nur koexistierten, sondern einander verstärkten und formten.

Die Habsburger, eine Dynastie, die über Jahrhunderte hinweg die Geschicke Zentraleuropas lenkte, erkannten früh die Macht, die in der Allianz mit der katholischen Kirche lag. Diese Partnerschaft war keine bloße Bequemlichkeit oder ein politisches Kalkül; sie war eine tief verwurzelte Überzeugung, die sich im gesamten Reich manifestierte. Die Kirche verlieh der kaiserlichen Autorität eine göttliche Legitimität, während der Kaiser im Gegenzug die Ausbreitung und den Schutz des Katholizismus förderte.

Das Zusammenspiel von geistlicher und weltlicher Macht prägte die soziale und politische Struktur der Habsburger Monarchie nachhaltig. Kirchliche Feiertage und Zeremonien wurden zu Staatsangelegenheiten, geistliche Würdenträger zu wichtigen politischen Beratern. Kathedrale und Palast, Priester und Prinzen, sie alle webten das dichte Geflecht, das das öffentliche und private Leben der Bürger bestimmte.

Bis zum Ende des Ersten Weltkriegs behauptete diese Allianz ihre Macht, doch die Räder der Geschichte drehten sich unaufhaltsam. Der Krieg, der als ein Konflikt begann, der schnell beendet sein sollte, zog sich zu einem verheerenden und ermüdenden Schlachtenmarathon hin, der die Fundamente Europas erschütterte. Die unermesslichen Kosten des Krieges, sowohl in Menschenleben als auch in materiellem Verlust, mündeten schließlich im Zusammenbruch der alten Ordnungen.

1918 war das Jahr, in dem das gewaltige Reich der Habsburger, das so lange Zeit ein Zentrum des katholischen Glaubens und der kaiserlichen Macht gewesen war, auseinanderbrach. Die Monarchie löste sich auf, und mit ihr verlor auch die katholische Kirche ihren mächtigen weltlichen Verbündeten. Die politische Landkarte Europas wurde neu gezeichnet, und die Rolle der Kirche in der neu entstandenen Republik Österreich und den anderen Nachfolgestaaten musste neu definiert werden.

Nach dem Zerfall der Habsburger Monarchie und der Gründung der Ersten Republik entstanden in Österreich politische Parteien, die explizit auf katholischer Basis operierten. Die Christlichsoziale Partei, die von Karl Lueger und später von Ignaz Seipel geführt wurde, war eine solche Partei. Sie vertrat konservative, soziale und katholische Werte und hatte einen erheblichen Einfluss auf die österreichische Innenpolitik, insbesondere in den 1920er und 1930er Jahren.

Karl Lueger, am 24. Oktober 1844 in Wien geboren, war eine Figur von großer Bedeutung und ebenso großer Kontroverse in der Geschichte Österreichs. Als Sohn einer bescheidenen katholischen Familie studierte er Rechtswissenschaften an der Universität Wien, bevor er sich als Anwalt einen Namen machte, insbesondere durch seine Arbeit für die ärmeren Schichten der Bevölkerung. Diese frühen Erfahrungen prägten sein Verständnis für soziale Gerechtigkeit und führten ihn in die Politik.

In den 1870er Jahren begann Luegers politische Karriere im Wiener Gemeinderat. Sein charismatisches Auftreten und seine rhetorische Begabung ermöglichten ihm einen schnellen Aufstieg. 1895 erreichte seine Karriere einen Höhepunkt, als er zum Bürgermeister von Wien gewählt wurde, ein Amt, das er bis zu seinem Tod im Jahr 1910 innehatte. In seiner Amtszeit als Bürgermeister erlangte Lueger große Popularität durch umfangreiche kommunale Reformen. Er erweiterte und modernisierte die städtische Infrastruktur, verbesserte die Wasserversorgung, das Verkehrssystem und die öffentlichen Dienstleistungen, und förderte Maßnahmen im Gesundheits- und Bildungswesen. Unter seiner Führung wurden auch die Wiener Elektrizitätswerke gegründet, die die städtische Elektrizitätsversorgung sicherstellten.

Trotz seiner Erfolge in der städtischen Politik und Verwaltung war Luegers Karriere jedoch von Antisemitismus überschattet. Er nutzte antisemitische Rhetorik als politisches Werkzeug, das ihm half, verschiedene soziale Ängste anzusprechen und seine politische Basis zu festigen. Diese Aspekte seiner Politik trugen zur Verbreitung nationalistischer und spalterischer Tendenzen in Wien und darüber hinaus bei.

Karl Lueger verstarb am 10. März 1910, hinterließ aber ein ambivalentes Erbe. Einerseits wird er als Vater der modernen Stadt Wien und als Sozialreformer geschätzt, der wesentliche Verbesserungen in der Lebensqualität seiner Bürger erreichte. Andererseits bleibt sein Antisemitismus ein dauerhafter Makel auf seinem Andenken. Luegers Einfluss auf die Stadtentwicklung und die politische Kultur Wiens ist unbestritten und wird in der Geschichte der Stadt weiterhin kontrovers diskutiert.

Der Austrofaschismus und der Ständestaat in Österreich während der 1930er Jahre repräsentieren eine einzigartige Periode in der europäischen Geschichte, in der der politische Katholizismus eine zentrale Rolle spielte. Unter der Führung von Engelbert Dollfuß und später Kurt Schuschnigg versuchte Österreich, einen dritten Weg zwischen dem aufkommenden Nationalsozialismus und dem Kommunismus zu finden, indem es sich auf katholische soziale Lehren und autoritäre Regierungsformen stützte.

Nach dem Zusammenbruch der Habsburger Monarchie und der Gründung der Ersten Republik Österreich nach dem Ersten Weltkrieg sah sich das Land mit erheblichen wirtschaftlichen und sozialen Herausforderungen konfrontiert. Die Weltwirtschaftskrise Anfang der 1930er Jahre verschärfte die politische Instabilität, was zu einer Radikalisierung der Politik und einer Polarisierung der Gesellschaft führte. In diesem Kontext ergriff Engelbert Dollfuß, der 1932 Bundeskanzler wurde, die Gelegenheit, seine Vision eines katholisch geprägten autoritären Staates umzusetzen.

Engelbert Dollfuß, der aus der Christlichsozialen Partei stammte, war tief von den katholischen Soziallehren beeinflusst. Er bewunderte das faschistische Italien unter Mussolini und war bestrebt, ähnliche Strukturen in Österreich einzuführen, jedoch mit einer stärkeren Betonung der katholischen Ethik und Moral. 1933 nutzte Dollfuß einen parlamentarischen Konflikt, um das Parlament aufzulösen und durch Notverordnungen zu regieren. Dies markierte den Beginn des Austrofaschismus und des Ständestaates.

Der Ständestaat, offiziell als "Bundesstaat Österreich" bekannt, basierte auf dem Prinzip des ständischen Korporatismus, das heißt, der Staat wurde als eine Gemeinschaft von berufsständischen Gruppen konzipiert, die zusammenarbeiten, um das Gemeinwohl zu fördern. Die katholische Kirche unterstützte dieses Modell, da es mit ihrer Vorstellung von organischer Gesellschaft und sozialer Harmonie übereinstimmte.

Die katholische Kirche spielte eine entscheidende Rolle im Ständestaat, sowohl ideologisch als auch praktisch. Dollfuß und später Schuschnigg sahen im Katholizismus eine vereinende Kraft, die der Fragmentierung der Gesellschaft entgegenwirken und den Nationalsozialismus abwehren könnte. Die Kirche genoss weitreichende Privilegien, einschließlich Einfluss auf die Bildungspolitik und kulturelle

Angelegenheiten, und unterstützte im Gegenzug die autoritären Regierungen von Dollfuß und Schuschnigg.

Trotz der Unterstützung durch die Kirche und die Anlehnung an Mussolinis Italien konnte der Ständestaat keinen dauerhaften Widerstand gegen das nationalsozialistische Deutschland aufbauen. Die interne Opposition, sowohl von sozialistischen als auch von nationalsozialistischen Gruppen, unterminierte die Stabilität des Regimes. Nach dem Mord an Dollfuß während eines nationalsozialistischen Putschversuchs im Jahr 1934 und zunehmendem Druck von Hitler-Deutschland schwächte sich die Position von Schuschnigg bis zum „Anschluss" Österreichs an das Deutsche Reich im Jahr 1938 weiter ab.

Der Austrofaschismus und der Ständestaat in Österreich sind Beispiele dafür, wie der politische Katholizismus versuchte, eine Alternative zu den extremen Ideologien seiner Zeit zu bieten. Trotz des Scheiterns dieser Experimente zeigen sie die tiefgreifenden Wechselwirkungen zwischen Religion, Politik und nationaler Identität in kritischen historischen Momenten.

Nach dem Zweiten Weltkrieg und der Wiederherstellung der Unabhängigkeit Österreichs spielte der politische Katholizismus erneut eine wichtige Rolle bei der Formierung der Österreichischen Volkspartei (ÖVP). Die ÖVP, die als Nachfolgerin der Christlichsozialen Partei gilt, wurde zu einer der zwei dominanten politischen Kräfte im zweiten Teil des 20. Jahrhunderts. Sie vertrat weiterhin katholische und konservative Werte in einer zunehmend säkularisierten Gesellschaft.

In der modernen österreichischen Politik bleibt die ÖVP, trotz ihrer Transformation und Modernisierung, von katholischen Prinzipien beeinflusst. Themen wie Familie, Bildung und soziale Gerechtigkeit sind weiterhin zentral in ihrer Politik, auch wenn der direkte Einfluss der Kirche auf die Politik abgenommen hat.

4.3.5. Entwicklung in der Schweiz

Der politische Katholizismus hat auch in der Schweiz eine bedeutende Rolle gespielt, besonders geprägt durch die konfessionellen Spannungen und die Vielfalt der kantonalen Strukturen. Die Rolle des politischen Katholizismus in der Schweiz lässt sich durch mehrere Schlüsselereignisse und Entwicklungen charakterisieren.

<u>Sonderbundskrieg (1847)</u>

Der Sonderbundskrieg, der im November 1847 stattfand, war ein kurzer, aber bedeutender Bürgerkrieg in der Schweiz. Dieser Konflikt war das Ergebnis tiefgreifender politischer und religiöser Spannungen zwischen den liberalen und konservativen Kantonen der Schweizerischen Eidgenossenschaft. Der Krieg wird oft als Wendepunkt in der modernen Schweizer Geschichte angesehen, da er zur Gründung des modernen Bundesstaates im Jahr 1848 führte.

Die Ursachen des Sonderbundskrieges waren vielschichtig. Im 19. Jahrhundert war die Schweiz eine lose Konföderation von Kantonen mit erheblichen Unterschieden in politischen und religiösen Ansichten. Die katholisch-konservativen Kantone fühlten sich zunehmend von den liberalen, meist protestantischen Kantonen bedroht, die nach mehr Zentralisierung und einer Reduktion der kirchlichen Macht im Staat strebten. Diese Spannungen eskalierten 1847, als sieben katholische Kantone (Luzern, Uri, Schwyz, Unterwalden, Zug, Freiburg und Wallis) den "Sonderbund" gründeten, ein Bündnis, das darauf abzielte, ihre Interessen gegen die liberale Mehrheit zu schützen.

Die Gründung des Sonderbundes wurde von den liberalen Kantonen als Verfassungsbruch angesehen. Die Tagsatzung, die damalige föderale Versammlung der Schweiz, erklärte den Sonderbund für illegal und forderte dessen Auflösung. Als der Sonderbund sich weigerte aufzulösen, beschloss die Tagsatzung militärisches Eingreifen. Unter der Führung von General Guillaume-Henri Dufour rückten die Truppen der liberalen Kantone gegen die Sonderbundskantone vor.

Der Krieg war kurz und verhältnismäßig wenig blutig. Er begann am 3. November 1847 und endete bereits am 29. November desselben Jahres. Die liberalen Kräfte waren den konservativen Truppen sowohl zahlenmäßig als auch organisatorisch überlegen. Die entscheidenden Schlachten fanden bei Gisikon, Meierskappel und schließlich bei Freiburg statt, wo die liberalen Truppen klare Siege errangen. Die Kapitulation der letzten Sonderbundskantone beendete den Konflikt.

Die unmittelbare Folge des Sonderbundskrieges war die Ausarbeitung und Annahme einer neuen Bundesverfassung, die 1848 in Kraft trat und die Schweiz von einer losen Konföderation in einen Bundesstaat umwandelte. Diese Verfassung stärkte die Zentralmacht, führte wichtige demokratische Reformen ein und legte den Grundstein für das moderne politische System der Schweiz. Der Krieg hatte auch langfristige Auswirkungen auf das Verhältnis zwischen Staat und Kirche in der Schweiz. Er markierte das Ende des dominierenden Einflusses der katholischen Kirche in den konservativen Kantonen und förderte die Entwicklung eines säkulareren Staates.

Der Sonderbundskrieg ist ein zentrales Ereignis in der Geschichte der Schweiz, das nicht nur wegen seiner unmittelbaren politischen Folgen von Bedeutung ist, sondern auch weil es die tiefen kulturellen und religiösen Bruchlinien innerhalb der Schweiz offenbarte. Die daraus resultierende neue Verfassung und die Gründung des Bundesstaates waren entscheidend für die Entwicklung der stabilen, prosperierenden und neutralen Schweiz, wie wir sie heute kennen.

Als Reaktion auf die veränderten politischen Bedingungen nach dem Sonderbundskrieg und die zunehmende Marginalisierung der katholischen Interessen in der nationalen Politik, wurde die Konservative Partei gegründet. Diese Partei vertrat explizit katholische Interessen und setzte sich für den Schutz der katholischen Minderheiten, den Erhalt föderaler Strukturen und die Verteidigung traditioneller sozialer Werte ein.

Trotz der Niederlage im Sonderbundskrieg und der anschließenden Gründung eines liberaleren Bundesstaates gelang es den katholischen Kräften, sich erfolgreich in das politische System der Schweiz zu integrieren. Die Konservative Partei, später umbenannt in Christlichdemokratische Volkspartei (CVP), wurde zu einer der tragenden Säulen im schweizerischen Mehrparteiensystem und spielte eine zentrale Rolle in zahlreichen Schweizer Bundesräten.

Im 20. Jahrhundert beeinflusste der politische Katholizismus auch die soziale Politik in der Schweiz. Inspiriert von der katholischen Soziallehre, engagierten sich katholische Politiker und Bewegungen für die Verbesserung der Arbeitsbedingungen, die Einführung sozialer Sicherungssysteme und den Schutz der Familie. Dies spiegelte sich in verschiedenen sozialpolitischen Initiativen und Gesetzen wider, die oft mit Unterstützung der CVP durchgesetzt wurden.

In den letzten Jahrzehnten hat die politische Landschaft der Schweiz erhebliche Veränderungen erfahren, und die Rolle der CVP als Vertreterin des politischen Katholizismus hat sich gewandelt. Die Partei hat versucht, sich einem breiteren Wählerspektrum zu öffnen und sich in einigen Bereichen von strikt konservativen Positionen zu lösen, was zu Spannungen innerhalb der Partei und ihrer Wählerschaft geführt hat.

Der politische Katholizismus in der Schweiz zeigt somit ein dynamisches Bild von Konflikt, Anpassung und Integration, das tief in die politische Kultur und Geschichte des Landes eingebettet ist.

5. VERGLEICH UND KONTRAST

5.1. Katholizismus und Protestantismus in der Politik

In Deutschland, einem Land, das tief in den Traditionen und Doktrinen sowohl des Katholizismus als auch des Protestantismus verwurzelt ist, haben sich die politischen Pfade der beiden Konfessionen auf faszinierende und oft divergente Weisen entwickelt. Diese Unterschiede, die auf historischen, kulturellen und theologischen Disparitäten beruhen, haben die politische Landschaft Deutschlands über Jahrhunderte hinweg geformt und sowohl die Innen- als auch die Außenpolitik des Landes beeinflusst.

Die Reformation im 16. Jahrhundert, angeführt von Martin Luther, einem Mönch und Gelehrten, der gegen bestimmte Praktiken der katholischen Kirche aufbegehrte, markierte den Beginn einer tiefgreifenden religiösen und kulturellen Spaltung in Deutschland. Diese Spaltung führte zu einer Aufteilung des Landes in überwiegend katholische und überwiegend protestantische Regionen, die jeweils ihre eigenen politischen und gesellschaftlichen Wege gingen.

Katholische Regionen, oft charakterisiert durch eine stärkere Betonung von Hierarchie und Tradition, neigten dazu, politische Strukturen zu entwickeln, die stark von der Kirche beeinflusst wurden. Dies zeigte sich in der tiefen Verflechtung zwischen Staat und Kirche, wo katholische Werte und Lehren oft direkt in die Gestaltung der öffentlichen Politik und die Durchführung sozialer Programme einflossen.

Auf der anderen Seite förderte der Protestantismus oft eine andere politische Ethik, die sich durch eine stärkere Betonung individueller Freiheit und Selbstverantwortung auszeichnete. Protestantisch geprägte Regionen entwickelten daher tendenziell liberalere politische

Institutionen und förderten die Trennung von Kirche und Staat, was sich in einer vielfältigen und oft dezentralisierten politischen Landschaft widerspiegelte.

Diese konfessionellen Unterschiede haben im Laufe der deutschen Geschichte immer wieder zu Spannungen, aber auch zu einer reichen Vielfalt an politischen und kulturellen Ausdrucksformen geführt. Sie beeinflussten nicht nur die Innenpolitik, sondern auch Deutschlands Haltung auf der internationalen Bühne, wo unterschiedliche religiöse Überzeugungen oft die Art und Weise prägten, wie das Land seine diplomatischen und wirtschaftlichen Beziehungen gestaltete.

So bildet die konfessionelle Prägung Deutschlands ein zentrales Element seines historischen und politischen Erbes, ein facettenreiches Mosaik, das sowohl die Komplexität als auch die Einzigartigkeit der deutschen Erfahrung unterstreicht.

Der politische Katholizismus wurzelt tief in der katholischen Soziallehre, die besonders durch die Enzykliken „Rerum Novarum" (1891) und „Quadragesimo Anno" (1931) geprägt wurde. Diese Dokumente betonen die Bedeutung von Gerechtigkeit und sozialer Verantwortung und fordern den Schutz der Armen und Schwachen. In Deutschland hat der politische Katholizismus historisch oft eine defensive Position eingenommen, beginnend mit dem Kulturkampf im 19. Jahrhundert, als Katholiken um ihre Rechte innerhalb eines überwiegend protestantischen Staates kämpften.

In Deutschland nimmt der Protestantismus eine eigentümliche Stellung in der politischen Geschichte ein, die sich deutlich von anderen religiösen Bewegungen abhebt. Geformt durch die reformatorischen Lehren Martin Luthers, der eine starke Betonung auf die Autorität des Staates legte und eine gewisse Unterordnung unter die weltlichen Herrscher predigte, neigte der politische Protestantismus traditionell zu einer stärkeren Unterstützung staatlicher Macht.

Diese Neigung fand besonders in Preußen eine ausgeprägte Resonanz, wo das protestantische Hohenzollern-Königshaus eng mit den staatlichen Strukturen verflochten war. Diese enge Verbindung zwischen Kirche und Staat prägte die politische Landschaft Deutschlands erheblich und hatte weitreichende Auswirkungen auf die gesellschaftliche Ordnung und die politische Kultur.

Diese historische Ausrichtung des Protestantismus in Deutschland, die manchmal kritisch als "Thron und Altar" Partnerschaft beschrieben wird, wirft Fragen nach der Unabhängigkeit der Kirche und ihrer Rolle in der Gesellschaft auf. In Zeiten, in denen die Kirche möglicherweise als Instrument der staatlichen Politik fungierte, wurden die Grenzen zwischen geistlicher Führung und politischem Mandat zunehmend verschwommen.

Die Geschichte des politischen Protestantismus in Deutschland ist daher eine Erzählung von Glauben und Macht, von geistigen Idealen und politischen Realitäten, die die komplexe Beziehung zwischen Religion und Staat in der deutschen Geschichte beleuchtet und zu kritischen Reflexionen über die Rolle der Kirche in der modernen Welt anregt.

Im Deutschen Kaiserreich war die Zentrumspartei, eine katholische Partei, oft in der Opposition gegen die überwiegend protestantische Regierung. Die Partei kämpfte für die Rechte der Katholiken und gegen staatliche Eingriffe in kirchliche Angelegenheiten. Protestanten hingegen waren oft in den konservativen Parteien zu finden, die den Kaiser und den preußischen Staat unterstützten.

In der Weimarer Republik veränderte sich das politische Spektrum, und sowohl Katholiken als auch Protestanten waren in verschiedenen politischen Parteien aktiv. Die Zentrumspartei blieb eine wichtige katholische Kraft, die sich für das Zentrum der deutschen Politik einsetzte, während protestantische Politiker sich über das politische Spektrum verteilten, von der SPD bis zur NSDAP.

Katholiken standen dem Nationalsozialismus größtenteils kritisch gegenüber, was teilweise durch das Reichskonkordat von 1933 und die darauf folgenden Konflikte um kirchliche Autonomie und moralische Standpunkte deutlich wurde. Die Enzyklika „Mit brennender Sorge" von 1937 war ein direkter Ausdruck des päpstlichen Widerstands gegen die Nazi-Ideologie.

Im Gegensatz dazu hatten viele Protestanten eine komplexere Beziehung zum Nationalsozialismus. Während einige sich der Bekennenden Kirche anschlossen und aktiven Widerstand leisteten, unterstützten andere, beeinflusst durch eine Interpretation von Luthers Zwei-Reiche-Lehre, die nationalsozialistische Regierung.

Martin Luthers Zwei-Reiche-Lehre ist ein zentrales theologisches Konzept, das dazu diente, das Verhältnis zwischen der geistlichen und der weltlichen Macht zu definieren. Dieses Konzept war besonders in der frühen Neuzeit von Bedeutung und hat auch heute noch Einfluss auf die politische und kirchliche Denkweise in vielen Teilen der Welt, insbesondere in Ländern mit protestantischer Tradition.

Luther unterschied zwischen dem „Reich Gottes" und dem „weltlichen Reich". Das Reich Gottes ist der Bereich des Geistlichen, in dem der Glaube und die göttlichen Gesetze herrschen und das ewige Heil im Mittelpunkt steht. Im Gegensatz dazu bezieht sich das weltliche Reich auf die irdische Ordnung, die von menschlichen Gesetzen und Regierungen geleitet wird.Nach Luther hat die weltliche Macht eine von Gott gegebene Rolle und Autorität. Ihre Hauptaufgabe ist es, Ordnung zu schaffen und das Böse zu unterdrücken, um ein friedliches Zusammenleben zu ermöglichen. Diese Macht sollte jedoch nicht dazu benutzt werden, den Glauben der Menschen zu bestimmen oder geistliche Wahrheiten durchzusetzen.

Das geistliche Reich wird direkt von Gott durch sein Wort (die Bibel) und die Sakramente gelenkt. Kirchliche Autoritäten sollten sich demnach nicht in die politischen Angelegenheiten einmischen, sondern sich auf die geistliche Führung und das Seelenheil der Gläubigen konzentrieren. Jeder Mensch ist sowohl Bürger des geistlichen als auch des weltlichen Reichs. Als solcher hat er Verantwortungen in beiden Bereichen: Als Bürger muss er die weltlichen Gesetze befolgen und als Christ muss er nach den Geboten Gottes leben.

Obwohl Luther diese Trennung nicht in der modernen Form formulierte, wie wir sie heute kennen, legte seine Zwei-Reiche-Lehre den Grundstein für die spätere Entwicklung dieser Idee, indem sie betonte, dass geistliche und weltliche Macht unterschiedliche Ziele und Funktionen haben und nicht miteinander vermischt werden sollten.

Luthers Zwei-Reiche-Lehre wurde entwickelt, um Antworten auf die komplexen Verhältnisse seiner Zeit zu geben, insbesondere im Hinblick auf die Herausforderungen, die sich durch die Reformation und die daraus resultierenden Konflikte zwischen Kirche und Staat ergaben.

*Die **Bekennende Kirche (BK)** war eine christliche Bewegung innerhalb der deutschen evangelischen Kirche, die sich in den 1930er Jahren als Antwort auf die Gleichschaltungstendenzen der nationalsozialistischen Regierung formierte. Die Nationalsozialisten versuchten, die Kirchen in Deutschland durch die Einrichtung der Deutschen Christen, einer pro-nationalsozialistischen Fraktion innerhalb der evangelischen Kirche, zu kontrollieren und ideologisch umzugestalten.*

Die Bekennende Kirche lehnte die Vermischung von christlicher Lehre mit nationalsozialistischer Ideologie ab und betonte die Unabhängigkeit der Kirche von staatlicher Einflussnahme. Sie wurde 1934 auf der Bekenntnissynode in Barmen offiziell gegründet, wobei die Barmer Theologische Erklärung als ihr grundlegendes Dokument diente. Dieses Dokument, maßgeblich mitverfasst von Karl Barth, bekräftigte die alleinige Autorität der Heiligen Schrift und Jesu Christi über die Kirche und widersprach damit den totalitären Ansprüchen des Staates auf die Kirche.

Die Bekennende Kirche spielte eine wichtige Rolle im kirchlichen Widerstand gegen das NS-Regime, auch wenn ihre Mitglieder in ihren politischen Einstellungen und ihrem Widerstandsgrad variierten. Sie bot zudem theologische und moralische Unterstützung für Christen im Dritten Reich und bildete eine wichtige geistliche Heimat für viele, die sich dem Regime entgegenstellten.

Karl Barth war ein einflussreicher Schweizer Theologe, der häufig als einer der bedeutendsten christlichen Denker des 20. Jahrhunderts angesehen wird. Geboren am 10. Mai 1886 in Basel, war Barth eine zentrale Figur in der Entwicklung der dialektischen Theologie oder der „Theologie der Krise", die eine radikale Rückkehr zu den biblischen Grundlagen des christlichen Glaubens betonte.

Barths theologisches Denken war stark geprägt durch seine Reaktion auf den Ersten Weltkrieg, während dessen er die Unterstützung des Krieges durch viele seiner theologischen Kollegen ablehnte. Diese Erfahrung führte zu einem Bruch mit der liberalen Theologie seiner Zeit, die er für zu weltzugewandt und optimistisch bezüglich der menschlichen Natur hielt. Sein bahnbrechendes Werk, der Kommentar zum Römerbrief (erstmalig veröffentlicht 1919), signalisierte diesen Wandel und forderte eine Neubesinnung auf das Wort Gottes und dessen transzendente Autorität.

Barth setzte seine Arbeit mit der massiven Kirchlichen Dogmatik fort, einem mehrbändigen Werk, das seine theologischen Ansichten ausführlich darlegt. Seine Theologie betonte die Souveränität Gottes, die Sündhaftigkeit des Menschen und die Notwendigkeit der göttlichen Offenbarung durch Jesus Christus für das Verständnis von Gottes Willen.

Während des Aufstiegs des Nationalsozialismus in Deutschland war Karl Barth aktiv in der Bekennenden Kirche beteiligt, einer Bewegung innerhalb der deutschen evangelischen Kirche, die sich dem Einfluss des Nazismus widersetzte. Barth war einer der Hauptautoren der Barmer Theologischen Erklärung von 1934, die eine klare theologische Absage an die Versuche der Nazis darstellte, die Kirche zu kontrollieren.

Nach seiner Ausweisung aus Deutschland im Jahr 1935 wegen seiner Weige-
rung, einen Treueeid auf Adolf Hitler zu leisten, kehrte Barth in die Schweiz
zurück, wo er bis zu seiner Emeritierung 1962 an der Universität Basel lehrte.
Barth setzte sich weiterhin für die Kirche ein, hielt Vorlesungen und schrieb,
und blieb bis zu seinem Tod am 10. Dezember 1968 eine einflussreiche Stim-
me in der europäischen und weltweiten Theologie.

Nach dem Zweiten Weltkrieg spielten sowohl katholische als auch protestantische Politiker Schlüsselrollen beim Wiederaufbau Deutschlands und der Förderung der europäischen Integration. Konrad Adenauer, ein Katholik, und die protestantischen Bundeskanzler wie Ludwig Erhard trugen zur Gestaltung der neuen Bundesrepublik bei und unterstützten die Gründung der Europäischen Gemeinschaft.

In der modernen politischen Landschaft Deutschlands sind die konfessionellen Unterschiede weniger ausgeprägt, jedoch immer noch in bestimmten politischen Einstellungen und regionalen Präferenzen erkennbar. CDU und CSU, die aus dem politischen Katholizismus hervorgegangen sind, sowie die SPD und andere Parteien, in denen Protestanten stark vertreten sind, reflektieren weiterhin unterschiedliche konfessionelle Einflüsse in ihren politischen Programmen und Ansichten.

Die faszinierenden Unterschiede und die bemerkenswerten Gemeinsamkeiten zwischen dem politischen Katholizismus und dem Protestantismus in Deutschland offenbaren viel über das komplexe Geflecht von Religion und Politik. Beide Konfessionen haben über die Jahrhunderte hinweg tiefgreifende Spuren in der deutschen politischen Landschaft hinterlassen, beginnend in den turbulenten Zeiten des Kaiserreichs bis hin zur heutigen Bundesrepublik.

Der politische Katholizismus, mit seiner starken Betonung sozialer Gerechtigkeit und der moralischen Verantwortung der Gesellschaft, und der Protestantismus, oft charakterisiert durch seine Nähe zur staatlichen Macht und einer Ethik der Ordnung und Pflicht, spiegeln zwei unterschiedliche, aber gleichermaßen einflussreiche Antworten auf die Frage nach der Rolle der Religion in der öffentlichen Sphäre wider.

Diese beiden Strömungen haben nicht nur in Konflikten und Koalitionen die politische Agenda mitgestaltet, sondern auch die Art und Weise, wie Religion die individuellen und kollektiven ethischen Überzeugungen in Deutschland prägt. Ihre fortlaufende Präsenz und ihr Einfluss in der Politik bieten wertvolle Einblicke in die Dynamik zwischen Glaubensüberzeugungen und politischem Handeln und verdeutlichen, dass die Verbindung von Religion und Politik auch in Zukunft ein prägendes Element der deutschen Gesellschaft bleiben wird.

Die fortwährende Interaktion dieser beiden Konfessionen mit der politischen Kultur Deutschlands zeigt auf, wie historische Entwicklungen und theologische Unterschiede die Wege der politischen Einflussnahme und der sozialen Verantwortung formen können. Diese Beobachtung lädt zu einer tieferen Reflexion über die Rolle der Religion in der modernen Welt ein und stellt uns vor die Herausforderung, die Bedeutung von Glaubensgemeinschaften in einer sich ständig wandelnden gesellschaftlichen Landschaft neu zu bewerten.

5.2. Deutschland und internationale Vergleiche

In der globalen politischen Landschaft zeigt der Vergleich des politischen Katholizismus in Deutschland mit ähnlichen Bewegungen in anderen Ländern wichtige Unterschiede und Gemeinsamkeiten auf. In diesem Abschnitt biete ich eine Analyse, die einen Einblick in die Rolle des Katholizismus in der Politik und wie dieser in unterschiedlichen nationalen Kontexten agiert, ermöglicht.

Die Zentrumspartei, die als politische Vertretung der Katholiken in Deutschland entstand, spielte eine zentrale Rolle in der Weimarer Republik und später in der Gestaltung der Christlich Demokratischen Union (CDU), die nach dem Zweiten Weltkrieg gegründet wurde.

Die katholische Soziallehre hat tiefgreifende und dauerhafte Einflüsse auf die Entwicklung des deutschen Sozialstaates ausgeübt, insbesondere in der Zeit nach dem Zweiten Weltkrieg, als Politiker wie Konrad Adenauer an der Macht waren. Diese Phase der deutschen Geschichte zeichnet sich durch den gezielten Aufbau eines Sozialsystems aus, das stark von den Prinzipien der katholischen Soziallehre – wie der Würde des Menschen, der Solidarität und der Subsidiarität – geprägt war. Diese Lehren führten zu einer Sozialpolitik, die nicht nur auf ökonomische Effizienz, sondern auch auf ethische Verantwortung und das Gemeinwohl ausgerichtet war.

Im Bildungsbereich hinterließ der Katholizismus ebenfalls deutliche Spuren. Besonders sichtbar wird dies in der Erhaltung und Förderung konfessioneller Schulen, die nicht nur Bildung im akademischen Sinne vermitteln, sondern auch die religiösen und moralischen Werte des Katholizismus pflegen und weitergeben. Diese Schulen dienen als wichtige Institutionen für die kulturelle und religiöse Erziehung und tragen zur Formung der ethischen Grundlagen junger Menschen bei.

Allerdings birgt die starke Verflechtung von Religion und Staat auch kritische Aspekte, besonders im Hinblick auf die Neutralität des Staates und die Gleichbehandlung aller Bürger unabhängig von ihrer religiösen Zugehörigkeit. Die Förderung konfessioneller Schulen wirft Fragen hinsichtlich der Trennung von Kirche und Staat auf und stellt die Herausforderung dar, ein ausgewogenes Verhältnis zwischen religiöser Bildung und staatlicher Bildungspolitik zu finden.

Die Erkundung der Einflüsse des Katholizismus auf den Sozialstaat und das Bildungssystem in Deutschland offenbart somit eine komplexe Mischung aus ethischer Führung und politischen Herausforderungen, die bis heute nachhallen und die kulturelle sowie sozialpolitische Landschaft Deutschlands prägen.

Der politische Katholizismus in Italien

Die DC, tief verwurzelt in den Prinzipien des politischen Katholizismus, erwies sich als eine dominierende Kraft in der italienischen Nachkriegspolitik.

Die DC spielte nicht nur eine zentrale Rolle in der Gestaltung der italienischen Innenpolitik, sondern prägte auch wesentlich die soziale und wirtschaftliche Landschaft des Landes. Ihre Politik, die stark durch die christlich-soziale Lehre beeinflusst war, zielte darauf ab, ein gerechtes Gleichgewicht zwischen wirtschaftlicher Entwicklung und sozialer Wohlfahrt zu schaffen. Diese Ausrichtung war besonders attraktiv in einer Zeit, in der Italien einen massiven Wiederaufbau und eine Modernisierung seiner Wirtschaft durchführte.

Ein weiteres charakteristisches Merkmal der DC war ihre enge Verbindung zum Vatikan, was ihr eine besondere Position in der italienischen Politik verlieh. Diese Verbindung war nicht nur symbolisch bedeutend, sondern hatte auch praktische politische Implikationen, sowohl in der Innen- als auch in der Außenpolitik. Der Einfluss des Vatikans und die moralischen Richtlinien der Kirche beeinflussten die Politik der DC in Fragen von nationaler Tragweite, einschließlich der Bildungs-, Familien- und Gesundheitspolitik.

Trotz ihrer Stärke und ihres weitreichenden Einflusses war die politische Landschaft, in der die DC operierte, nicht frei von Herausforderungen. Im Laufe der Jahrzehnte sah sich die Partei immer wieder mit schwerwiegenden Problemen konfrontiert, darunter Korruptionsskandale, die das Vertrauen der Öffentlichkeit erschütterten. Diese Skandale wurden oft in den Medien breitgetreten und führten zu einer zunehmenden Politikverdrossenheit unter den Italienern. Zusätzlich führten interne Spannungen und eine zunehmende Fragmentierung innerhalb der Partei dazu, dass die DC an Kohäsion verlor. Diese innerparteilichen Konflikte spiegelten sich in einer Schwächung ihrer Fähigkeit wider, als einheitliche politische Kraft zu agieren.

Der Niedergang der DC in den 1990er Jahren markierte das Ende einer Ära in der italienischen Politik. Dieser Niedergang war nicht nur das Ergebnis interner Unstimmigkeiten und Skandale, sondern auch einer Veränderung in der politischen und sozialen Struktur Italiens, die neue politische Kräfte und Bewegungen hervorbrachte, welche die traditionelle Rolle der DC in Frage stellten und schließlich ablösten.

Der politische Katholizismus in Frankreich

Der politische Katholizismus in Frankreich hat eine komplexe und vielschichtige Geschichte, die tief in der französischen Kultur und politischen Landschaft verwurzelt ist. Im Folgenden beschreibe ich die Entwicklung, Hauptakteure und Einflüsse des politischen Katholizismus in Frankreich und hebe dabei wichtige Ereignisse und Strömungen hervor, die diese Bewegung geformt haben.

Die Beziehungen zwischen dem Staat und der Katholischen Kirche in Frankreich waren historisch oft gespannt, besonders ausgeprägt in der Dritten Republik (1870-1940). Die Einführung der laïcité, das Prinzip der strikten Trennung von Kirche und Staat durch das Gesetz von 1905, markierte einen tiefen Einschnitt. Katholiken sahen sich oft in der Defensive gegenüber einem Staat, der aktiv versuchte, den Einfluss der Kirche in öffentlichen Institutionen zurückzudrängen.

Während des Vichy-Regimes (1940-1944) erlebte der politische Katholizismus eine Renaissance, da das Regime versuchte, traditionelle katholische Werte wie Familie und Arbeit zu fördern. Diese Periode ist jedoch kontrovers, da die Regierung auch mit dem nationalsozialistischen Deutschland kollaborierte.

Nach dem Zweiten Weltkrieg änderte sich das Bild des politischen Katholizismus in Frankreich erheblich. Mit dem Aufkommen der Fünften Republik und der fortschreitenden Säkularisierung verschoben sich die politischen Aktivitäten der Katholiken von einer direkten Parteipolitik zu mehr sozial orientierten Bewegungen und Aktionen, wie die Unterstützung für soziale Gerechtigkeit und gegen die Abtreibung.

In den 1940er und 1950er Jahren gewannen philosophische Strömungen wie der Personalismus und die Nouvelle Théologie an Einfluss unter katholischen Intellektuellen in Frankreich. Denker wie Emmanuel Mounier und Henri de Lubac argumentierten für eine christliche Philosophie, die das Individuum in den Mittelpunkt stellt und eine Alternative zum kapitalistischen Materialismus und kommunistischen Kollektivismus bietet.

In jüngerer Zeit hat der politische Katholizismus in Frankreich angesichts der Debatten um Ehe und Familie, Bioethik und religiöse Freiheit wieder an Bedeutung gewonnen. Große Demonstrationen gegen die Einführung der gleichgeschlechtlichen Ehe im Jahr 2013, bekannt als "La Manif pour Tous", zeigten, wie tief der Katholizismus noch in bestimmten Teilen der französischen Gesellschaft verwurzelt ist.

Neben den traditionellen kirchlichen Strukturen spielen katholische Laienbewegungen eine zunehmend wichtige Rolle in der französischen Politik. Organisationen wie die "Communauté de l'Emmanuel" und die "Charismatische Erneuerung" sind aktiv in sozialen und politischen Fragen engagiert und versuchen, christliche Werte in einer zunehmend säkularen Gesellschaft zu fördern.

Obwohl die explizite politische Partizipation unter dem Banner des Katholizismus in Frankreich nachgelassen hat, beeinflussen katholische Werte weiterhin mehrere französische politische Parteien. Die Parteien des konservativen Spektrums, wie die Républicains, zeigen oft eine Übereinstimmung mit katholischen Lehren in sozialen Fragen.

Die Unterstützung für traditionelle Familienwerte, das Leben und nationale Identität sind Themen, die sowohl in katholischen Lehren als auch in den Programmen dieser Parteien häufig zu finden sind.

Ein weiteres wichtiges Thema im modernen politischen Katholizismus Frankreichs ist das Engagement für soziale Gerechtigkeit. Inspiriert von der Katholischen Soziallehre, setzen sich zahlreiche katholische Organisationen und Bewegungen für die Armen und Marginalisierten ein. Dies umfasst die Arbeit von Gruppen wie Secours Catholique (Caritas Frankreich), die sich für Flüchtlinge, Obdachlose und andere bedürftige Gruppen einsetzen.

Die katholische Kirche in Frankreich spielt auch eine bedeutende Rolle im Bildungsbereich. Katholische Schulen und Universitäten sind weit verbreitet und genießen einen guten Ruf. Diese Institutionen sind oft Schauplätze für die Auseinandersetzung mit modernen ethischen Fragen aus einer katholischen Perspektive und dienen als Ausbildungsstätten für die nächste Generation von katholischen Laien und Geistlichen, die möglicherweise politisch aktiv werden.

In einem zunehmend multikulturellen und multi-religiösen Frankreich interagiert der politische Katholizismus auch mit anderen Glaubensgemeinschaften. Dies kann zu Kooperationen führen, wie im Falle gemeinsamer Initiativen für soziale Gerechtigkeit und Frieden, oder zu Konflikten, besonders wenn es um Themen wie religiöse Symbole in öffentlichen Einrichtungen oder die Rechte von Minderheiten geht.

Die größte Herausforderung für den politischen Katholizismus in Frankreich bleibt der fortschreitende Säkularismus und der kulturelle Pluralismus. Die Kirche muss Wege finden, ihre Botschaft in einer Gesellschaft zu vermitteln, die zunehmend religiös indifferent oder sogar feindlich eingestellt ist. Dies erfordert eine Neuinterpretation traditioneller Lehrinhalte, um sie relevant und ansprechend für die moderne französische Gesellschaft zu machen.

In Reaktion auf diese Herausforderungen hat die katholische Kirche in Frankreich, wie auch weltweit, Initiativen zur "Neuen Evangelisierung" gestartet. Diese zielen darauf ab, den katholischen Glauben in einer ansprechenden und überzeugenden Weise neu zu präsentieren und insbesondere junge Menschen zu erreichen, die sich von traditionellen Formen der Religiosität entfernt haben.

Der politische Katholizismus in Frankreich bleibt ein einflussreicher, wenn auch oft unterbewerteter Akteur in der französischen Politik. Trotz der Herausforderungen durch Säkularisierung und Modernisierung hat er sich immer wieder neu definiert und angepasst.[29]

<u>Der politische Katholizismus in den USA</u>

Der politische Katholizismus in den Vereinigten Staaten präsentiert sich als ein facettenreiches Phänomen, das tief in der Geschichte und den soziopolitischen Entwicklungen des Landes verwurzelt ist. Dieser Absatz beschreibt die Entwicklung, die Hauptakteure und die spezifischen Charakteristika des politischen Katholizismus in den USA und hebt dabei sowohl bekannte als auch weniger bekannte Ereignisse und Trends hervor.

Die Geschichte des Katholizismus in den USA ist untrennbar mit der Geschichte der Einwanderung verbunden. Viele der frühen katholischen Gemeinden wurden im 19. Jahrhundert von irischen und deutschen Einwanderern gegründet. Diese Gruppen brachten ihre religiösen Traditionen mit und etablierten sie in einer überwiegend protestantischen Gesellschaft, was zu Spannungen und Diskriminierungen führte.

Ein weniger bekanntes Kapitel des politischen Katholizismus in den USA ist die aktive Teilnahme einiger katholischer Gruppen in der Bür-

---

29 Maurice Larkin, aus einem Aufsatz „Die Katholische Kirche in der Dritten Republik Frankreich", vermutlich aus dem Jahre 199?

gerrechtsbewegung der 1960er Jahre. Katholische Priester und Laien spielten eine signifikante Rolle in den Protesten und Organisationen, die sich für die Rechte der afroamerikanischen Bevölkerung einsetzten. Ein markantes Beispiel ist der "Freedom Summer" von 1964, bei dem katholische Gruppen aktiv gegen die Rassentrennung und für das Wahlrecht kämpften.

Der **Freedom Summer 1964**, auch bekannt als Mississippi Summer Project, war eine entscheidende Kampagne in der Geschichte der Bürgerrechtsbewegung in den Vereinigten Staaten. Ziel der Aktion war es, die rassistischen Strukturen des Südens herauszufordern, insbesondere durch die Registrierung schwarzer Wähler in Mississippi, einem Staat mit einer der niedrigsten afroamerikanischen Wählerregistrierungsquoten. Dieser umfassende Beitrag untersucht die Vorbereitungen, Hauptereignisse und Auswirkungen des Freedom Summer und beleuchtet weniger bekannte Aspekte dieser historischen Bewegung.

Der Freedom Summer wurde hauptsächlich von der Student Nonviolent Coordinating Committee (SNCC), dem Congress of Racial Equality (CORE) sowie der National Association for the Advancement of Colored People (NAACP) organisiert. Diese Gruppen erkannten, dass trotz nationaler Fortschritte im Bürgerrechtsgesetz die Situation für Schwarze im tiefen Süden, insbesondere in Mississippi, kaum Fortschritte machte. Ihr Ziel war es, nationale Aufmerksamkeit auf die extreme Unterdrückung und Diskriminierung zu lenken und lokale afroamerikanische Gemeinschaften zu stärken. Etwa 1.000 Freiwillige, größtenteils weiße College-Studenten aus dem Norden der USA, wurden für den Freedom Summer rekrutiert. Die Freiwilligen erhielten ein intensives Training in Ohio, wo sie auf die extremen Bedingungen des Südens vorbereitet wurden, einschließlich der Möglichkeiten von Gewalt und Verhaftungen. Diese Trainings waren entscheidend für die Sicherheit und Effektivität der Mission.

Der Kern des Freedom Summer war die Wählerregistrierung. Freiwillige gingen von Tür zu Tür, um schwarze Bürger zur Registrierung zu motivieren und halfen ihnen bei der Überwindung bürokratischer Hürden, die oft gezielt eingesetzt wurden, um Schwarze vom Wählen abzuhalten. Trotz massiver Gegenwehr und Einschüchterungen durch weiße Rassisten und sogar staatliche Behörden, gelang es der Kampagne, Tausende von Schwarzen zu registrieren.

Neben der Wählerregistrierung wurden sogenannte "Freedom Schools" eingerichtet, um Bildungslücken zu schließen und politisches Bewusstsein zu fördern. Diese Schulen boten Unterricht in Fächern wie Mathematik und Lesen, aber auch in afroamerikanischer Geschichte und Bürgerrechten, und zogen Hunderte von Schülern an.

Ein weniger bekanntes, aber bedeutendes Ereignis war die Gründung der Mississippi Freedom Democratic Party (MFDP). Diese Partei wurde als alternative Demokratische Partei in Mississippi gegründet, da die bestehende Demokratische Partei Afroamerikaner ausschloss. Die MFDP forderte die Legitimität der weißen Demokratischen Partei heraus und sandte eine eigene Delegation zur nationalen Demokratischen Konvention 1964, was zu einem bedeutenden nationalen Streit führte.

Die brutalen Morde an den drei Bürgerrechtsaktivisten James Chaney, Andrew Goodman und Michael Schwerner im Juni 1964 erschütterten die Nation und wurden zu einem Symbol für die extremen Risiken, denen sich die Aktivisten aussetzten. Ihre Verschwinden und die anschließende Entdeckung ihrer Leichen lenkte internationale Aufmerksamkeit auf die Kampagne und die Brutalität des rassistischen Widerstands.

Freiwillige und lokale Aktivisten waren regelmäßig gewalttätigen Angriffen, Brandstiftungen und Bombendrohungen ausgesetzt. Diese Gewaltakte sollten die Kampagne einschüchtern und demoralisieren, zeigten jedoch die Notwendigkeit des nationalen Engagements und der Gesetzgebung im Bereich Bürgerrechte.

Der Freedom Summer spielte eine entscheidende Rolle für die Verabschiedung des Voting Rights Act von 1965, einer der wichtigsten gesetzlichen Maßnahmen der Bürgerrechtsbewegung, der viele der Hindernisse für schwarze Wähler beseitigte.

Der Voting Rights Act von 1965 ist eines der bedeutendsten Gesetze der US-amerikanischen Bürgerrechtsbewegung und wurde geschaffen, um systematische Barrieren zu beseitigen, die Schwarzen und anderen Minderheiten in den Vereinigten Staaten den Zugang zum Wahlrecht verwehrten. Dieses Gesetz, das am 6. August 1965 von Präsident Lyndon B. Johnson unterzeichnet wurde, hatte tiefgreifende Auswirkungen auf die amerikanische Demokratie und zielte darauf ab, jahrzehntelange rassistische Diskriminierung im Wahlprozess zu bekämpfen.

Nach dem Bürgerkrieg führten viele südliche Staaten der USA Gesetze ein, die Schwarzen de facto das Wahlrecht verwehrten. Dazu gehörten Maßnahmen wie Lesetests, Schreibtests, die Zahlung von Kopfsteuern und das Erfordernis, dass ein Vater oder Großvater vor 1867 wahlberechtigt gewesen sein musste (Grandfather Clauses). Diese und andere Praktiken wurden genutzt, um die afroamerikanische Bevölkerung und andere Minderheiten systematisch von den Wahlen auszuschließen.

Der Voting Rights Act von 1965 enthielt mehrere entscheidende Bestimmungen:

1. **Abschaffung von Wahltests und -anforderungen**: Titel I des Gesetzes verbot den Einsatz von Lesetests und anderen Geräten, die dazu dienten, Minderheiten das Wählen zu erschweren.

2. **Bundesüberwachung**: In Gebieten, die aufgrund ihrer Geschichte rassistischer Wahlpraktiken als besonders problematisch galten (hauptsächlich im Süden der USA), wurde durch Titel IV und V vorgesehen, dass Bundesbeamte die Wahlen überwachen und sicherstellen sollten, dass die Wahlrechte eingehalten wurden.

3. **Vorabgenehmigung (Pre-clearance)**: Titel V etablierte ein Verfahren, bekannt als "Pre-clearance", das bestimmte Staaten und lokale Jurisdiktionen dazu verpflichtete, jegliche Änderungen in den Wahlgesetzen oder -praktiken von der Bundesregierung genehmigen zu lassen, bevor diese wirksam werden konnten. Dies betraf vor allem Gebiete, in denen weniger als 50 % der wahlberechtigten Bevölkerung bei der Wahl von 1964 registriert waren.

4. **Verstärkte rechtliche Durchsetzung**: Das Gesetz ermächtigte das Justizministerium, Klagen gegen diskriminierende Wahlpraktiken zu erheben und stellte Bundesmittel zur Verfügung, um die Durchsetzung des Wahlrechts zu unterstützen.

Der Voting Rights Act hatte sofortige und langfristige Auswirkungen auf die politische Landschaft in den USA. Die Registrierung und Wahlbeteiligung unter Afroamerikanern und anderen Minderheitengruppen stieg signifikant an. Viele afroamerikanische Bürger konnten zum ersten Mal in der Geschichte der USA wählen und sich für öffentliche Ämter bewerben.

Im Laufe der Jahre wurde der Act mehrmals revidiert und erweitert, zuletzt im Jahr 2006, als seine Geltungsdauer um weitere 25 Jahre verlängert wurde. Jedoch schwächte das Oberste Gericht der USA im Jahr 2013 mit dem Urteil im Fall Shelby County v. Holder einen wesentlichen Teil des Gesetzes ab, indem es die Formel zur Bestimmung der Gebiete, die der Vorabgenehmigung unterliegen, für verfassungswidrig erklärte. Dieses Urteil löste eine breite Debatte und Besorgnis darüber aus, wie der Schutz gegen Wahlrechtsdiskriminierung ohne diese Bestimmungen aufrechterhalten werden kann.

In der neueren Geschichte haben katholische Werte und Lehren einen erheblichen Einfluss auf die US-Politik ausgeübt, insbesondere in sozialen und ethischen Fragen wie Abtreibung, Ehe und Bioethik. Der politische Katholizismus in den USA ist jedoch nicht monolithisch; er spiegelt ein breites Spektrum von Meinungen und politischen Ausrichtungen wider, von sehr konservativ bis progressiv.

Die Wahl von John F. Kennedy im Jahr 1960 markiert einen entscheidenden Moment in der Geschichte der Vereinigten Staaten. Als erster katholischer Präsident brach Kennedy eine jahrhundertealte Barriere, die tief in der amerikanischen Gesellschaft verwurzelt war. Sein Aufstieg ins höchste Amt des Landes war nicht nur ein persönlicher Triumph, sondern auch ein symbolischer Sieg für den politischen Katholizismus in einer Nation, die von ihren Anfängen an von protestantischen Werten geprägt war.

Kennedys Kampagne und seine anschließende Präsidentschaft traten in eine Arena voller Skepsis und Vorurteile. Während seiner Kandidatur musste Kennedy weit verbreitete Befürchtungen ansprechen, dass seine politischen Entscheidungen vom Vatikan beeinflusst werden könnten. In einer berühmten Rede vor protestantischen Geistlichen in Houston argumentierte Kennedy leidenschaftlich für die Trennung von Kirche und Staat und betonte, dass er als amerikanischer Präsident und nicht als katholischer Präsident dienen würde.

Diese Worte und Kennedys anschließende Amtszeit wirkten Wunder, um die lange bestehenden Vorbehalte gegenüber Katholiken in politischen Ämtern zu überwinden. Seine Führung während der Kubakrise, seine Vision für den Friedenskorps und sein Eintreten für Bürgerrechte zeigten einen Präsidenten, dessen Aktionen von universellen Werten der Gerechtigkeit und des Humanismus geleitet wurden, nicht von eng gefassten religiösen Dogmen.

Kennedys Erfolg half, die politische Landschaft Amerikas zu verändern. Seine Präsidentschaft öffnete die Tür für weitere katholische Politiker, die hohe Ämter anstrebten, und zeigte, dass Amerika eine Nation ist, in der die Religion eines Kandidaten nicht sein politisches Schicksal bestimmen muss. Die Tatsache, dass katholische Politiker wie Joe Biden und Nancy Pelosi in den folgenden Jahrzehnten wichtige Rollen in der amerikanischen Politik übernehmen konnten, ist ein Zeugnis für die Wege, die Kennedy geebnet hat.

Die Bedeutung von Kennedys Präsidentschaft reicht weit über seine politischen Errungenschaften hinaus. Sie symbolisiert einen kulturellen Wandel in Amerika, eine Bewegung hin zu einer inklusiveren Auffassung von politischer Führung, die Vielfalt und Differenz umarmt. Diese Verschiebung hat nicht nur die Tore für katholische Politiker geöffnet, sondern auch für viele andere, die zuvor am Rande der politischen Macht standen, und bestärkte das Ideal, dass in Amerika jeder, unabhängig von seiner religiösen Überzeugung, das höchste Amt anstreben und erreichen kann.

In jüngerer Zeit entstanden Debatten über die Anwendung der katholischen Soziallehre auf moderne Wirtschafts- und Sozialpolitik. Bischöfe und Laienorganisationen sind oft in Diskussionen über Themen wie Armut, Ungleichheit und Umweltschutz involviert. Die US-amerikanischen Bischöfe haben beispielsweise Stellungnahmen und Richtlinien zu Themen wie Migration und Klimawandel veröffentlicht, die auf den Prinzipien der katholischen Soziallehre basieren.

Die politische Landschaft innerhalb der katholischen Gemeinschaft in den USA ist von einer zunehmenden Polarisierung geprägt. Ein Beispiel für ein weniger bekanntes Ereignis, das diese Spannungen verdeutlicht, ist die Kontroverse um die Teilnahme von Politikern, die

Pro-Choice-Positionen unterstützen, an katholischen Universitätszeremonien. Diese Kontroversen zeigen die tiefen Gräben in ethischen und moralischen Fragen, die die katholische Gemeinschaft in den USA spalten.

Der Katholizismus spielt weltweit eine bedeutende Rolle bei der Formung sozialer Politiken, insbesondere in Bereichen wie Sozialfürsorge, Bildung und ethischen Fragen. Die Lehre des Katholizismus, die soziale Gerechtigkeit und den Schutz der Schwächsten betont, resoniert universell, doch die spezifische Ausprägung des katholischen Einflusses in der nationalen Politik zeigt sich äußerst vielfältig.

In Ländern wie Deutschland und Italien haben sich politische Parteien entwickelt, die direkt den Katholizismus repräsentieren und seine Lehren in das politische Handeln einfließen lassen. Diese Parteien haben oft maßgeblichen Einfluss auf die Formulierung von Gesetzen und politischen Initiativen, die die katholische Soziallehre widerspiegeln. In anderen Ländern, wie Frankreich und den USA, ist der Einfluss des Katholizismus weniger direkt, aber dennoch prägend. Dort manifestiert sich katholischer Einfluss eher indirekt durch soziale Bewegungen und die Verbreitung kirchlicher Lehren, die das öffentliche Bewusstsein und die gesellschaftlichen Diskurse formen.

Die Art und Weise, wie der Katholizismus in unterschiedlichen nationalen Kontexten politisch wirksam wird, zeigt sowohl einheitliche als auch divergierende Muster. Diese Unterschiede und Gemeinsamkeiten zu erkunden, ermöglicht tiefere Einblicke in die komplexen Wechselwirkungen zwischen Religion und Politik. Es beleuchtet, wie religiöse Überzeugungen nicht nur individuelle Entscheidungen, sondern auch die Gestaltung politischer Systeme und Politiken weltweit beeinflussen.

Durch ein besseres Verständnis dieser Dynamiken können wir die vielfältigen Wege, auf denen Religion die öffentliche Sphäre prägt, erkennen und bewerten. Diese Einsichten sind entscheidend, um die tief-greifenden Auswirkungen religiöser Lehren auf gesellschaftliche und politische Strukturen vollständig zu erfassen.

Politischer Katholizismus als internationaler Akteur

Der Vatikan und verschiedene katholische Organisationen spielen eine oft unterschätzte, jedoch bedeutsame Rolle in der internationalen Diplomatie, insbesondere bei der Mediation in internationalen Konflikten und Friedensverhandlungen. Die diplomatische Präsenz des Heiligen Stuhls ist weltweit anerkannt und bietet eine einzigartige Verbindung zwischen religiösem Glauben und globaler Politik. Im Folgenden werde ich detailliert auf die Rolle des Vatikans und katholischer Organisationen eingehen, insbesondere in Bezug auf ihre Beiträge zu Friedensprozessen, wie etwa in Kolumbien und im Südsudan.

Der Heilige Stuhl, die zentrale Regierungsinstanz der römisch-katholischen Kirche, unterhält diplomatische Beziehungen zu über 180 Staaten sowie zu internationalen Organisationen wie den Vereinten Nationen. Diese diplomatischen Aktivitäten sind nicht nur Ausdruck religiöser Überzeugungen, sondern auch gezielte Bemühungen, Frieden und Stabilität weltweit zu fördern. Der Vatikan nutzt seine einzigartige Position, um als neutraler Mediator in Konfliktgebieten zu agieren, wobei er oft hinter den Kulissen arbeitet.

Katholische Organisationen wie Caritas Internationalis und die Gemeinschaft Sant'Egidio haben sich weltweit als wichtige nichtstaatliche Akteure in der Konfliktmediation etabliert. Diese Organisationen nutzen ihre weitreichenden Netzwerke, um Dialoge zwischen verfeindeten Parteien zu initiieren und zu unterstützen.

Beispiel: Gemeinschaft Sant'Egidio[30]

Die Gemeinschaft Sant'Egidio ist eine der bemerkenswertesten religiösen Laienorganisationen der Welt, deren Ursprünge, Bedeutung und Aufgaben tief in den christlichen Werten verwurzelt sind und sich auf die humanitäre und diplomatische Ebene erstrecken. Gegründet wurde sie 1968 in Rom von Andrea Riccardi in einer Zeit gesellschaftlicher Umbrüche, mit dem Ziel, den Glauben durch konkrete Taten der Nächstenliebe zu leben.

Die Entstehung der Gemeinschaft Sant'Egidio im Jahr 1968 ist eng verwoben mit den gesellschaftlichen und kulturellen Umwälzungen der Zeit. Andrea Riccardi, der Gründer, war ein junger Geschichtsstudent, der von der Kraft des christlichen Glaubens und der Notwendigkeit sozialen Engagements überzeugt war. Inspiriert durch das Zweite Vatikanische Konzil, welches die Kirche zu einem Dialog mit der modernen Welt aufrief und die Bedeutung des Laienengagements betonte, sah Riccardi die dringende Notwendigkeit, den Glauben in direktes Handeln umzusetzen.

In dieser Zeit des politischen und sozialen Umbruchs in Italien begann Riccardi zusammen mit einer kleinen Gruppe von Freunden, den Armen und Marginalisierten in den Slums von Rom zu helfen. Ihre erste Initiative führte sie in das Stadtviertel Trastevere, wo sie Kindern aus benachteiligten Verhältnissen Nachhilfe gaben. Diese ersten Schritte waren geprägt von einem tiefen Wunsch, praktische Antworten auf die Lehren des Evangeliums zu finden.

---

30 u.a. Andrea Riccardi, Franziskus – Papst der Überraschungen. Krise und Zukunft der Kirche. Echter Verlag, Würzburg 2014, ISBN 978-3-429-03670-6

Die Gemeinschaft traf sich regelmäßig zum Gebet in der kleinen Kirche Sant'Egidio, nach der sie später benannt wurde. Diese Treffen dienten nicht nur der spirituellen Stärkung, sondern auch der Planung konkreter Aktionen. Die dynamische Verbindung von Gebet und sozialem Einsatz zog schnell weitere Mitstreiter an. Die Mitglieder der Gemeinschaft kamen aus unterschiedlichen sozialen Schichten und Berufen, was die Vielfältigkeit der Gruppe und ihrer Ansätze verstärkte.

Die Arbeit von Sant'Egidio breitete sich bald über die Grenzen Roms hinaus aus. Sie hat sich weltweit als eine bedeutende Kraft für Frieden und soziale Gerechtigkeit etabliert. Mit über 60.000 Mitgliedern in mehr als 70 Ländern, die sich durch ein starkes Engagement für die soziale Gerechtigkeit und die Lösung von Konflikten auszeichnen, spielt Sant'Egidio eine zentrale Rolle in zahlreichen internationalen Mediationsprozessen. Ihre Arbeit basiert auf der Überzeugung, dass Gebet und direkte Aktion Hand in Hand gehen müssen, um echte Veränderungen herbeizuführen.

Sant'Egidio betreibt eine Vielzahl sozialer Programme, darunter die Betreuung von Obdachlosen, die Hilfe für Menschen mit Behinderung und die Unterstützung von Migranten und Flüchtlingen. Ein zentrales Programm ist der „Dienst an den Armen", welcher täglich Mahlzeiten in den Straßen Roms und anderen großen Städten verteilt. Die Gemeinschaft legt großen Wert auf Bildung als Mittel zur Bekämpfung von Armut. Sie führt Schulprogramme in ärmeren Ländern durch und bietet Nachhilfeunterricht sowie Sprachkurse für Migranten an.

Vielleicht am bekanntesten ist Sant'Egidio für ihre Rolle in der internationalen Diplomatie. Die Gemeinschaft hat erfolgreich in mehreren Konflikten vermittelt, darunter in Mosambik in den 1990ern und mehr kürzlich in der Zentralafrikanischen Republik. Ihre Methode der "Diplomatie der Zuhörer" ermöglicht es ihnen, das Vertrauen aller Seiten zu gewinnen und nachhaltige Friedensabkommen zu fördern.

Fallstudie: Kolumbien[31]

Die Rolle der katholischen Kirche und insbesondere der Gemeinschaft Sant'Egidio im kolumbianischen Friedensprozess ist ein herausragendes Beispiel dafür, wie religiöse Organisationen zur Lösung langwieriger Konflikte beitragen können. Der kolumbianische Konflikt, der mehr als ein halbes Jahrhundert dauerte und Tausende von Leben kostete, sah schließlich mit dem Friedensabkommen von 2016 zwischen der Regierung und den FARC-Rebellen einen Hoffnungsschimmer.

Der Konflikt in Kolumbien begann in den 1960er Jahren, hauptsächlich als bewaffneter Kampf zwischen der Regierung und verschiedenen linken Rebellengruppen, von denen die FARC die größte war. Die Gründe für den Konflikt waren vielfältig, einschließlich Landungleichheiten, politischer Exklusion und sozialer Ungerechtigkeiten.

*Die **FARC**, oder "Fuerzas Armadas Revolucionarias de Colombia" (Revolutionäre Streitkräfte Kolumbiens), war eine Guerillagruppe, die eine der Hauptakteure im kolumbianischen Bürgerkrieg darstellte. Sie wurde 1964 gegründet und entstand aus einer Koalition von Bauernselbstverteidigungsgruppen und kommunistischen Militanten. Ihr ursprüngliches Ziel war es, soziale Ungleichheiten zu bekämpfen und eine landwirtschaftlich orientierte und sozialistisch geprägte Volkswirtschaft durch den Sturz der kolumbianischen Regierung zu etablieren. Im Laufe der Jahre entwickelten sich die FARC zu einer starken militärischen Organisation mit Tausenden von Kämpfern, die in verschiedenen Regionen Kolumbiens operierten. Sie finanzierten ihre Aktivitäten durch verschiedene Mittel, einschließlich Drogenhandel, Entführungen und Erpressungen. Diese Aktivitäten machten sie zu einem Hauptziel sowohl für kolumbianische als auch für internationale Sicherheitskräfte.*

31 u.a. Artikel und Analysen in der "Herder Korrespondenz" - Diese Zeitschrift hat mehrere Artikel veröffentlicht, die sich mit dem Einfluss der Religion auf politische Prozesse in Lateinamerika beschäftigen, einschließlich des kolumbianischen Friedensprozesses (Stand: 12.3.2017).

Die katholische Kirche in Kolumbien hat aufgrund ihrer weitreichenden Präsenz in allen Gemeinden und ihrer historischen Rolle als moralische und soziale Instanz eine einzigartige Position inne. Die Kirche nutzte ihr Netzwerk aus Pfarreien und ihre Vertrauensstellung innerhalb der Gemeinden, um sich als Mediator und Fürsprecher für den Frieden zu positionieren.

Ein Schlüsselmoment im Friedensprozess war die aktive Teilnahme der katholischen Kirche an den vorbereitenden Gesprächen, die den Weg für die formellen Verhandlungen ebneten. Die Kirche bot sichere Treffpunkte und half, das Vertrauen zwischen den verfeindeten Parteien aufzubauen. Ihre Vertreter, darunter viele Bischöfe aus den am meisten betroffenen Regionen, fungierten als unparteiische Vermittler und boten sowohl der Regierung als auch den FARC-Rebellen wichtige Einblicke in die Sorgen und Hoffnungen der Zivilbevölkerung.

Die Kirche spielte auch eine entscheidende Rolle bei humanitären Initiativen, indem sie Waffenstillstände aushandelte und humanitäre Korridore für Hilfsgüter organisierte. Diese Maßnahmen waren entscheidend, um das Leid der am meisten betroffenen Bevölkerungsgruppen zu lindern und die notwendigen Bedingungen für fortgesetzte Gespräche zu schaffen.

Die Gemeinschaft Sant'Egidio, bekannt für ihre Erfahrung in der Mediation internationaler Konflikte, unterstützte den Prozess durch ihre diskrete Diplomatie. Ihre Arbeit konzentrierte sich darauf, Brücken zu bauen und den Dialog in Momenten der Krise am Leben zu erhalten. Durch ihre internationalen Kontakte konnte Sant'Egidio zusätzliche Unterstützung mobilisieren und die internationale Aufmerksamkeit auf den Friedensprozess lenken.

Der Friedensvertrag von 2016, obwohl er in einem späteren Referendum knapp abgelehnt wurde, führte zu einer modifizierten Vereinbarung, die letztlich von der kolumbianischen Regierung ratifiziert wurde. Die Kirche und Sant'Egidio setzen ihre Arbeit fort, indem sie die Implementierung des Abkommens überwachen und weiterhin in post-Konflikt-Initiativen involviert sind, insbesondere in den Bereichen Wiedereingliederung der ehemaligen Kämpfer und Landreform.

Fallstudie: Südsudan[32]

Der Südsudan, der jüngste Staat der Welt, der 2011 seine Unabhängigkeit vom Sudan erlangte, ist ein prägnantes Beispiel für die Herausforderungen und Möglichkeiten, die im Prozess des Friedensaufbaus und der nationalen Versöhnung existieren. Seit seiner Unabhängigkeit hat das Land zahlreiche interne Konflikte erlebt, die durch ethnische Spannungen, politische Machtkämpfe und Ressourcenkonflikte angetrieben wurden. Die Rolle der katholischen Kirche und speziell der Gemeinschaft Sant'Egidio hat in diesem fragilen Umfeld an Bedeutung gewonnen.

Der Bürgerkrieg im Südsudan, der kurz nach der Unabhängigkeit des Landes vom Sudan im Jahr 2011 ausbrach, ist tief in den historischen, politischen und ethnischen Spannungen des jungen Staates verwurzelt. Die Wurzeln des Konflikts reichen weit zurück in die Zeit während und nach der kolonialen Ära, als der Süden des Sudans systematisch marginalisiert und von der politischen sowie wirtschaftlichen Macht ausgeschlossen wurde. Diese jahrzehntelangen Spannungen zwischen dem überwiegend islamischen Norden und dem christlich und animistisch geprägten Süden führten schließlich zur Unabhängigkeit des Südsudans.

32 u.a. diverse Berichte von "KONRAD-ADENAUER-STIFTUNG" – Die Stiftung veröffentlicht Studien und Berichte, die die politischen Entwicklungen im Südsudan sowie die Friedensbemühungen beleuchten und dabei auch die Rolle von religiösen Akteuren einbeziehen.

Der unmittelbare Auslöser des Bürgerkriegs war ein Machtkampf zwischen Präsident Salva Kiir und seinem damaligen Stellvertreter Riek Machar. Salva Kiir, ein Dinka, beschuldigte im Dezember 2013 Riek Machar, einem Nuer, einen Putschversuch gegen seine Regierung geplant zu haben. Diese Anschuldigung führte zu gewaltsamen Auseinandersetzungen zwischen den Anhängern beider Seiten, die schnell entlang ethnischer Linien eskalierten.

Die Dinka und die Nuer sind die größten ethnischen Gruppen im Südsudan und haben eine lange Geschichte von Konkurrenz und Konflikt, die durch den Bürgerkrieg erheblich verschärft wurde. Die politischen Spannungen und die Vorwürfe gegenseitiger Benachteiligung verstärkten die ethnischen Spaltungen und führten zu einer Spirale der Gewalt, die sich über das gesamte Land ausbreitete.

Der Konflikt wurde weiter durch Einmischungen externer Akteure kompliziert, darunter Nachbarländer und internationale Kräfte, die entweder wirtschaftliche Interessen in der Region hatten oder strategische Allianzen mit einer der Konfliktparteien pflegten. Diese externen Einflüsse verstärkten nicht nur die militärische Kapazität der Konfliktparteien, sondern verlängerten auch die Dauer und Brutalität des Krieges.

Die Folgen des Bürgerkriegs im Südsudan sind verheerend: Tausende Menschen wurden getötet, Millionen sind von Hunger betroffen oder wurden zu Binnenflüchtlingen und Flüchtlingen. Die Infrastruktur des Landes, darunter Bildungseinrichtungen und Gesundheitssysteme, wurde weitgehend zerstört, was die langfristigen Aussichten auf Erholung und Entwicklung des Landes erheblich beeinträchtigt.

Diese komplexe Mischung aus politischen Machtkämpfen, ethnischen Spannungen und internationalen Einflüssen macht den Konflikt im Südsudan zu einem besonders schwierigen und tragischen Fall, bei dem die Notwendigkeit effektiver Mediation und internationaler Unterstützung deutlich wird. Die Bemühungen der katholischen Kirche und anderer religiöser und humanitärer Organisationen, diesen Friedensprozess zu unterstützen und zu vermitteln, sind entscheidend für die Schaffung einer dauerhaften Lösung in der Region.

Die katholische Kirche hat im Südsudan eine besonders wichtige Rolle gespielt, nicht nur als Anbieter von humanitären Diensten, sondern auch als Vermittler im Friedensprozess. Durch ihr weitreichendes Netzwerk in den Gemeinden und ihre moralische Autorität hat die Kirche oft als Vermittler zwischen den verfeindeten Parteien agiert und dabei geholfen, lokale Friedensinitiativen zu fördern. Ein bemerkenswertes Beispiel für die Arbeit der Kirche ist das „spirituelle Retreat" für die südsudanesische Führung, das 2019 im Vatikan stattfand. Dieses Treffen, zu dem Papst Franziskus selbst die Führer des Südsudans einlud, zielte darauf ab, eine tiefere Versöhnung zwischen Präsident Kiir und Riek Machar zu fördern. Der Papst kniete sogar vor den Führern nieder und bat sie, Frieden zu halten, ein mächtiges Bild, das weltweit für Aufmerksamkeit sorgte.

Die Gemeinschaft Sant'Egidio hat ebenfalls eine aktive Rolle im Friedensprozess im Südsudan gespielt. Durch ihre unabhängige Position und ihr Engagement für Dialog und Versöhnung hat Sant'Egidio verschiedene Treffen und Dialoginitiativen unterstützt, die darauf abzielten, die verschiedenen politischen und ethnischen Gruppen des Landes an einen Tisch zu bringen.

Obwohl es bedeutende Fortschritte im Friedensprozess gab, bleibt die Lage im Südsudan instabil. Die Implementierung von Friedensabkommen stößt auf zahlreiche Herausforderungen, darunter politische Fragmentierung, mangelnde Infrastruktur und tief verwurzeltes Misstrauen zwischen den Gemeinschaften. Trotz dieser Herausforderungen hat die katholische Kirche wesentlich dazu beigetragen, die Grundlagen für einen dauerhaften Frieden zu schaffen, indem sie die nationalen Bemühungen unterstützt und internationale Aufmerksamkeit für die Situation im Land mobilisiert.

Trotz ihrer Erfolge steht die Rolle des Vatikans in der internationalen Diplomatie auch vor Herausforderungen und Kritik. Fragen der Transparenz, der politischen Neutralität und des Einflusses von religiösen Überzeugungen auf diplomatische Initiativen sind wiederkehrende Themen in der Diskussion um die Effektivität des Heiligen Stuhls als Friedensmediator.

5.3. Katholische Diaspora

Die katholische Diaspora bezeichnet Gemeinden und Gläubige, die in mehrheitlich nicht-katholischen Regionen leben. Diese Situation stellt spezielle Herausforderungen und Chancen für die Kirche und ihre Mitglieder dar, besonders in Bezug auf Glaubenspraxis, Gemeindeleben und ökumenischen Dialog.

Diaspora, ursprünglich aus dem Griechischen stammend und wörtlich „Zerstreuung" bedeutend, wird in religiösen Kontexten genutzt, um die Zerstreuung von Gläubigen außerhalb ihrer Hauptverbreitungsgebiete zu beschreiben. Für die katholische Kirche wird der Begriff „Diaspora" oft auf Regionen angewandt, in denen Katholiken eine religiöse Minderheit darstellen, wie es beispielsweise in vielen Teilen Deutschlands der Fall ist, die traditionell protestantisch oder zunehmend säkularisiert sind.

In Deutschland hat die katholische Diaspora tiefgreifende historische Wurzeln, die bis in die Reformation und den Dreißigjährigen Krieg zurückreichen. Durch konfessionelle Auseinandersetzungen und regionale Machtverschiebungen entstanden klare konfessionelle Grenzen. Katholische Minderheiten in überwiegend protestantischen Gebieten wie Norddeutschland oder Teilen Ostdeutschlands bildeten oft geschlossene Gemeinschaften.

In der Diaspora stehen katholische Gemeinden vor der Herausforderung, ihren Glauben in einem Umfeld zu praktizieren und zu erhalten, das oft wenig Unterstützung oder sogar offene Ablehnung gegenüber katholischen Praktiken zeigt. Einige der Hauptstrategien, die in solchen Kontexten angewandt werden, umfassen:

Intensivierung der Gemeindearbeit: Kleinere Gemeinden tendieren dazu, enge soziale Netze zu bilden, um ihren Mitgliedern sowohl spirituellen als auch sozialen Halt zu geben.

Fokus auf Jugend- und Bildungsarbeit: Besonders in der Diaspora ist die Jugendarbeit zentral, um die katholische Identität zu stärken und weiterzugeben.

Ökumenische Zusammenarbeit: Kooperationen mit anderen Konfessionen sind oft notwendig und fruchtbar, um christliche Präsenz in überwiegend säkularen oder andersgläubigen Regionen zu stärken.

Ein prominentes Beispiel für die katholische Diaspora-Arbeit ist das Bonifatiuswerk der deutschen Katholiken. Dieses Werk unterstützt katholische Christen in Diaspora- und Minderheitensituationen durch finanzielle Hilfe und Projektförderung in Deutschland und Nordeuropa.

*Das **Bonifatiuswerk** der deutschen Katholiken ist eine bedeutende katholische Hilfsorganisation in Deutschland, die sich speziell der Unterstützung von Katholiken in diasporischen und Minderheitensituationen widmet. Es wurde 1849 gegründet und hat seinen Sitz in Paderborn. Das Werk ist entscheidend für die Förderung des katholischen Glaubens in Gebieten, in denen Katholiken eine Minderheit darstellen, insbesondere in Deutschland, Skandinavien und dem Baltikum.*

Die Ursprünge des Bonifatiuswerkes gehen auf das Jahr 1849 zurück, als es als Reaktion auf die schwierige Lage der Katholiken in den mehrheitlich protestantischen Gebieten Nord- und Ostdeutschlands ins Leben gerufen wurde. Die Gründung erfolgte durch den Paderborner Bischof Konrad Martin, der das Ziel verfolgte, die katholische Gemeinschaft in diesen Regionen zu stärken und zu unterstützen. Die Hauptaufgabe des Bonifatiuswerkes besteht darin, den Glauben und das kirchliche Leben der Katholiken in Diaspora-Regionen zu fördern. Dies umfasst eine Vielzahl von Aktivitäten, darunter Bau und Erhaltung kirchlicher Einrichtungen, Seelsorge und pastorale Projekte, Bildung und Erziehung und Jugendarbeit. Besondere Aufmerksamkeit gilt der Arbeit mit Kindern und Jugendlichen, um sie im katholischen Glauben zu erziehen und ihnen eine Gemeinschaft zu bieten.

Das Bonifatiuswerk finanziert seine Aktivitäten hauptsächlich durch Spenden von Einzelpersonen, Pfarreien und anderen kirchlichen Gruppen. Zusätzlich führt es jährlich spezielle Sammelaktionen durch, wie den Diaspora-Sonntag, der bundesweit in den katholischen Gemeinden Deutschlands begangen wird und zur finanziellen Unterstützung der Diaspora-Arbeit beiträgt. Neben seiner Arbeit in Deutschland engagiert sich das Bonifatiuswerk auch in Nordeuropa und dem Baltikum. In diesen überwiegend protestantischen oder säkularisierten Regionen unterstützt das Werk die katholische Kirche durch die Finanzierung von kirchlichen Projekten, die Organisation von religiösen Veranstaltungen und die Bereitstellung von Materialien für die Glaubensbildung.

Das Bonifatiuswerk spielt eine zentrale Rolle bei der Unterstützung der katholischen Kirche in diasporischen Bedingungen. Seine Arbeit trägt nicht nur zur Stärkung des katholischen Glaubens bei, sondern fördert auch das kulturelle und soziale Leben in den unterstützten Gemeinden. Es ist ein wesentliches Instrument der Solidarität innerhalb der deutschen Katholiken, das dazu beiträgt, dass Katholiken in Minderheitensituationen nicht isoliert oder benachteiligt werden.

Diese katholischen Gemeinschaften, verteilt über den Globus, stehen vor einer Vielzahl von Herausforderungen, die durch ihre Minderheitenposition in überwiegend nicht-katholischen Regionen hervorgerufen werden. Doch gerade in diesen Herausforderungen offenbaren sich bemerkenswerte Chancen für Wachstum und Erneuerung.

Die katholische Kirche, die sich in diesen Diasporagemeinschaften manifestiert, entdeckt oft, dass der physische Abstand von ihren Wurzeln den Glauben nicht schwächt, sondern im Gegenteil oft vertieft. Diese Vertiefung resultiert nicht nur aus der Notwendigkeit, in einer möglicherweise indifferenten oder sogar feindlichen Umgebung die eigene Identität zu bewahren, sondern auch aus dem Antrieb, den Glauben in einem neuen Licht zu verstehen und zu praktizieren. In diesen abgelegenen Enklaven entwickeln Katholiken innovative pastorale Ansätze, die darauf abzielen, sowohl ihre Gemeinschaft zu festigen als auch mit anderen Glaubensgemeinschaften in Dialog zu treten.

Ein solches Umfeld fordert von katholischen Gemeinden, flexibel und kreativ zu sein. Traditionelle Praktiken und Rituale werden oft angepasst, um relevanter für die spezifischen kulturellen Kontexte zu sein, in denen sie jetzt praktiziert werden. Diese Anpassung kann von der Art der kirchlichen Feiern bis hin zu den sozialen Diensten reichen, die sie der breiteren Gemeinschaft anbieten. Durch diese Evolution wird die Kirche zu einem lebendigen Beispiel dafür, wie Glaube sich an neue Umstände anpassen und dabei seine Kernwerte bewahren kann.

Darüber hinaus bietet die Diaspora bedeutende Chancen für den ökumenischen Dialog. Katholiken in der Minderheit sind oft gezwungen, Wege der Koexistenz und der Zusammenarbeit mit anderen Glaubensgemeinschaften zu finden. Solche Interaktionen fördern das gegenseitige Verständnis und den Respekt unter verschiedenen religiösen Gruppen und tragen dazu bei, Brücken in einer oft gespaltenen Welt zu bauen. Die Erfahrungen der katholischen Diaspora können somit wertvolle Einblicke in das Potenzial und die Herausforderungen religiöser Koexistenz bieten.

In einer globalisierten und multireligiösen Welt könnten die Erfahrungen und Perspektiven der katholischen Diaspora entscheidende Beiträge zum Verständnis des modernen Lebens und der interreligiösen Beziehungen leisten. Diese Gemeinschaften, die oft unter Bedingungen der Marginalisierung und des Minderheitenstatus operieren, zeugen von der Widerstandsfähigkeit und Anpassungsfähigkeit des katholischen Glaubens und bieten ein lebendiges Zeugnis dafür, wie tief und weit die Kirche in der Lage ist, ihre Wurzeln in verschiedensten kulturellen Böden zu schlagen. Ihre Geschichten sind nicht nur ein Kapitel der Kirchengeschichte, sondern auch ein Fenster in die Seele einer sich ständig wandelnden globalen Gesellschaft.

5.4. Verhältnis zum politischen Islamismus

Das Verhältnis zwischen politischem Katholizismus und politischem Islamismus kann als ein komplexes Geflecht von ideologischen, theologischen und historischen Interaktionen betrachtet werden, die sowohl auf Kooperation als auch auf Konflikt beruhen. Diese beiden Strömungen, die jeweils aus den tiefen religiösen Traditionen des Christentums und des Islams schöpfen, unterscheiden sich fundamental in ihren religiösen Lehren und politischen Manifestationen, weisen aber auch einige interessante Parallelen auf, insbesondere in ihrer Reaktion auf die Moderne und Säkularisierung.

<u>Historischer Kontext und Entwicklung</u>

Im 19. Jahrhundert entstanden, suchte der politische Katholizismus, christliche Werte innerhalb der staatlichen Strukturen, insbesondere in Europa, zu integrieren und zu verteidigen. Besonders in Deutschland, wo der politische Katholizismus im Zuge des Kulturkampfes und später durch die Zentrumspartei repräsentiert wurde, entwickelte

sich eine starke politische Bewegung, die sich für die Rechte der Katholiken einsetzte.

Der politische Islamismus, oft auch nur als Islamismus bezeichnet, ist eine Bewegung, die darauf abzielt, den Islam nicht nur als Religion, sondern auch als politisches System zu implementieren. Dieser Ansatz unterscheidet sich von einem rein religiösen Islam dadurch, dass er explizit politische Ziele verfolgt und auf die Gestaltung der staatlichen und gesellschaftlichen Ordnung gemäß islamischer Prinzipien abzielt.

Die Ursprünge des politischen Islamismus können auf das späte 19. und frühe 20. Jahrhundert zurückgeführt werden, als Reaktion auf den Niedergang des Osmanischen Reiches und den zunehmenden Einfluss westlicher Mächte in der muslimischen Welt. Intellektuelle wie Jamal al-Din al-Afghani und sein Schüler Muhammad Abduh kritisierten die Rückständigkeit der islamischen Welt und sahen in der Rückkehr zu den wahren Werten des Islams eine Lösung für die politische und soziale Krise.

1928 markierte ein signifikantes Jahr für den politischen Islamismus mit der Gründung der Muslimbruderschaft in Ägypten durch Hassan al-Banna. Al-Banna war enttäuscht von der westlichen Dominanz und dem moralischen Verfall in Ägypten und sah im Islam nicht nur eine spirituelle, sondern auch eine politische Lösung. Die Muslimbruderschaft verbreitete sich schnell und gründete Zweige in anderen arabischen Ländern, wobei sie sowohl soziale als auch politische Ziele verfolgte.

Hassan al-Banna war ein ägyptischer islamischer Gelehrter und Aktivist. Geboren am 14. Oktober 1906 in Mahmudiyya, Ägypten, wuchs al-Banna in einem religiösen Umfeld auf. Sein Vater war ein bekannter Uhrenmacher und Imam, der ihn früh in die islamische Lehre einführte. Hassan al-Banna erhielt seine formale Bildung an einer staatlichen Schule, aber sein Vater sorgte dafür, dass er auch traditionelle religiöse Studien betrieb. Al-Banna zeigte be-

reits in jungen Jahren ein tiefes Interesse an islamischen Studien und engagierte sich in verschiedenen religiösen und sozialen Organisationen.

Nach dem Abschluss seines Studiums an der Dar al-'Ulum-Fakultät in Kairo,
einer Lehrerausbildungsstätte, zog al-Banna nach Ismailia, wo er als Lehrer
arbeitete. Besorgt über den moralischen Verfall und den Einfluss westlicher
Kultur in Ägypten, gründete er 1928 die Muslimbruderschaft. Die Organisation begann als eine soziale und religiöse Gruppe, die sich der islamischen Erneuerung widmete. Sie wuchs schnell, und ihre Ziele erweiterten sich bald
auf politische Aktivitäten mit dem Ziel, einen islamischen Staat auf der Basis
der Scharia zu gründen. Al-Banna war ein charismatischer Redner und ein
geschickter Organisator. Er vertrat die Ansicht, dass der Islam eine umfassende Lebensweise sei, die alle Aspekte des Lebens, einschließlich Politik und
Gesellschaft, umfasst. Unter seiner Führung breitete sich die Muslimbruderschaft über ganz Ägypten aus und zog Anhänger aus allen Gesellschaftsschichten an. Al-Banna betonte die Notwendigkeit der moralischen und spirituellen Erneuerung sowie die Bedeutung des Dschihad (bemühtes Streben),
um die islamischen Ziele zu erreichen. Seine Vision für die Gesellschaft war
nicht nur auf Ägypten beschränkt; er sah die Muslimbruderschaft als Keim-
zelle für eine weltweite islamische Erneuerung.

Hassan al-Banna wurde am 12. Februar 1949 unter mysteriösen Umständen
ermordet, was allgemein als politischer Mord angesehen wird. Sein Tod markierte ein vorläufiges Ende der ursprünglichen Expansion der Muslimbruderschaft, obwohl die Organisation weiterhin bestand und in den folgenden
Jahrzehnten weiterhin eine wichtige politische Kraft in Ägypten und anderen
muslimischen Ländern blieb.

Al-Bannas Vermächtnis ist bis heute spürbar, da die von ihm gegründete Bewegung weiterhin bedeutenden Einfluss in der politischen Landschaft des
Nahen Ostens und darüber hinaus hat. Seine Schriften und Reden bleiben
eine Inspirationsquelle für viele Muslime, die nach einer Verbindung zwischen traditionellen islamischen Werten und den Herausforderungen der
modernen Welt suchen.

Nach der Unabhängigkeit vieler arabischer Staaten in der Mitte des
20. Jahrhunderts erlebte der politische Islamismus sowohl Auf-

schwünge als auch Rückschläge. In den 1950er und 1960er Jahren führten die repressiven Maßnahmen von Staatsführern wie Gamal Abdel Nasser in Ägypten zu einer Radikalisierung einiger Elemente der islamistischen Bewegung. Die harsche Unterdrückung der Islamisten, insbesondere der Muslimbruderschaft, führte zur Formulierung radikalerer Positionen, wie sie beispielsweise von Sayyid Qutb, einem führenden Theoretiker der Bruderschaft, vertreten wurden.

Sayyid Qutb war ein ägyptischer islamischer Theologe, Autor und führender Theoretiker der ägyptischen Muslimbruderschaft. Seine Schriften und Ideen hatten tiefgreifende Auswirkungen auf die Entwicklung des islamistischen Denkens im 20. Jahrhundert und beeinflussen radikale islamistische Bewegungen bis heute.

Sayyid Qutb wurde am 9. Oktober 1906 in Musha, einem kleinen Dorf in der Provinz Asyut in Ägypten, geboren. Er wuchs in einer Zeit auf, in der Ägypten durch britische Kolonialherrschaft und interne politische Unruhen geprägt war. Qutb erhielt eine traditionelle religiöse Erziehung und setzte seine Studien am Dar al-Ulum College in Kairo fort, wo er 1928 seinen Abschluss in Kunst machte. Er begann seine Karriere als Lehrer und später als Beamter im ägyptischen Bildungsministerium.

In den 1940er Jahren begann Qutb, sich aktiv für kulturelle und politische Themen zu interessieren und veröffentlichte mehrere Romane und literarische Kritiken. Seine Reise in die Vereinigten Staaten von 1948 bis 1950, die ursprünglich dazu gedacht war, das amerikanische Bildungssystem zu studieren, wurde zu einem Wendepunkt in seinem Leben. Die Erfahrungen in den USA, die er als materialistisch und moralisch dekadent empfand, verstärkten seine Überzeugung, dass der Westen und seine Werte grundsätzlich mit dem Islam unvereinbar seien.

Nach seiner Rückkehr nach Ägypten schloss sich Qutb der Muslimbruderschaft an, einer islamistischen Organisation, die den Sturz der säkularen ägyptischen Regierung und die Einführung der Scharia anstrebte. In den 1950er Jahren wurde er zu einem der führenden Köpfe der Bewegung und verfasste zahlreiche Artikel und Bücher, die die Notwendigkeit einer islamischen Regierung betonten. Sein einflussreichstes Werk, "Milestones" (Ma'alim fi-l-Tariq), veröffentlichte er 1964, in dem er die Gesellschaften als jahiliyyah (prä-islamische Ignoranz) beschrieb und zum Dschihad aufrief, um einen echten islamischen Staat zu etablieren.

Qutbs radikale Ansichten und seine Beteiligung an der Planung eines Umsturzversuchs gegen die Regierung von Gamal Abdel Nasser führten zu seiner Verhaftung im Jahr 1954. Nach einer kurzen Freilassung wurde er 1965 erneut verhaftet, als die ägyptische Regierung ein angebliches Komplott der Muslimbruderschaft aufdeckte. Qutb wurde der Verschwörung beschuldigt, zum Tode verurteilt und am 29. August 1966 hingerichtet. Sayyid Qutb gilt als einer der Väter des modernen Islamismus. Seine Ideen, insbesondere seine Kritik an den als unislamisch empfundenen Regierungen muslimischer Länder und sein Aufruf zum Dschihad gegen sie, haben die ideologische Grundlage für viele radikale islamistische Gruppen, einschließlich Al-Qaida und ISIS, gebildet. Sein Leben und Werk bleiben Gegenstand intensiver Studien und Debatten und symbolisieren den tiefen Konflikt zwischen islamistischen Extremisten und modernen muslimischen Gesellschaften.

1979 war ein Wendepunkt für den politischen Islamismus mit der Islamischen Revolution im Iran unter der Führung von Ayatollah Khomeini. Die Revolution führte zur Gründung eines islamischen Staates basierend auf dem Prinzip der Velayat-e Faqih (Herrschaft des Rechtsgelehrten). Dieses Ereignis inspirierte islamistische Gruppen weltweit und zeigte, dass ein islamischer Staat möglich war.

Velayat-e Faqih (persisch) ist ein Schlüsselkonzept der schiitischen Islami- schen Republik Iran und bezeichnet die „Herrschaft des islamischen Rechts- gelehrten". Diese Ideologie stellt die theoretische Grundlage dar, auf der der oberste Führer des Iran (derzeit Ayatollah Ali Khamenei) seine Autorität aus- übt. Das Konzept ist tief in der schiitischen Theologie verwurzelt, insbeson- dere in der Zwölfer-Schia[33], und hat eine entscheidende Rolle in der modernen politischen Geschichte Irans gespielt, insbesondere seit der Islamischen Revolution von 1979.

Das Konzept der Velayat-e Faqih wurde umfassend von Ayatollah Ruhollah Khomeini, dem Führer der Islamischen Revolution in Iran, entwickelt und po- pularisiert. Khomeini argumentierte, dass in der Abwesenheit des verborge- nen Imams, des zwölften Imam der Schiiten, der als Mahdi bekannt ist und der nach schiitischer Überzeugung am Ende der Zeiten zurückkehren wird, qualifizierte islamische Rechtsgelehrte die Autorität besitzen sollten, die muslimische Gemeinde in allen Angelegenheiten des Lebens zu führen. Dies beinhaltet nicht nur religiöse, sondern auch politische Aspekte, was eine Ab- kehr von der traditionelleren schiitischen Theologie bedeutete, die eine striktere Trennung zwischen religiöser Führung und weltlicher Macht befür- wortete.

Khomeini legte seine Sichtweise in verschiedenen Werken dar, vor allem in seinem Buch „Islamische Regierung" (Hokumat-e Islami), das er während sei- nes Exils vor der Islamischen Revolution schrieb. Er argumentierte, dass ein gerechter und frommer Rechtsgelehrter (Faqih), der tief in der islamischen Jurisprudenz verwurzelt ist, in der Lage sei, die Gesellschaft im Sinne des göttlichen Gesetzes zu leiten und zu regieren. Der Faqih agiert dabei als Stell- vertreter des verborgenen Imams.

33 Die Zwölfer-Schia, auch bekannt als „Imamiten" oder „Ithna-Ashariyya" (was „Zwölf Anhänger" bedeutet), ist die größte Richtung innerhalb des schiitischen Islams. Ihre Anhänger glauben an eine Reihe von zwölf Ima- men, die direkte Nachfahren des Propheten Mohammed durch seine Tochter Fatima und ihren Ehemann Ali, den ersten Imam, sind. Die Zwöl- fer-Schia unterscheidet sich von anderen schiitischen Gruppen, wie den Ismailiten oder den Zaiditen, hauptsächlich durch die Anzahl und die Identität der Imame, die sie verehren.

Nach dem Sieg der Islamischen Revolution 1979 wurde das Konzept der Ve-
layat-e Faqih in die neue Verfassung des Iran aufgenommen. Der oberste
Führer, der zunächst Ayatollah Khomeini und später Ayatollah Ali Khamenei
war, übt umfassende Befugnisse aus. Er hat nicht nur entscheidenden Ein-
fluss auf die politischen, sondern auch auf die militärischen und rechtlichen
Angelegenheiten des Landes. Diese Position verleiht ihm mehr Autorität als
die des Präsidenten und anderer staatlicher Organe, was ihn zum zentralen
Machthaber im iranischen politischen System macht.

Das Konzept der Velayat-e Faqih ist innerhalb der schiitischen Gemeinschaft
und darüber hinaus umstritten. Kritiker, einschließlich einiger schiitischer Ge-
lehrter, argumentieren, dass es eine zu große Machtkonzentration in den
Händen einer einzigen Person fördert und damit potenziell Missbrauch und
autoritäre Tendenzen begünstigt. Andere bestreiten die theologische Basis
des Konzepts und behaupten, es sei eine Innovation ohne klare Grundlage in
den klassischen schiitischen Texten.

Trotz der Kontroversen bleibt die Velayat-e Faqih ein zentrales Element der
politischen und religiösen Identität des modernen Iran. Es bildet die Grund-
lage für die Legitimität der iranischen Führung und hat bedeutende Auswir-
kungen auf die Innen- und Außenpolitik des Landes. Das Konzept beeinflusst
auch die Beziehungen des Iran zu anderen muslimischen Ländern und seine
Position in der geopolitischen Landschaft des Nahen Ostens.

In den folgenden Jahrzehnten verbreitete sich der politische Islamismus weiter, auch durch die Aktivitäten von Gruppen wie Al-Qaida und
später dem Islamischen Staat (IS), die allerdings eine viel radikalere
und gewalttätigere Form des Islamismus vertraten als die ursprünglichen Bewegungen. Diese Gruppen nutzten globale Unzufriedenheit
und lokale Konflikte, um für ihre Sache zu werben, wobei sie oft brutale Methoden anwandten.

Der Arabische Frühling, der 2011 in Tunesien begann und sich schnell
über den Nahen Osten ausbreitete, brachte neue Möglichkeiten und
Herausforderungen für islamistische Gruppen. In Ägypten zum Beispiel gewann die Muslimbruderschaft die Wahlen nach dem Sturz von

Hosni Mubarak, konnte sich aber nicht lange an der Macht halten und wurde durch das Militär unter Abdel Fattah al-Sisi gestürzt.

Der politische Islamismus, eine der prägendsten und kontroversesten Strömungen in der modernen muslimischen Welt, wirft ein Schlaglicht auf die tiefe Verflechtung von Religion, Politik und Gesellschaft. Mit der Zeit und angesichts wachsender Frustrationen über politische Unterdrückung, wirtschaftliche Stagnation und soziale Ungleichheiten radikalisierte sich ein Teil dieser Bewegung. In einigen Fällen führte dies zur Rechtfertigung von Gewalt als Mittel zur Erreichung politischer Ziele. Diese Radikalisierung ist jedoch nicht repräsentativ für den gesamten politischen Islamismus, der in vielen Ländern weiterhin in milderer Form existiert und durch Parteien und Bewegungen vertreten wird, die legal und friedlich arbeiten, um ihre Ziele zu erreichen.

Das anhaltende Grundziel des politischen Islamismus, unabhängig von seiner Form, bleibt die Gestaltung der Gesellschaft gemäß islamischer Prinzipien. Für viele seiner Anhänger bedeutet dies die Schaffung eines gerechten Systems, das auf den Werten des Islam basiert, wie soziale Gerechtigkeit, die Verteilung von Wohlstand und die Einhaltung moralischer und ethischer Normen im öffentlichen und privaten Leben.

Die breite Palette von Ausprägungen des Islamismus, von moderat bis extrem, spiegelt die Vielfalt und die Komplexität der muslimischen Welt selbst wider.

Der politische Katholizismus und der radikale Islamismus, insbesondere repräsentiert durch Gruppen wie den Islamischen Staat (IS), repräsentieren zwei fundamental unterschiedliche Interpretationen religiöser Überzeugungen und deren Rolle in der Politik. Diese beiden Ansätze kollidieren in einer Reihe von wesentlichen Bereichen, die sowohl theologische als auch praktische Aspekte umfassen. Zentral für den politischen Katholizismus ist die Auffassung, dass der Glaube die moralischen und ethischen Grundlagen für das Handeln im öffentlichen Raum bietet, dabei jedoch den Grundsatz der Trennung von Kirche und Staat und die Akzeptanz pluralistischer Gesellschaften respektiert. Der Katholizismus in seiner politischen Form betont die Wichtigkeit von Dialog, Frieden und der universellen Menschenwürde, die sich aus der christlichen Lehre der Nächstenliebe und Vergebung speist.

Im Gegensatz dazu beruft sich der radikale Islamismus auf eine strikte, oft wörtliche Interpretation des Korans und der Hadithe, die als unumstößliche Richtlinien für alle Lebensbereiche, einschließlich der Politik, angesehen werden. Gruppen wie der IS streben die Errichtung eines theokratischen Staates an, der streng nach islamischem Recht (Scharia) regiert wird, und lehnen Pluralismus und die Trennung von Religion und Staat kategorisch ab. Dieser Ansatz schließt nicht nur Nicht-Muslime, sondern auch Muslime, die andere Interpretationen des Islams vertreten, von der politischen und gesellschaftlichen Teilhabe aus.

*Die **Hadithe** sind Sammlungen von Aussagen, Handlungen oder Zustimmungen des Propheten Muhammad, die neben dem Koran als wichtige Quelle der islamischen Lehre und Rechtsprechung gelten. Sie sind grundlegend für das Verständnis der islamischen Theologie, Ethik und des islamischen Rechts (Scharia), und sie ergänzen und erläutern den Koran, indem sie zusätzliche Kontexte und Richtlinien für das tägliche Leben und religiöse Praktiken bieten.*

Die Hadithe spielen eine entscheidende Rolle bei der Interpretation des Korans und bei der Formulierung der islamischen Rechtsprechung. Sie dienen als Leitfaden für das Gebet, die Pilgerfahrt, familiäre und soziale Beziehungen, Fasten, Almosen und andere Aspekte des muslimischen Lebens.

Nach Muhammads Tod wurden seine Aussprüche und Taten von seinen Gefährten gesammelt und mündlich weitergegeben. Diese Überlieferungen wurden später systematisch gesammelt, überprüft und aufgezeichnet. Die

Authentizität einzelner Hadithe wurde sorgfältig anhand der Zuverlässigkeit der Überlieferungskette (Isnad) und des Inhalts (Matn) bewertet. Zu den bekanntesten Sammlungen gehören diejenigen von Sahih Bukhari und Sahih Muslim, die als besonders zuverlässig gelten und im sunnitischen Islam weit verbreitet sind.

Die Interpretation der Hadithe kann variieren, und unterschiedliche islamische Gelehrte können unterschiedliche Ansichten über die Anwendung spezifischer Hadithe haben, abhängig von ihrem Verständnis des Kontextes und ihrer Methodologie. Dies führt zu unterschiedlichen Rechtsauffassungen und Praktiken innerhalb der islamischen Welt.

Der politische Katholizismus hat sich im Laufe der Jahre zunehmend den universellen Menschenrechten verpflichtet, was sich in der Unterstützung für internationale Abkommen und in der sozialen Lehre der katholischen Kirche widerspiegelt. Der Schutz des Lebens, die Förderung der sozialen Gerechtigkeit und die Verteidigung der Rechte von Minderheiten stehen im Vordergrund.

Radikale islamistische Gruppen wie der IS hingegen haben Menschenrechte oft gravierend verletzt. Ihre Regime sind gekennzeichnet durch extreme Diskriminierung und Gewalt gegenüber Frauen, religiösen und ethnischen Minderheiten sowie die Durchführung brutaler Strafen, die von der internationalen Gemeinschaft weitgehend als Verbrechen gegen die Menschlichkeit eingestuft werden. Diese Praktiken stehen in scharfem Kontrast zu den katholischen Lehren der Menschenwürde und Gleichheit.

Während der politische Katholizismus Gewalt grundsätzlich ablehnt und als Mittel der politischen Auseinandersetzung verurteilt, sieht der radikale Islamismus Gewalt oft als gerechtfertigtes Mittel zur Durchsetzung religiöser und politischer Ziele. Der IS hat durch seine brutalen Taktiken und terroristischen Anschläge weltweit für Entsetzen gesorgt. Der Einsatz von Gewalt im Namen des Glaubens, wie ihn der IS praktiziert, steht im krassen Gegensatz zur katholischen Friedensethik.

Der politische Katholizismus unterstützt demokratische Systeme und die aktive Teilnahme der Katholiken am politischen Prozess. Dies spiegelt sich in der aktiven Beteiligung katholischer Laien und Geistlicher in politischen Ämtern in vielen Ländern der Welt wider.

Radikale Islamisten lehnen demokratische Prinzipien ab, weil sie nicht mit ihrer Interpretation der Scharia übereinstimmen. Der IS hat jede Form demokratischer Governance abgelehnt und strebt stattdessen eine autokratische Herrschaft unter strenger religiöser Kontrolle an.

Die Kollisionspunkte zwischen dem politischen Katholizismus und dem radikalen Islamismus sind tiefgreifend und reflektieren grundlegende Differenzen in der Auffassung von Religion, Gesellschaft und Macht. Während der politische Katholizismus versucht, seinen Glauben mit den modernen, pluralistischen und demokratischen Gesellschaftsstrukturen in Einklang zu bringen, strebt der radikale Islamismus eine Rückkehr zu einer idealisierten, streng theokratischen Ordnung an, die moderne Konzepte von Rechten und Freiheiten ablehnt. Diese fundamentalen Unterschiede führen zu konträren Ansichten in fast allen Aspekten des gesellschaftlichen Lebens.

5.5. Verhältnis zu den Zeugen Jehovas

Das Verhältnis zwischen dem politischen Katholizismus und den Zeugen Jehovas ist tief in den unterschiedlichen Glaubenssystemen und gesellschaftspolitischen Ausrichtungen beider Gemeinschaften verwurzelt. Die Untersuchung dieses Verhältnisses offenbart sowohl Kontraste in den Glaubensinhalten als auch in den Reaktionen auf politische Herausforderungen.

Gegründet in den späten 1870er Jahren in den USA, legen die Zeugen Jehovas einen starken Fokus auf die wörtliche Auslegung der Bibel und erwarten die nahe Errichtung des Gottesreiches auf Erden, was eine politische Neutralität und eine distanzierte Haltung zu staatlichen Einrichtungen und politischen Prozessen mit sich bringt. Diese Haltung brachte sie in zahlreichen politischen Regimen, einschließlich des nationalsozialistischen Deutschlands und der DDR, in Konflikt mit staatlichen Autoritäten.

Die Zeugen Jehovas wurden im nationalsozialistischen Deutschland wegen ihrer Weigerung, Hitler und das NS-Regime zu unterstützen, sowie wegen ihrer internationalen Verbindungen und ihrer Ablehnung jeglicher Form von Militärdienst verfolgt. Ihre konsequente Weigerung, den Hitlergruß zu verwenden oder an Wahlen teilzunehmen, führte zu massiven Repressionen, einschließlich Inhaftierung und Deportation in Konzentrationslager.

Im Gegensatz dazu hatte der politische Katholizismus, wie schon beschrieben, eine kompliziertere Beziehung zum Nationalsozialismus.

Nach dem Zweiten Weltkrieg und der Teilung Deutschlands entwickelten sich die Beziehungen zwischen dem politischen Katholizismus und den Zeugen Jehovas weiter. Die Zeugen Jehovas waren weiterhin vor allem mit der Wiederherstellung ihrer Gemeinschaft und der Anerkennung als Religionsgemeinschaft beschäftigt, was ihnen 1950 gelang.

In der DDR hingegen standen beide Gruppen unter staatlichem Druck, obwohl die Zeugen Jehovas härter verfolgt wurden, da ihre Überzeugungen als inkompatibel mit dem sozialistischen Staatsdoktrin angesehen wurden. Der politische Katholizismus, vertreten durch die unterdrückte katholische Kirche, übte seinen Einfluss eher subtil und im Rahmen der begrenzten Möglichkeiten aus, während die Zeugen Jehovas oft im Untergrund agieren mussten.

In der heutigen Zeit sind sowohl der politische Katholizismus als auch die Zeugen Jehovas aktive Teilnehmer am religiösen Leben Deutschlands, jedoch mit sehr unterschiedlichen Ansätzen und Zielen. Während der politische Katholizismus weiterhin versucht, christliche Werte in die öffentliche Politik einzubringen, bleiben die Zeugen Jehovas ihrer Linie der politischen Neutralität treu.

5.6. Verhältnis zur deutschen Sozialdemokratie

Das Verhältnis zwischen dem politischen Katholizismus und der deutschen Sozialdemokratie ist geprägt von einer langen Geschichte wechselhafter Beziehungen, die durch tiefgreifende ideologische Unterschiede, aber auch durch pragmatische Kooperationen charakterisiert sind. Dieses Verhältnis reicht zurück bis ins späte 19. Jahrhundert und hat sich durch politische, soziale und kulturelle Entwicklungen in Deutschland kontinuierlich weiterentwickelt.

Der politische Katholizismus in Deutschland organisierte sich hauptsächlich in der Zentrumspartei, die 1870 gegründet wurde, um die katholischen Interessen in einem überwiegend protestantischen Deutschland zu vertreten, besonders gegen die antiklerikalen Politiken von Otto von Bismarcks Kulturkampf. Die Zentrumspartei positionierte sich als Verteidigerin der katholischen Minderheit und strebte den Schutz religiöser Rechte an.

Die Sozialdemokratische Partei Deutschlands (SPD) hingegen, gegründet 1875, zielte auf die Vertretung der Arbeiterklasse und die Etablierung einer sozialistischen Gesellschaft. Die SPD war stark säkular ausgerichtet und stand den kirchlichen Institutionen kritisch gegenüber, was sie in einen direkten Gegensatz zum politischen Katholizismus brachte. Trotz dieser Unterschiede fanden die Zentrumspartei und die SPD während der Weimarer Republik (1919-1933) zu pragmatischen

Koalitionen zusammen. In dieser Zeit der politischen Unsicherheit und ökonomischen Schwierigkeiten arbeiteten beide Parteien an der Ausarbeitung der Weimarer Verfassung und unterstützten demokratische Prinzipien gegen extremistische Kräfte von rechts und links. Diese Zusammenarbeit war jedoch nicht frei von Spannungen, da tiefgreifende ideologische Differenzen, besonders in Bezug auf Religion und Sozialpolitik, bestehen blieben.

Mit der Machtergreifung der Nationalsozialisten 1933 wurden sowohl die Zentrumspartei als auch die SPD verboten. Nach dem Zweiten Weltkrieg und der Niederlage des Nationalsozialismus wurden beide Bewegungen neu belebt, wobei der politische Katholizismus sich in der neu gegründeten Christlich Demokratischen Union (CDU) organisierte. In der Nachkriegszeit und besonders unter der Kanzlerschaft von Konrad Adenauer fanden die CDU und die SPD in der Gestaltung des deutschen Sozialstaats und in der Wirtschaftspolitik zu einer weiteren, wenn auch oft konfliktreichen Zusammenarbeit.

In der gegenwärtigen politischen Landschaft Deutschlands bleibt das Verhältnis zwischen dem politischen Katholizismus, vertreten durch die CDU/CSU, und der Sozialdemokratischen Partei Deutschlands (SPD) ein Schlüsselaspekt, der geprägt ist von einer Mischung aus Kooperation und Konkurrenz. Die aktuelle Dynamik dieser Beziehung reflektiert die fortlaufenden Anpassungen beider Parteien an die veränderten sozialen, ökonomischen und politischen Gegebenheiten in Deutschland und Europa.

Seit der Wiedervereinigung Deutschlands haben CDU/CSU und SPD mehrmals in Großen Koalitionen zusammengearbeitet. Diese Koalitionen wurden oft als pragmatische Lösungen in Zeiten politischer Unsicherheit oder Fragmentierung im Bundestag gesehen. Während solcher Koalitionen mussten beide Parteien Kompromisse finden, insbesondere in Bereichen wie Finanzpolitik, Sozialreformen und Außenpolitik. Diese Kompromissbereitschaft hat es ermöglicht, wichtige Gesetze zu verabschieden und die Regierungsfähigkeit in schwierigen Zeiten zu sichern.

Obwohl die CDU/CSU und die SPD in Kernthemen wie der Wirtschafts- und Sozialpolitik oft unterschiedliche Ansätze verfolgen, gibt es auch viele Bereiche, in denen Zusammenarbeit möglich ist. Beispielsweise haben sich beide Parteien für die Stärkung des Sozialstaats eingesetzt, auch wenn ihre Methoden variieren. In der Klimapolitik gibt es jedoch deutliche Unterschiede: Die CDU/CSU neigt zu einer marktorientierten Herangehensweise, während die SPD stärkere staatliche Eingriffe befürwortet.

Die Europäische Union und globale Themen wie Migration und Klimawandel haben zunehmend Einfluss auf das Innenverhältnis der Parteien. Beide Parteien stehen vor der Herausforderung, auf die wachsende politische Polarisierung in Europa und die damit verbundenen gesellschaftlichen Spannungen zu reagieren. Die Flüchtlingskrise 2015 und ihre Nachwirkungen haben beispielsweise in beiden Parteien zu intensiven Debatten über die richtige Balance zwischen Humanität und Sicherheit geführt.

In beiden Parteien gibt es verschiedene Strömungen, die ihre Positionen und damit ihre Beziehung zueinander beeinflussen. In der CDU/CSU gibt es eine Spannbreite von wirtschaftsliberalen bis zu sozial-konservativen Kräften, während die SPD von gemäßigten Sozialdemokraten bis zu linksorientierten Mitgliedern reicht. Die Zukunft der Beziehung zwischen politischem Katholizismus und Sozialdemokratie wird davon abhängen, wie diese Strömungen interne und externe Herausforderungen angehen und welche Kompromisse sie in Koalitionen eingehen können.

Das Verhältnis zwischen dem politischen Katholizismus und der deutschen Sozialdemokratie ist ein Spiegelbild der komplexen Interaktion zwischen Religion und Politik in der deutschen Geschichte. Es zeigt, wie ideologische Unterschiede überwunden und Kooperationen zum Wohle der Gesellschaft gestaltet werden können, auch wenn grundlegende Differenzen bestehen bleiben. Dieses Verhältnis bleibt ein zentraler Aspekt des politischen Lebens in Deutschland und wird weiterhin die politische Landschaft des Landes prägen.

5.7. Verhältnis zur orthodoxen Kirche

Das Verhältnis zwischen dem politischen Katholizismus und der orthodoxen Kirche ist durch eine lange Geschichte geprägt, die sowohl von theologischen Differenzen als auch von politischen Beziehungen durchzogen ist. Diese Beziehung hat sich im Laufe der Jahrhunderte entwickelt, von anfänglicher Nähe zu tiefgreifenden Spaltungen und schließlich zu neueren Bemühungen um Dialog und Verständnis.

Die Anfänge des Verhältnisses können bis in die frühen Jahrhunderte des Christentums zurückverfolgt werden, als das Christentum noch eine einheitliche Struktur aufwies. Die Spaltung in 1054, bekannt als das Große Schisma, teilte das Christentum in die westliche (römisch-katholische) und die östliche (orthodoxe) Kirche, hauptsächlich aufgrund von Differenzen in theologischen Fragen wie dem Filioque (die Frage der Herkunft des Heiligen Geistes) und dem Primat des Papstes.

In den folgenden Jahrhunderten blieb das Verhältnis zwischen den beiden Kirchen distanziert und oft angespannt. Politische Katholizismus, der sich seit dem späten 19. Jahrhundert in verschiedenen europäischen Ländern formierte, prägte das Bild des Katholizismus als eine Kraft, die eng mit nationalen Regierungen und deren Politik verbunden war. Diese politische Verbindung führte häufig zu Konflikten mit orthodoxen Christen, besonders in Osteuropa, wo die Grenzen zwischen religiöser und nationaler Identität oft verschwimmen.

Ein signifikantes Beispiel für solche Spannungen war das Verhältnis zwischen dem politischen Katholizismus in Polen und der orthodoxen Kirche in der Ukraine und Russland. Historische Konflikte und die enge Verbindung der katholischen Kirche mit dem polnischen Staat führten oft zu Reibungen mit der orthodoxen Bevölkerung, die ihre eigenen nationalen und religiösen Ambitionen verfolgte.

Trotz dieser historischen Herausforderungen gab es im 20. Jahrhundert Bemühungen, das Verhältnis zwischen der katholischen und der orthodoxen Kirche zu verbessern. Das Zweite Vatikanische Konzil (1962-1965) markierte einen Wendepunkt in der Ökumene, indem es die Bedeutung der Einheit unter den christlichen Kirchen betonte und zu einem offeneren Dialog mit der orthodoxen Kirche aufrief. Diese Öffnung führte zu verschiedenen Begegnungen und gemeinsamen Erklärungen, die auf eine Überwindung der theologischen Differenzen und die Heilung der historischen Wunden abzielten.

Die Beziehung in der Gegenwart ist durch einen Dialog charakterisiert, der sich bemüht, sowohl die gemeinsamen Wurzeln zu betonen als auch respektvoll mit bestehenden Unterschieden umzugehen. Papst Johannes Paul II. und seine Nachfolger haben zahlreiche Treffen mit orthodoxen Patriarchen gehabt, die als symbolische Gesten der Versöhnung und des gemeinsamen Glaubens gewertet wurden.

Das Verhältnis zwischen dem politischen Katholizismus und der orthodoxen Kirche bleibt jedoch komplex. Während es auf internationaler Ebene Fortschritte im ökumenischen Dialog gibt, bestehen auf nationaler oder lokaler Ebene weiterhin Spannungen, die oft mit politischen oder territorialen Ansprüchen verbunden sind.[34]

34 A. Edward Siecienski, Orthodox Christianity: A Very Short Introduction, ASIN: B07RWDVJQ3, Herausgeber: Oxford University Press (3. Juni 2019)

6. AKTUELLE PERSPEKTIVEN

6.1. Politischer Katholizismus im 21. Jahrhundert

Im 21. Jahrhundert steht der politische Katholizismus vor neuen und komplexen Herausforderungen. Die Globalisierung, der demografische Wandel, die fortschreitende Säkularisierung sowie ethische und technologische Entwicklungen stellen traditionelle Konzepte und Praktiken in Frage. In diesem Kapitel versuche ich darzustellen, wie sich der politische Katholizismus in Deutschland und international an diese veränderten Bedingungen anpasst und welche Rolle er in der aktuellen politischen Landschaft, insbesondere im Hinblick auf rechte, extrem-rechte, rechts-populistische und konservative Parteien, spielt.

Der politische Katholizismus in Deutschland heute

Parteipolitik und Wählerbasis

Der politische Katholizismus und die extreme Rechte in Europa präsentieren sich zwar gerne als Wasser und Öl – unvereinbar und grundverschieden. Doch bei näherem Hinsehen offenbart sich eine verstörende Harmonie zwischen diesen beiden politischen Strömungen, die in verschiedenen historischen sowie aktuellen Kontexten deutlich zutage tritt. Diese Analyse zielt darauf ab, die versteckten Verbindungen und gefährlichen Synergien zwischen diesen anscheinend gegensätzlichen Kräften zu enthüllen.

Beginnen wir mit einer klaren Feststellung: Der politische Katholizismus hat sich in der Vergangenheit oft als Bastion moralischer Werte und sozialer Fürsorge dargestellt. Aber dieser fromme Anstrich kann nicht darüber hinwegtäuschen, dass bestimmte Elemente innerhalb dieser Bewegung immer wieder Anschlusspunkte zur extremen Rechten gefunden haben. Von der Unterstützung autoritärer Regimes in der Zeit vor und während des Zweiten Weltkriegs bis hin zur aktuellen Verbrüderung mit rechtsnationalen Parteien, die gegen Migration, Multikulturalismus und die Rechte von Minderheiten wettern – die Beispiele sind zahlreich und beunruhigend.

In verschiedenen europäischen Ländern sehen wir, wie der politische Katholizismus sich mit rechtsextremen Bewegungen verbündet, um sogenannte traditionelle Werte gegen die angebliche Bedrohung durch Liberalismus und gesellschaftliche Vielfalt zu verteidigen. In Polen und Ungarn beispielsweise unterstützen katholische Gruppen offen autoritäre Politiken, die nicht nur die Demokratie untergraben, sondern auch Hass und Intoleranz schüren. Diese Allianzen sind kein Zufall, sondern das Ergebnis einer tief verwurzelten Ideologie, die eine exklusive, homogene und hierarchische Gesellschaftsordnung bevorzugt – eine Vision, die erschreckend gut zu den Zielen der extremen Rechten passt.

Es ist an der Zeit, dass wir diese Verbindungen nicht mehr als Randphänomene abtun, sondern als das erkennen, was sie sind: eine konsequente und gefährliche Verschmelzung von Kräften, die sich gegen die Grundprinzipien der Gleichheit, Freiheit und Brüderlichkeit stellen. Diese Untersuchung soll ein Weckruf sein, um die oft unterschätzten Überschneidungen zwischen dem politischen Katholizismus und der extremen Rechten offenzulegen und eine klare Linie gegen ihre gemeinsamen Bestrebungen zu ziehen.

Politischer Katholizismus bezeichnet die Beteiligung katholischer Prinzipien und Akteure am politischen Prozess. Historisch gesehen hat der politische Katholizismus seine Wurzeln in der Reaktion auf die modernen säkularisierenden Kräfte, die durch die Aufklärung und die Französische Revolution gefördert wurden. Im 19. Jahrhundert entstanden in vielen europäischen Ländern katholische Parteien, wie die Zentrumspartei in Deutschland. Die katholische Soziallehre, ein wesentlicher Bestandteil des politischen Katholizismus, betont die Wichtigkeit der sozialen Gerechtigkeit, der Fürsorge für die Armen und die Verteidigung der menschlichen Würde gegenüber einer ungezügelten Marktwirtschaft.

Die extreme Rechte in Europa ist durch ihre nationalistische, oft fremdenfeindliche und anti-establishment Haltung gekennzeichnet. Diese politischen Bewegungen lehnen typischerweise die liberale Demokratie und die multikulturelle Gesellschaft ab. In der Nachkriegszeit haben Parteien wie der Front National in Frankreich, die FPÖ in Österreich und die AfD in Deutschland zunehmend an Bedeutung gewonnen. Ihre Politik betont nationale Souveränität, restriktive Migrationspolitik und oft auch eine kritische Haltung gegenüber der Europäischen Union.

Trotz ihrer deutlich unterschiedlichen ideologischen Ausrichtungen offenbaren sich bei näherer Betrachtung gelegentliche Schnittpunkte zwischen dem politischen Katholizismus und Strömungen der extremen Rechten. Beide Bewegungen zeichnen sich durch eine Betonung traditioneller Werte aus, und es kommt vor, dass sie ähnliche Standpunkte zu modernen sozialen Entwicklungen einnehmen. Dies zeigt sich beispielsweise in ihrer oft skeptischen Haltung gegenüber der LGBTQ+-Bewegung oder dem Thema Abtreibungsrechte.

Diese Überschneidungen sind jedoch nicht ohne Kontroversen und Kritik. Während der politische Katholizismus in seiner modernen Form in der Regel soziale Gerechtigkeit und die Würde aller Menschen betont, kann die Nähe zu extrem rechten Positionen, die oft exklusivistische oder diskriminierende Ansichten fördern, zu Spannungen und Konflikten innerhalb der katholischen Gemeinschaft führen. Solche Verbindungen werfen wichtige Fragen auf, wie treu die Vertreter des politischen Katholizismus den grundlegenden christlichen Lehren der Liebe und Akzeptanz gegenüber allen Menschen bleiben.

Diese Thematik lädt zu einer tieferen Reflexion über die Rolle von Religion in der öffentlichen Debatte und der politischen Landschaft ein. Sie fordert die Gläubigen heraus, die oft feinen Linien zwischen dem Festhalten an religiösen Überzeugungen und dem Eintreten für soziale Gerechtigkeit und Inklusivität zu navigieren. In einer sich schnell wandelnden Welt bleibt die Frage bestehen, wie religiöse Gruppen ihre Kernwerte bewahren können, ohne sich von den drängenden Bedürfnissen und Rechten der Gesellschaft zu isolieren.

In Ländern wie Polen und Ungarn hat der politische Katholizismus eine tief verwurzelte Verbindung zur nationalen Identität entwickelt, die sich auf komplexe Weise mit den politischen Landschaften dieser Nationen verflicht. In diesen Kontexten nutzen rechtsextreme Parteien häufig die katholische Identität als ein Instrument, um sich gegen die als liberal und säkularisiert empfundenen westlichen Gesellschaften abzugrenzen. Dieses Phänomen prägt nicht nur die politische Rhetorik, sondern auch die kulturelle Selbstwahrnehmung.

Diese Instrumentalisierung der Religion dient oft dazu, eine bestimmte Vision von nationaler Einheit zu fördern, die stark auf traditionellen Werten und Normen basiert. In diesen Fällen wird die katholische Identität zum Symbol eines kulturellen Widerstandes gegen moderne Entwicklungen, die als fremd oder bedrohlich angesehen werden. Dies kann dazu führen, dass gesellschaftliche Debatten polarisiert werden und die katholische Lehre in den Dienst einer politischen Agenda gestellt wird, die sich gegen Pluralismus und offene Gesellschaften richtet.

Die Kritik an dieser Entwicklung ist vielschichtig. Während einige die Betonung traditioneller Werte als eine Rückkehr zu authentischen kulturellen Wurzeln sehen, warnen andere vor den Gefahren einer solchen Engführung von Religion und nationalistischer Politik. Sie befürchten, dass dies nicht nur zu einer Vertiefung der sozialen Spaltungen führt, sondern auch den universellen und inklusiven Aspekten der christlichen Botschaft zuwiderläuft.

Die Verwendung der katholischen Identität als Gegenpol zu liberalen Werten wirft daher wichtige Fragen auf über die Rolle der Kirche in der Gesellschaft und darüber, wie religiöse Überzeugungen in einer zunehmend vernetzten und vielfältigen Welt zum Ausdruck kommen sollten. Dies fordert die Gläubigen heraus, sorgfältig zu überlegen, wie sie ihre Überzeugungen leben und vertreten, ohne die Grundwerte von Respekt und Toleranz zu untergraben.

Die Beziehungen zwischen dem politischen Katholizismus und der extremen Rechten in Europa sind vielschichtig. Einige der Kernüberschneidungen ergeben sich aus gemeinsamen ideologischen Perspektiven auf Gesellschaft, Moral und nationale Identität.

1. Betonung traditioneller Werte

Die Betonung traditioneller Werte verbindet den politischen Katholizismus mit der extremen Rechten in Europa. Diese Übereinstimmung zeigt sich besonders in der Verteidigung konservativer Familienstrukturen, Ehevorstellungen und gesellschaftlicher Rollen, die von moderneren, liberaleren Ansichten als bedroht wahrgenommen werden. Beide Gruppen sehen sich als Hüter einer als natürlich und unantastbar erachteten Ordnung, die sie gegen die als destabilisierend empfundenen Einflüsse der Moderne verteidigen wollen.

Im folgenden Text wird dieses Thema eingehend untersucht und durch weniger bekannte Ereignisse verdeutlicht. Es wird analysiert, wie diese konservativen Werte in politischen Programmen und öffentlichen Debatten auftauchen und welche historischen und kulturellen Hintergründe zu dieser Allianz führen. Dabei wird auch beleuchtet, wie diese gemeinsamen Werte nicht nur eine politische, sondern auch eine soziale Mobilisierung ermöglichen, die das Ziel hat, liberalere Veränderungen in der Gesellschaft zu blockieren und eine Rückkehr zu traditionellen Normen zu fordern.

Besondere Aufmerksamkeit wird auf die Rhetorik und die Strategien gelegt, die verwendet werden, um diese Werte zu propagieren und zu verteidigen. Beispiele aus verschiedenen europäischen Ländern werden herangezogen, um die Vielschichtigkeit und die unterschiedlichen Ausprägungen dieses Phänomens aufzuzeigen. Ziel ist es, ein umfassendes Verständnis dafür zu entwickeln, wie tief verwurzelte kulturelle Überzeugungen und politische Interessen miteinander verwoben sind und welche Auswirkungen dies auf die gesellschaftliche Entwicklung und den politischen Diskurs in Europa hat.

Historisch gesehen hat die katholische Kirche eine zentrale Rolle in der Formung sozialer Normen in Europa gespielt. Die Enzyklika "Rerum Novarum" von Papst Leo XIII. und später "Quadragesimo Anno" von Papst Pius XI. sind Schlüsseldokumente, die die christliche Doktrin in direkte Beziehung zu sozialen Fragen wie der Struktur der Familie und der Arbeitswelt setzen. In diesen Texten wird die Familie als grundlegende Einheit der Gesellschaft dargestellt, die es zu schützen gilt.

In der politischen Arena wurde dieser Schutz der Familie oft von katholischen Parteien übernommen, die in vielen europäischen Ländern entstanden, wie die Zentrumspartei in Deutschland oder die Christlich-Soziale Partei in Österreich. Diese Parteien haben oft Gesetze unterstützt, die Ehe und Familie schützen sollten, zum Beispiel durch finanzielle Anreize für verheiratete Paare und alleinerziehende Eltern.

Die extreme Rechte hat ähnliche Themen aufgegriffen, allerdings oft mit einer anderen Nuancierung. Während der politische Katholizismus primär aus einem sozialen Schutzgedanken argumentiert, betont die extreme Rechte oft die Bedeutung der traditionellen Familie als Gegenpol zur Globalisierung und multikulturellen Gesellschaft. Ein weniger bekanntes Beispiel hierfür ist die Unterstützung traditioneller Familienwerte durch die italienische Lega Nord, die sich gegen die Adoption von Kindern durch homosexuelle Paare ausspricht, ein Thema, das auch in katholischen Kreisen oft kontrovers diskutiert wird.

Ein weiteres, weniger bekanntes Ereignis, das die Verbindung dieser Wertevorstellungen illustriert, ist die Unterstützung der "Demo für Alle" in Deutschland durch konservative katholische Gruppen und rechtsextreme Parteien. Diese Demonstrationen, die seit 2014 stattfinden, richten sich gegen die Einführung von Lehrplänen, die eine offenere Darstellung von Homosexualität und geschlechtlicher Vielfalt vorsehen. Die Veranstaltungen ziehen sowohl Teilnehmer aus traditionell katholischen Kreisen als auch Unterstützer aus dem Spektrum der extremen Rechten an.

"Demo für alle" bezeichnet eine Veranstaltung oder Bewegung, die sich für bestimmte soziale, politische oder kulturelle Anliegen einsetzt. Ursprünglich könnte der Begriff als ein allgemeiner Ausdruck für eine Demonstration stehen, die für alle Menschen offen ist, unabhängig von ihrer Herkunft, ihrem Geschlecht oder ihrer Überzeugung. In spezifischeren Kontexten hat der Begriff jedoch eine konkretere Bedeutung erlangt.

In Deutschland ist "Demo für alle" vor allem im Zusammenhang mit einer kontroversen Bewegung bekannt, die sich gegen die Aufklärung und Bildung zu Themen der sexuellen Vielfalt und Geschlechtergerechtigkeit in Schulen wendet. Diese Bewegung, die sich selbst als "bürgerlich-konservativ" bezeichnet, sieht in der Aufnahme von Themen wie Homosexualität, Transgender und nicht-binären Geschlechtsidentitäten in den Lehrplan eine Bedrohung für traditionelle Familienwerte. Die "Demo für alle" wurde daher oft von konservativen, religiösen und rechtspopulistischen Gruppen unterstützt.

Die "Demo für alle" entstand als Reaktion auf Bildungspläne und Richtlinien, die darauf abzielten, die Vielfalt der sexuellen Orientierungen und Geschlechtsidentitäten in den Schulcurricula zu berücksichtigen. Der bekannteste Fall ist die Kontroverse um den Bildungsplan 2015 in Baden-Württemberg, bei dem vorgeschlagen wurde, „Akzeptanz sexueller Vielfalt" als Bildungsziel zu verankern. Dies löste eine breite Debatte und Mobilisierung sowohl von Befürwortern als auch von Gegnern dieser Initiative aus.

Die Hauptanliegen der "Demo für alle" beinhalten die Bewahrung traditioneller Familienbilder, die Kritik an einer vermeintlichen "Frühsexualisierung" von Kindern und die Ablehnung von Lehrplänen, die eine offene Auseinandersetzung mit verschiedenen sexuellen und geschlechtlichen Identitäten fördern. Kritiker der Bewegung argumentieren, dass solche Demonstrationen Intoleranz und Diskriminierung gegenüber LGBT+ Menschen fördern und auf veralteten Vorstellungen von Familie und Geschlechterrollen basieren.

Die "Demo für alle" hat sowohl Zustimmung als auch heftigen Widerspruch erfahren. Befürworter betonen das Recht auf freie Meinungsäußerung und die Notwendigkeit, kulturelle und ethische Werte zu bewahren. Gegner werfen der Bewegung vor, sie schüre Hass und Ausgrenzung und stehe im Widerspruch zu einer offenen und toleranten Gesellschaftspolitik. Politiker, Verbände und Aktivisten haben zu verschiedenen Anlässen Stellung bezogen, was die Diskussionen um Bildungsinhalte und Toleranz in der Gesellschaft weiter befeuert hat.

Die "Demo für alle" verdeutlicht die Spannungen in der modernen Gesellschaft bezüglich der Anerkennung und Akzeptanz von Vielfalt. Sie zeigt, wie Bildungspolitik zum Schauplatz gesellschaftlicher Auseinandersetzungen werden kann, in denen es um grundlegende Fragen der Menschenrechte, der persönlichen Freiheit und der kulturellen Werte geht. Der Umgang mit diesen Themen wird auch weiterhin eine Herausforderung für die gesellschaftliche Entwicklung darstellen.

Die Betonung traditioneller Werte durch den politischen Katholizismus und die extreme Rechte zeigt, wie religiöse und politische Ideologien in bestimmten Bereichen konvergieren können, selbst wenn ihre sonstigen politischen und sozialen Ziele divergieren. Diese Konvergenz ist oft eine Reaktion auf wahrgenommene Bedrohungen durch moderne soziale Entwicklungen, die als entwurzelnd oder destabilisierend angesehen werden. Die Zusammenarbeit in spezifischen Fragen wie der Verteidigung traditioneller Familienwerte offenbart eine komplexe Beziehung, die in der politischen Landschaft Europas weiterhin einflussreich ist.

Die Auseinandersetzung mit diesen Themen ist entscheidend, um die anhaltende Präsenz und Resonanz konservativer und rechtsextremer Bewegungen in der modernen Gesellschaft zu verstehen und zeigt die Notwendigkeit auf, den Diskurs über Werte und ihre Rolle in der Politik fortzusetzen.[35]

2. Nationalismus und Souveränität

Die Themen Nationalismus und Souveränität spielen sowohl im politischen Katholizismus als auch in der extreme Rechten eine zentrale Rolle, jedoch oft aus unterschiedlichen Beweggründen und mit unterschiedlichen Zielsetzungen. Dieser Abschnitt erläutert diese Themen, ihre historischen Wurzeln und ihre Manifestation in weniger bekannten Ereignissen und Entwicklungen.

Nationalismus in der extremen Rechten basiert häufig auf einer exklusiven und ethnisch definierten Vorstellung von Volkszugehörigkeit sowie einem autoritären Staat, der die Interessen dieses vermeintlich homogenen Volkes schützen soll. Dieser Ansatz fördert Ausgrenzung und Intoleranz gegenüber Minderheiten und Andersdenkenden.

---

35 Hans-Georg Betz, Radical right-wing populism in Western Europe. St. Martin's Press, New York 1994, ISBN 0-312-08390-4

Im Gegensatz dazu bezieht der politische Katholizismus sein Verständnis von Nationalismus oft aus einer kulturellen und religiösen Identität, die durch christliche Werte geprägt ist. Diese Interpretation betont eine gemeinsame kulturelle Geschichte und religiöse Traditionen, die die Gemeinschaft zusammenhalten sollen. Auch wenn dies auf den ersten Blick weniger exklusiv erscheinen mag, kann es dennoch problematisch sein, da es ebenfalls zur Ausgrenzung von Menschen führen kann, die nicht den gleichen Glauben oder dieselben kulturellen Werte teilen.

Ein links-liberaler Ansatz würde hingegen die Betonung auf eine inklusive und vielfältige Gesellschaft legen, in der Nationalismus keinen Platz hat. Stattdessen wird auf die Bedeutung von Gleichheit, Menschenrechten und sozialer Gerechtigkeit hingewiesen. Kulturelle und religiöse Unterschiede werden als Bereicherung angesehen, und der Staat hat die Aufgabe, die Rechte und Interessen aller Bürger zu schützen, unabhängig von ihrer ethnischen Herkunft oder ihrem Glauben.

Der politische Katholizismus hat in der Geschichte Europas oft versucht, nationale Identitäten zu formen, indem er kulturelle und religiöse Werte als Grundlage für die nationale Zusammengehörigkeit betonte. In Ländern wie Polen und Irland wurde die katholische Kirche zu einem Symbol des Widerstands gegen Fremdherrschaft und den Einfluss eines säkularen Staates.

Diese Betonung auf religiöse Werte kann jedoch problematisch sein, da sie oft die Vielfalt und die Rechte von Menschen ignoriert, die nicht der dominanten Religion angehören. Ein anderer Ansatz würde stattdessen die Bedeutung von Inklusion und Gleichheit hervorheben. Er würde darauf abzielen, nationale Identitäten auf gemeinsamen humanitären Werten wie Freiheit, Gerechtigkeit und Respekt für die Menschenrechte aufzubauen, anstatt auf exklusiven kulturellen und religiösen Traditionen.

In einer modernen, vielfältigen Gesellschaft sollte der Fokus auf der Förderung des Verständnisses und des Respekts für unterschiedliche Hintergründe liegen. Der Widerstand gegen Unterdrückung und Fremdherrschaft sollte sich nicht nur auf religiöse Symbole stützen, sondern auch auf den Einsatz für eine offene, demokratische Gesellschaft, die die Rechte aller Bürger schützt und fördert, unabhängig von deren religiösen oder kulturellen Zugehörigkeiten.

<u>Beispiel: Kroatien im Zweiten Weltkrieg</u>

Im Zweiten Weltkrieg spielte Kroatien eine besonders komplexe und tragische Rolle, die durch die Gründung und die Taten des Ustascha-Regimes gekennzeichnet ist. Dieses faschistische und ultranationalistische Regime, offiziell als „Unabhängiger Staat Kroatien" (NDH) bekannt, wurde 1941 mit der Unterstützung der Achsenmächte (Deutschland und Italien) etabliert. Unter der Führung von Ante Pavelić und seiner Ustascha-Partei verfolgte das Regime eine Politik der ethnischen Säuberung, des Genozids und der brutalen Repression, die hauptsächlich gegen Serben, Juden, Roma und kroatische Antifaschisten gerichtet war.

Nach dem Zerfall des Königreichs Jugoslawien infolge des Balkanfeldzugs der Achsenmächte im April 1941 wurde der „Unabhängige Staat Kroatien" ausgerufen. Das Regime wurde von Ante Pavelić geführt, dessen Ustascha-Bewegung seit den 1930er Jahren terroristische Aktivitäten gegen das jugoslawische Königreich durchgeführt hatte. Pavelić hatte starke Verbindungen zu faschistischen Regimen in Europa, insbesondere zum nationalsozialistischen Deutschland, und vertrat eine radikale Form des kroatischen Nationalismus, der auf rassischen Ideologien basierte.

Die Beziehung zwischen der katholischen Kirche und dem Ustascha-Regime ist eines der dunkelsten Kapitel in der Geschichte Kroatiens. Einige Mitglieder der katholischen Geistlichkeit unterstützten das

Ustascha-Regime, teils aus nationalistischen Überzeugungen, teils aus Opposition gegen den serbisch-orthodoxen Glauben vieler Serben. Hohe Kirchenvertreter, einschließlich des damaligen Erzbischofs von Zagreb, Alojzije Stepinac, standen zunächst dem neuen Staat positiv gegenüber, da dieser die katholische Kirche als Staatsreligion förderte und ihr Privilegien gewährte.

Unter Pavelić führte das Ustascha-Regime grausame ethnische Säuberungen durch, die sich insbesondere gegen die serbische Bevölkerung richteten, aber auch gegen Juden und Roma. Schätzungen zufolge wurden bis zu 330.000 Serben getötet, viele davon in Konzentrationslagern wie Jasenovac, das als "Auschwitz des Balkans" bekannt ist. Die systematische Vernichtung dieser Bevölkerungsgruppen erfolgte mit erschreckender Brutalität und wird heute als einer der schlimmsten Akte des Völkermords während des Zweiten Weltkriegs angesehen.

Die Rolle der katholischen Kirche während dieser Zeit wird bis heute kontrovers diskutiert. Während Erzbischof Stepinac und andere Geistliche später Kritik an den Menschenrechtsverletzungen des Ustascha-Regimes übten, blieb die institutionelle Unterstützung in den frühen Jahren des Krieges bestehen. Nach dem Krieg wurde Stepinac von einem jugoslawischen Gericht wegen Kollaboration verurteilt, eine Verurteilung, die von vielen katholischen und westlichen Quellen als politisch motiviert angesehen wurde. Stepinac wurde 1998 von Papst Johannes Paul II. seliggesprochen, was international sowohl auf Zustimmung als auch auf scharfe Kritik stieß.

Die Geschichte Kroatiens im Zweiten Weltkrieg und die Verstrickung der katholischen Kirche in das Ustascha-Regime beleuchten die dunklen Seiten des politischen Katholizismus unter extremen nationalistischen Bedingungen. Sie werfen Fragen nach der Verantwortung von religiösen Institutionen in Zeiten politischer und ethnischer Konflikte auf und zeigen die Notwendigkeit einer kritischen Auseinandersetzung mit der Vergangenheit.[36]

Beispiel: Radio Maryja in Polen

Radio Maryja ist ein einflussreicher und polarisierender katholischer Radiosender in Polen, der im Jahr 1991 gegründet wurde. Er wurde von Tadeusz Rydzyk, einem Redemptoristenpriester, ins Leben gerufen und hat seitdem eine bedeutende Rolle in der polnischen Medienlandschaft und Politik gespielt. Der Sender hat seinen Sitz in Toruń und ist Teil einer größeren Medien- und Bildungsgruppe, die auch das Fernsehen Trwam und die Hochschule für Sozial- und Medienkultur umfasst.

Radio Maryja positioniert sich als ein Verteidiger traditioneller katholischer Werte und spricht insbesondere eine ältere, ländliche und konservativere Zuhörerschaft an. Es zielt darauf ab, eine christlich fundierte Sichtweise auf soziale, politische und wirtschaftliche Fragen zu bieten und sieht sich selbst als Gegengewicht zu dem, was es als liberale und säkularistische Tendenzen in den öffentlichen Medien betrachtet.

Das Programm von Radio Maryja umfasst religiöse Inhalte wie Messen, Gebete und Andachten, aber auch Nachrichtensendungen, Talkshows und Diskussionen zu aktuellen Ereignissen. Die Inhalte sind oft stark von einer konservativen Ideologie geprägt, wobei Themen wie nationale Souveränität, Familie, Anti-Abtreibung und Opposition gegen die LGBTQ+-Rechte häufig im Vordergrund stehen.

Radio Maryja hat im Laufe der Jahre erheblichen politischen Einfluss erlangt und ist bekannt für seine enge Verbindung zur Regierungspar-

---

36 Ladislaus Hory und Martin Broszat, Der kroatische Ustascha-Staat 1941 – 1945, Schriftenreihe der Vierteljahrshefte für Zeitgeschichte, Band 8

tei Recht und Gerechtigkeit (PiS). Diese Beziehungen haben dem Sender Zugang zu politischer Macht verschafft und ihn zu einem wichtigen Akteur in der polnischen Politik gemacht. Gleichzeitig hat diese Nähe zur Macht auch Kritik und Kontroversen hervorgerufen. Der Sender wird oft beschuldigt, populistische, nationalistische und manchmal antisemitische Ansichten zu fördern, was sowohl in Polen als auch international Besorgnis erregt hat. Radio Maryja steht regelmäßig im Zentrum von Debatten über Medienpluralismus und die Rolle der Kirche in der öffentlichen Sphäre. Kritiker werfen dem Sender vor, Spaltungen in der polnischen Gesellschaft zu vertiefen und Intoleranz zu fördern. Auf der anderen Seite sehen seine Unterstützer in ihm eine Bastion gegen die moralische und kulturelle Dekadenz, die sie in modernen, säkularisierten Gesellschaften wahrnehmen.

Trotz oder gerade wegen seiner Kontroversen bleibt Radio Maryja ein bedeutender Faktor im polnischen Medien- und Kulturleben. Der Sender spielt eine zentrale Rolle bei der Formung der Meinungen und Überzeugungen seiner Zuhörer und hat einen nicht zu unterschätzenden Einfluss auf die politische Landschaft Polens. Zusammenfassend lässt sich sagen, dass Radio Maryja weit mehr als nur ein Radiosender ist; es ist ein Phänomen, das die tiefen religiösen, kulturellen und politischen Spaltungen in der polnischen Gesellschaft widerspiegelt. Seine Fortdauer wird wahrscheinlich weiterhin Gegenstand intensiver Debatten und Untersuchungen sein, sowohl innerhalb Polens als auch international.

Für die extreme Rechte ist die Betonung der nationalen Souveränität eng mit der Ablehnung überstaatlicher Institutionen wie der Europäischen Union verbunden. Diese Gruppen sehen in der EU oft eine Bedrohung für die nationale Selbstbestimmung und kulturelle Identität.

Beispiel: Austrittskampagnen

Ein weniger bekanntes Ereignis, das diese Einstellung verdeutlicht, ist die Unterstützung von EU-Austrittskampagnen durch rechte Parteien in kleineren EU-Mitgliedsstaaten wie Finnland und Dänemark, die nicht so viel internationale Aufmerksamkeit wie der Brexit erhalten haben.

Die EU-Austrittskampagnen in Finnland und Dänemark spiegeln die breitere euroskeptische Strömung wider, die sich über verschiedene Mitgliedstaaten der Europäischen Union (EU) erstreckt. Obwohl beide Länder historisch unterschiedliche Beziehungen zur EU haben, teilen sie in jüngerer Zeit ähnliche Herausforderungen im Umgang mit EU-kritischen Bewegungen. Diese Kampagnen fokussieren sich auf nationale Souveränität, wirtschaftliche Selbstständigkeit und Kritik an der EU-Bürokratie.

Finnland: EU-Austrittsdiskussionen

Finnland trat der EU 1995 bei, nach einem Referendum, bei dem eine Mehrheit von 57% der Bevölkerung für den Beitritt stimmte. Seitdem hat Finnland eine generell positive Haltung zur EU beibehalten, obwohl es immer eine unterschwellige euroskeptische Strömung gab. In Finnland hat die EU-Austrittsdiskussion seit der Eurokrise und insbesondere nach dem Brexit zugenommen. Die wichtigste politische Kraft, die den Austritt Finnlands aus der EU befürwortet, ist die Partei der Finnen (früher bekannt als "Wahre Finnen"). Diese populistische und nationalistische Partei argumentiert, dass die EU zu viel Macht übernimmt und die nationale Souveränität Finnlands untergräbt. Sie kritisiert insbesondere die EU-Migrationspolitik und die wirtschaftlichen Belastungen durch die EU-Mitgliedschaft.

Einer der bedeutendsten Momente in der Geschichte der Wahren Finnen war der Durchbruch bei den finnischen Parlamentswahlen 2011, bei denen die Partei 19,1 % der Stimmen erhielt, verglichen mit

4,1 % im Jahr 2007. Dieses Ergebnis machte sie zur drittgrößten Partei im finnischen Parlament und signalisierte ihren Aufstieg als eine bedeutende Kraft in der finnischen Politik.

Bei den Wahlen 2015 konnten die Wahren Finnen ihre Position weiter festigen, indem sie erneut starke Gewinne verzeichneten und Teil der Regierungskoalition wurden. Dies markierte den Übergang von einer Oppositions- zu einer Regierungspartei, was sowohl ihre politische Strategie als auch ihre öffentliche Wahrnehmung beeinflusste.

Die Teilnahme an der Regierungskoalition unter Premierminister Juha Sipilä von 2015 bis 2017 stellte die Wahren Finnen vor neue Herausforderungen, da sie Kompromisse eingehen mussten, die nicht immer gut bei ihrer Basis ankamen. Diese Zeit in der Regierung führte auch zu internen Spannungen und spaltete schließlich die Partei.

Im Juni 2017 spaltete sich die Partei nach der Wahl von Jussi Halla-aho zum Parteivorsitzenden. Die gemäßigteren Mitglieder, darunter viele Parlamentsabgeordnete und der ehemalige Parteiführer Timo Soini, verließen die Partei und gründeten die „Blaue Reform". Diese Spaltung war auf unterschiedliche Ansichten über die Ausrichtung der Partei und Halla-ahos härtere Linie in der Einwanderungspolitik zurückzuführen.

Jussi Halla-aho, eine zentrale Figur der Partei, war mehrfach in Kontroversen verwickelt, einschließlich rechtlicher Probleme wegen rassistischer Aussagen. Seine Wahl zum Parteivorsitzenden war ein Faktor, der zur Spaltung der Partei führte.

Bei den Wahlen 2019 und 2023 blieben die Wahren Finnen eine starke Kraft in der finnischen Politik, wobei sie sich als wichtige Stimme gegen die EU-Integration und für eine strengere Migrationspolitik positionierten. Ihre Rolle als Oppositionspartei betont weiterhin ihre kritische Haltung gegenüber der aktuellen Regierungspolitik.

Obwohl es eine sichtbare euroskeptische Bewegung gibt, zeigen Umfragen, dass eine Mehrheit der Finnen die EU-Mitgliedschaft weiterhin unterstützt. Die Wirtschaft Finnlands ist stark in den europäischen Markt integriert, was den Austritt kompliziert und potenziell schädlich macht.

Dänemark: Eine Tradition der Euroskepsis

Dänemark ist seit 1973 Mitglied der EU, hat jedoch durch mehrere Referenden eine kritische Haltung zu bestimmten Aspekten der europäischen Integration beibehalten, wie z. B. der Euro-Währung und bestimmten Bereichen der Justiz- und Innenpolitik.

Die dänische Volkspartei (Dansk Folkeparti) und jüngst auch die Neue Rechte (Nye Borgerlige) sind die Hauptbefürworter eines EU-Austritts. Diese Parteien argumentieren, dass Dänemark seine Gesetzgebungshoheit zurückgewinnen muss und dass die EU zu undemokratisch und bürokratisch sei. Ähnlich wie in Finnland ist die Migration ein zentraler Punkt der EU-Kritik.

Trotz der starken euroskeptischen Strömungen in der Politik unterstützt die Mehrheit der Dänen die Mitgliedschaft in der EU. Dänemarks Wirtschaft profitiert erheblich vom EU-Binnenmarkt, und viele Geschäftsinteressen sind gegen einen Austritt.

In beiden Ländern sind EU-Austrittskampagnen eng mit Themen der nationalen Identität, Souveränität und Kritik an der EU-Regulierung und Bürokratie verknüpft. Beide Länder haben jedoch eine starke wirtschaftliche Bindung an die EU, die einen Austritt unattraktiv macht. Zudem gibt es in beiden Ländern eine allgemeine Anerkennung der Vorteile der EU-Mitgliedschaft, die von einer signifikanten Mehrheit der Bevölkerung getragen wird.

Zusammenfassend lässt sich sagen, dass obwohl in Finnland und Dänemark aktive EU-Austrittskampagnen existieren, die allgemeine Unterstützung für die EU in beiden Ländern robust bleibt. Dies deutet darauf hin, dass eine tatsächliche Bewegung in Richtung eines Austritts unwahrscheinlich ist, solange die wirtschaftlichen und politischen Bedingungen stabil bleiben.

Die Überschneidungen zwischen dem politischen Katholizismus und der extremen Rechten in Bezug auf Nationalismus und Souveränität werden besonders deutlich, wenn es um die Verteidigung nationaler und kultureller Werte gegen externe Einflüsse geht. Beide Strömungen nutzen dabei die Rhetorik des Schutzes der nationalen Identität, um Unterstützung zu mobilisieren, wobei der politische Katholizismus stärker auf eine inklusive, wertebasierte Gemeinschaft setzt, während die extreme Rechte oft exklusivere, ethnisch definierte Kriterien anwendet.

Die detaillierte Betrachtung von Nationalismus und Souveränität zeigt, dass diese Themen komplex sind und von verschiedenen politischen Gruppierungen auf unterschiedliche Weise interpretiert und genutzt werden. Die Analyse spezifischer Ereignisse wie der Aktivitäten von Radio Maryja oder der kleineren EU-Austrittskampagnen bietet Einblicke in die praktische Umsetzung dieser Ideologien und die daraus resultierenden gesellschaftlichen und politischen Dynamiken. Diese Themen sind entscheidend für das Verständnis der aktuellen politischen Landschaft in Europa und der Interaktion zwischen verschiedenen ideologischen Strömungen.[37]

3. Skepsis gegenüber dem Liberalismus

Die Skepsis gegenüber dem Liberalismus manifestiert sich sowohl im politischen Katholizismus als auch in der extremen Rechten durch eine kritische Haltung gegenüber liberalen Wirtschaftsprinzipien, ge-

---

37 Diverse Studien zu Parteien wie der polnischen PiS oder der ungarischen Fidesz, zeigen, wie diese die katholische Lehre in ihrem nationalistischen Diskurs verwenden

sellschaftlichen Normen und politischen Strukturen. Diese gemeinsame Skepsis ist tief verwurzelt und äußert sich in verschiedenen, oft weniger bekannten Ereignissen und Bewegungen innerhalb Europas. Im politischen Katholizismus ist die Skepsis gegenüber dem Liberalismus vor allem durch die soziale Lehre der Kirche begründet, die eine gerechte Verteilung von Gütern, den Schutz der Armen und eine Begrenzung der Marktkräfte fordert. Diese Positionen finden sich in den päpstlichen Enzykliken, die die negativen Auswirkungen des Kapitalismus kritisieren und eine Moralökonomie fordern, die auf christlichen Prinzipien beruht.

Die extreme Rechte hingegen kritisiert den Liberalismus primär aus einer kulturellen und nationalistischen Perspektive, wobei sie behauptet, dass der Liberalismus zu einer Erosion nationaler Identitäten und Traditionen führt. Dies beinhaltet eine starke Ablehnung von globalisierenden Kräften, die als Bedrohung für die Souveränität und kulturelle Integrität angesehen werden.

Ein spezifisches Beispiel für die katholische Skepsis gegenüber dem Liberalismus ist die Gründung des "Kölner Kreises", einer Gruppe von katholischen Intellektuellen in Deutschland, die sich in den 1990er Jahren formierte. Der "Kölner Kreis" ist eine innerkirchliche Gruppierung innerhalb der katholischen Kirche in Deutschland, die vorwiegend als konservativ und teilweise als rechtspopulistisch beschrieben wird. Dieser Kreis setzt sich aus Theologen, Kirchenmitgliedern und Laien zusammen, die eine traditionelle Auslegung katholischer Lehren und eine kritische Haltung gegenüber den modernen Reformen der Kirche verfolgen.

Der Kölner Kreis ist nicht klar abgegrenzt, da er keine formelle Mitgliedschaft oder feste organisatorische Strukturen aufweist. Stattdessen handelt es sich um ein Netzwerk von Gleichgesinnten, die sich für eine Rückkehr zu traditionelleren christlichen Werten und Normen aussprechen. Der Name "Kölner Kreis" bezieht sich auf den geographischen Ursprung vieler seiner Aktivitäten, die in und um Köln stattfinden.

Die Hauptziele des Kölner Kreises umfassen:

- Die Bewahrung der traditionellen katholischen Doktrin gegenüber liberalen Strömungen innerhalb der Kirche.
- Kritik an der Öffnung der Kirche gegenüber modernen sozialen Fragen wie der Homoehe, der Priesterschaft von Frauen und der Akzeptanz von Scheidungen.
- Die Verteidigung der europäischen christlichen Kultur gegen das, was sie als Bedrohungen durch Migration und multikulturelle Politiken ansehen.

Der Kölner Kreis steht oft in der Kritik, vor allem wegen seiner Haltung zu Migration und Multikulturalismus, die von einigen Beobachtern als anknüpfend an rechtspopulistische Ideologien angesehen wird. Diese Kritik basiert auf der Sorge, dass solche Positionen die Spaltung innerhalb der Gesellschaft fördern und mit grundlegenden christlichen Werten der Nächstenliebe und Gastfreundschaft in Konflikt stehen.

Das Verhältnis zwischen Katholizismus und Rechtspopulismus, wie es durch Gruppierungen wie den Kölner Kreis repräsentiert wird, ist komplex. Der Katholizismus als Glaube legt großen Wert auf Themen wie Gemeinschaft, soziale Gerechtigkeit und die universelle Würde aller Menschen. Rechtspopulistische Strömungen hingegen tendieren dazu, eine exklusive Sicht auf Identität und Kultur zu fördern, die oft auf Nationalismus und einer strikten Abgrenzung gegenüber "dem Anderen" basiert.

Die kritische Auseinandersetzung mit dieser Thematik zeigt, dass eine Vermischung von streng konservativen katholischen Ansichten mit rechtspopulistischen Ideologien zu einer Verzerrung beider Anschauungen führen kann. Die Lehren Jesu, die Zentralität von Mitgefühl und Toleranz betonen, stehen im Gegensatz zu vielen der exklusiven und oft fremdenfeindlichen Haltungen, die mit Rechtspopulismus verbunden sind.

Die Nouvelle Droite (Neue Rechte) in Frankreich ist eine intellektuelle Bewegung, die seit den späten 1960er Jahren besteht und sich durch eine ideologische Neuausrichtung rechter Ideen kennzeichnet. Diese Bewegung unterscheidet sich von traditionelleren Formen des Rechtsextremismus durch ihren Fokus auf Kultur, Identität und Metapolitik, anstatt auf direkte politische Aktion. Die Nouvelle Droite hat bedeutenden Einfluss auf die politische Diskussion in Frankreich und darüber hinaus ausgeübt, insbesondere durch die Artikulation einer kritischen Haltung gegenüber Multikulturalismus, Liberalismus und dem modernen Verständnis von Menschenrechten.

Die Ursprünge der Nouvelle Droite können bis in die späten 1960er Jahre zurückverfolgt werden, als Alain de Benoist, ein zentraler Denker dieser Bewegung, begann, seine Ideen zu formulieren und zu verbreiten. De Benoist gründete 1968 das „Research and Study Group for European Civilization" (GRECE), das schnell zum intellektuellen Zentrum der Nouvelle Droite wurde. GRECE zielte darauf ab, die kulturellen und philosophischen Grundlagen Europas neu zu definieren und eine kritische Alternative zu den vorherrschenden linken Ideologien der Zeit zu bieten.

Alain de Benoist, geboren am 11. Dezember 1943 in Saint-Symphorien (heute Teil von Tours), Frankreich, ist ein einflussreicher französischer Philosoph und Publizist, der vor allem als Gründer und zentrale Figur der Nouvelle Droite (Neuen Rechten) bekannt ist. De Benoist, der in einem bürgerlichen Elternhaus aufwuchs, begann bereits in jungen Jahren, sich für Philosophie und politische Theorien zu interessieren. Er studierte Rechtswissenschaften, Philosophie und Religionswissenschaften in Paris, obwohl er keinen formalen Universitätsabschluss erwarb. Sein autodidaktischer Weg führte ihn zu einer tiefen Auseinandersetzung mit einer Vielzahl von Denkern und Ideologien, darunter die Werke von Friedrich Nietzsche, Carl Schmitt und den Vertretern der Konservativen Revolution in Deutschland. 1968 gründete Alain de Beno-

ist das „Research and Study Group for European Civilization" (GRECE), das schnell zum Think Tank und Sprachrohr der Nouvelle Droite wurde. Durch GRECE und seine zahlreichen Publikationen strebte de Benoist danach, die kulturellen und intellektuellen Grundlagen Europas neu zu definieren und eine kritische Perspektive auf moderne liberale Demokratien und kapitalistische Wirtschaftssysteme zu bieten. De Benoist's Arbeiten sind geprägt von einer tiefen Skepsis gegenüber egalitären und universalistischen Idealen, die er als destruktiv für kulturelle und ethnische Identitäten betrachtet. Er setzt sich für einen „Ethnopluralismus" ein, eine Idee, die die Wichtigkeit und Unverletzlichkeit kultureller Identitäten betont und fordert, dass jede ethnische Gruppe das Recht haben sollte, in einem selbstbestimmten Raum zu leben.

De Benoist kritisiert den Materialismus, Individualismus und die Konsumkultur der modernen westlichen Gesellschaften und befürwortet eine Rückkehr zu einem stärkeren Gemeinschaftssinn und traditionellen sozialen Hierarchien. Obwohl er oft mit rechtsextremen Gruppen in Verbindung gebracht wird, distanziert sich de Benoist von rassistischen und anti-egalitären Ideologien und betont die Vielfalt als grundlegenden Wert. Alain de Benoist ist eine umstrittene Figur, sowohl in akademischen Kreisen als auch in der öffentlichen Meinung. Kritiker werfen ihm vor, intellektuellen Nährboden für extremistisches Gedankengut zu bieten, auch wenn er selbst jede Form von biologischem Rassismus ablehnt. Seine Arbeiten und die der Nouvelle Droite sind Gegenstand intensiver Debatten, die sich mit Fragen von Multikulturalismus, Nationalismus und der Zukunft der europäischen Identität befassen.

Bis heute bleibt de Benoist ein produktiver Schriftsteller und Kommentator, dessen Werke weiterhin weitreichende Diskussionen auslösen. Er hat über 50 Bücher geschrieben und unzählige Artikel in verschiedenen Sprachen verfasst, die sich mit politischer Philosophie, der Kritik der Moderne und der Verteidigung kultureller Diversität befassen.

Die Nouvelle Droite ist stark beeinflusst von verschiedenen philosophischen Strömungen, darunter die Konservative Revolution der Weimarer Republik, der Strukturalismus und verschiedene Formen des Traditionalismus. Ein zentrales Anliegen ist die Kritik am Egalitarismus, den sie als eine Verfallsform der westlichen Zivilisation betrachten.

Stattdessen betonen sie die Bedeutung von Unterschieden und Hierarchien innerhalb von Gesellschaften.

Alain de Benoist kritisiert insbesondere die liberalen Vorstellungen von Universalismus und Menschenrechten, die er als kulturell hegemonial und eurozentrisch betrachtet. Er plädiert für einen „Ethnopluralismus", der die Bedeutung einzigartiger kultureller Identitäten betont und die Idee unterstützt, dass verschiedene ethnische und kulturelle Gruppen das Recht haben, ihre Identitäten innerhalb ihrer eigenen, getrennten geographischen Räume zu bewahren.

Die Nouvelle Droite hat im Laufe der Jahre verschiedene Strategien angewandt, um ihre Ideen zu verbreiten. Dazu gehören die Publikation von Büchern und Zeitschriften, die Organisation von Konferenzen und die Beteiligung an akademischen und kulturellen Debatten. Ihr Einfluss erstreckt sich auch auf die politische Arena, obwohl sie selbst keine direkte politische Macht anstrebt. Stattdessen zielt die Bewegung darauf ab, die kulturellen und ideologischen Grundlagen der Gesellschaft zu verändern, ein Ansatz, den sie als Metapolitik bezeichnet.

Die Nouvelle Droite steht im Zentrum zahlreicher Kontroversen und Kritiken, insbesondere wegen ihrer Ansichten zu Rasse, Ethnizität und ihrer Kritik an der modernen Demokratie und den Menschenrechten. Kritiker werfen der Bewegung vor, neofaschistische und rassistische Ideen zu fördern, auch wenn sie sich selbst als jenseits der traditionellen politischen Einteilungen in Rechts und Links versteht.

Die Verbindung zwischen der Nouvelle Droite und verschiedenen rechtsextremen politischen Parteien und Bewegungen in Europa ist ebenfalls Gegenstand intensiver Diskussionen. Obwohl die Nouvelle Droite behauptet, unabhängig zu sein, zeigen ihre ideologischen Überzeugungen und ihre kulturellen Präferenzen deutliche Überschneidungen mit den Zielen dieser Parteien. Die langfristigen Auswirkungen der Nouvelle Droite sind schwer zu messen, aber es ist unbestreitbar, dass ihre Ideen die politische Landschaft in Frankreich und anderswo beeinflusst haben. Ihre Betonung kultureller Identität und Kritik am Multikulturalismus finden sich in den Programmen vieler rechter Parteien in Europa wieder. Ihre Fähigkeit, intellektuelle Diskurse zu beeinflussen, zeigt die Bedeutung metapolitischer Strategien, die weit über einfache politische Programme hinausgehen.

Diese Ereignisse verdeutlichen, wie Skepsis gegenüber dem Liberalismus sowohl im politischen Katholizismus als auch in der extremen Rechten tiefgreifende ideologische Strömungen speist, die sich in konkreten politischen und intellektuellen Bewegungen manifestieren. Während der politische Katholizismus eine moralisch-ökonomische Perspektive vertritt, nutzt die extreme Rechte kulturelle Argumente, um ihre Positionen gegen den Liberalismus zu stärken.

Die gemeinsame Skepsis gegenüber dem Liberalismus in beiden Strömungen zeigt, dass trotz unterschiedlicher ideologischer Grundlagen ähnliche Bedenken gegenüber den Auswirkungen liberaler Politik bestehen. Die Betrachtung dieser weniger bekannten Ereignisse und Bewegungen bietet wertvolle Einblicke in die komplexen Beziehungen zwischen Religion, Kultur und Politik in Europa. Sie verdeutlicht auch, wie tiefgreifend die Kritik am Liberalismus das politische Denken und Handeln in verschiedenen europäischen Ländern beeinflusst hat.

4. Abwehr von Modernisierung und Säkularisierung

Die Ablehnung von Modernisierung und Säkularisierung stellt eine bedeutende Schnittstelle zwischen dem politischen Katholizismus und der extremen Rechten dar. Diese Positionen spiegeln eine tiefe Besorgnis über die wahrgenommene Erosion traditioneller Werte und gesellschaftlicher Strukturen wider, die beide Gruppen als Fundament einer gesunden Gesellschaft ansehen.

Die moderne Welt wird oft als eine Ära des raschen Wandels wahrgenommen, charakterisiert durch technologischen Fortschritt, zunehmende Globalisierung und die Ausbreitung säkularer Werte, die traditionelle religiöse und kulturelle Normen herausfordern. Sowohl der politische Katholizismus als auch die extreme Rechte reagieren auf diese Veränderungen, indem sie eine Rückkehr zu einem idealisierten, weniger komplexen und moralisch eindeutigeren Zustand anstreben.

Im politischen Katholizismus ist die Sorge vor Säkularisierung tief verwurzelt. Sie wird als Bedrohung für die christliche Lehre und als Ursache für den moralischen Verfall der Gesellschaft angesehen. Diese Position basiert auf der Überzeugung, dass christliche Werte die Grundlage für Recht und Ordnung innerhalb der Gesellschaft bieten und dass ihr Verlust zu Chaos und Dekadenz führt.

Für die extreme Rechte symbolisiert Modernisierung oft den Verlust nationaler Identität und Kultur durch Globalisierung und die Homogenisierung der Gesellschaften. Sie vertritt die Auffassung, dass traditionelle Werte und Normen durch eine übermäßige Betonung von Individualismus und persönlicher Freiheit untergraben werden, was letztendlich zu sozialer Fragmentierung führt.

Ein signifikantes Ereignis, das die Spannungen um die Säkularisierung innerhalb des Katholizismus illustriert, ist die Veröffentlichung des Apostolischen Schreibens „Traditionis Custodes" durch Papst Franziskus im Jahr 2021.

Das Apostolische Schreiben "Traditionis Custodes" von Papst Franziskus, veröffentlicht am 16. Juli 2021, ist ein bedeutendes kirchliches Dokument, das die Feier der Heiligen Messe nach dem Römischen Ritus in seiner vorkonziliaren Form (oft als Tridentinische Messe oder Alte Messe bezeichnet) reguliert. Diese Maßnahme zielt darauf ab, die Einheit innerhalb der katholischen Kirche zu fördern und die Ergebnisse des Zweiten Vatikanischen Konzils, insbesondere die Liturgiereformen, zu stärken. Papst Franziskus erläutert in "Traditionis Custodes", dass die Entscheidung, die Feier der Tridentinischen Messe zu regulieren, auf einer weltweiten Umfrage unter den Bischöfen basiert. Diese Umfrage ergab Bedenken, dass die Erlaubnisse, die von seinen Vorgängern (besonders von Papst Benedikt XVI. im Jahr 2007 mit dem Motu Proprio "Summorum Pontificum") erteilt wurden, in einigen Fällen Spaltungen innerhalb der Gemeinden gefördert und die Akzeptanz des Zweiten Vatikanischen Konzils untergraben haben. "Traditionis Custodes" setzt acht Artikel ein, die die Verwendung des Missale Romanum von 1962 (das vor dem Zweiten Vatikanischen Konzil benutzt wurde) regeln:

1. **Zuständigkeit der Diözesanbischöfe:** Der Diözesanbischof wird als einziger Regulator für die Liturgien in seiner Diözese bestimmt. Er hat die Autorität zu entscheiden, ob und wo Messen im außerordentlichen Ritus gefeiert werden dürfen.

2. **Orte der Feier:** Die Tridentinische Messe darf nicht in Pfarrkirchen gefeiert werden und es müssen spezifische Orte dafür festgelegt werden.

3. **Bestimmung der Priester:** Der Bischof bestimmt Priester, die die Tridentinische Messe zelebrieren dürfen, nachdem er ihre Eignung und Bereitschaft geprüft hat, dem Konzil und dem Dekret über die Liturgie treu zu bleiben.

4. **Gründung neuer Gruppen:** Neue Gruppen, die den älteren Ritus feiern wollen, können nicht ohne die Genehmigung des Heiligen Stuhls gegründet werden.

5. **Ausschluss bestimmter Priester:** Priester, die nach der Veröffentlichung von "Traditionis Custodes" ordiniert werden, benötigen eine spezielle Erlaubnis des Heiligen Stuhls, um die Tridentinische Messe zu zelebrieren.

6. **Besondere Feiern:** Feierlichkeiten wie Firmungen und Trauungen im außerordentlichen Ritus müssen vom Diözesanbischof genehmigt werden.

7. **Überwachung der Liturgiepraxis:** Die Diözesanbischöfe müssen sicherstellen, dass die Gruppen, die die Tridentinische Messe feiern, nicht die Gültigkeit des Zweiten Vatikanischen Konzils und der Liturgiereform ablehnen.

8. **Bericht an den Heiligen Stuhl:** Die Bischöfe werden aufgefordert, dem Heiligen Stuhl regelmäßig über die Anwendung der traditionellen Liturgie in ihren Diözesen zu berichten.

"Traditionis Custodes" hat gemischte Reaktionen hervorgerufen. Während einige die Entscheidung des Papstes als notwendige Maßnahme zur Förderung der Einheit und zur Betonung der Reformen des Zweiten Vatikanischen Konzils loben, sehen andere darin eine Einschränkung der liturgischen Vielfalt und eine Missachtung der spirituellen Bedürfnisse jener, die sich tief mit der traditionellen Form der Messe verbunden fühlen.

Das Dokument markiert einen signifikanten Wendepunkt in der Behandlung der Tridentinischen Messe innerhalb der katholischen Kirche und verdeutlicht die Absicht des Papstes, die Ergebnisse des Zweiten Vatikanischen Konzils als dauerhafte Norm für die liturgische Praxis der Kirche zu bestätigen.

Ein weiteres, bedeutendes Ereignis ist die Identitäre Bewegung.

Die Identitäre Bewegung ist eine rechtsextreme, jugendorientierte politische Bewegung, die zuerst in Frankreich unter dem Namen „Bloc Identitaire" bekannt wurde und sich später in vielen anderen europäischen Ländern, darunter Deutschland, Österreich und Italien, ausbreitete. Sie wird oft als Teil der breiteren europäischen „Neuen Rechten" angesehen, die kulturellen und ethnischen Nationalismus propagiert. Nachfolgend versuche ich einen Überblick über die Ursprünge, Ideologie, Methoden und die öffentliche Rezeption der Identitären Bewegung zu geben.

Die Identitäre Bewegung entstand Anfang der 2000er Jahre in Frankreich. Die Gründung des „Bloc Identitaire" im Jahr 2003 gilt als offizieller Beginn. Die Bewegung entstand als Reaktion auf wahrgenommene Bedrohungen durch die Globalisierung und den Islam sowie auf die Unzufriedenheit mit dem traditionellen politischen Spektrum. Ihre Ideologie lehnt multikulturelle Gesellschaften ab und fördert stattdessen das Konzept des Ethnopluralismus, wonach jede ethnische Gruppe ihr eigenes Territorium behalten sollte.

Ethnopluralismus ist ein Konzept, das häufig in rechtsextremen und nationalistischen Kreisen verwendet wird. Es bezeichnet die Idee, dass ethnische Gruppen in kultureller und räumlicher Hinsicht getrennt voneinander existieren sollten, um ihre jeweilige kulturelle Identität zu bewahren. Dieses Konzept lehnt die Vermischung von Kulturen und Völkern ab und argumentiert oft für strikte Einwanderungskontrollen und gegen Multikulturalismus, basierend auf der Annahme, dass jede Ethnie ein natürliches Recht auf Erhaltung und Entwicklung ihrer eigenen Kultur innerhalb ihrer geografischen Grenzen habe. Obwohl Ethnopluralismus sich als eine Art kultureller Respekt und Erhaltung verschiedener Identitäten darstellen kann, wird er kritisiert, da er häufig dazu dient, rassistische und ausgrenzende Politiken zu rechtfertigen. Kritiker weisen darauf hin, dass das Konzept oft in einem Atemzug mit xenophoben und segregierenden Ansichten steht, die auf der Vorstellung beruhen, dass ethnische Homogenität innerhalb eines Staates wünschenswert oder notwendig sei.

Die Identitäre Bewegung vertritt eine Kombination aus kulturellem Nationalismus und ethnischer Identität. Zentrale Themen sind die Bewahrung der nationalen und europäischen Kultur, die Ablehnung der Einwanderung, insbesondere aus muslimischen Ländern, und die Kritik am politischen Establishment, das als unfähig angesehen wird, die kulturelle und demographische Zukunft der europäischen Völker zu sichern. Die Bewegung nutzt intensiv soziale Medien und visuelle Symbole, um ihre Botschaften zu verbreiten, einschließlich des Lambda-Symbols, das aus dem Film „300"[38] entlehnt ist, was ihren kämpferischen Ansatz symbolisieren soll.

Die Identitäre Bewegung ist berüchtigt für ihre provokanten öffentlichen Aktionen, die darauf abzielen, Aufmerksamkeit zu erregen und ihre radikalen Botschaften zu verbreiten. Dazu gehören die Besetzung von Moscheen, Migrantenunterkünften und anderen symbolischen Orten sowie Demonstrationen und öffentliche Kampagnen. Diese Taktiken sollen eine sogenannte „Metapolitik" fördern, die darauf abzielt, die kulturelle Debatte zu beeinflussen und die politische Landschaft zu verändern, ohne sich direkt an demokratischen Wahlen zu beteiligen.

Diese Aktionen sind zutiefst problematisch, da sie auf Spaltung und Ausgrenzung abzielen. Sie nutzen symbolträchtige Orte, um Hass und Fremdenfeindlichkeit zu verbreiten, und versuchen, die öffentliche Meinung durch Einschüchterung und Provokation zu manipulieren. Anstatt konstruktiv am politischen Prozess teilzunehmen, setzen sie auf Angst und Polarisierung, um ihre extremistischen Ansichten zu verbreiten.

Eine etwas andere Fragestellung würde dagegen die Bedeutung von Dialog, Inklusion und demokratischer Teilhabe betonen. Es geht darum, eine offene und gerechte Gesellschaft zu fördern, in der alle Menschen unabhängig von ihrer Herkunft oder Religion gleiche

---

38 "300" ist ein Film von Zack Snyder aus dem Jahr 2006, basierend auf Frank Millers Graphic Novel. Er erzählt eine dramatisierte Geschichte der Schlacht bei den Thermopylen, in der König Leonidas und 300 spartanische Krieger gegen die übermächtige Armee des persischen Königs Xerxes kämpfen. Trotz heroischem Widerstand werden die Spartaner letztlich überwältigt, doch ihr Opfer inspiriert den weiteren Widerstand der Griechen. Der Film ist bekannt für seine stilisierte Darstellung von Brutalität und heroischem Kampf.

Rechte und Chancen haben. Anstatt Hass und Spaltung zu säen, sollten wir uns darauf konzentrieren, Brücken zu bauen und solidarisch zusammenzuarbeiten, um eine bessere Zukunft für alle zu schaffen.

Während sie in einigen Fällen an der Grenze zur Legalität operieren, gibt es auch dokumentierte Fälle, in denen Aktivitäten der Identitären Bewegung zu strafrechtlichen Ermittlungen geführt haben. Hier sind drei Beispiele für solche Vorfälle:

Hausfriedensbruch und Nötigung (2017): Im August 2017 führte die Identitäre Bewegung eine provokative Aktion auf dem Gelände des Bundesjustizministeriums in Berlin durch. Mehrere Aktivisten entrollten ein großes Banner mit der Aufschrift „Justizskandal" und zündeten Rauchfackeln. Diese unangemeldete Aktion war illegal, da die Aktivisten ohne Erlaubnis auf das Gelände eindrangen. Die Polizei griff schnell ein, nahm mehrere Personen fest, und es kam zu Anklagen wegen Hausfriedensbruchs und Nötigung.

Solche Aktionen sind nicht nur illegal, sondern auch gefährlich, da sie die öffentliche Sicherheit gefährden und das Vertrauen in demokratische Institutionen untergraben. Sie dienen dazu, Angst zu schüren und die Gesellschaft zu spalten, anstatt konstruktive Lösungen für bestehende Probleme zu suchen.

Politischer Protest ist wichtig, aber immer im Rahmen des Gesetzes und mit Respekt für die Rechte anderer. Demokratische Prozesse und der Rechtsstaat sind die Grundlagen unserer Gesellschaft, und sie zu untergraben, ist nicht nur verantwortungslos, sondern auch kontraproduktiv. Wir sollten uns stattdessen auf friedliche und legale Wege konzentrieren, um politische Veränderungen herbeizuführen und für Gerechtigkeit und Gleichheit zu kämpfen.

Sachbeschädigung durch Graffiti (2018): Mitglieder der Identitären Bewegung wurden beschuldigt, im Jahr 2018 an verschiedenen Orten in Berlin und anderen deutschen Städten Graffiti mit ihren Symbolen und Botschaften angebracht zu haben. Diese Handlungen umfassten das Sprühen von Parolen und Symbolen an öffentlichen Gebäuden und Straßenmobiliar, was zu Ermittlungen wegen Sachbeschädigung führte.

Verstoß gegen das Versammlungsgesetz (2019): Im Jahr 2019 organisierte die Identitäre Bewegung eine nicht angemeldete Demonstration in Dresden, an der sich mehrere hundert Personen beteiligten. Die Versammlung verstieß gegen lokale Versammlungsgesetze, insbesondere weil sie ohne die erforderliche vorherige Anmeldung bei den Behörden durchgeführt wurde. Dies führte zu polizeilichen Maßnahmen und rechtlichen Folgen für die Organisatoren.

Diese Fälle spiegeln die Konfliktbereitschaft der Identitären Bewegung wider und zeigen, wie ihre Aktionen oft rechtliche Grenzen überschreiten. Ihre Taktiken zielen darauf ab, öffentliche Aufmerksamkeit zu erregen und ihre politische Botschaft zu verbreiten, bringen jedoch auch rechtliche Risiken und Konsequenzen mit sich. Die Identitäre Bewegung bleibt in Deutschland und darüber hinaus ein Gegenstand intensiver Beobachtung und Debatte, sowohl von Seiten der Sicherheitsbehörden als auch in der öffentlichen Diskussion.

Die Identitäre Bewegung steht in starker Kritik von Medien, Politikern und zivilgesellschaftlichen Gruppen, die sie als rechtsextrem, rassistisch und xenophob betrachten. Ihre Aktionen und Rhetorik wurden vielfach als Versuche gewertet, Hass zu schüren und gesellschaftliche Spaltungen zu vertiefen. In mehreren Ländern wurde die Bewegung von Sicherheitsbehörden als extremistisch eingestuft und überwacht.

Trotz oder gerade wegen ihrer kontroversen Natur hat die Identitäre Bewegung eine gewisse Anziehungskraft, besonders unter jungen Menschen und in sozialen Medien. Ihre Fähigkeit, moderne Kommunikationsmittel zu nutzen und provokante Aktionen durchzuführen, hat ihr eine Sichtbarkeit verliehen, die weit über ihre tatsächliche Mitgliederzahl hinausgeht. Ihr Einfluss auf die politische Debatte in Europa ist nicht zu unterschätzen, auch wenn ihre direkten politischen Erfolge begrenzt sind.

Die Identitäre Bewegung repräsentiert einen modernen Ausdruck rechtsextremer Politik, der sich durch eine jugendliche Energie und eine geschickte Nutzung der Medien auszeichnet. Ihre Ideologie und Methoden sind in der europäischen politischen Landschaft hoch umstritten und werden intensiv debattiert.[39]

Sowohl der politische Katholizismus als auch die extreme Rechte greifen oft auf romantische und konservative Philosophien zurück, die die Schönheit und Notwendigkeit traditioneller Strukturen betonen. Philosophen wie Edmund Burke und Alasdair MacIntyre, die die Bedeutung von Tradition und die Grenzen der rationalen Planung hervorheben, werden häufig zitiert, um die Ablehnung moderner philosophischer und politischer Ideen zu begründen.

Edmund Burke (1729–1797) war ein irischer Staatsphilosoph und Politiker, der oft als Vater des modernen Konservatismus betrachtet wird.

Burke ist besonders bekannt für seine kritische Betrachtung der Französischen Revolution in seinem Werk „Reflections on the Revolution in France" (1790). Er argumentierte, dass die radikalen Veränderungen und der Umsturz der traditionellen Strukturen und Autoritäten zu Chaos und Tyrannei führen könnten.

Burke betonte die Wichtigkeit von bestehenden Institutionen und Traditionen. Er glaubte, dass diese das Ergebnis langfristiger historischer Entwicklungen sind und eine gewisse Weisheit beinhalten, die nicht leichtfertig verworfen werden sollte. Er sah die Gesellschaft als einen komplexen, organischen Körper, in dem alle Teile voneinander abhängig sind. Veränderungen sollten langsam und evolutionär erfolgen, um die Stabilität zu wahren und die ge-

---

39 u.a. Christian Schwochert: Angeklagt: die identitäre Bewegung. Edition B, Riesa 2020, ISBN 978-3-944580-34-0

sellschaftliche Ordnung nicht zu gefährden. Burke argumentierte, dass politische Entscheidungen auf Pragmatismus und der spezifischen Situation des Staates basieren sollten, nicht auf abstrakten Theorien oder Ideologien. Eigentum sah er als grundlegendes Element der gesellschaftlichen Ordnung und als Recht, das geschützt werden muss. Er verband dies mit Freiheit und Sicherheit der Bürger.

Burke war skeptisch gegenüber der unkontrollierten Ausübung von Macht und der Idee, dass Revolutionen eine positive Kraft sind. Er plädierte für Vorsicht und gemäßigte Reformen, anstatt radikale Umbrüche zu fördern. Burkes Ideen haben die konservative politische Theorie stark beeinflusst und bieten eine Gegenposition zu radikaleren Aufklärungsdenkern wie Jean-Jacques Rousseau. Seine Betonung von Erfahrung, Tradition und vorsichtiger Reform prägt bis heute viele konservative und liberale Denkansätze.

__Alasdair MacIntyre__ ist ein schottischer Philosoph, der für seine Beiträge zur Moralphilosophie und politischen Theorie bekannt ist. Seine Arbeit fokussiert sich besonders auf die Ethik und die Kritik der Moderne aus einer tugendethischen Perspektive. In seinem einflussreichsten Werk „After Virtue" (1981) argumentiert MacIntyre, dass die moderne moralische Philosophie gescheitert ist, weil sie den Kontext und die Geschichte der moralischen Begriffe ignoriert. Er behauptet, dass die Sprache der Moral in der modernen Welt in einen Zustand der „Fragmentierung" und „Unordnung" gefallen ist.

MacIntyre plädiert für eine Rückkehr zur aristotelischen Tugendethik, die er als einen besseren Rahmen für das Verständnis moralischer Fragen sieht. Er betont die Bedeutung von Tugenden, die innerhalb spezifischer Gemeinschaften entwickelt werden und auf das Erreichen des Guten ausgerichtet sind. Ein zentraler Aspekt von MacIntyres Philosophie ist die Bedeutung von Gemeinschaft und Tradition. Er argumentiert, dass Tugenden nur innerhalb von Gemeinschaften verstanden und gepflegt werden können, die eine gemeinsame Suche nach dem Guten unterstützen. Traditionen sind für ihn dynamische, diskursive Prozesse, die den Rahmen für moralische Debatten und das Leben bereitstellen.

MacIntyre stellt die Idee vor, dass menschliche Identität grundlegend narrativ ist. Individuen verstehen sich selbst und ihre moralischen Entscheidungen innerhalb der Geschichten, die sie über ihr Leben und ihre Gemeinschaften erzählen. Er kritisiert stark den modernen Individualismus und die liberalen politischen Theorien, die seiner Meinung nach die Rolle der Gemeinschaft und der gemeinsamen moralischen Standards untergraben. Er argumentiert, dass diese Ansätze zu einem Verlust des moralischen Zusammenhalts führen. MacIntyre betont die Rolle der Philosophie und der Bildung in der Entwicklung der Tugenden. Philosophische Diskussion und Bildung sollten darauf abzielen, Menschen zu helfen, besser zu verstehen, was das Gute ist, und wie es erreicht werden kann.

MacIntyres Arbeiten bieten eine tiefgreifende Kritik der Moderne und eine starke Verteidigung der Rolle von Tradition und Gemeinschaft in der moralischen und politischen Theorie. Seine Thesen haben breite Diskussionen in der Philosophie, besonders in den Bereichen der Ethik, politischen Theorie und Bildung angeregt.

Die Rolle der Medien und Propaganda

Der politische Katholizismus, der die katholische Lehre in politische Programme und Handlungen umsetzt, hat über die Jahrhunderte hinweg verschiedene Medien und Propagandastrategien genutzt, um seine Ziele zu fördern und seine Botschaften zu verbreiten. Diese Bemühungen haben sich mit der Entwicklung der Medientechnologie verändert und ausgeweitet, von gedruckten Flugblättern und Zeitungen bis hin zu Radio, Fernsehen und digitalen Plattformen.

Im Laufe der Zeit hat der politische Katholizismus seine Methoden an die sich wandelnde Medienlandschaft angepasst, um seine konservativen Werte zu propagieren. Dabei wurde häufig auf traditionelle Kommunikationsformen zurückgegriffen, die eine direkte und oft einseitige Vermittlung der kirchlichen Botschaften ermöglichten. Doch mit dem Aufkommen neuer Medien und der Digitalisierung hat sich das Spektrum der genutzten Plattformen erheblich erweitert.

In der heutigen digitalen Ära nutzt der politische Katholizismus soziale Medien, Online-Foren und Blogs, um seine Reichweite zu maximieren. Diese Plattformen ermöglichen es, schnell und effektiv eine breite Zielgruppe zu erreichen und dabei die Interaktion und Mobilisierung der Anhänger zu fördern. Gleichzeitig bietet das Internet jedoch auch Raum für kritische Diskussionen und alternative Sichtweisen, was eine Herausforderung für die einseitige Propaganda darstellt.

Ein links-liberaler Ansatz würde betonen, dass in einer pluralistischen Gesellschaft die Vielfalt der Meinungen und der Zugang zu unabhängigen Informationsquellen entscheidend sind. Es ist wichtig, dass alle Stimmen Gehör finden und dass die Medienlandschaft nicht von einer einzigen Ideologie dominiert wird. Die Förderung von Medienkompetenz und kritischem Denken ist unerlässlich, um sicherzustellen, dass die Bürgerinnen und Bürger in der Lage sind, informierte Entscheidungen zu treffen und manipulative Propaganda zu durchschauen.

Darüber hinaus sollte der Einsatz von Medien und Technologie dazu dienen, den Dialog und das Verständnis zwischen verschiedenen gesellschaftlichen Gruppen zu fördern. Anstatt exklusive und konservative Werte zu verbreiten, sollten wir uns darauf konzentrieren, inklusiv und gerecht zu kommunizieren, um eine offene und tolerante Gesellschaft zu schaffen. Dies bedeutet auch, den Schutz der Meinungsfreiheit und der Pressefreiheit zu gewährleisten und sicherzustellen, dass alle Menschen Zugang zu ausgewogenen und zuverlässigen Informationen haben.

Im 19. und frühen 20. Jahrhundert spielten katholische Zeitungen und Zeitschriften eine zentrale Rolle bei der Formung der öffentlichen Meinung und der politischen Bildung der Gläubigen. In Deutschland beispielsweise förderten Publikationen wie das "Kölner Kirchenblatt" oder die "Historisch-politischen Blätter für das katholische Deutschland" einen katholischen Blick auf politische Ereignisse. Diese Medien waren entscheidend, um katholische Werte in der Auseinandersetzung mit dem Kulturkampf unter Bismarck zu verteidigen, während sie gleichzeitig die Bildung des Zentrums unterstützten, einer Partei, die katholische Interessen im deutschen Reichstag vertrat. Radio Vatikan wurde 1931 gegründet und spielte eine entscheidende Rolle bei der Verbreitung der päpstlichen Lehren und der katholischen Perspektive auf weltweite Ereignisse. Besonders während des Zweiten Weltkriegs nutzte der Heilige Stuhl Radio Vatikan, um Nachrichten und spirituelle Unterstützung zu verbreiten, die oft im Widerspruch zur Propaganda der kriegsführenden Parteien standen. Die Sendungen von Radio Vatikan waren ein wichtiges Mittel für Pius XII., um indirekte Botschaften gegen den Nationalsozialismus und Faschismus zu senden, obwohl diese oft vorsichtig formuliert waren, um direkte Konfrontationen zu vermeiden.

Das Zweite Vatikanische Konzil (1962-1965) markierte einen Wendepunkt in der Nutzung von Medien durch die Kirche. Die Öffnung der Kirche gegenüber der modernen Welt und die Anerkennung der Bedeutung der Massenmedien führten zu einer verstärkten und strategisch durchdachten Kommunikation. Dokumente wie „Inter Mirifica", das Dekret über die Medien, forderten eine positive und aktive Nutzung der Medien, um evangelische Botschaften und katholische soziale Lehren zu verbreiten.

Mit dem Aufkommen des Internets und sozialer Medien hat sich die Landschaft des politischen Katholizismus erneut gewandelt. Plattformen wie Twitter und Facebook bieten sowohl offiziellen katholischen Stellen als auch laienkatholischen Gruppen die Möglichkeit, ihre Ansichten zu verbreiten. Insbesondere konservative und traditionelle katholische Gruppen nutzen das Internet effektiv, um Unterstützung für ihre Anliegen wie Pro-Life-Initiativen oder den Schutz der traditionellen Familie zu mobilisieren.

In Deutschland sind Pro-Life-Aktivitäten, die sich gegen Abtreibung und für den Schutz des ungeborenen Lebens einsetzen, von einer aktiven und teilweise kontroversen Szene geprägt. Die Pro-Life-Bewegung in Deutschland besteht aus verschiedenen Organisationen und Gruppen, die sowohl aus religiösen als auch aus säkularen Perspektiven argumentieren.

1. Bundesverband Lebensrecht (BVL)

Der Bundesverband Lebensrecht ist ein Dachverband, der verschiedene Pro-Life-Organisationen in Deutschland umfasst. Zu den bekanntesten Mitgliedsorganisationen zählen die „Aktion Lebensrecht für Alle" (ALfA) und „Treffen Christlicher Lebensrecht-Gruppen" (TCLG). Der BVL organisiert jährlich den „Marsch für das Leben" in Berlin, eine der größten öffentlichen Pro-Life-Veranstaltungen in Deutschland, bei der Teilnehmer aus dem ganzen Land zusammenkommen, um gegen Abtreibung und Euthanasie zu demonstrieren.

Die Organisation „Aktion Lebensrecht für Alle" (ALfA) ist eine deutsche Lebensschutzorganisation, die sich gegen die Abtreibung einsetzt und sich für den Schutz des ungeborenen Lebens ausspricht. ALfA wurde 1981 gegründet und gehört zu den bekanntesten und aktivsten Pro-Life-Organisationen in Deutschland. Sie ist ein eingetragener Verein mit Sitz in Augsburg.

Die Hauptziele von ALfA bestehen darin, das Bewusstsein für den Wert und die Würde des menschlichen Lebens von der Empfängnis bis zum natürlichen Tod zu fördern und Unterstützung für schwangere Frauen in Notlagen anzubieten. Die Organisation lehnt Abtreibung grundsätzlich ab und setzt sich für alternative Lösungen wie Adoption und umfassende Beratungs- und Hilfsangebote für Schwangere ein.

ALfA führt eine Reihe von Aktivitäten durch, darunter Informationskampagnen, öffentliche Demonstrationen und die Bereitstellung von Beratungsdiensten durch ihre zahlreichen Ortsvereine. Sie arbeitet auch politisch, indem sie auf Gesetzesänderungen hinwirkt, die den Schutz des ungeborenen Lebens stärken und die Rechte von Schwangeren unterstützen.

Die Organisation finanziert sich hauptsächlich durch Spenden von Mitgliedern und Unterstützern und legt großen Wert auf ehrenamtliches Engagement. ALfA bietet auch Fortbildungen und Workshops an, um ihre Mitglieder und Interessenten über medizinische, ethische und rechtliche Aspekte des Lebensschutzes zu informieren.

ALfA ist Teil eines breiteren Netzwerks von Lebensschutzorganisationen in Deutschland und arbeitet mit Kirchen, anderen nichtstaatlichen Organisationen und internationalen Partnern zusammen, um ihre Ziele zu fördern und eine breitere gesellschaftliche Anerkennung des Lebensrechts zu erreichen.

Wie bei vielen Organisationen, die sich mit kontroversen Themen wie dem Lebensrecht und Abtreibung beschäftigen, steht auch die „Aktion Lebensrecht für Alle" (ALfA) in der öffentlichen und politischen Diskussion.

ALfA's strikte Anti-Abtreibungshaltung wird von manchen als polarisierend empfunden. Kritiker argumentieren, dass solche Positionen den gesellschaftlichen Dialog erschweren und die Gräben zwischen unterschiedlichen Ansichten vertiefen.

Ein weiterer Kritikpunkt betrifft den möglichen Konflikt zwischen dem Schutz des ungeborenen Lebens und den Rechten der Frauen. Kritiker sehen in der Arbeit von ALfA eine Einschränkung der reproduktiven Rechte und der Selbstbestimmung der Frau. Die öffentlichen Demonstrationen und Protestaktionen von ALfA werden manchmal als störend oder einschüchternd empfunden, besonders von jenen, die klinische Dienste im Zusammenhang mit Schwangerschaftsabbrüchen anbieten.

Kritiker werfen der ALfA vor, dass sie in ihrer Aufklärungsarbeit manchmal einseitige oder irreführende Informationen verbreiten könnte, die spezifisch darauf ausgerichtet sind, ihre Anti-Abtreibungsagenda zu fördern. ALfA's Bemühungen, auf politische Entscheidungen Einfluss zu nehmen, werden ebenfalls kritisch gesehen, insbesondere von jenen, die eine klare Trennung zwischen staatlichen Angelegenheiten und religiös motivierten moralischen Überzeugungen bevorzugen.

2. Marsch für das Leben

Der „Marsch für das Leben" ist eine jährlich stattfindende Veranstaltung in verschiedenen Ländern, die darauf abzielt, öffentliches Bewusstsein und Unterstützung für die Pro-Life-Bewegung, also gegen die Legalisierung von Schwangerschaftsabbrüchen, zu schaffen. Die Veranstaltungen finden typischerweise in Hauptstädten oder größeren Städten statt und ziehen Teilnehmer aus unterschiedlichen sozialen, religiösen und politischen Hintergründen an, die gemeinsam für den Schutz des ungeborenen Lebens eintreten.

Die Ursprünge des Marsches lassen sich in den Vereinigten Staaten auf das Jahr 1974 zurückführen, ein Jahr nachdem der Oberste Gerichtshof der USA in der Entscheidung Roe v. Wade das Recht auf Schwangerschaftsabbruch landesweit legalisierte. Der erste Marsch fand in Washington, D.C. statt und wurde von Nellie Gray, einer Anwältin und Pro-Life-Aktivistin, organisiert. Der Marsch wird jedes Jahr am oder um den Jahrestag der Roe v. Wade-Entscheidung herum abgehalten.

Die Entscheidung im Fall „Roe v. Wade" des US-amerikanischen Obersten Gerichtshofs vom 22. Januar 1973 ist eine der bekanntesten und bedeutendsten juristischen Entscheidungen in der amerikanischen Geschichte bezüglich der reproduktiven Rechte. Sie legalisierte den Schwangerschaftsabbruch landesweit und wurde zu einem zentralen Streitpunkt in der amerikanischen Kultur- und Politiklandschaft. Der Fall wurde von „Jane Roe" (ein Pseudonym für Norma McCorvey) angestrengt, die gegen die strengen Abtreibungsgesetze des Staates Texas klagte. Diese Gesetze machten es illegal, einen Schwangerschaftsabbruch durchzuführen, es sei denn, das Leben der Mutter stand auf dem Spiel. Der Oberste Gerichtshof entschied mit einer Mehrheit von 7 zu 2, dass das Recht auf Privatsphäre unter dem Due Process Clause des 14. Zusatzartikels der US-Verfassung auch das Recht einer Frau umfasst, eine Schwangerschaft abzubrechen. Das Gericht stellte fest, dass dieses Recht nicht absolut ist und sich gegen staatliche Interessen abwägen lässt, die Gesundheit der Mutter zu schützen und das potenzielle menschliche Leben zu erhalten.

Der Gerichtshof führte ein Trimester-Rahmenwerk ein, das die Schwangerschaft in drei Trimester unterteilt:

- Im ersten Trimester kann die Regierung die Abtreibung nicht einschränken.
- Im zweiten Trimester kann die Regierung in das Recht auf Abtreibung eingreifen, um die Gesundheit der Mutter zu schützen.
- Im dritten Trimester, nach der Lebensfähigkeit des Fötus (die Fähigkeit, außerhalb des Mutterleibs zu überleben), kann der Staat Abtreibungen verbieten, außer wenn sie notwendig sind, um das Leben oder die Gesundheit der Mutter zu schützen.

Die „Roe v. Wade"-Entscheidung hatte tiefgreifende und dauerhafte Auswirkungen auf die amerikanische Gesellschaft und Politik. Sie polarisierte die öffentliche Meinung und führte zur Entstehung einer aktiven Pro-Life-Bewegung, die sich für die Aufhebung der Entscheidung einsetzt, sowie einer Pro-Choice-Bewegung, die das Recht auf Abtreibung verteidigt. Die Entscheidung bleibt ein zentraler Punkt in der Debatte um die reproduktiven Rechte und hat die politischen Landschaften und die Gesetzgebung in vielen Staaten wesentlich beeinflusst.

Seit seiner Gründung hat sich der Marsch für das Leben international ausgebreitet und wird mittlerweile in vielen Ländern durchgeführt, darunter in Deutschland, wo der Marsch seit 2002 in Berlin stattfindet. Auch in anderen Ländern wie Kanada, Frankreich und Italien finden ähnliche Veranstaltungen statt, die alle das Ziel verfolgen, die Rechte ungeborener Kinder zu fördern und auf die möglichen physischen und psychischen Folgen von Abtreibungen aufmerksam zu machen.

Die Marschveranstaltungen werden oft von religiösen Gruppen, insbesondere christlichen Kirchen, sowie von verschiedenen Pro-Life-Organisationen unterstützt. Die Teilnehmerzahl variiert je nach Ort und Jahr, wobei einige Veranstaltungen, wie die in Washington, D.C., regelmäßig Zehntausende von Teilnehmern anziehen. Neben den Marschierenden beteiligen sich auch Politiker, Aktivisten und Redner, die Reden halten und ihre Unterstützung für die Pro-Life-Bewegung zum Ausdruck bringen.

Der Marsch für das Leben ist nicht ohne Kontroversen. Befürworter des Rechts auf Abtreibung kritisieren die Veranstaltung oft als Angriff auf die reproduktiven Rechte von Frauen. In vielen Städten finden gleichzeitig Gegenveranstaltungen statt, bei denen für die Aufrechterhaltung oder Erweiterung des Zugangs zu Schwangerschaftsabbrüchen demonstriert wird. Diese Gegenproteste sind teilweise ebenfalls groß angelegt und ziehen eine erhebliche Anzahl von Teilnehmern an.

Die Berichterstattung über den Marsch für das Leben in den Medien ist oft polarisiert, wobei konservative Medien die Veranstaltung in der Regel positiv darstellen, während liberale Medien sie kritisch betrachten. Trotz der unterschiedlichen Wahrnehmungen bleibt der Marsch eine wichtige Plattform für die Pro-Life-Bewegung, um ihre Botschaft zu verbreiten und politischen Druck auf Entscheidungsträger auszuüben.

Die Pro-Life-Gruppen in Deutschland argumentieren, dass das ungeborene Leben von der Konzeption an ein Recht auf Existenz hat und dass Abtreibung einem Tötungsakt gleichkommt. Sie setzen sich für umfassendere Beratungsangebote für schwangere Frauen in Notlagen und für bessere Unterstützung für Familien ein, um Abtreibungen zu verhindern. Bildungsarbeit in Schulen und öffentlichen Einrichtungen, Informationsstände, sowie die Verteilung von Informationsmaterialien sind gängige Aktivitäten dieser Gruppen. In Deutschland ist Abtreibung unter bestimmten Bedingungen legal. Nach dem Gesetz ist eine Abtreibung innerhalb der ersten zwölf Schwangerschaftswochen straffrei, sofern die Frau eine Beratung absolviert hat und eine Bedenkzeit von drei Tagen eingehalten wird. Pro-Life-Organisationen kritisieren diese Regelung und einige fordern eine vollständige Abschaffung des Abtreibungsrechts, während andere auf verbesserte Unterstützung für Schwangere in schwierigen Lebenslagen drängen, um die Zahl der Abtreibungen zu reduzieren.

Die Pro-Life-Aktivitäten stoßen auch auf Kritik und Widerstand. Kritiker argumentieren, dass die Forderungen der Bewegung in die persönlichen Rechte von Frauen eingreifen und das Selbstbestimmungsrecht über den eigenen Körper untergraben. Pro-Choice-Organisationen und feministische Gruppen setzen sich daher aktiv für den Erhalt und die Erweiterung der Abtreibungsrechte in Deutschland ein.

Insgesamt bleibt das Thema Abtreibung in Deutschland ein hoch emotionales und politisiertes Feld, in dem Pro-Life-Gruppen eine wichtige, wenn auch umstrittene Rolle spielen. Sie beeinflussen die öffentliche Diskussion und tragen zur anhaltenden Debatte über ethische, moralische und rechtliche Fragen rund um das Thema Abtreibung bei.

Während des Kalten Krieges spielten katholische Untergrundnetzwerke in den kommunistisch regierten Ländern Polen und Ungarn eine signifikante Rolle. In beiden Ländern war der Katholizismus nicht nur eine religiöse, sondern auch eine kulturelle und politische Kraft, die oft im Widerstand gegen die atheistische und repressive Staatsmacht stand. Diese Netzwerke trugen zur Erhaltung religiöser Praktiken bei, förderten den Dissens und leisteten einen bedeutenden Beitrag zur letztendlichen politischen Transformation in diesen Ländern.

Polen

In Polen stand die katholische Kirche als kolossale Bastion des Widerstands gegen das erdrückende kommunistische Regime an vorderster Front. Diese Kirche genoss eine außergewöhnlich unabhängige Stellung, eine Seltenheit im Ostblock, die zweifellos aus der tief verwurzelten religiösen Identität der polnischen Bevölkerung resultierte. Doch trotz dieser vergleichsweise privilegierten Position waren die Aktivitäten der Kirche von einem Mantel des Geheimnisses umhüllt, insbesondere während der düsteren Jahrzehnte der 1950er und frühen 1960er Jahre, als die repressiven Klauen des Staates am härtesten zuschnappten. Katholische Priester und engagierte Laien organisierten im Untergrund geheime Seminare für religiöse Bildung und Theologie und richteten Untergrunddruckereien ein, die nicht nur verbotene religiöse Schriften, sondern auch politisches Material produzierten und verbreiteten. Diese subversiven Publikationen, darunter auch illegale Kopien der päpstlichen Enzykliken und Briefe, waren nicht nur Informationsquellen, sondern auch kraftvolle Werkzeuge des moralischen Widerstands gegen das Regime.

In den 1980er Jahren, einer Zeit des politischen Aufruhrs und der gesellschaftlichen Umbrüche, manifestierte sich die Schlüsselrolle der Kirche erneut, diesmal im Kontext der aufstrebenden Gewerkschaftsbewegung Solidarność. Obwohl Solidarność hauptsächlich als eine säkulare Kraft galt, waren viele ihrer Schlüsselfiguren und Anhänger tief im Katholizismus verwurzelt. Die Kirche diente oft als ein sicherer Hafen und ein konspirativer Treffpunkt für die Mitglieder der Bewegung. Bedeutende Persönlichkeiten, darunter der spätere Präsident Lech Wałęsa, nutzten ihre tiefen katholischen Bindungen und die weitreichenden kirchlichen Netzwerke, um sowohl lokale als auch internationale Unterstützung zu mobilisieren. Diese Symbiose zwischen religiösen Institutionen und politischem Widerstand war entscheidend für den Erfolg von Solidarność und markierte eine der herausragendsten Phasen des Widerstands gegen die kommunistische Unterdrückung.

Diese historische Realität entlarvt die katholische Kirche nicht nur als eine religiöse Einrichtung, sondern als eine mächtige politische Kraft, die entscheidend dazu beigetragen hat, die totalitäre Herrschaft in Polen zu untergraben. Ihre Rolle im Kampf gegen das kommunistische Joch ist ein klares Beispiel dafür, wie tief religiöse Überzeugungen in die politische DNA eines Landes eingewoben sein können, und sie wirft ein bezeichnendes Licht auf die vielschichtige Natur des Widerstands gegen autoritäre Regime.

Ungarn

In Ungarn war die Lage der Kirche während des Kalten Krieges durch eine verschärfte Repression gekennzeichnet, die in ihrer Intensität und Durchdringung noch über die Situation in Polen hinausging. Die staatliche Kontrolle war erdrückend, die öffentliche Präsenz und Sichtbarkeit der Kirche stark eingeschränkt. Trotzdem, oder gerade deswegen, formierte sich im Untergrund ein entschlossener Widerstand, der durch religiöse Bildungsprogramme und die fortgesetzte Praxis des Glaubens seinen Ausdruck fand. Geheime Jugendgruppen und Bildungsinitiativen schossen wie Pilze aus dem Boden, getrieben von der unerschütterlichen Absicht, die katholische Lehre unter jungen Menschen nicht nur zu verbreiten, sondern vor allem zu bewahren.

Einige Kirchenführer wählten den pragmatischen, jedoch umstrittenen Weg der Kollaboration mit dem kommunistischen Regime, in der Hoffnung, gewisse Freiheiten für ihre Gemeinden zu erlangen. Diese Kompromissbereitschaft führte jedoch oft zu internen Spannungen und einem Gefühl des Verrats innerhalb der Gemeinschaft. Andere Kirchenvertreter blieben standhaft im Widerstand, sie organisierten geheime Treffen und förderten den Austausch verbotener Literatur, oft unter Einsatz ihrer persönlichen Freiheit und Sicherheit. Diese mutigen Aktivitäten waren mit enormen Risiken verbunden, führten zu Verhaftungen und in vielen Fällen zu brutaler Strafverfolgung.

Ein Wendepunkt war der historische Besuch von Papst Johannes Paul II. im Jahr 1991 in Ungarn. Dieses Ereignis wurde nicht nur als ein Symbol der wachsenden religiösen Freiheit gefeiert, sondern markierte auch den Beginn einer neuen Ära. Der Papst, der bereits durch seine Besuche in Polen und sein unermüdliches Engagement gegen den Kommunismus zu einer kultartigen Figur für viele Untergrundnetzwerke in ganz Osteuropa geworden war, brachte eine Welle der Hoffnung und des Aufschwungs. Seine Präsenz in Ungarn stärkte die Widerstandskraft und den Optimismus der Untergrundkirche und zeigte der Welt die unverminderte Stärke und den Einfluss des Katholizismus auch unter den härtesten Bedingungen.

Diese Geschichte ist ein klares Zeugnis dafür, dass Unterdrückung und autoritäre Kontrolle letztlich den Geist des Widerstands und den Wunsch nach Freiheit nicht ersticken können. Die katholische Kirche in Ungarn, obwohl in Schatten und Schweigen gedrängt, leuchtete als ein Leuchtfeuer des Widerstands, das die dunklen Zeiten des Kommunismus überdauerte und letztlich zu einem Symbol der unzerbrechlichen Hoffnung wurde.[40]

---

40 Samira P. Ramet, The Catholic Church in Polish history, from 966 to the present, 2017, ISBN 978-1-137-42622-2

6.2. Interreligiöser Dialog

Der interreligiöse Dialog im Kontext des politischen Katholizismus ist ein vielschichtiges Thema, das die Schnittstelle zwischen Religion und Politik betrifft. In Deutschland und weltweit nimmt der politische Katholizismus eine besondere Rolle ein, indem er religiöse Überzeugungen in politische Diskurse einbringt und sich aktiv an der Gestaltung gesellschaftlicher und politischer Prozesse beteiligt. Der interreligiöse Dialog in diesem Rahmen zielt darauf ab, die Zusammenarbeit zwischen verschiedenen Religionen zu fördern und gleichzeitig ethische und soziale Prinzipien des Katholizismus in der öffentlichen Politik zu stärken.

Aus einer liberaleren Perspektive entstand der politische Katholizismus als Reaktion auf die tiefgreifenden Veränderungen, die Modernisierung und Säkularisierung der Gesellschaft mit sich brachten. Diese Bewegung, die darauf abzielte, katholische Werte und Lehren als wesentliche Grundlage für die Gestaltung des öffentlichen Lebens zu etablieren, kann als Versuch verstanden werden, auf die zunehmende Trennung von Kirche und Staat und den Verlust religiöser Einflussnahme in der Politik zu reagieren. In Deutschland wurde der politische Katholizismus insbesondere durch das Zentrum, eine politische Partei, vertreten, die bis in die Weimarer Republik eine zentrale Rolle im politischen Diskurs spielte. Auch könnte man argumentieren, dass, obwohl die Bemühungen, ethische Werte in die Politik einzubringen, grundsätzlich positiv sind, die enge Verknüpfung von Staat und Religion problematisch sein kann, da sie potenziell die Vielfalt und die pluralistische Natur moderner demokratischer Gesellschaften untergräbt. Solche Ansätze können zu einer Einschränkung der individuellen Freiheiten führen, insbesondere wenn spezifische religiöse Doktrinen dazu verwendet werden, die universellen Rechte und Freiheiten zu begrenzen, die in einem liberalen demokratischen Staat geschützt sein sollten.

Im Kontext des politischen Katholizismus dient der interreligiöse Dialog mehreren Zwecken:

Förderung des sozialen Friedens: Durch den Dialog mit anderen Religionen strebt der politische Katholizismus danach, ein friedliches Zusammenleben zu fördern und gesellschaftliche Konflikte, die auf religiösen Unterschieden beruhen, zu minimieren.

Einflussnahme auf politische Entscheidungen: Durch die Zusammenarbeit mit anderen religiösen Gruppen können gemeinsame Standpunkte in ethischen und sozialen Fragen entwickelt und in die politische Diskussion eingebracht werden.

Schutz religiöser Minderheiten: Der politische Katholizismus setzt sich für die Rechte religiöser Minderheiten ein, sowohl innerhalb Deutschlands als auch international.

Die Verbindung von Religion und Politik im Rahmen des politischen Katholizismus ist nicht unumstritten. Kritiker argumentieren, dass eine zu starke Vermischung von Staat und Kirche die religiöse Neutralität des Staates untergraben und zu Exklusion führen könnte. Zudem stellt die unterschiedliche theologische Ausrichtung der Religionen eine Herausforderung für den tiefgreifenden Dialog dar.

Die katholische Kirche hat in den letzten Jahrzehnten den interreligiösen Dialog als einen integralen Bestandteil ihrer Lehr- und Missionsarbeit anerkannt. Dieser Dialog zielt darauf ab, Verständnis, Respekt und Kooperation zwischen Menschen verschiedener religiöser Traditionen zu fördern. Die Motivation hierfür liegt nicht nur in der Suche nach Frieden und Harmonie in der Welt, sondern auch in der theologischen Überzeugung, dass alle Menschen nach dem Bild Gottes geschaffen sind und somit eine grundlegende Würde besitzen, die geachtet werden muss.

Eine signifikante Wende in der Haltung der katholischen Kirche zum interreligiösen Dialog wurde mit den Erklärungen des Zweiten Vatikanischen Konzils (1962-1965) markiert. Das Konzil veröffentlichte die Erklärung „Nostra Aetate", die die Beziehung der Kirche zu nichtchristlichen Religionen thematisiert. In diesem Dokument erkennt die Kirche an, dass es in anderen Religionen „wahrhaft Religiöses und Gutes" gibt und ruft zu Dialog und Zusammenarbeit auf.

Obwohl der interreligiöse Dialog in der katholischen Kirche breit unterstützt wird, gibt es auch Herausforderungen und Kritik:

- Theologische Differenzen: Tiefgreifende Unterschiede in den Glaubenslehren können den Dialog erschweren.
- Politische Konflikte: In Regionen, in denen religiöse Zugehörigkeiten mit politischen oder ethnischen Konflikten verwoben sind, kann der interreligiöse Dialog kompliziert sein.
- Missionierungsvorwurf: Manche nicht-christliche Gruppen befürchten, dass der interreligiöse Dialog von der Kirche als Mittel zur Konversion genutzt wird.

Beispiele erfolgreicher Dialoginitiativen

1. Assisi-Weltgebetstreffen für den Frieden

Das Assisi-Weltgebetstreffen für den Frieden ist ein signifikantes Ereignis in der Geschichte des interreligiösen Dialogs, das entscheidend von der katholischen Kirche initiiert wurde. Dieses Treffen hat sich als einflussreiche Plattform etabliert, auf der Vertreter verschiedener Glaubensgemeinschaften zusammenkommen, um für den Weltfrieden zu beten und sich für interreligiösen Austausch einzusetzen. Das erste Weltgebetstreffen wurde am 27. Oktober 1986 von Papst Johannes Paul II. in Assisi, Italien, der Geburtsstadt des heiligen Franz von Assisi, ins Leben gerufen. Dieser Ort wurde gewählt, weil Franz von

Assisi als Symbol für Frieden und Brüderlichkeit unter allen Menschen gilt. Zu diesem historischen Treffen lud Johannes Paul II. führende Vertreter verschiedener Weltreligionen ein, darunter Christen verschiedener Konfessionen, Juden, Muslime, Buddhisten, Hindus und Anhänger anderer religiöser Traditionen. Das Treffen war bahnbrechend, da es das erste Mal war, dass so viele unterschiedliche Glaubensvertreter zusammenkamen, um gemeinsam für den Frieden zu beten.

Das primäre Ziel des Assisi-Weltgebetstreffens ist es, den Frieden in der Welt durch gemeinsames Gebet und Dialog zu fördern. Die Treffen betonen die Macht des Gebets und die Notwendigkeit, über religiöse und kulturelle Grenzen hinweg zusammenzuarbeiten, um Konflikte zu lösen und ein tieferes Verständnis zwischen verschiedenen Glaubensgemeinschaften zu entwickeln.

Nach dem erfolgreichen Treffen von 1986 wurden weitere Folgetreffen organisiert, unter anderem 1993, 2002 und zuletzt 2011, jeweils mit neuen Schwerpunkten und erweiterten Teilnehmerkreisen. Jedes dieser Treffen hat dazu beigetragen, die Vision des interreligiösen Dialogs und der Friedensarbeit zu vertiefen. Das Treffen im Jahr 2011, ebenfalls in Assisi, stand unter dem Motto "Pilger der Wahrheit, Pilger des Friedens" und betonte besonders die Rolle der Religionen in der Förderung von globaler Gerechtigkeit und Frieden.

Obwohl die Assisi-Treffen weitgehend positiv aufgenommen wurden, gab es auch Kritik, insbesondere von einigen konservativen Christen, die befürchteten, dass die gemeinsamen Gebete die einzigartige Bedeutung der christlichen Lehre verwässern könnten. Die Herausforderungen des interreligiösen Dialogs, einschließlich der theologischen Differenzen und der politischen Instrumentalisierung von Religion, bleiben bestehen und müssen sorgfältig navigiert werden.

Die Assisi-Weltgebetstreffen haben maßgeblich dazu beigetragen, das Bewusstsein für die Bedeutung des interreligiösen Dialogs zu schärfen. Sie haben gezeigt, dass trotz tiefgreifender Unterschiede ein gemeinsames Streben nach Frieden möglich ist. Diese Treffen haben auch gezeigt, dass religiöse Führer eine wichtige Rolle in der Friedensförderung spielen können, indem sie zu Toleranz, Verständnis und Zusammenarbeit aufrufen.[41]

2. Trialog der Kulturen

Der „Trialog der Kulturen" ist ein bedeutendes Konzept und eine Praxis im Rahmen des interkulturellen und interreligiösen Dialogs, das darauf abzielt, das Verständnis und die Kooperation zwischen den Anhängern der drei monotheistischen Weltreligionen – Judentum, Christentum und Islam – zu fördern. Diese Dialogform hat besonders in Deutschland, wo bedeutende Gemeinschaften aller drei Religionen existieren, an Relevanz gewonnen.

Der Trialog der Kulturen basiert auf der Idee, dass Juden, Christen und Muslime trotz ihrer historischen und theologischen Unterschiede gemeinsame ethische Grundlagen und historische Berührungspunkte haben, die als Basis für Dialog und Zusammenarbeit dienen können. Das Ziel ist es, durch gegenseitigen Respekt und Verständnis zur Lösung gesellschaftlicher Konflikte beizutragen und eine Basis für dauerhaften Frieden und Koexistenz zu schaffen.

Die Idee eines Trialogs entstand vor dem Hintergrund zunehmender kultureller und religiöser Vielfalt in Europa und der Notwendigkeit, Brücken zwischen den Gemeinschaften zu bauen. In Deutschland gewann das Konzept nach dem 11. September 2001 an Bedeutung, als

---

41 div. Essays, Interreligiöser Dialog und weltweiter Frieden: Impulse aus Assisi-Sammlung von Essays, die die philosophischen und theologischen Implikationen untersuchen

die Notwendigkeit eines tieferen Verständnisses und eines besseren interreligiösen Zusammenlebens offensichtlich wurde.

Verschiedene Organisationen und Institutionen, darunter Universitäten, religiöse Gemeinschaften und staatliche Einrichtungen, haben Trialog-Initiativen ins Leben gerufen. Diese zielen darauf ab, Dialogforen zu bieten, in denen Themen wie religiöse Toleranz, soziale Gerechtigkeit und gemeinschaftliches Zusammenleben diskutiert werden.

Der Trialog der Kulturen umfasst eine Vielzahl von Aktivitäten, darunter:

- Akademische Konferenzen und Workshops, die sich mit theologischen und gesellschaftlichen Fragen beschäftigen.
- Gemeinschaftliche Projekte, wie interreligiöse Feiern und kulturelle Veranstaltungen, die das gegenseitige Verständnis fördern.
- Bildungsprogramme, die darauf abzielen, junge Menschen über die Glaubenssysteme und Praktiken der anderen Religionen aufzuklären.

Der Trialog der Kulturen steht vor zahlreichen Herausforderungen. Dazu gehören:

- **Tiefe theologische Differenzen**, die schwer zu überbrücken sind.
- **Politische Spannungen**, die oft die religiösen Gemeinschaften spiegeln oder beeinflussen.
- **Misstrauen und Vorurteile**, die historisch gewachsen sind und die offene Kommunikation erschweren.

In Deutschland gibt es mehrere prominente Beispiele für den Trialog der Kulturen:

- Das Haus der Religionen in Hannover – Ein Projekt, das Räumlichkeiten für Christen, Juden und Muslime bietet und als Zentrum für interreligiösen und interkulturellen Dialog dient.
- Die Akademie der Weltreligionen an der Universität Hamburg – Fördert den akademischen Austausch und die Forschung im Bereich des interreligiösen Dialogs.

3. Initiative „A Common Word Between Us and You"

Das Dokument "A Common Word Between Us and You" ist ein bedeutender Schritt im interreligiösen Dialog zwischen dem Islam und dem Christentum. Es wurde am 13. Oktober 2007 von 138 muslimischen Gelehrten, Denkern und religiösen Führern aus verschiedenen Teilen der islamischen Welt veröffentlicht. Dieses offene Schreiben richtet sich an die Führer der christlichen Gemeinden weltweit und zielt darauf ab, das Verständnis zwischen beiden Glaubensrichtungen zu vertiefen und auf gemeinsamen Grundlagen zu bauen.

Die Initiative entstand in einer Zeit, in der die Spannungen zwischen der muslimischen Welt und dem Westen hoch waren, insbesondere nach den Ereignissen des 11. September 2001 und den nachfolgenden Konflikten im Nahen Osten. "A Common Word Between Us and You" wurde als Antwort auf Papst Benedikts Rede in Regensburg im Jahr 2006 konzipiert, in der er die Beziehung zwischen Vernunft und Glauben thematisierte, was bei vielen Muslimen auf Kritik stieß. Die muslimischen Autoren des Briefes sahen eine dringende Notwendigkeit, auf eine Basis der Verständigung und des gegenseitigen Respekts hinzuarbeiten.

Das Schreiben hebt zwei grundlegende Gebote hervor, die sowohl im Islam als auch im Christentum zentral sind: die Liebe zu Gott und die

Liebe zum Nächsten. Diese Prinzipien werden als fundamentale und gemeinsame Ausgangspunkte beider Religionen betrachtet, die eine solide Basis für Frieden und Kooperation bilden können. Die Autoren argumentieren, dass eine Anerkennung dieser gemeinsamen Grundlagen nicht nur theologisch notwendig, sondern auch entscheidend für das globale Wohl ist. In einer Welt, die von religiösen Konflikten und Missverständnissen geprägt ist, könnte eine verstärkte Fokussierung auf diese gemeinsamen Werte zu einer gerechteren und friedlicheren Weltordnung führen.

"A Common Word" hat breite Zustimmung und positive Reaktionen aus vielen Teilen der christlichen Gemeinschaft erhalten, darunter von katholischen, protestantischen und orthodoxen Führern. Papst Benedikt XVI. reagierte positiv auf die Initiative und traf sich mit einigen der Unterzeichner, was zu weiteren Dialogbemühungen zwischen dem Vatikan und der muslimischen Welt führte. Das Dokument hat zahlreiche interreligiöse Konferenzen und Dialoginitiativen inspiriert und dient weiterhin als eine wichtige Referenz für Diskussionen über den Frieden und das gegenseitige Verständnis zwischen Christen und Muslimen. Es hat auch dazu beigetragen, das Bewusstsein für die Bedeutung des interreligiösen Dialogs auf akademischer und praktischer Ebene zu schärfen.

Die Bedeutung von "A Common Word" liegt in seinem Potenzial, als Brücke zwischen zwei der weltweit größten Religionen zu fungieren. Indem es auf gemeinsamen moralischen und ethischen Prinzipien aufbaut, bietet es einen Weg, wie Anhänger beider Glaubensrichtungen zusammenarbeiten können, um Herausforderungen wie soziale Gerechtigkeit, Frieden und den Schutz der Umwelt anzugehen.

In einer Zeit, in der der interreligiöse Dialog immer wichtiger wird, bleibt "A Common Word Between Us and You" ein wegweisendes Beispiel dafür, wie durch den Austausch und die Betonung von Gemeinsamkeiten, gegenseitiger Respekt und Verständnis gefördert werden können. Es zeigt, dass trotz tiefer theologischer Unterschiede, der Fokus auf gemeinsame Werte eine mächtige Grundlage für den Dialog und das friedliche Zusammenleben schaffen kann.

4. Engagement in den Philippinen gegen das Marcos-Regime

Das Engagement in den Philippinen gegen das Marcos-Regime ist ein bedeutendes Kapitel in der politischen Geschichte des Landes und illustriert die Rolle der Zivilgesellschaft, insbesondere der katholischen Kirche, im Kampf gegen politische Unterdrückung und für demokratische Reformen. Dieser Kampf gipfelte in der EDSA-Revolution von 1986, einem entscheidenden Wendepunkt, der zum Sturz von Präsident Ferdinand Marcos führte.

Ferdinand Marcos kam 1965 als Präsident der Philippinen an die Macht und wurde 1969 wiedergewählt. Im Jahr 1972 verhängte er das Kriegsrecht, offiziell um kommunistische Aufstände zu unterdrücken und politische Stabilität zu sichern. Tatsächlich diente das Kriegsrecht jedoch dazu, seine Macht zu konsolidieren, politische Gegner zu unterdrücken und seine Amtszeit über die verfassungsmäßigen Grenzen hinaus zu verlängern. Unter seiner Herrschaft kam es zu zahlreichen Menschenrechtsverletzungen, darunter willkürliche Verhaftungen, Folter und das Verschwindenlassen von Oppositionellen.

Die katholische Kirche spielte eine zentrale Rolle im Widerstand gegen das Marcos-Regime. Anfangs war die Kirche in ihrer Reaktion auf Marcos' autoritäre Herrschaft gespalten, doch mit der Zeit wurde sie zu einem einflussreichen Kritiker der Regierung. Die entscheidende Wende in der Haltung der Kirche kam unter der Führung von Jaime

Kardinal Sin, dem Erzbischof von Manila. Kardinal Sin war eine Schlüsselfigur in der Mobilisierung der öffentlichen Meinung gegen das Regime. Er nutzte die Kanzel und kirchliche Veranstaltungen, um auf die sozialen Ungerechtigkeiten und politischen Missstände aufmerksam zu machen. Seine Predigten und öffentlichen Aussagen ermutigten viele Filipinos, sich für Gerechtigkeit und demokratische Werte einzusetzen.

Die direkte Aktion gegen das Marcos-Regime kulminierte in der EDSA-Revolution (benannt nach der Epifanio de los Santos Avenue, wo die Massenproteste stattfanden), die vom 22. bis 25. Februar 1986 dauerte. Diese friedliche Demonstration, die auch als "People Power Revolution" bekannt ist, zog Millionen von Menschen an, die sich gegen die autoritäre Regierung stellten.

Kardinal Sin spielte eine entscheidende Rolle, indem er über Radio Veritas, den kirchlichen Radiosender, die Menschen aufrief, sich den Protesten anzuschließen und die Militärs, die sich gegen Marcos stellten, zu unterstützen. Diese Aufrufe waren entscheidend für den Massenzuspruch, der die Bewegung kennzeichnete. Frauen, Männer, junge Menschen, alte Menschen und Vertreter aller Gesellschaftsschichten versammelten sich, bewaffnet nur mit Rosenkränzen, Blumen und Nahrungsmitteln, um für ihre Freiheit einzustehen.

Die EDSA-Revolution führte schließlich zum Rücktritt von Ferdinand Marcos und zur Wiederherstellung der Demokratie auf den Philippinen. Corazon Aquino, die Witwe des ermordeten Oppositionsführers Benigno Aquino Jr., wurde Präsidentin. Diese Ereignisse markierten den Beginn einer neuen Ära in der philippinischen Politik, obwohl die nachfolgenden Jahre weiterhin von politischen Herausforderungen und Instabilität geprägt waren.

Das Engagement in den Philippinen gegen das Marcos-Regime zeigt, wie tiefgreifend der Einfluss religiöser Organisationen und charismatischer religiöser Führer in politischen Bewegungen sein kann. Die Rolle der katholischen Kirche, insbesondere die Führungsstärke von Kardinal Sin, war entscheidend für den Erfolg der EDSA-Revolution. Diese historischen Ereignisse betonen die Macht des friedlichen Widerstands und der kollektiven Aktion in der Auseinandersetzung mit repressiven Regimen und dem Streben nach demokratischen Reformen.

5. Lateinamerika und die Befreiungstheologie

Die katholische Kirche in Lateinamerika hat eine tief verwurzelte Geschichte, die stark durch die Entwicklung und die Auswirkungen der Befreiungstheologie geprägt wurde. Diese theologische Bewegung, die in den 1960er und 1970er Jahren entstand, zielte darauf ab, die Lehren des Christentums auf die sozioökonomischen und politischen Probleme anzuwenden, die die Region beherrschten.

Lateinamerika war in der Mitte des 20. Jahrhunderts durch extreme Ungleichheit, Armut und politische Unterdrückung gekennzeichnet. In vielen Ländern litten die Menschen unter autoritären Regimen, die die Elite stützten und die breite Masse der Bevölkerung marginalisierten. In diesem Kontext entstand die Befreiungstheologie als Antwort auf das Versagen der traditionellen Kirchenstrukturen, auf die drängenden sozialen Missstände zu reagieren.

Theologen wie Gustavo Gutiérrez aus Peru, Leonardo Boff aus Brasilien und Jon Sobrino aus El Salvador waren führende Köpfe dieser Bewegung. Sie argumentierten, dass das Evangelium eine Botschaft der Befreiung für die Unterdrückten beinhalte und dass die Kirche eine aktive Rolle im Kampf gegen Ungerechtigkeit und Ausbeutung spielen müsse.

Die Befreiungstheologie betonte die Notwendigkeit, das Evangelium durch die Linse der Armut und Unterdrückung zu interpretieren. Ihre Anhänger sahen Jesus Christus nicht nur als Erlöser im spirituellen Sinne, sondern auch als Befreier der Armen und Unterdrückten. Dies führte zu einer Präferenzoption für die Armen, die besagt, dass die moralische Prüfung einer Gesellschaft darin besteht, wie sie ihre ärmsten und verletzlichsten Mitglieder behandelt. Diese Theologie führte auch zur Entwicklung von Basisgemeinden (Comunidades Eclesiales de Base), die als kleine, oft ländliche Gruppen organisiert waren, in denen Laien und Geistliche gemeinsam beteten, die Bibel studierten und über ihre alltäglichen Kämpfe sprachen. Diese Gemeinschaften wurden zu Zentren des Widerstands gegen Ungerechtigkeit und zu Foren für die Förderung einer gerechteren Gesellschaft.

Die Befreiungstheologie war innerhalb der katholischen Kirche hoch umstritten. Kritiker, darunter einige im Vatikan, sahen in ihr eine zu starke Annäherung an den Marxismus und eine Politisierung des Glaubens, die nicht mit den traditionellen Lehren der Kirche vereinbar sei. In den 1980er Jahren kritisierte die Kongregation für die Glaubenslehre, damals unter der Leitung von Kardinal Joseph Ratzinger (später Papst Benedikt XVI.), einige Aspekte der Befreiungstheologie scharf.

Trotz der Kontroversen hat die Befreiungstheologie dauerhafte Auswirkungen auf die Kirche und die Gesellschaft in Lateinamerika gehabt. Sie hat das soziale Engagement der Kirche verstärkt und dazu beigetragen, dass die Rechte und das Wohlergehen der Armen höher auf der kirchlichen Agenda stehen. Unter Papst Franziskus, der selbst aus Argentinien stammt, hat die Kirche Elemente der Befreiungstheologie, insbesondere die Betonung der Armen und Marginalisierten, neu belebt.

Die Befreiungstheologie bleibt ein mächtiges Beispiel dafür, wie tief religiöse Überzeugungen in die sozialen und politischen Realitäten eingreifen können. Ihre Lehren über Gerechtigkeit, Solidarität und menschliche Würde bleiben einflussreich und inspirieren weiterhin viele, die in Lateinamerika und darüber hinaus für eine gerechtere Welt kämpfen.

6. Dialoginitiative – Antisemitismus

Der politische Katholizismus und Antisemitismus stehen in einem komplexen historischen Zusammenhang, der sich über Jahrhunderte erstreckt und sich je nach Zeitraum und Region unterschiedlich darstellt. Um die Beziehung zwischen diesen beiden zu verstehen, ist es wichtig, historische, theologische und politische Dimensionen zu betrachten.

Der politische Katholizismus bezieht sich auf die politische und soziale Aktivität, die von katholischen Werten und Lehren geprägt ist. Dies kann von der Gründung katholischer Parteien bis hin zu sozialen Bewegungen reichen, die sich für die Interessen der katholischen Kirche einsetzen. Historisch gesehen hat die katholische Kirche in verschiedenen Epochen unterschiedliche Haltungen zu Juden und dem Judentum eingenommen.

In Mittelalter und früher Neuzeit waren antisemitische Einstellungen in vielen Teilen Europas verbreitet und wurden auch von einigen Vertretern der Kirche unterstützt oder toleriert. Antijudaismus, der sich oft auf theologische Differenzen stützte, war in der Gesellschaft tief verwurzelt. Während des Mittelalters und der frühen Neuzeit kam es in vielen katholisch geprägten Ländern zu Pogromen und Vertreibungen der jüdischen Bevölkerung.

Im 19. Jahrhundert, als sich der moderne Antisemitismus zu formen begann, der sich weniger auf religiöse als auf rassistische und soziale Stereotype stützte, war die Haltung der katholischen Kirche und des politischen Katholizismus zum Antisemitismus uneinheitlich. Einige katholische Gruppen und Persönlichkeiten sprachen sich gegen die Judenfeindlichkeit aus, während andere antisemitische Tendenzen förderten oder duldeten.

Eine bedeutende Wende im Verhältnis der katholischen Kirche zum Judentum und zum Antisemitismus markierte das Zweite Vatikanische Konzil (1962–1965) mit der Erklärung "Nostra Aetate", die eine klare Abkehr von antisemitischen Haltungen verkündete und die Beziehung zum Judentum neu definierte. Die Erklärung betonte, dass die Juden nicht für den Tod Jesu verantwortlich gemacht werden sollten und rief zu Respekt und Dialog zwischen Katholiken und Juden auf.

In der modernen Zeit hat sich die katholische Kirche, insbesondere unter den Päpsten Johannes Paul II und Franziskus, aktiv für den interreligiösen Dialog eingesetzt und sich gegen Antisemitismus ausgesprochen. Der politische Katholizismus in seiner heutigen Form ist in der Regel von einem Bekenntnis zu interreligiösem Respekt und der Ablehnung von Antisemitismus geprägt.

Zusammenfassend lässt sich sagen, dass die Beziehung zwischen politischem Katholizismus und Antisemitismus durch eine Geschichte der Veränderung und Entwicklung gekennzeichnet ist, in der die Kirche und ihre Anhänger von einer oft feindseligen Haltung zu einer Position des Respekts und des Dialogs übergegangen sind.

6.3. Herausforderungen und Ausblick

Im 21. Jahrhundert sieht sich der politische Katholizismus mit einer Vielzahl komplexer Herausforderungen konfrontiert, die seine Struktur und Wirksamkeit sowohl von innen heraus als auch in seiner äußeren Erscheinung tiefgreifend beeinflussen. Diese Herausforderungen sind vielschichtig und spiegeln die dynamischen Veränderungen wider, denen die globale Gesellschaft unterliegt. Zu den Kernthemen zählen demografische Verschiebungen, die fortschreitende Säkularisierung, ethische Dilemmata im Kontext technologischer Innovationen sowie die drängende Notwendigkeit, auf weitreichende soziale und ökologische Krisen zu reagieren.

Die demografischen Veränderungen, die den politischen Katholizismus beeinflussen, umfassen eine alternde Bevölkerung in traditionell katholischen Ländern sowie ein Wachstum der katholischen Gemeinschaften in Entwicklungsregionen, insbesondere in Afrika und Asien. Diese Verschiebungen stellen den politischen Katholizismus vor die Aufgabe, seine Botschaften und Dienste an zunehmend diverse und geografisch verstreute Gläubige anzupassen, was sowohl Chancen als auch Herausforderungen mit sich bringt.

Ein weiterer kritischer Punkt ist die zunehmende Säkularisierung vieler Gesellschaften, insbesondere in Europa und Nordamerika, wo traditionelle religiöse Bindungen schwinden. Dies zwingt den politischen Katholizismus, seine Rolle in der öffentlichen Sphäre neu zu definieren und Wege zu finden, wie er relevant bleiben und seine ethischen Werte in einem immer weniger religiösen Umfeld effektiv vertreten kann.

Technologische Fortschritte stellen den politischen Katholizismus vor ethische Fragen, die von der Biotechnologie und Genetik bis hin zu künstlicher Intelligenz und Umwelttechnik reichen. Die Kirche muss auf diese Entwicklungen reagieren, indem sie eine moralische Richtschnur bietet, die sowohl den Respekt vor dem menschlichen Leben und der Schöpfung bewahrt als auch innovative Ansätze zur Lösung drängender Probleme unterstützt.

Schließlich muss sich der politische Katholizismus aktiv in die Bewältigung globaler Krisen einbringen. Dazu zählen der Klimawandel, Migration, Ungleichheit und Armut. Diese Probleme erfordern ein starkes soziales Engagement und innovative Lösungen, die sowohl den Lehren der Kirche entsprechen als auch praktisch umsetzbar sind.

Die zukünftige Richtung des politischen Katholizismus könnte mehrere Wege einschlagen. Einerseits könnte er durch eine verstärkte Einbindung in globale Diskurse über Gerechtigkeit, Frieden und Umweltschutz eine führende Rolle in der internationalen Gemeinschaft übernehmen. Andererseits besteht die Gefahr, dass er, falls er sich nicht erfolgreich anpasst, an den Rand gedrängt wird und sein Einfluss schwindet. Der folgende Abschnitt wird diese möglichen Zukunftsszenarien weiter ausarbeiten und analysieren, wie der politische Katholizismus seine Lehren und Traditionen in einer schnell wandelnden Welt effektiv vertreten und anwenden kann.

Demografische und gesellschaftliche Veränderungen

1. Rückgang der Kirchenmitgliedschaft

In Deutschland und vielen anderen westlichen Ländern ist ein stetiger Rückgang der Kirchenmitgliedschaft zu verzeichnen. Dieser Trend stellt eine erhebliche Herausforderung für den politischen Katholizismus dar, da eine schrumpfende Anhängerschaft seine politische Basis und sozialen Einfluss schwächt. Laut dem Statistischen Bundesamt und kirchlichen Statistiken setzt sich dieser Trend fort, was langfristige Auswirkungen auf die politische Landschaft haben könnte.

Aus links-liberaler Sicht kann dieser Rückgang als Chance für eine Neuausrichtung hin zu einer säkulareren und pluralistischeren Gesellschaft betrachtet werden. Der politische Katholizismus hat lange Zeit erheblichen Einfluss auf gesellschaftliche Normen und politische Entscheidungen ausgeübt, oft zugunsten konservativer Werte und gegen progressive Reformen. Mit einer abnehmenden Zahl an Gläubigen könnte sich die politische Landschaft dahingehend verändern, dass mehr Raum für inklusivere und gerechtere Politiken geschaffen wird.

Die abnehmende Kirchenmitgliedschaft spiegelt auch eine zunehmende Säkularisierung der Gesellschaft wider. Immer mehr Menschen distanzieren sich von institutionalisierter Religion und suchen nach individuellen spirituellen Wegen oder leben vollständig säkular. Diese Entwicklung könnte die politische Macht traditioneller religiöser Institutionen weiter schwächen und den Weg für eine Politik ebnen, die stärker auf universellen Menschenrechten, wissenschaftlicher Rationalität und sozialer Gerechtigkeit basiert.

Ein kritischer Blick auf den politischen Katholizismus zeigt, dass seine historischen Wurzeln und sein Einfluss oft mit dem Erhalt bestehender Machtstrukturen und dem Widerstand gegen soziale Veränderungen verbunden waren. Beispielsweise haben religiös motivierte politische Akteure oft konservative Positionen zu Themen wie Abtreibung, gleichgeschlechtliche Ehe und Sexualerziehung vertreten, was den Fortschritt in diesen Bereichen behindert hat. Der Rückgang der Kirchenmitgliedschaft könnte somit auch dazu beitragen, dass solche restriktiven Positionen an Bedeutung verlieren und progressive Gesetzgebungen leichter umgesetzt werden können.

Gleichzeitig stellt sich die Frage, wie die katholische Kirche und andere religiöse Institutionen auf diesen Trend reagieren werden. Werden sie sich öffnen und reformieren, um relevanter für eine zunehmend säkulare Gesellschaft zu bleiben, oder werden sie sich weiter radikalisieren und ihre konservativen Positionen verstärken? Ein liberaler

Ansatz würde darauf abzielen, den Dialog mit religiösen Gemeinschaften aufrechtzuerhalten und sie zu ermutigen, sich für soziale Gerechtigkeit und Menschenrechte einzusetzen, ohne dabei ihre religiösen Überzeugungen als Grundlage für diskriminierende oder exklusive Politiken zu verwenden.

Zusammenfassend lässt sich sagen, dass der Rückgang der Kirchenmitgliedschaft in Deutschland und anderen westlichen Ländern eine bedeutende Herausforderung für den politischen Katholizismus darstellt, aber auch eine Chance für eine progressivere und gerechtere politische Landschaft bietet. Es bleibt abzuwarten, wie sich religiöse Institutionen an diese Veränderungen anpassen und welche neuen politischen Dynamiken daraus entstehen werden. Eine stärker säkularisierte Gesellschaft könnte den Weg für inklusivere und humanere Politiken ebnen, die den Bedürfnissen und Rechten aller Bürger gerecht werden.

2. Kulturelle Diversität und Integration

Die zunehmende kulturelle und religiöse Diversität in Deutschland stellt eine beträchtliche Herausforderung für politische Entscheidungsträger dar, insbesondere für jene, die sich auf tief verwurzelte christliche Traditionen stützen. In einem sich schnell wandelnden gesellschaftlichen Kontext wird es immer wichtiger, dass der politische Katholizismus seine Methoden bezüglich Integration und Multikulturalismus kritisch überprüft und anpasst.

Traditionell hat sich der politische Katholizismus stark auf die Werte und Bedürfnisse der katholischen Gemeinschaft konzentriert. Doch angesichts einer immer diverseren Gesellschaft muss dieser Ansatz erweitert werden, um auch andere Glaubensrichtungen und kulturelle Hintergründe einzubeziehen. Dies erfordert eine signifikante Öffnung und Anpassung der bisherigen politischen Strategien, die über die Grenzen der traditionellen katholischen Lehren hinausgehen und den pluralistischen Realitäten Deutschlands Rechnung tragen.

Die Notwendigkeit, eine inklusivere Haltung zu entwickeln, ist nicht nur eine Frage der politischen Korrektheit, sondern eine essentielle Voraussetzung für den sozialen Frieden und die gesellschaftliche Kohärenz. Der politische Katholizismus steht vor der Aufgabe, Brücken zu bauen, die über konfessionelle Linien hinausgehen und die eine Vielzahl von Kulturen und Glaubenssystemen umfassen. Dabei geht es nicht nur darum, Toleranz zu fördern, sondern aktiv Wege zu finden, um unterschiedliche kulturelle Ausdrücke und religiöse Überzeugungen in den politischen Diskurs und die gesellschaftliche Gestaltung zu integrieren.

Kritisch betrachtet muss sich der politische Katholizismus fragen, wie er seine Kernwerte, wie Nächstenliebe und Gerechtigkeit, in einer zunehmend fragmentierten Gesellschaft effektiv umsetzen kann. Es stellt sich die Frage, wie authentisch und effektiv seine Bemühungen um Inklusion sind und inwiefern diese Bemühungen dazu beitragen können, die vielfältigen sozialen Spannungen, die durch kulturelle und religiöse Unterschiede entstehen, zu überbrücken.

Die Entwicklung einer solch inklusiven Haltung erfordert eine tiefgreifende Reflexion und möglicherweise auch eine Neuausrichtung der politischen und sozialen Aktivitäten, die den katholischen Glauben als Basis haben. Dieser Prozess wird nicht nur die Beziehungen innerhalb Deutschlands stärken, sondern auch das internationale Bild des politischen Katholizismus als eine moderne und adaptive Kraft in einer globalisierten Welt prägen.

Säkularisierung und ihre Auswirkungen

1. Herausforderungen durch Säkularisierung

Die fortschreitende Säkularisierung der deutschen Gesellschaft konfrontiert den politischen Katholizismus mit signifikanten Herausforderungen, insbesondere hinsichtlich der Bewahrung seiner Relevanz in einer Öffentlichkeit, die zunehmend areligiös oder multireligiös geprägt ist. Dieser Wandel erfordert von politischen Entscheidungsträgern, die katholische Werte vertreten, eine Neuausrichtung ihrer Argumentationsweisen und Strategien, um auch jene anzusprechen, die sich nicht mit religiösen Überzeugungen identifizieren.

In einer Gesellschaft, in der die Bindung an traditionelle Kirchen nachlässt und religiöse Überzeugungen diverser werden, stehen politische Vertreter des Katholizismus vor der Aufgabe, ihre Botschaften so zu formulieren, dass sie universelle Prinzipien und Werte betonen, die über konfessionelle Grenzen hinweg Resonanz finden. Sie müssen Wege finden, Themen wie soziale Gerechtigkeit, Umweltschutz und Menschenrechte so zu diskutieren, dass diese nicht nur aus einer religiösen Perspektive heraus Bedeutung erlangen, sondern als grundlegende menschliche Anliegen verstanden werden, die jeden Bürger betreffen, unabhängig von dessen religiöser Einstellung.

Diese Herausforderung verlangt eine tiefgehende Reflexion darüber, wie katholische Werte in säkularen Begrifflichkeiten neu interpretiert und dargestellt werden können, um eine breitere und heterogenere Wählerschaft zu erreichen. Es bedarf einer klugen und sensiblen Kommunikation, die die positiven Beiträge der katholischen Lehre zur öffentlichen Wohlfahrt und zum sozialen Zusammenhalt hervorhebt, ohne dabei ausschließlich auf religiöse Autorität oder Dogmen zu setzen.

Zudem muss der politische Katholizismus sich kritisch mit der eigenen Position auseinandersetzen und möglicherweise bestehende Anschauungen überdenken, die in einer pluralistischen Gesellschaft als überholt oder exklusiv empfunden werden könnten. Dies könnte beinhalten, dass eine offene Diskussion über kontroverse Themen gefördert wird, bei der auch nichtreligiöse Perspektiven ernst genommen und integriert werden.

Die Anpassung an eine säkularisierte Gesellschaft stellt somit nicht nur eine Herausforderung, sondern auch eine Chance für den politischen Katholizismus dar, seine Prinzipien auf eine Weise neu zu formulieren und zu leben, die ihm erlaubt, auch in einem veränderten gesellschaftlichen Kontext weiterhin eine wichtige und positive Rolle zu spielen. Diese Entwicklungen bieten die Möglichkeit, die Relevanz katholischer Werte neu zu beweisen, indem gezeigt wird, dass diese Werte konstruktiv zur Lösung moderner sozialer und politischer Fragen beitragen können.

2. Ethik und öffentliche Politik

In einer zunehmend säkularisierten Gesellschaft stellt sich für den politischen Katholizismus die Herausforderung, seine politischen Positionen so zu formulieren, dass sie auch ohne Rückgriff auf ausschließlich religiöse Argumente Bestand haben. Dies erfordert eine substanzielle Weiterentwicklung der Art und Weise, wie ethische und moralische Überzeugungen kommuniziert werden. Es geht darum, eine Sprache zu entwickeln, die universell verständlich ist und die grundlegenden Prinzipien der katholischen Lehre in allgemein anerkannte Werte übersetzt, um so eine breitere Zustimmung zu finden.

Diese Notwendigkeit wird besonders deutlich, wenn man bedenkt, dass religiöse Begründungen in einer pluralistischen Gesellschaft, in der Menschen unterschiedlichste Weltanschauungen haben, nicht immer auf ungeteilte Akzeptanz stoßen. Politische Akteure, die dem Katholizismus verbunden sind, müssen daher in der Lage sein, ihre Positionen auf eine Weise zu verteidigen, die auch für Nichtgläubige oder

Angehörige anderer Glaubensrichtungen nachvollziehbar und überzeugend ist. Dies impliziert, dass die Argumentation nicht nur auf Glaubenssätzen fußt, sondern auch auf rationalen, ethisch fundierten Überlegungen, die in der säkularen Ethik Widerhall finden.

Die Aufgabe, eine solche moralische und ethische Sprache zu entwickeln, ist komplex. Sie erfordert von den Vertretern des politischen Katholizismus ein tiefes Verständnis sowohl der eigenen doktrinären Grundlagen als auch der philosophischen und moralischen Strömungen der zeitgenössischen Gesellschaft. Es geht darum, Kernkonzepte wie Nächstenliebe, Gerechtigkeit und das Gemeinwohl so zu artikulieren, dass sie als fundamentale, universelle Prinzipien erkannt werden, die das Potenzial haben, über die Grenzen der Religion hinaus Resonanz zu erzeugen.

Kritisch betrachtet steht der politische Katholizismus vor der Herausforderung, seine traditionellen Lehrinhalte so zu reformulieren, dass sie nicht als dogmatisch oder exklusiv wahrgenommen werden, sondern als beitragend zur Lösung gesellschaftlicher Probleme. Dies erfordert eine Offenheit für Dialog und vielleicht auch eine gewisse Bereitschaft, traditionelle Ansichten zu hinterfragen und weiterzuentwickeln.

Indem der politische Katholizismus eine Brücke zwischen religiöser Lehre und säkularen Werten schlägt, kann er nicht nur seine Relevanz in einer diversifizierten Gesellschaft sichern, sondern auch aktiv zur Gestaltung einer inklusiven, gerechten und friedlichen Gesellschaftsordnung beitragen. Diese Entwicklung ist entscheidend, um die Rolle der Religion in der öffentlichen Sphäre neu zu definieren und eine integrative Politik zu fördern, die alle Bürger anspricht und einbezieht.

Technologische Fortschritte und ethische Fragen

1. Biotechnologie und künstliche Intelligenz

Neue Technologien wie die Biotechnologie und künstliche Intelligenz (KI) revolutionieren nicht nur unsere Lebens- und Arbeitsweise, sondern stellen auch komplexe ethische Herausforderungen dar, die zunehmend im Zentrum politischer und gesellschaftlicher Debatten stehen. Diese Technologien bergen das Potenzial für tiefgreifende Veränderungen in der Medizin, Wirtschaft und Sicherheit, werfen jedoch gleichzeitig Fragen nach Datenschutz, Überwachung, Gerechtigkeit und der Definition menschlicher Autonomie auf.

Der politische Katholizismus, der traditionell ethische und moralische Richtlinien zu vielen Lebensbereichen anbietet, steht vor der Aufgabe, sich intensiv mit diesen fortschrittlichen Technologien auseinanderzusetzen. Es ist entscheidend, dass er Positionen entwickelt, die nicht nur mit seinen moralischen Überzeugungen harmonieren, sondern auch in einem breiteren, oft säkularen Diskurs verteidigbar und relevant sind. Dies erfordert eine sorgfältige Reflexion darüber, wie traditionelle katholische Lehren auf moderne Technologien angewendet werden können und wie diese Lehren in eine Sprache übersetzt werden können, die auch für Nichtgläubige zugänglich und überzeugend ist.

Beispielsweise könnte der politische Katholizismus in der Debatte um künstliche Intelligenz die Bedeutung menschlicher Würde betonen und vor den Risiken einer unkontrollierten technologischen Entwicklung warnen, die möglicherweise menschliche Arbeitskräfte verdrängt oder in die Privatsphäre eingreift. Ebenso könnte er in der Biotechnologie die Schaffung klarer ethischer Richtlinien fordern, die das Leben und die natürlichen Rechte des Menschen schützen, insbesondere im Hinblick auf kontroverse Praktiken wie das Klonen oder genetische Modifikationen.

Integration moderner Technologien in katholische Liturgien und Praktiken

Die Integration moderner Technologien in katholische Liturgien und Praktiken ist ein deutliches Zeichen dafür, wie die Kirche versucht, mit der Zeit zu gehen. Dieser Prozess wurde besonders durch die globale COVID-19-Pandemie beschleunigt, als viele Gemeinden gezwungen waren, virtuelle Alternativen zu herkömmlichen Gottesdiensten zu suchen. Die Verwendung von Online-Plattformen für Gottesdienste, Apps für Gebete und Bibelstudium, sowie digitale Kommunikationswerkzeuge für pastorale Betreuung, sind nur einige Beispiele, wie Technologie die religiöse Praxis beeinflusst und verändert.

Die Einführung von Online-Gottesdiensten war eine der markantesten Anpassungen innerhalb der Kirche. Plattformen wie Zoom, YouTube und Facebook Live wurden genutzt, um die Heilige Messe und andere liturgische Feiern zu übertragen. Dies ermöglichte es Gläubigen, trotz Lockdowns und sozialer Distanzierung am kirchlichen Leben teilzunehmen. Einige Pfarreien gingen sogar so weit, interaktive Elemente einzuführen, wie zum Beispiel das Teilen von Gebetsanliegen über Chat-Funktionen oder virtuelle "Kaffee-Stunden" nach dem Gottesdienst, um die Gemeinschaft zu fördern.

Technologie hat auch das persönliche Gebets- und Studienleben der Gläubigen bereichert. Apps wie "Laudate", "iBreviary" und "YouVersion Bibel App" bieten Zugang zu täglichen Lesungen, Liturgie der Stunden, Gebetsanleitungen und umfangreichen Bibelübersetzungen. Diese Apps ermöglichen es den Nutzern, ihre spirituelle Praxis individuell und ortsunabhängig zu gestalten, was besonders für jüngere Gläubige attraktiv ist. Darüber hinaus unterstützen sie auch Sprachauswahl und Anpassungen, die es Benutzern mit unterschiedlichem kulturellem Hintergrund und verschiedenen Sprachkenntnissen ermöglichen, die Inhalte zu nutzen.

Die Kirche nutzt zunehmend digitale Kommunikationsmittel nicht nur für die Verbreitung von Informationen, sondern auch für die Seelsorge. Soziale Medien und Messaging-Apps wie WhatsApp werden eingesetzt, um Nachrichten zu verbreiten, Veranstaltungen zu koordinieren und die pastorale Betreuung zu personalisieren. Einige Priester und Pastoralbetreuer nutzen diese Tools, um mit Gemeindemitgliedern in Kontakt zu bleiben, Unterstützung anzubieten und spirituelle Führung zu leisten.

Diese technologischen Entwicklungen werfen jedoch auch wichtige theologische Fragen auf. Zum Beispiel, wie authentisch ist die Teilnahme an einem virtuellen Gottesdienst, und kann sie die physische Anwesenheit in einer Kirche ersetzen? Des Weiteren stellt sich die Frage nach der Sakramentenverwaltung, insbesondere der Eucharistie, die nicht digital übertragen werden kann.

Die Eucharistie, auch bekannt als das heilige Abendmahl, ist eines der zentralen Sakramente der katholischen Kirche und wird als die wirkliche Gegenwart Christi in den Gestalten von Brot und Wein betrachtet. Die katholische Theologie lehrt, dass während der Messe durch die Konsekration das Brot und der Wein in den Leib und das Blut Christi verwandelt werden, ein Prozess bekannt als Transsubstantiation. Diese Sakramentalität der Eucharistie ist tief in der physischen Realität und Gemeinschaft verankert, was bedeutende Implikationen für die Frage der digitalen Übertragung hat.

Eines der Hauptargumente gegen die Möglichkeit einer digitalen Übertragung der Eucharistie ist die Bedeutung der physischen Präsenz sowohl des Zelebranten als auch der Gemeinde. In der katholischen Liturgie ist die leibhaftige Anwesenheit des Priesters, der die Eucharistie konsekriert, und der Gläubigen, die daran teilnehmen, essentiell. Diese physische Anwesenheit ist nicht nur eine Frage der Tradition, sondern eine theologische Notwendigkeit, die die Ganzheitlichkeit des Sakramentes unterstreicht.

Die Eucharistie wird als Gemeinschaftsmahl verstanden, das die Gläubigen nicht nur mit Christus, sondern auch miteinander verbindet. Diese Gemeinschaftserfahrung, die durch das gemeinsame Gebet und die gemeinsame Teilnahme am Sakrament entsteht, kann durch eine digitale Plattform nicht vollständig reproduziert werden. Die physische Versammlung in der Kirche schafft eine Atmosphäre der Gemeinschaft und Zugehörigkeit, die für das Erleben der Eucharistie zentral ist.

Die Kirchenlehre und das Kirchenrecht (Kanonisches Recht) legen spezifische Anforderungen an die gültige und würdige Feier der Sakramente fest. Dazu gehört, dass die Eucharistie in einem geweihten Raum, durch einen ordinierten Priester und mit geweihten Materialien (Brot und Wein) durchgeführt wird. Diese Elemente stellen sicher, dass die Sakramente in einer Weise administriert werden, die ihrer heiligen Natur entspricht. Eine digitale Übertragung könnte diese Anforderungen nicht erfüllen, da sie die direkte Interaktion zwischen Priester, Sakrament und Gemeinde nicht ermöglicht.

Die Unmöglichkeit, die Eucharistie digital zu übertragen, liegt in der grundlegenden Natur des Sakramentes selbst: Es erfordert die physische Präsenz und direkte Teilnahme, sowohl von Seiten des Zelebranten als auch der Gemeinde. Diese Anforderungen sind tief in der Theologie der Eucharistie verwurzelt und reflektieren das tiefe Verständnis der katholischen Kirche von der Sakramentalität, die nicht durch technologische Mittel ersetzt oder reproduziert werden kann. Die Eucharistie bleibt somit ein zutiefst inkarnatorisches Sakrament, dessen Feier die unmittelbare menschliche und göttliche Begegnung voraussetzt.

Die Kirche muss diese Fragen adressieren, um sicherzustellen, dass die Sakramentalität der Liturgie gewahrt bleibt, während sie gleichzeitig die technologischen Möglichkeiten nutzt.

Diese Positionen müssen jedoch kritisch geprüft und ständig aktualisiert werden, um sicherzustellen, dass sie sowohl den neuesten wissenschaftlichen Erkenntnissen als auch den sich wandelnden gesellschaftlichen Normen gerecht werden. Darüber hinaus muss der politische Katholizismus einen offenen Dialog mit Wissenschaftlern, Technologen, Politikern und der Zivilgesellschaft führen, um eine gemeinsame Grundlage für die Bewältigung der ethischen Herausforderungen zu finden, die durch neue Technologien entstehen.

Letztlich ist es von entscheidender Bedeutung, dass der politische Katholizismus eine ausgewogene Haltung einnimmt, die sowohl seine tief verwurzelten moralischen Prinzipien reflektiert als auch praktikable Lösungen für die komplexen Probleme einer zunehmend technologisierten Welt bietet. Durch eine solche Herangehensweise kann der politische Katholizismus eine konstruktive Rolle in den laufenden Debatten über die ethischen Dimensionen neuer Technologien spielen und dazu beitragen, dass diese Technologien im Dienste des Gemeinwohls und im Einklang mit menschlicher Würde und Gerechtigkeit entwickelt werden.

2. Klimawandel und Umweltschutz

Angesichts der eskalierenden globalen ökologischen Krisen, insbesondere der drängenden Problematik des Klimawandels, wird es zunehmend unerlässlich für den politischen Katholizismus, eine proaktive und führende Rolle im Bereich des Umweltschutzes einzunehmen. Die Enzyklika "Laudato si'" von Papst Franziskus, veröffentlicht im Jahr 2015, hat hierbei eine wegweisende Funktion übernommen, indem sie nicht nur eine tiefgreifende theologische und moralische Reflexion über unseren Umgang mit der Erde bietet, sondern auch konkrete Handlungsaufrufe für eine nachhaltigere Lebensweise formuliert.

Die Enzyklika kritisiert die gegenwärtigen Methoden des Umweltmissbrauchs und der Ausbeutung natürlicher Ressourcen und stellt sie als

Symptome einer umfassenderen kulturellen Krise dar, die sowohl spirituelle als auch materielle Dimensionen umfasst. Papst Franziskus ruft dazu auf, ein neues Verständnis von Fortschritt zu entwickeln, das nicht auf technologischer oder wirtschaftlicher Expansion beruht, sondern auf Prinzipien der Gerechtigkeit, Nachhaltigkeit und universellen Solidarität. Dies fordert den politischen Katholizismus heraus, seine Botschaften und politischen Strategien entsprechend zu erweitern und zu vertiefen, um effektive Antworten auf ökologische Herausforderungen zu geben.

Diese Forderung bedeutet, dass sich der politische Katholizismus sowohl auf nationaler als auch auf internationaler Ebene stärker engagieren muss. Es reicht nicht aus, Umweltschutz lediglich als moralische Verpflichtung innerhalb der kirchlichen Lehre zu betrachten; vielmehr muss diese Verpflichtung in konkrete politische Maßnahmen übersetzt werden, die den Schutz der natürlichen Umwelt in den Mittelpunkt stellen. Dazu gehört die Förderung erneuerbarer Energien, der Schutz von Biodiversität, die Unterstützung nachhaltiger Landwirtschaft und die Entwicklung von Politiken, die umweltfreundliche Technologien und Konsumverhalten fördern.

Darüber hinaus erfordert die Umsetzung der in "Laudato si'" dargelegten Prinzipien eine kritische Auseinandersetzung mit bestehenden wirtschaftlichen und politischen Strukturen. Dies umfasst eine Bewertung, inwiefern diese Strukturen zur aktuellen Umweltkrise beitragen und welche Veränderungen nötig sind, um eine echte ökologische Umkehr zu erreichen. Es geht auch darum, die Stimmen der am stärksten von Umweltzerstörung betroffenen Gemeinschaften zu hören und zu verstärken, insbesondere die der Armen und Marginalisierten, deren Lebensbedingungen oft am direktesten von Umweltdegradation beeinflusst werden.

Die Herausforderung für den politischen Katholizismus liegt somit nicht nur in der Adaption seiner Lehren an die ökologischen Realitäten des 21. Jahrhunderts, sondern auch in der aktiven Gestaltung einer Politik, die sowohl gerecht als auch nachhaltig ist. Dies erfordert Mut, Vision und eine entschlossene Abkehr von Praktiken, die der Erde schaden. Nur so kann der politische Katholizismus seine Rolle als moralische und ethische Kraft in der Bewältigung der ökologischen Krise wahrhaft erfüllen.

3. Migration und soziale Gerechtigkeit

Die anhaltenden Migrationsströme, die durch globale Konflikte, politische Instabilitäten und ökonomische Disparitäten verstärkt werden, konfrontieren die Weltgemeinschaft mit gewaltigen Herausforderungen. Für den politischen Katholizismus, der sich durch eine tiefe Verpflichtung zur Gastfreundschaft und Solidarität auszeichnet, ergibt sich daraus die dringende Notwendigkeit, seine Lehren in praktische, wirkungsvolle Aktionen zu übersetzen. Dies bedeutet, Politiken zu fördern, die nicht nur auf die unmittelbare Aufnahme und Unterstützung von Migranten abzielen, sondern auch langfristig deren Integration und die Bekämpfung von Armut und Ungleichheit fördern.

Eine detaillierte und kritische Betrachtung dieser Herausforderung offenbart mehrere Dimensionen, die der politische Katholizismus adressieren muss. Zunächst erfordert dies eine Selbstreflexion darüber, wie katholische Gemeinschaften weltweit Migranten aufnehmen. Es geht darum, über bloße Wohltätigkeit hinausgehend strukturelle Unterstützungsmechanismen zu schaffen, die Migranten nicht nur als Hilfsbedürftige sehen, sondern als Individuen mit Potentialen, die zur Gesellschaft beitragen können.

Des Weiteren müssen die zugrundeliegenden Ursachen der Migration – wie Armut, Kriege und Klimawandel – in den Blick genommen werden. Hier ist es erforderlich, dass der politische Katholizismus auf internationaler Ebene aktiv wird, um politische Lösungen zu fördern, die diese Probleme an der Wurzel packen. Dies könnte beispielsweise durch die Unterstützung internationaler Abkommen oder durch die direkte Hilfe in den Ursprungsländern der Migranten geschehen.

Die Auseinandersetzung mit globaler Ungleichheit fordert zudem eine kritische Überprüfung der internationalen Wirtschaftsbeziehungen und der eigenen Rolle des Westens dabei. Der politische Katholizismus muss daher auch politische und wirtschaftliche Praktiken fördern, die faire Handelsbedingungen schaffen und Entwicklungschancen in den ärmeren Regionen der Welt verbessern.

Diese umfassende Herangehensweise erfordert ein hohes Maß an Engagement und Kooperation auf allen Ebenen der Kirche und darüber hinaus. Sie stellt den politischen Katholizismus vor die Aufgabe, als moralische und ethische Stimme in der Welt zu agieren, die konsequent für Gerechtigkeit, Frieden und die Wahrung der Menschenwürde eintritt. Diese Rolle ist nicht nur eine Herausforderung, sondern auch eine Gelegenheit, die Lehren Christi in einer globalisierten Welt konkret zu leben und zu bezeugen.

Ausblick und strategische Überlegungen

Anpassung und Erneuerung

In einer Welt, die sich durch rasanten technologischen Fortschritt, demografische Verschiebungen und sich wandelnde soziale Normen auszeichnet, steht der politische Katholizismus vor der Herausforderung, seine Relevanz zu bewahren und zu erneuern. Um diese Herausforderung zu meistern, ist es unabdingbar, dass er sich nicht nur anpasst, sondern aktiv in einen Erneuerungsprozess eintritt. Dies erfordert eine tiefgreifende Auseinandersetzung mit jüngeren Generationen, die zunehmend von traditionellen Bindungen und Glaubenssystemen abrücken und deren Vertrauen und Engagement durch neue Ansätze gewonnen werden muss.

Die Nutzung neuer Kommunikationstechnologien spielt dabei eine entscheidende Rolle. In einer Ära, in der digitale Plattformen und soziale Medien die Hauptkommunikationskanäle darstellen, muss der politische Katholizismus effektive Wege finden, diese Technologien zu nutzen, um seine Botschaften zu verbreiten und Dialoge zu fördern. Dies bedeutet mehr als nur eine Präsenz auf digitalen Plattformen – es erfordert eine authentische und ansprechende Kommunikationsstrategie, die die Sprache, die Ästhetik und die Interaktionsweisen der digitalen Welt versteht und nutzt.

Darüber hinaus muss der politische Katholizismus neue Formate für soziales und politisches Engagement entwickeln, die besonders die jüngeren Menschen ansprechen. Dies könnte beispielsweise bedeuten, mehr interaktive und partizipative Veranstaltungen zu organisieren, die über traditionelle Gottesdienste oder Vorträge hinausgehen. Workshops, Diskussionsforen und projektbasierte Initiativen könnten Möglichkeiten bieten, jüngere Menschen nicht nur anzusprechen, sondern sie auch aktiv in die Gestaltung der kirchlichen und sozialen Aktivitäten einzubeziehen.

Eine kritische Überprüfung der Inhalte und Methoden ist ebenfalls erforderlich. Der politische Katholizismus muss sicherstellen, dass seine Kernbotschaften – Liebe, Gerechtigkeit, Fürsorge für die Armen und die Bewahrung der Schöpfung – nicht nur verkündet, sondern in einer Art und Weise präsentiert werden, die zeitgemäß und relevant für die aktuellen gesellschaftlichen Herausforderungen ist. Dies könnte eine Neubewertung dessen erfordern, wie diese Botschaften in Bildung, sozialer Arbeit und öffentlichem Diskurs integriert werden.

Schließlich erfordert die Anpassung und Erneuerung des politischen Katholizismus eine offene Haltung gegenüber Kritik und Selbstkritik. Dies bedeutet, bestehende Strukturen und Praktiken zu hinterfragen und bereit zu sein, tief verwurzelte Annahmen zu überdenken, um eine inklusivere, dynamischere und einflussreichere Kraft in der modernen Welt zu sein. Diese Bereitschaft zur Veränderung ist nicht nur eine Reaktion auf externe Veränderungen, sondern auch ein Ausdruck des lebendigen und adaptiven Charakters des Glaubens selbst.

Strategische Partnerschaften

Die Fähigkeit des politischen Katholizismus, effektiv auf die Herausforderungen einer globalisierten und pluralistischen Gesellschaft zu reagieren, wird zunehmend von seiner Kapazität abhängen, strategische Partnerschaften zu bilden. Diese Partnerschaften sollten sowohl innerhalb der kirchlichen Strukturen als auch darüber hinaus mit anderen religiösen und säkularen Organisationen entwickelt werden. Eine solche Zusammenarbeit ist entscheidend, um ein breiteres Spektrum an gesellschaftlichen Themen zu adressieren und die politische Wirkmächtigkeit des Katholizismus zu stärken.

Innerhalb der kirchlichen Strukturen bedeutet dies, Brücken zwischen verschiedenen katholischen Gruppen und Orden zu bauen, die vielleicht unterschiedliche Schwerpunkte haben, aber gemeinsam an größeren Zielen arbeiten können. Diese interne Vernetzung kann Synergien schaffen und die Effektivität von kirchlichen Initiativen verbessern. Darüber hinaus ist die Kooperation mit anderen christlichen Denominationen wichtig, um gemeinsame christliche Werte in der öffentlichen Debatte stärker zu vertreten.

Noch wichtiger ist vielleicht die Zusammenarbeit über religiöse Grenzen hinweg mit säkularen Organisationen und Bewegungen, die sich für ähnliche Ziele wie soziale Gerechtigkeit, Umweltschutz und Menschenrechte einsetzen. Durch solche Partnerschaften kann der politische Katholizismus seine Reichweite erweitern und seine Botschaften einer breiteren Öffentlichkeit zugänglich machen. Diese Kooperationen können dazu beitragen, Vorurteile abzubauen und das Bild des

Katholizismus als eine ausschließlich nach innen gerichtete Kraft zu korrigieren.

Kritisch betrachtet, erfordert das Eingehen solcher Partnerschaften jedoch auch eine sorgfältige Abwägung und ein strategisches Vorgehen. Es gilt sicherzustellen, dass die Zusammenarbeit die kirchlichen Lehren und Werte nicht verwässert, sondern vielmehr stärkt. Dies bedeutet, dass klare Vereinbarungen getroffen und Grenzen festgelegt werden müssen, um die Integrität der kirchlichen Lehre zu bewahren, während man sich gleichzeitig für externe Einflüsse öffnet.

Im verwobenen Netzwerk der globalen Politik, wo unterschiedlichste Überzeugungen aufeinandertreffen, steht der politische Katholizismus vor einer Herausforderung, die sowohl Urteilskraft als auch diplomatisches Geschick erfordert. Die Frage, wie man mit Partnern umgeht, deren Ansichten zu bestimmten Themen divergieren, ist nicht nur eine Herausforderung, sondern eine echte Prüfung der Integrität und der strategischen Weitsicht.

Politische Bündnisse sind oft ein Tanz auf dem Drahtseil, bei dem Balance und Timing entscheidend sind. Für Vertreter des politischen Katholizismus, die sich verpflichtet fühlen, ihre Grundüberzeugungen nicht zu kompromittieren, erfordert die Zusammenarbeit mit andersdenkenden Partnern eine besonders sorgfältige Navigation. Es geht darum, Kompromisse zu finden, die eine fruchtbare Zusammenarbeit ermöglichen, ohne die eigenen zentralen Werte und Prinzipien zu untergraben.

In der Kunst des politischen Kompromisses liegt ein tiefes Verständnis dafür, dass nicht alle Schlachten gewonnen werden können und dass manchmal das größere Wohl eine flexible Herangehensweise erfordert. Der politische Katholizismus, der in der Vergangenheit oft entscheidend die politischen Richtungen in Ländern wie Deutschland und Italien mitgestaltet hat, weiß um die Notwendigkeit, Brücken zu bauen, auch wenn die Gräben tief sind.

Die Diplomatie, die in diesen Prozessen erforderlich ist, ist subtil und komplex. Sie erfordert ein tiefes Verständnis der eigenen Ziele und der Grenzen, innerhalb derer man bereit ist, Zugeständnisse zu machen. Zugleich muss man die Perspektiven und Bedürfnisse der Partner verstehen und respektieren. Diese Art der Diplomatie ist nicht nur ein taktisches Manöver, sondern eine echte Kunstform, die Geduld, Empathie und Weitsicht erfordert.

In der heutigen zunehmend polarisierten Welt, in der politische Extreme oft die Schlagzeilen dominieren, kann der politische Katholizismus eine wichtige Rolle als Vermittler spielen. Indem er Wege findet, um mit unterschiedlichen und manchmal widersprüchlichen Ansichten umzugehen, ohne dabei seine Kernprinzipien aufzugeben, kann er dazu beitragen, die Grundlagen für dauerhaften Frieden und gegenseitiges Verständnis zu legen. Diese Rolle ist nicht nur für die Kirche selbst von Bedeutung, sondern für die gesamte globale Gemeinschaft, die in diesen unsicheren Zeiten nach Stabilität und Führung sucht.

SCHLUSSFOLGERUNG

Der politische Katholizismus, als einflussreiche Kraft in der Geschichte vieler Gesellschaften, steht im 21. Jahrhundert vor zahlreichen neuen und signifikanten Herausforderungen. Diese Herausforderungen sind sowohl interner als auch externer Natur und umfassen das breite Spektrum von gesellschaftlicher Säkularisierung über globale Migration bis hin zu ethischen Fragen moderner Technologien. Gleichzeitig birgt der politische Katholizismus erhebliche Potenziale, um einen positiven Einfluss auf die Gesellschaft und Politik auszuüben. Durch die Anpassung an veränderte gesellschaftliche Realitäten und die gleichzeitige Beibehaltung seiner zentralen Werte und Prinzipien kann er weiterhin eine wesentliche Rolle in der Gestaltung gerechter und nachhaltiger Politiken spielen. Diese Rolle bedarf jedoch einer Neubewertung und strategischen Neuorientierung, um den aktuellen und zukünftigen Anforderungen gerecht zu werden.

Eine der größten Herausforderungen für den politischen Katholizismus ist die fortschreitende Säkularisierung vieler Gesellschaften, insbesondere in der westlichen Welt. Die Säkularisierung – definiert als der Rückgang religiöser Einflüsse und Praktiken in öffentlichen und privaten Lebensbereichen – stellt eine direkte Herausforderung für eine Bewegung dar, die traditionell auf religiösen Überzeugungen basiert. Als Reaktion darauf muss der politische Katholizismus Wege finden, seine Botschaften und Lehren so zu kommunizieren, dass sie auch für nichtreligiöse Menschen ansprechend und relevant sind.

Die Globalisierung hat zu verstärkter Migration geführt, wodurch viele Gesellschaften multikultureller und multireligiöser geworden sind. Dies stellt den politischen Katholizismus vor die Herausforderung, seine Lehren und Praktiken in einem breiteren kulturellen und religiösen Kontext zu vermitteln. Der Umgang mit Vielfalt und die Integration von Migranten sind zentrale Themen, bei denen der politische Katholizismus gefordert ist, Führungsstärke und praktische Lösungen zu bieten.

In einem Zeitalter, das durch den rasanten Fortschritt der Wissenschaft und Technologie geprägt ist, stehen wir an der Schwelle zu neuen Horizonten, die sowohl verheißungsvoll als auch beängstigend sind. Moderne Technologien, insbesondere in den Feldern der Biotechnologie und der Künstlichen Intelligenz, entfalten eine beispiellose Macht, das Wesen des Lebens selbst zu gestalten und neu zu definieren. Diese Entwicklungen werfen tiefgreifende ethische Fragen auf, die den Kern unserer moralischen Vorstellungen und Überzeugungen berühren.

Der politische Katholizismus, mit seinen tief verwurzelten Lehren, die seit Jahrhunderten als moralischer Kompass für seine Anhänger dienen, findet sich nun in einem spannungsreichen Dialog wieder. Diese neuen technologischen Möglichkeiten kollidieren oft mit den traditionellen Lehren der Kirche, die das Heilige und Unantastbare des menschlichen Lebens betonen. Die Fragen, die durch Biotechnologie und Künstliche Intelligenz aufgeworfen werden, wie zum Beispiel die Manipulation genetischen Materials oder das Schaffen künstlichen Bewusstseins, fordern die katholische Moraltheologie heraus, ihre Grenzen neu zu definieren und Antworten zu finden, die sowohl zeitgemäß als auch treu zu ihren Grundprinzipien sind.

In dieser Ära des Umbruchs ist es unerlässlich, dass der politische Katholizismus sich nicht nur als Bewahrer alter Werte versteht, sondern aktiv an den ethischen Diskursen teilnimmt, die diese neuen Technologien begleiten. Es gilt, ethische Richtlinien zu entwickeln, die die katholischen Werte widerspiegeln, während sie gleichzeitig in einer pluralistischen, oft säkularen Gesellschaft Akzeptanz finden. Diese Richtlinien müssen sowohl die Würde des Einzelnen schützen als auch die kollektive Verantwortung gegenüber der Gemeinschaft und zukünftigen Generationen betonen.

Der politische Katholizismus steht somit vor der Herausforderung, seine Lehren so zu interpretieren und anzupassen, dass sie in einer Welt, die durch wissenschaftliche und technologische Innovationen ständig neu gestaltet wird, weiterhin eine relevante und richtungsweisende Kraft darstellen. Die Entwicklung solcher Richtlinien wird nicht nur die Treue zu den eigenen Werten testen, sondern auch die Fähigkeit, in einem breiteren gesellschaftlichen Kontext zu agieren und zu überzeugen. Diese Bemühungen sind entscheidend, um sicherzustellen, dass die technologische Zukunft der Menschheit auf ethischen Grundlagen aufbaut, die das Wohl aller fördern.

Trotz der Herausforderungen bietet der politische Katholizismus einzigartige Potenziale für die moralische und ethische Führung in der globalen politischen Landschaft. Durch seine lange Tradition sozialer Lehre hat der Katholizismus die Werkzeuge, um auf Fragen der sozialen Gerechtigkeit, der Armenfürsorge und des Umweltschutzes einzugehen. Diese Prinzipien können helfen, die oft materialistisch geprägten politischen Diskurse mit dringend benötigten ethischen Perspektiven zu bereichern. Der politische Katholizismus hat das Potenzial, sozialen Zusammenhalt zu fördern, insbesondere in Zeiten von Unsicherheit und sozialen Spannungen. Durch die Betonung von Gemeinschaft, Solidarität und Nächstenliebe kann er dazu beitragen, Brücken zwischen unterschiedlichen sozialen und kulturellen Gruppen zu bauen.

Durch seine weitverzweigte institutionelle Struktur bietet der politische Katholizismus bedeutende Ressourcen für Bildung und gesellschaftliches Engagement. Katholische Schulen, Universitäten und soziale Einrichtungen sind gut positioniert, um Bildung und Training zu bieten, das sowohl intellektuell als auch moralisch fundiert ist.

Um seine Relevanz zu bewahren und effektiv auf die modernen Herausforderungen zu reagieren, muss der politische Katholizismus einige wichtige Anpassungsstrategien verfolgen:

1. **Neuinterpretation traditioneller Lehren**: Anpassung traditioneller katholischer Lehren an moderne Kontexte, um sicherzustellen, dass sie relevant und ansprechend für heutige Gesellschaften bleiben.

2. **Erhöhung der Dialogbereitschaft**: Förderung des Dialogs sowohl innerhalb der Kirche als auch mit externen Gruppen, um ein breiteres Verständnis und größere Akzeptanz zu erreichen.

3. **Aktive Teilnahme an sozialen und politischen Diskursen**: Einsatz für soziale Gerechtigkeit und aktive Teilnahme an politischen Diskursen, um die katholischen Prinzipien in praktische Politik umzusetzen.

In der zeitgenössischen politischen Landschaft hat der politische Katholizismus eine langjährige Geschichte als einflussreicher Akteur. Durch seine Beteiligung an der Formulierung gerechter und nachhaltiger Politiken hat er sich als wichtige Kraft etabliert. Diese Rolle gründet auf den Lehren, die Jahrhunderte überdauert haben und deren Bedeutung auch heute noch Bestand hat.

Mit dem Beginn des 21. Jahrhunderts stehen jedoch neue und komplexe Herausforderungen bevor, die eine Anpassung dieser Tradition verlangen. Eine flexible, responsive und vorausschauende Herangehensweise ist erforderlich, um sowohl die Integrität der eigenen Lehren zu wahren als auch effektiv auf die Bedürfnisse einer sich schnell verändernden Welt zu reagieren.

Der politische Katholizismus steht vor der Aufgabe, seine historischen Prinzipien zu bewahren, während er sich den neuen Gegebenheiten öffnet. Diese Balance zu finden, ist entscheidend, um seine Rolle als gestaltende Kraft beizubehalten und weiterhin positiv auf die globalen politischen und sozialen Dynamiken einzuwirken.

Referenzen

- Fischer, Fritz. "Griff nach der Weltmacht: Die Kriegszielpolitik des kaiserlichen Deutschland 1914/18." Düsseldorf: Droste, 1961.

- Mommsen, Hans. "Die verspielte Freiheit: Der Weg der Republik von Weimar in den Untergang 1918 bis 1933." Berlin: Propyläen, 1989.

- Erich Eyck, deutscher Historiker, 1878 – 1964, Geschichte der Weimarer Republik. 2 Bände. Rentsch, Erlenbach 1954/56

- Peter H. Wilson, „The Thirty Years War: Europe's Tragedy", deutsch: Der Dreißigjährige Krieg. Eine europäische Tragödie. Aus dem Englischen von Thomas Bertram, Tobias Gabel und Michael Haupt. Theiss, Darmstadt 2017, ISBN 978-3-806236286

- Margret Lavinia Anderson, Windthorst. A Political Biography. Oxford 1981; deutsch als: Windthorst. Zentrumspolitiker und Gegenspieler Bismarcks. Droste, Düsseldorf 1988, ISBN 978-3-7700-0774-5

- Winkler, Heinrich August. "Weimar 1918–1933: Die Geschichte der ersten deutschen Demokratie." München: C.H.Beck, 1993.

Weitere Bücher vom Autor...

Hier bestellen --------->

(einfach mit Smartphone scannen)

oder **https://lmy.de/ejIRISXd**

auch zu empfehlen

Von Grundsteinen zu Wegweisern

Die Evolution der deutschen Verfassung
Autor*innen: Schönert, Ralf

ISBN	🗐 9783759704726
	🖳 9783759789549
Medium	🗐 Buch, 🖳 E-Book
Ladenpreis	Buch: 14,90 EUR
	E-Book: 9,99 EUR